Dictionnaire pratique de la douane et du commerce extérieur

Des expressions et des mots pour mieux comprendre le commerce international

Guy Alain CHEPING SIMO

Dictionnaire pratique de la douane et du commerce extérieur

Des expressions et des mots pour mieux comprendre le commerce international

Préface de Manassé ABOYA ENDONG

L'Harmattan
Cameroun

5-7, rue de l'Ecole-Polytechnique, 75005 Paris

http://www.editions-harmattan.fr

ISBN : 978-2-336-51445-1
EAN : 9782336514451

ACRONYMES

AELE : Association Européenne de Libre Échange

AFE : Accord sur la Facilitation des Échanges

BEAC : Banque des États de l'Afrique Centrale

CAO : Conception Assistée par Ordinateur

CDA : Commissionnaire en Douane Agréé

CDC : Code des Douanes CEMAC (avant 2019)

CCD : Conseil de Coopération Douanière (après 2019)

CDCR : Code des Douanes CEMAC Révisé

CEMAC : Communauté Économique et Monétaire de l'Afrique Centrale

CEEAC : Communauté Économique des États de l'Afrique Centrale

CEDEAO : Communauté Économique des États de l'Afrique de l'Ouest

CNPF : Clause de la Nation la Plus Favorisée

DAO : Dessin Assisté par Ordinateur

DGD : Direction Générale des Douanes

DGI : Direction Générale des Impôts

EA : Exportateur Agréé

EDA : Expert en Douane Agréé

EE : Exportateur Enregistré

LF : Loi de Finances

MAC : Mise À la Consommation

MLP : Mise en Libre Pratique

NESH : Notes Explicatives du Système Harmonisé

OAPI : Organisation Africaine de la Propriété Intellectuelle

OEA : Opérateur Économique Agréé

OLAF : Office Européen de Lutte Anti-Fraude

OMC : Organisation Mondiale du Commerce

OMD : Organisation Mondiale des Douanes

OMPI : Organisation Mondiale de la Propriété Intellectuelle

PAO : Publication Assistée par Ordinateur

PED : Pays En Développement

PD : Pays Développé

PMA : Pays les Moins Avancés

PVC : Procès-Verbal de Constat

PVD : Procès-Verbaux de Douanes

PVS : Procès-Verbal de Saisie

RCO : Renseignement Contraignant sur l'Origine

RCT : Renseignement Contraignant sur le Tarif

RCV : Renseignement Contraignant sur la Valeur en Douane

RD : Règlementation Douanière

RD CONGO : République Démocratique du CONGO

SH : Système Harmonisé

SPG : Système de Préférences Généralisées

TEE : Taxe d'Effet Équivalent

TEC : Tarif Extérieur Commun

TD : Transaction Douanière

TGI : Tribunal de Grande Instance

TPI : Tribunal de Première Instance

TVA : Taxe sur la Valeur Ajoutée

UEMOA : Union Économique et Monétaire de l'Ouest Africain

UE : Union Européenne

UA : Union Africaine

VEP : Vente aux Enchères Publiques

LISTE DES PRINCIPALES ABRÉVIATIONS

Abréviation	Désignation
adj	Adjectif
adv	Adverbe
al	Alinéa
Ann	Annexe
art	Article
i.e	C'est-à-dire
C civ ou Cc	Code civil:
CPI	Code de la propriété intellectuelle
CMM	Code de la Marine Marchande
CPC	Code de procédure civile
CPP	Code de procédure pénale
CDC	Code des Douanes de la CEMAC
CDCR	Code des Douanes de la CEMAC Révisé
C. pén	Code pénal
Cont.	Contravention
Conv	Convention
Conv. Int	Convention internationale
C..A	Cour d'appel
Cass	Cour de cassation
Cass.1ere ch	Cour de cassation chambre civile
Cass.com	Cour de cassation chambre commerciale
Cass.crim	Cour de cassation chambre criminelle
Cass.ass.plen	Cour de cassation, assemblée plénière
Dél.	Délit
Dir	Directive
n°	Numéro
p.	Page
syn	Synonyme

AVANT-PROPOS

Depuis la Seconde Guerre mondiale, le cadre institutionnel mondial ne cesse d'évoluer pour stimuler l'accroissement des échanges internationaux. La mondialisation, dopée par le développement fulgurant des moyens de communication, des transports, de la science et de la technologie, favorise la densification et la massification du commerce international.

L'internationalisation des économies et leur imbrication sont devenues des réalités quotidiennes se traduisant par de nombreuses relations commerciales nouées par divers acteurs disséminés à travers le monde, lui-même transformé en un véritable « village planétaire ».

Pour accroître leur potentiel de négociation ou de conquête, voire d'expansion sur les marchés étrangers, les opérateurs du commerce extérieur gagneraient à maîtriser les expressions, langages, pratiques et codes en vigueur depuis belle lurette dans cet environnement marqué par une rude concurrence.

Cette maîtrise contribuera à minimiser, voire éliminer les travers constitués par de mauvaises compréhensions, utilisations ou interprétations des termes pourtant nécessaires à la conclusion des contrats commerciaux internationaux ou à la réalisation des affaires internationales. Toutes ces attitudes négatives, se soldant par des malentendus ou même des procès, sont très préjudiciables aux intérêts des opérateurs du commerce extérieur.

Le dictionnaire pratique de la douane et du commerce extérieur vise la neutralisation de ces insuffisances qui peuvent brouiller et même paralyser les activités de négoce international. Il s'inscrit modestement dans la perspective de fournir à la communauté des opérateurs du commerce extérieur, des informations utiles à la conclusion des contrats commerciaux internationaux équilibrés ainsi que la réalisation de négociations commerciales internationales, en toute assurance. Le commerce extérieur ne s'accommode pas de doute, d'hésitation et d'ignorance.

Il se veut être également un décodeur pour démystifier et simplifier le langage parfois rébarbatif ou même hermétique employé dans certaines procédures du commerce extérieur. Il a choisi de définir simplement des termes et expressions du commerce extérieur ainsi que de nombreux autres non spécialisés, mais souvent employés dans son environnement périphérique.

Puisque les négociations ou transactions internationales débouchent sur l'entrée ou la sortie du territoire douanier d'une marchandise ou d'un flux financier, le dictionnaire s'intéresse globalement aux termes qu'utilisent différents intervenants dans la chaîne du commerce extérieur et singulièrement l'administration des douanes, en raison de sa position centrale dans les échanges avec l'étranger. Il s'appuie essentiellement sur le droit douanier de la CEMAC.

En plus d'éclairer des concepts, mécanismes, procédures, spécificités et d'établir des liens avec d'autres notions, *Le dictionnaire pratique de la douane et du commerce extérieur* fournit des ressources pouvant aider à mieux appréhender les théories, les politiques, les accords ou même les institutions en charge du commerce extérieur, au niveau national, régional ou mondial.

Il pourra contribuer à éclairer les échanges et partenariats en améliorant la qualité et la sécurité juridiques des contrats et conventions que les opérateurs du commerce extérieur pourraient être appelés à signer. En cela, il pourrait améliorer la productivité et la compétitivité de l'entreprise.

C'est pour cela que nous avons privilégié une approche pluridisciplinaire pour définir les termes usuels du commerce extérieur. Le choix des termes du dictionnaire se soustrait volontairement du débat statique et improductif qui pourrait enserrer le commerce extérieur. Par contre, il souhaite faire émerger la dynamique qui caractérise ses activités à travers la diversité des champs disciplinaires qu'elles embrassent et dans lesquelles baignent les relations commerciales d'un État avec l'étranger : droit, économie et finance internationales, comptabilité, géographie, géopolitique/géostratégie, transports internationaux, culture, civilisation, etc.

Le dictionnaire pratique de la douane et du commerce extérieur contient des ressources terminologiques qui en font aussi bien un guide d'apprentissage (étudiants, CDA, représentants agréés, primo exportateurs/importateurs, chargeurs, banquiers, transporteurs, etc.)) qu'un outil servant au renforcement de compétences (chercheurs, divers praticiens du commerce extérieur).

Le dictionnaire pratique de la douane et du commerce extérieur constitue indubitablement un balbutiement perfectible dans le champ de la linguistique juridique. Toutes les contributions aideront à son amélioration. Mais notre ambition première est de mettre un outil pragmatique au service des acteurs du commerce extérieur.

L'auteur.

PRÉFACE

« Les mots-clés de la douane »

« Le Dictionnaire pratique de la douane et du commerce extérieur » méritait d'être écrit par un professionnel aguerri, notamment pour accompagner le récit narratif de la pratique de la douane et du commerce extérieur. Il nécessitait ainsi un déploiement empirique, avisé et renseigné ; au regard notamment des récentes dynamiques et mutations professionnelles, économiques, institutionnelles et internationales qui ont bouleversé ce secteur d'activités les vingt dernières années. Le présent dictionnaire participe de cette ambition et il est heureux que **M. Guy Alain CHEPING** s'y soit attelé avec méthode, patience, finesse et hardiesse.

En effet, l'écriture d'un dictionnaire spécialisé n'est pas exercice scientifique banal. Elle ne relève pas non plus d'une simple ambition personnelle. Elle exige nécessairement des capacités intellectuelles ; et particulièrement une parfaite connaissance de l'environnement professionnel mis en évidence. Elle exige surtout de la rigueur professionnelle ; indispensable pour répertorier et classer les mots ou les termes mis en valeur, assortis des définitions détaillées ou des illustrations pratiques dans l'environnement professionnel visé.

Pris dans ce sens, « **le dico** » de Guy Alain CHEPING a le mérite particulier de coller, aussi bien avec ce balisage théorique, que ce cadrage méthodologique. En couvrant un secteur d'activité spécifique, il offre au lecteur un bonus supplémentaire d'être « **un dico** » spécialisé qui pourrait légitimement être appelé : « **Vocabulaire de la douane et du commerce extérieur** ».

En effet, au moment où les métiers s'organisent, se spécialisent ou se donnent à découvrir et suscitent un débat de fond autour de leur attractivité ou de leurs perspectives d'avenir, il était particulièrement important de faire un focus sur le « **vocabulaire** » de l'une des professions les plus populaires et les plus attrayantes du Cameroun.

En ce sens, le « **dictionnaire** » qui est sous vos yeux est une contribution décisive, dans la compréhension, la vulgarisation et le décodage de la pratique professionnelle dans un secteur d'activités complexe à travers « **les mots-clés de la douane** ».

Avant d'y parvenir, l'auteur balade le lecteur à travers une exploration des termes plus ou moins accessibles, inconnus ou méconnus, mal connus ou escamotés, etc. Cet égrenage avisé des termes par l'auteur, praticien chevronné, s'appréhende comme un rituel d'initiation et d'accueil dans l'univers de la pratique de la douane à travers une torche qui illumine le lecteur par la densité de ses lumières, diverses et variées. « **Les mots-clés de la douane** », se laissent ainsi facilement dompter par un auteur doté d'une culture générale hors du commun, pour vulgariser une terminologie qui puise invariablement dans le droit, l'économie et la finance internationales, la comptabilité, la géographie, la géopolitique ou la géostratégie, les transports internationaux, l'histoire des civilisations, etc.

D'une écriture simple, toilettée et audacieuse, d'accès particulièrement facile, le « dico » de Guy Alain CHEPING a le mérite d'identifier et de présenter les mots-clés qui fondent le dynamisme et l'importance stratégique des milieux de la douane et des opérateurs du commerce extérieur qui comptent parmi les acteurs majeurs dans la compétitivité d'une économie.

Enfin, ce « dico » permet au lecteur d'y déceler un message subliminal indiquant que si on ne peut comprendre une discipline scientifique sans maîtriser ses concepts, on ne peut évidemment pas comprendre une pratique professionnelle en marge de son vocabulaire spécifique.

Il ne reste donc qu'à souhaiter bon vent au « **Dictionnaire pratique de la douane et du commerce extérieur** », en espérant qu'il permettra à Guy Alain CHEPING de féconder à coup sûr d'autres réflexions, que nous souhaitons riches et abondantes, sur la matière combien « riche » et « d'actualité » de la pratique douanière et du commerce extérieur dans ses multiples facettes et ses différents enjeux professionnels.

M. Manassé ABOYA ENDONG

Professeur Titulaire des Universités

Courriel : m.aboya.endong@gmail.com

A

AAA (triple A) : Score le plus élevé qu'une agence de notation peut attribuer pour apprécier favorablement la performance, la fiabilité d'un produit financier ou d'une économie. Il représente le plus faible niveau de risque encouru par un investisseur. Il attire les investisseurs. D'autres notes existent : B, C, CAA, 1,2 …

V. Agence de notation.

ABAISSEMENT DES DROITS ET TAXES : diminution du montant des droits et taxes. Cette notion diffère de l'abattement.

L'abaissement des droits et taxes résulte d'un abattement forfaitaire ou règlementaire de la valeur imposable.

ABANDON DE MARCHANDISE(S) : Délaissement de marchandise(s) en douane. Il peut être volontaire ou involontaire.

Il est volontaire lorsque le propriétaire des marchandises ou son mandataire renonce à celle(s)-ci par voie de transaction passée avec les services des douanes. (Art 135 al2 CDC) V. CONCORDANCE

Il est involontaire dans les autres cas. Il s'agit notamment du cas d'un fugitif qui se dessaisit d'une marchandise dans le cadre d'une poursuite à vue par les agents de douanes.

En outre, sont considérées comme abandonnées, selon l'article 273 al_3 CDC, les marchandises d'une valeur inférieure à 200.000 FCFA et qui ne sont pas enlevées à l'expiration d'un délai de trois mois. V. CONCORDANCE

Il en est de même des « marchandises qui n'ont pas été enlevées dans un délai de trois mois, à dater de leur inscription au registre de dépôt… » Art 273 al_1CDCR. V. CONCORDANCE.

Les marchandises abandonnées, quelle que soit la cause, sont généralement destinées à la vente aux enchères publiques.

ABATS D'ANIMAUX : Ils ne sont pas à confondre avec les carcasses des animaux abattus. Ce sont les sous-produits des volailles et des animaux de boucherie destinés à la consommation. Il s'agit des organes se trouvant dans les cavités thoracique, abdominale et crânienne.

ABATTEMENT : réduction de l'assiette d'un impôt (douanier). Sa source peut être conventionnelle, législative ou règlementaire. Il prend soit la forme d'un montant forfaitaire, soit celle d'un pourcentage à déduire de la base d'imposition officiellement prévue. Il est effectué préalablement au calcul de l'impôt dû et produit mécaniquement une réduction du montant de l'impôt initialement exigible.

Le recours des pouvoirs publics à cette technique vise principalement :

- à soulager la charge fiscale des ménages, des entreprises modestes ou des entreprises défavorisées.
- à conférer de l'attrait pour certaines activités ou certains secteurs d'activités…
- à susciter le paiement de certains impôts.

À BON DROIT : À juste titre.

ABORDAGE : Collision entre deux ou plusieurs navires. Elle peut générer des conséquences sur des marchandises figurant sur le manifeste.

ABROGATION : Suppression actuelle d'un texte de droit avec pour conséquence l'anéantissement de ses effets pour le futur.

Elle peut être expresse ou tacite. Elle est expresse lorsque ledit texte de droit l'énonce clairement. Elle est tacite lorsque les dispositions du nouveau texte sont incompatibles ou contradictoires avec celles du texte antérieur. La non application, même très prolongée d'un texte de droit n'entraîne pas son abrogation.

Termes proches : Abroger, abrogatoire, abrogatif.

V. Retrait, rapporter un acte.

ABUS DE DROIT : notion jurisprudentielle se concrétisant dans l'exercice d'un droit reconnu, légitime par son titulaire, mais avec l'intention de nuire à autrui. Ainsi, il en fera un usage déraisonnable pour créer à autrui un préjudice inutile.

Il intervient souvent dans le cadre du droit civil comme du droit administratif. Les agents de l'administration peuvent en être victimes (dans le service) ou auteurs (vis-à-vis des usagers et redevables).

ABUS DE POSITION DOMINANTE : Pratique anticoncurrentielle qui consiste pour un fournisseur :

- à refuser de vendre à un client ou bien
- à imposer à ce dernier des conditions de vente inéquitables qui instaurent un profond déséquilibre dans leurs relations commerciales.

Cet abus est occasionné par le positionnement privilégié sur le marché de l'entreprise, de l'entrepreneur ou du groupe d'entreprises sur le marché qui vend.

Elle pourrait influencer la détermination et l'application de la valeur transactionnelle comme valeur imposable des marchandises importées.

ABUS DE POUVOIR : usage inapproprié et injustifié d'un pouvoir. Fait d'outrepasser son pouvoir pour l'utiliser hors des limites fixées. On parle aussi de détournement de pouvoir en ce qui concerne les autorités administratives.

A/C (Account of) : Pour le compte de (P/C).

ACCEPTATION : Acte juridique par lequel une partie manifeste sa volonté, son adhésion, son accord, sa réponse positive à une offre, à un contrat.

Une formule d'acceptation est courante en douane : « J'accepte la reconnaissance du service et les suites contentieuses éventuelles »

L'acceptation peut être expresse : signature d'un acte… ou tacite : poursuite des formalités, d'une procédure malgré quelque(s) motif(s) d'abandon ou d'arrêt de la procédure.

V. acquiescement.

ACCEPTION (SANS) : Sans considération. « La loi douanière s'applique sans acception de la qualité des personnes », ce qui revient à dire que la loi douanière s'applique, sans distinction, à toute personne qui viendrait à lui être soumise du fait de ses activités.

ACCESSOIRE : pièce accessoire, pièce détachée, pièce de rechange utilisée pour le fonctionnement d'une machine.

Peine accessoire: Sanction s'ajoutant à une peine principale.

Elles s'imposent à l'enquêteur ou au vérificateur, dans la recherche de la fraude. Celui-ci doit prendre en considération tous les indices indiquant aussi bien la culpabilité (éléments à charge) que l'innocence (éléments à décharge) d'une entité contrôlée ou d'une personne auditionnée.

Elles induisent une obligation d'honnêteté intellectuelle et d'objectivité incombant aux agents de douanes chargés d'instruire un dossier.

ACCISES (DROITS d') : Ce terme provient du latin acidere qui signifie couper, tailler. Ne pas confondre avec « assises ». V. Assises (cour d')

Ils représentent des droits indirects prélevés à l'occasion de la consommation de certains produits. Ceux-ci varient selon les économies : tabacs, cigarettes, alcools, eaux minérales, produits cosmétiques, capillaires, de beauté, métaux précieux, véhicules d'occasion, produits dégradant l'environnement, la santé...

La flexibilité de cette contribution indirecte en fait aussi bien un instrument pour récolter des ressources fiscales qu'un levier d'action, très apprécié des pouvoirs publics, pour réguler la vie économique et sociale à travers la protection de la santé publique, de l'environnement, des ressources naturelles...

V. Décision110/07-UEAC-028-CM-16 du 18 décembre 2007 portant harmonisation des législations des États membres en matière de droit d'accises.

ACCOMPLISSEMENT DES FORMALITÉS : réalisation dans les différents services (administratifs, douaniers et autres, publics ou privés) des procédures en vue de l'application du régime douanier assigné aux marchandises : élaboration de la déclaration en détail, règlement, mainlevée, enlèvement en vue de la mise sur le marché, de l'expédition ou de l'exportation.

Le Commissionnaire en Douane Agréé (CDA) a pour profession l'accomplissement des formalités douanières pour autrui.

ACCONAGE (ACCORAGE, STEVEDORING, LIGHTERAGE) : activité consistant à charger des marchandises sous douane à bord des navires de commerce. Ce chargement utilise des techniques de calage appropriées et variées permettant d'éviter des ripages en cours de voyage.

ACCONIER : entrepreneur de manutention (personne physique ou morale) employant des dockers pour le chargement et le déchargement des marchandises sous douane à bord des navires de commerce.

L'acconier s'occupe, entre autres, de la mise sous hangar, sur terre-plein, l'embarquement/débarquement, la reconnaissance et la garde des marchandises,

Ces opérations sur des marchandises encore sous sujétion douanière rendent les acconiers responsables de celles-ci vis-à-vis des services douaniers.

ACCORD : terme couramment utilisé en relations internationales : économiques, politiques... pour désigner une entente, une convention, un arrangement entre des parties.

Il peut être soit bilatéral (entre deux parties) communautaire ou régional (au sein d'une communauté ou entre membres d'une région) ou multilatéral (entre de nombreuses parties n'appartenant pas à la même communauté ou à la même région).

Les accords orientés vers l'intégration économique comportent selon BELA BALASSA quatre étapes : la zone de libre-échange, l'union douanière, le marché commun et l'Union économique.

(V. The theory of economic integration, Béla BALASSA, R.-D IRWIN, Homewood, 1961.)

De nombreux accords commerciaux sont signés entre États, entre États et organisations internationales... pour encadrer les échanges commerciaux sous divers angles : douanier, financier... Ils peuvent revêtir diverses formes et porter diverses appellations : Accord monétaire, Accord de clearing, Accord de coopération...

ACCORDS DE BRETTON WOODS : convention signée au cours d'une conférence qui se tint dans la ville de Bretton Woods aux États-Unis du 1er au 22 juillet 1944.

Quarante-quatre pays y ont assisté pour trouver les voies et moyens pour rétablir des échanges internationaux troublés à cette époque principalement par l'instabilité monétaire et le cloisonnement de l'économie mondiale.

Ils débouchèrent sur la création du Fonds Monétaire International (FMI) et de la Banque Internationale pour la Reconstruction et le

Développement (BIRD) qui prendra ultérieurement le nom de Banque Mondiale (BM).

Le FMI (Fonds Monétaire International) était alors chargé d'assurer la discipline monétaire au niveau mondial et la Banque Internationale pour la Reconstruction et le Développement (BIRD), de consentir des prêts à long terme aux États pour financer leurs projets de développement.

ACCORDS DE COTONOU : accords signés en 2000 à Cotonou entre les pays ACP et l'Union Européenne pour remplacer la Convention de Lomé. Elle regroupe 79 États ACP et 28 pays composant l'Union Européenne, pour une population avoisinant les 700 millions d'habitants. Dans le prolongement de la Convention de Lomé, ceux-ci définissent un nouveau cadre de coopération conforme aux exigences de l'OMC. Il prévoit des Accords soumis aux règles de l'OMC. Il pose le principe des Accords de Partenariat Économique avec l'Union Européenne.

ACCORD DE L'OMC SUR L'ÉVALUATION : expression couramment utilisée pour nommer l'Accord général sur les tarifs douaniers et le commerce qui a défini la méthodologie révolutionnaire d'évaluation en douane des marchandises importées soumises à une taxation ad valorem.

V. DVB

ACCORDS DE MARRAKECH : (on parle aussi couramment des « Accords de l'Uruguay Round » et des « Accords de l'OMC. »)

L'Uruguay Round débute en 1986 et s'achève en 1993. Il a été formalisé par les ministres de 123 pays qui signent l'Acte final le 15 avril 1994 à Marrakech, au Maroc.

Les Accords de Marrakech mettent en place le système commercial généralisé multilatéral mondial avec pour point d'orgue la création de l'Organisation Mondiale du Commerce (OMC).

Ce système est basé sur :

- la libéralisation ou la non-discrimination ;
- la prévisibilité ;
- la transparence ;
- la concurrence loyale dans le commerce ;
- une procédure de règlement des différends ;

- des dérogations accordées aux membres et
- un traitement différencié qui est réservé aux Pays En Développement (PED) ainsi qu'aux Pays les Moins Avancés (PMA).

Ces Accords qui totalisent près de 20.000 pages de documentation peuvent se regrouper autour d'une douzaine de textes couvrant des domaines variés :

- Accord sur l'agriculture
- Accord sur l'application des mesures sanitaires et phytosanitaires
- Accord sur les textiles et les vêtements
- Accord sur les obstacles techniques au commerce
- Accord sur les mesures concernant les investissements et liées au commerce
- Accord sur la mise en œuvre de l'Article VI de l'Accord général sur les tarifs douaniers et le commerce de 1994 (Accord anti-dumping)
- Accord sur la mise en œuvre de l'Article VII de l'Accord général sur les tarifs douaniers et le commerce de 1994 (Accord sur la valeur en douane)
- Accord sur l'inspection avant expédition
- Accord sur les règles d'origine
- Accord sur les procédures de licences d'importation
- Accord sur les subventions et les mesures compensatoires
- Accord sur les sauvegardes

Dans le cadre de l'OMC, les pays membres sont tenus de respecter les exigences contenues dans l'ensemble de dispositions, y compris les dispositions générales du GATT, alors que celles-ci étaient facultatives sous l'empire du GATT.

ACCORD DE PARTENARIAT ÉCONOMIQUE (APE) : convention, entente, entre un pays ou un groupe de pays en vue de définir une politique économique avantageuse pour les parties et de développer leurs relations commerciales à travers des concessions et privilèges de part et d'autre. Le projet d'un tel accord était déjà contenu dans l'Accord de Cotonou signé en l'an 2000.

ACCORD DE SCHENGEN : Accord signé le 14 juin 1985 entre certains États européens définissant un espace de libre circulation adossé sur une assistance mutuelle administrative étroite notamment en matière de police, de justice et de douane.

V. espace SCHENGEN

ACCORD DE SIÈGE : convention à travers laquelle un État définit des conditions, généralement très favorables, d'accueil, d'installation d'une structure (commerciale…) d'une organisation internationale ou d'une organisation étrangère sur son territoire.

ACCORD PRÉFÉRENTIEL : convention entre des États ou groupes d'États prévoyant la mise en œuvre entre eux, de règles commerciales dérogatoires aux conditions habituelles d'échange de biens et services.

Il peut ainsi prévoir l'octroi de concessions et d'avantages divers (régimes douaniers, affranchissement de certaines restrictions quantitatives (contingent) ou qualitatives (normes…).

ACCORD SUR LA FACILITATION DES ÉCHANGES (AFE) : Accord international conclu lors de la Conférence ministérielle de l'OMC tenue à Bali en Indonésie, en 2013. Il entrera en vigueur le 22 février 2017, à la suite de sa ratification par les deux tiers de ses membres.

Il vise l'accélération du dédouanement et de l'octroi de la mainlevée des marchandises par la simplification, la standardisation et l'harmonisation des informations commerciales avec les procédures douanières liées à l'importation, à l'exportation et au transit. Il recommande en amont un imposant travail de recueil, de traitement et de partage de données nécessaires pour le suivi efficace du mouvement des marchandises. Il prévoit, en harmonie avec le cadre SAFE et la CKR notamment, des principes et des procédures à respecter ainsi qu'une nouvelle approche de coopération, d'assistance technique et de renforcement des capacités.

Ses avantages majeurs indéniables résident dans la réduction des coûts du commerce et l'accroissement du commerce mondial.

V. AFE.

ACCUSATION : action d'accuser. Action visant à faire engager la responsabilité d'une personne, à lui faire endosser la responsabilité pénale d'un acte juridique.

Partie qui engage des poursuites judiciaires.

Termes proches : Acte d'accusation, mise en accusation.

ACCUSATOIRE (PROCÉDURE) : une procédure est dite accusatoire devant un tribunal lorsqu'elle est basée sur la prépondérance des parties dans la conduite du procès : déclenchement, recherche des preuves...

La procédure devant les tribunaux peut être inquisitoire (dans la phase préparatoire) et/ou accusatoire (dans la phase décisoire).

En matière administrative, elle est généralement inquisitoire.

ACCUSE : individu soupçonné d'avoir commis un crime et mis en accusation devant le juge (TGI). Il diffère du prévenu qui est un individu soupçonné d'avoir commis un délit.

À CHARGE – À DÉCHARGE : Expressions généralement utilisées au cours des enquêtes et contrôles.

ACHAT : paiement d'un bien ou d'un service qui ouvre droit à l'entrée en possession dudit bien ou service.

ACHETEUR : personne assurant le paiement au vendeur d'un bien ou d'un service

Selon l'art 60 al1 du Code des Douanes de la RD Congo un acheteur est une « personne à qui la propriété de la marchandise est transférée moyennant paiement du prix à l'occasion d'une transaction ; »

Dans le cadre d'une vente, le devoir de l'acheteur est le paiement et celui du vendeur est la livraison. Un acheteur en ligne est appelé cyberacheteur ou consonaute.

ACOMPTE (DOWN PAYMENT) : avance effectuée pour un paiement. Fraction du prix convenu. Versement anticipé ou partiel à faire valoir ultérieurement sur le montant d'une vente, d'un paiement. Dans ce cas, les engagements pris par l'acheteur continuent de le lier quand bien même il se soustrairait de la vente.

V. Arrhes.

A CONTRARIO : locution latine signifiant à l'inverse, contrairement.

ACP : V. Afrique- Caraïbes- Pacifique.

ACQUISITION : acte juridique qui permet de devenir propriétaire d'un droit, d'un bien ou d'un service.

Fait d'obtenir le pouvoir de disposer d'une marchandise en qualité de propriétaire. Le Code civil prévoit une variété de modalités d'acquisition de la propriété : succession, donation, accession, incorporation, prescription.

ACQUIT : décharge écrite ; reçu délivré par le créancier au débiteur d'une obligation à l'effet de prouver que celle-ci a été soldée.

ACQUIT-À-CAUTION: déclaration détaillée de certains régimes douaniers (économique et suspensif) revêtue de l'engagement du redevable ainsi que de la caution solidaire (un établissement bancaire) qui s'engagent sous les peines de droit à s'acquitter des droits et taxes de douane dans le terme convenu (en cas de non-respect des termes dudit engagement).

ACQUITTEMENT : peut signifier :

- au plan de la procédure pénale, décision de la cour (d'Assises), du TGI reconnaissant la non culpabilité d'un accusé. Il est comparable à la relaxe au plan correctionnel (TPI) ;
- au plan douanier l'acquittement des droits et taxes correspond au paiement des droits et taxes. Il peut s'effectuer au comptant, par une obligation cautionnée ou d'autres facilités comme le crédit d'enlèvement, le crédit droit et taxe…

ACT OF GOD: force majeure

ACTE ADMINISTRATIF UNILATÉRAL : texte juridique émanant d'une autorité dûment qualifiée pour prendre des mesures produisant des effets coercitifs sur les administrés. Il peut être remis en cause devant les juridictions administratives.

Il se distingue de l'acte d'administration (notion de droit civil) qui est une mesure dont la finalité vise la mise en valeur d'un patrimoine. L'acte d'administration s'oppose à l'acte de mise à disposition qui vise la modification de la composition d'un patrimoine (par la souscription d'un engagement juridique ou par le transfert d'un droit réel).

ACTE APPARENT : acte affichant une situation juridique extérieure contraire à la situation juridique véritable.

V. Signataire apparent.

ACTE AUTHENTIQUE : acte juridique dressé par un officier public ou ministériel et soumis au respect des formalités légales strictes. L'acte authentique est généralement illustré par l'acte notarié.

Il est doté d'une force probante particulière ne pouvant être attaquée devant le tribunal que par la procédure d'inscription de faux. En plus, les grosses desdits actes revêtues de la formule exécutoire deviennent susceptibles de bénéficier de la procédure d'exécution forcée.

Les procès-verbaux de douane (saisie et constat) qui remplissent ces conditions de respect strict des formalités lors de leur rédaction avec la force probante qui leur est dévolue par le CDCR sont assimilables à des actes authentiques lorsqu'ils procèdent à des constatations matérielles. Art 299 à 306 ; 308 à 315 CDC. v. Tableau de V. Tableau de concordance. L'acte authentique sert de preuve par son contenu et par sa date certaine. L'original d'un acte authentique délivré par un notaire est appelé minute et la copie dudit acte est une expédition. La première copie constitue la grosse.

ACTE DE PROCÉDURE :

Dans la 19e édition Dalloz, le « Lexique des Termes Juridiques » définit l'acte de procédure comme « un acte soumis à certaines formes, effectué par un auxiliaire de justice ou par un plaideur et destiné à entamer, à alimenter, suspendre ou arrêter une instance ».

Il remplit une triple fonction : ouvrir le procès, le nourrir, l'éteindre. L'acte de procédure constitue l'écrit central de l'instance.

Il peut également s'entendre sur un plan douanier comme un acte juridique posé par différents acteurs pouvant faire évoluer le déroulement d'un procès : actes survenus dans la procédure de dédouanement (certificat de visite, attestation de dédouanement…) ou dans la procédure de contrôle (de l'ouverture à sa clôture : procès-verbaux de douane : constat et saisie, intermédiaires ou de clôture ; convocation...).

Dans le contentieux douanier, l'importance des actes de procédures n'est plus à démontrer : ils servent à déclencher les poursuites, à nourrir l'instance et même à la suspendre ou l'arrêter. Ils jouent un rôle capital sur le plan processuel et substantiel. Ainsi, leur rédaction doit être méticuleuse dans l'optique de garantir la régularité des poursuites, de respecter les droits du prévenu et de fournir les moyens de preuves des constatations qui sont censées nourrir l'instance.

ACTE EXTRA JUDICIAIRE : acte juridique établi en dehors de toute procédure judiciaire. Il peut néanmoins être exploité par une partie devant une juridiction pour appuyer ses prétentions.

ACTE JUDICIAIRE : décision de justice et actes de procédure pris dans le cadre d'un procès, mais ne concernant pas le fond de l'affaire : assignation, notification de conclusions...

ACTE JURIDICTIONNEL : décision par laquelle un juge se prononce sur une affaire. Il peut revêtir deux formes :

- l'acte juridictionnel contentieux : qui permet au juge de trancher un litige.
- l'acte juridictionnel non contentieux qui permet au juge en charge d'une affaire de prendre une décision sans trancher le litige : la descente sur les lieux, la désignation d'un expert.

ACTE JURIDIQUE : expression de la volonté d'une personne en vue de produire des effets auxquels le droit accorde un intérêt, une importance. Ainsi elle peut viser la création, la modification, la transmission, l'extinction...d'un avantage, d'une obligation...

- L'acte juridique peut se révéler par son objet (le negotium) ou par l'écrit qui le traduit (l'instrumentum).
- Il se distingue du fait juridique entendu comme un évènement générant des conséquences de droit : un accident de la circulation...

ACTE RÉGLEMENTAIRE : texte de droit émanant d'un détenteur du pouvoir réglementaire.

V. Règlement (CEMAC).

ACTE SOUS SEING PRIVÉ : document élaboré et signé par les parties en dehors de l'intervention et de la présence d'une autorité publique. Il peut servir de preuve, la signature des parties faisant foi de son contenu et de sa date. Sa force probante est inférieure à celle d'un acte authentique. Il fait foi jusqu'à preuve du contraire.

Il présente une valeur probatoire supérieure à celle d'une facture, d'un bon de commande, d'un registre... documents qui ne sont pas originellement destinés à servir de preuve.

ACTION : terme pouvant prendre deux sens :

Titre matérialisant une proportion du capital ou du patrimoine d'une société. Son titulaire est dénommé actionnaire.

Droit de se plaindre devant une juridiction afin que celle-ci prononce la reconnaissance des droits légitimes revendiqués ou l'application du droit (droit processuel).

Une action en justice met face à face un demandeur (partie demanderesse) et un défendeur (partie défenderesse). Le demandeur étant celui qui se plaint et le défendeur étant le fautif présumé.

Ces deux parties vont ester en justice pour essayer de faire triompher leurs prétentions.

ACTION CIVILE : procédure introduite devant un tribunal par laquelle une victime présumée à la suite d'une infraction demande une indemnisation, une réparation du préjudice subi.

Elle peut s'exercer au cours d'un procès civil ou d'un procès pénal.

ACTION EN CONTREFAÇON : procédure par laquelle le titulaire d'un droit protégé par la propriété intellectuelle revendique son application et/ou obtient la répression des infractions y afférentes.

Elle peut inclure une mesure de retenue douanière des marchandises contrefaisantes.

ACTION EN INSCRIPTION DE FAUX : procédure devant un tribunal compétent dont le but est d'anéantir la validité d'un acte authentique ou d'un procès-verbal de douane ainsi que la force probante que la loi lui confère.

Il s'agira de prouver son caractère faux, erroné, falsifié, sans fondement...

Sa mise en œuvre en douane est régie par les articles 310, 313, 315 et 339 CDC. V. CONCORDANCE.

ACTION EN NULLITÉ : procédure devant un tribunal visant à obtenir le prononcé de la nullité des actes juridiques. Elle se fonde sur le non-respect des conditions requises en vue de la validité de ceux-ci.

Le CDC prévoit des conditions de nullité des procès-verbaux de douane : art 298, 299, 306, 308 et 312 CDC. V. CONCORDANCE.

ACTION EN RECOUVREMENT DES DROITS ET TAXES DE DOUANE : procédure contre un redevable engagée par l'administration des douanes auprès du juge pour le recouvrement des droits et taxes de douane.

ACTION EN REMBOURSEMENT DES DROITS ET TAXES : ou aussi ACTION EN RÉPÉTITION DE L'INDU : procédure contre l'administration des douanes, introduite par une personne pour obtenir le remboursement d'une somme indûment versée dans les caisses de l'État.

Cette procédure fait généralement suite à une requête introduite devant les instances administratives sans aboutissement heureux. (Articles 138 et 139 CDC).

ACTION EN RESCISION : V. Rescision.

ACTION FISCALE : action publique spéciale; procédure par laquelle l'administration douanière ou fiscale demande à un tribunal de prononcer une sanction fiscale prévue par la loi : amende, confiscation... à la suite d'une infraction à la loi douanière ou fiscale.

ACTION PUBLIQUE : procédure conduite par le ministère public demandant au tribunal de prononcer des peines de droit prévues pour sanctionner des infractions constatées.

Cette action peut être déclenchée soit par la partie lésée, soit par les magistrats du parquet, soit par les fonctionnaires de certaines administrations : Douanes, Eaux-et-Forêts, Commerce, Industrie, Travaux publics...

ACTION RÉCURSOIRE : procédure pouvant être judiciaire ou administrative (i.e. menée au sein d'une administration ou devant un tribunal.).

Son objectif est de faire rentrer dans ses droits une personne (physique ou morale) qui a exécuté l'obligation d'un débiteur, effectivement à l'origine de ladite obligation. Elle lui permet ainsi de se retourner contre celui-ci. Quand de nombreux débiteurs sont mis en cause, chacun ne s'occupe que de la part qui lui incombe.

Dans l'administration en général et celle des douanes en particulier, l'action récursoire prend généralement la forme du paiement d'une condamnation pécuniaire infligée à un agent par un tribunal. Par la suite, l'administration va se retourner contre l'agent fautif pour récupérer tout ou partie de cette condamnation pécuniaire.

ACTION RÉSOLUTOIRE : procédure devant le tribunal en vue de faire prononcer la résiliation ou aussi la résolution d'un contrat.

ACTORI IN INCUMBIT PROBATIO : formule latine qui signifie que le demandeur doit fournir la preuve de ce qu'il invoque.

En matière de poursuite des délits de douane dans une procédure de saisie, ce principe ne s'applique pas. En effet, l'article 352 de CDC exige au saisi de fournir la preuve de sa non culpabilité. En plus, le CDC étend la tentative de délit au délit lui-même. Article 396 CDC. V. CONCORDANCE.

AD HOC: le sens de cette expression est : « à cet effet », « pour cela ». Elle est utilisée pour désigner une mission, un organe, un mandat...créés en raison de circonstances et situations particulières à un moment donné, pour fournir une solution appropriée à une question spécifique qui a motivé sa création.

AD VALOREM : le sens de cette expression latine est « à proportion de la valeur », « selon la valeur ».

La taxation douanière des marchandises est dite ad valorem lorsque le calcul de l'impôt s'effectue proportionnellement à la valeur de celles-ci.

En douane, la taxation ad valorem est très utilisée. Elle s'oppose à la taxation spécifique.

ADDITIONNELS (DROITS) : droits supplémentaires, droits ajoutés secondairement à une liquidation primitive.

ADJUDICATION : attribution d'un contrat de fourniture de biens et de services ou de construction d'un ouvrage. Procédure par laquelle un bien est attribué à la personne (adjudicataire) qui proposera pour un achat, le prix le plus élevé ou fera pour une œuvre à réaliser, l'offre la moins élevée à celui qui ouvre la compétition (adjudicateur). L'adjudication peut être ouverte (à tous les opérateurs) ou restreinte (réservée à certains opérateurs).

Termes voisins : adjudicatif, adjugé.

ADMINISTRATION DES DOUANES : service public de l'État ayant, entre autres responsabilités, la charge de participer à l'élaboration et à la mise en œuvre de sa politique en matière d'échanges commerciaux avec l'extérieur.

Ses activités se cristallisent autour de deux faisceaux de missions primordiales, mais pas exclusives : économiques (promotion du développement de l'espace économique) et fiscales (collecte des droits et taxes pour le budget). Elle participe à la défense et à la sécurité par une surveillance étroite du territoire.

Au Cameroun comme dans bon nombre de pays, elle est souvent désignée par « la douane » ou « les douanes ». Quelles pourraient être les causes de cette perception duale, variable et instable ?

D'après DAN BOUGA BOUKARI, Concepts et Pratiques professionnelles en Douanes, L'Harmattan, 2017, p.11 « il n'existe pas de données qui permettent de situer l'origine de la douane. On sait seulement qu'elle est aussi vieille que le commerce et qu'elle a connu des formes variées. » Il est dès lors difficile de trouver une réponse exacte à notre préoccupation.

Pour certains, « Douanes » proviendrait de la traduction littérale du terme anglais « Customs ». Ce qui pourrait permettre de parler d'Administration des « Douanes ».

En parcourant l'histoire médiévale de la France, le Professeur Jean Luc Albert, *Dictionnaire de Droit Fiscal et Douanier,* Ellipses, 2007 p. 21-22, a relevé des prélèvements obligatoires qui s'effectuaient aux limites des provinces qui formaient pourtant le royaume. Ceux-ci s'apparentaient d'une part à des droits de douane et d'autre part les services chargés de leur collecte, aux services de douanes : Lyon, Vienne, Sainte Colombe… C'est sans doute cette multiplicité de services autonomes, les uns des autres, qui a inspiré l'appellation au pluriel « Douanes ».

Par ailleurs, l'administration douanière en France créée par une loi de 1791 pour succéder à la Ferme Générale en France est dénommée : « Régie des douanes et des Impôts indirects ».

De plus le Pr Luc Albert, *Dictionnaire de Droit Fiscal et Dou*anier, Ellipses 2007 p. 21-22, relève que dès la fin de l'Ancien Régime l'administration douanière dispose au niveau opérationnel d'une organisation duale faite de bureaux et de brigades.

Les bureaux étaient habiletés à recevoir, vérifier les marchandises puis liquider et percevoir les droits et taxes y afférents. Les brigades étaient chargées de la prévention, de la recherche et de la répression de la contrebande.

C'est indubitablement la présentation séparée de ces deux services complémentaires qui continue de nourrir même de nos jours la représentation duale de la douane et conforte l'opinion dans la conception et le maintien de l'utilisation au pluriel du terme « Douanes ».

ADMISSION TEMPORAIRE : régime douanier par lequel des marchandises non communautaires sont importées en suspension totale ou partielle des droits et taxes, pendant une période définie au préalable, pour être utilisées temporairement et réexportées au terme du délai accordé.

ADPIC (ACCORD SUR LES) :Aspects des **D**roits de la **P**ropriété **I**ntellectuelle qui touchent au **C**ommerce (y compris les marchandises de contrefaçon). Accord repris dans l'Annexe 1C de l'Accord de Marrakech instituant l'OMC.

Son équivalent en anglais est **TRIPS**: **T**rade **R**elated Aspects In **I**ntellectual **P**roperty Right**S** (Included counterfeited goods).

Cet accord est signé en 1994 en tant qu'annexe de l'Acte fondateur de l'OMC. Il entre en vigueur le 1er janvier 1996. Cet Accord qui renforce la protection des droits de propriété intellectuelle a pour objectif principal d'intégrer les droits de propriété intellectuelle (droits d'auteur, de marques, de brevets…) dans le système commercial international GATT/OMC.

Son apport a été décisif dans la protection des droits de la propriété intellectuelle qu'il érige en principe admis par plus de 150 États membres de l'OMC. Il se penche entre autres sur le traitement national, le traitement de la nation la plus favorisée (la protection minimale), le maintien du régime du droit d'auteur pour protéger les programmes informatiques, le traitement de la protection des marques, des appellations d'origine, des dessins et modèles industriels, des secrets commerciaux, des schémas de configuration, des circuits intégrés, des procédés techniques.

AEO: Authorized Economic **O**perator.

V. OEA.

AÉRODROME : terrain ou plan d'eau aménagé pour l'atterrissage et/ou le décollage des aéronefs généralement équipé d'infrastructures conséquentes : pistes, hangar, atelier de maintenance...

AÉROGARE : bâtiment aménagé non loin de l'aérodrome en vue d'accueillir les passagers provenant d'aéronefs.

AERONEF : appareil se déplaçant dans les airs : hélicoptère, avion... Art 281 et 405 CDC. V. CONCORDANCE.

AÉROPORT : complexe aménagé (composé de pistes, de la tour de contrôle, de l'aérogare, de la zone de fret...) en vue de recevoir et de traiter le trafic aérien dans une localité donnée.

AÉROPORT DOUANIER : aussi appelé aéroport international ; aéroport ouvert au trafic international et doté d'un bureau des douanes. Art 89 et 148 CDC. V. CONCORDANCE

AFE : Accord international signé en 2013 à Bali en Indonésie, sous les auspices de l'OMC.

V. Accord sur la Facilitation des Échanges.

AFFERMAGE : technique d'exploitation centrée sur la location d'une terre, d'un droit, d'une rente...

Cette technique a inspiré sous l'Ancien Régime en France, la Ferme Générale qui est considérée comme l'ancêtre de l'Administration douanière.

AFFICHAGE : mode d'information, de publicité (des procès-verbaux de douanes, des informations) prévu par les articles 58, 302 al_2 du CDC V. CONCORDANCE.

Il est très sollicité en raison de son impact visuel.

Il peut se faire sur des panneaux ou d'autres surfaces par apposition temporaire de documents. Il peut être fixe : sur un mur, un battant de porte (c'est le cas prévu par le CDC), ou mobile sur un véhicule publicitaire; intérieur ou extérieur (cas prévu par le CDC).

L'aguichage ou teasing est également une technique d'information et de publicité qui consiste à diffuser un message publicitaire en vue de capter l'attention du public. Il n'est pas reconnu par le CDC.

AFFRÈTEMENT : (CONTRAT D') : contrat de location d'un navire, par lequel un armateur (fréteur) met à la disposition d'une personne (affréteur) un navire contre versement d'un loyer appelé « fret » ou « nolis » d'après des conditions figurant dans la charte-partie qui constitue le contrat d'affrètement.

Trois types de contrats s'offrent aux parties :

- l'affrètement à temps (charter time) : pour une période déterminée,
- l'affrètement au voyage (voyage charter) : pour une ou plusieurs opérations de transport,

- l'affrètement coque nue (beru boat) : mise à disposition pour un temps défini d'un navire sans armement ni équipage ou avec équipement et armement incomplets.

AFNOR (*ASSOCIATION* FRANÇAISE DE NORMALISATION) : créée en 1926, elle œuvre dans la normalisation, la certification, l'édition spécialisée et la formation-information.

Elle gère aussi bien les normes françaises (NF) que les normes étrangères.

AFRIQUE–CARAÏBES–PACIFIQUE (ACP) : on parle couramment des pays ACP.

Regroupement de 79 États avec la Communauté Économique Européenne(CEE), (devenue Union Européenne (U.E.)) créée à partir de la Convention de Lomé en 1975, ultérieurement modifiée à Yaoundé et Cotonou.

Ce regroupement vise le développement économique et social dans cet espace autour de trois axes:

- un accès préférentiel des produits originaires des ACP sur le marché européen ;
- création d'un mécanisme de stabilisation des prix des produits agricoles (STABEX) et miniers (SYSMIN) pour amortir les effets de la détérioration des termes de l'échange ;
- financement des programmes de développement par le Fonds Européen de Développement (FED) ou la Banque Européenne d'Investissements (BEI).

Les pays ACP sont ainsi localisés : 14 dans le Pacifique, 15 aux Caraïbes et 50 en Afrique.

AGCS : Accord **g**énéral sur le **C**ommerce et les **S**ervices.

Son équivalent en anglais : General Agreement on Trade and Service**(GATS)**

V. GATS.

AGENCE DE NORMALISATION : structure chargée d'élaborer des normes, de réaliser des certifications.

AGENCE DE NOTATION (RATING) : structure ayant pour fonction principale de fournir des éléments d'appréciation des risques ou de la fiabilité des produits financiers, des entreprises industrielles et financières, des économies, des États.

Elle réalise sa notation, selon des critères portant sur une variété de domaines : sociaux, éthiques, financiers, écologiques...

Ses résultats s'expriment de manière variée : soit par des lettres A (AAA le triple A étant la meilleure note) B, C et D (étant la note la plus risquée) ; soit par des chiffres : 1,2,3, soit par une note alphanumérique (lettres et chiffres).

Depuis les années 2000, trois agences dominent cette profession : Moody's, Standard and Poor's et Fitch Rating.

AGENCE EN DOUANE (CUSTOMS CLEARING AGENCY) : entreprise privée servant d'interface entre les acteurs du commerce extérieur et les administrations publiques et privées concourant au dédouanement des marchandises.

Son activité est d'accomplir pour autrui, contre rémunération, les formalités de dédouanement des marchandises.

Elle correspond à la profession de Commissionnaire en Douane Agréé (CDA) en zone CEMAC. Art 113 CDC. V. CONCORDANCE.

AGENCE NATIONALE D'INVESTIGATION FINANCIÈRE (ANIF) : organisme public camerounais chargé de lutter contre le blanchiment des capitaux et le financement du terrorisme.

AGENCE POUR LA SÉCURITÉ DE LA NAVIGATION AÉRIENNE EN AFRIQUE ET A MADAGASCAR (ASECNA) : créée le 12 décembre 1959 par la Convention de Saint Louis (Sénégal), elle est un organisme international régi aujourd'hui par la Convention de Dakar révisée en 2010. Elle couvre un espace aérien de 16.100.000 km^2. Elle fournit à ses membres divers services qui concourent à la sécurité de la navigation aérienne, notamment des prestations de navigation aérienne dans l'espace aérien, de météorologie aéronautique, de lutte contre l'incendie, l'exploitation et la maintenance des systèmes de communication, de navigation, de surveillance et de gestion du trafic aérien. Elle compte 18 membres : Bénin, Burkina, Cameroun, Centrafrique, Comores, Congo, Côte d'Ivoire, France, Gabon, Guinée Bissau, Guinée

Équatoriale, Madagascar, Mali, Mauritanie, Niger, Sénégal, Tchad, Togo.

AGENT CONSULAIRE : terme générique pour désigner le consul, une personne physique envoyée par un État accréditant dans un État accréditaire pour exercer des fonctions administratives, commerciales, logistiques. La Convention de Vienne sur les relations consulaires lui reconnaît des privilèges dont il convient de tenir compte dans la procédure de dédouanement.

Il existe des consuls de carrière (généralement formés au droit diplomatique, aux relations internationales...) et des consuls honoraires (ne provenant pas forcément des sphères de la diplomatie, mais sortant plutôt du monde des affaires).

V. La Convention de Vienne sur les relations consulaires du 24 avril 1963, entrée en vigueur le 19 mars 1967.

AGENT DE DOUANES (CUSTOMS OFFICER) : terme générique utilisé pour désigner le personnel de l'administration des douanes, sans acception de leurs qualités ou de leurs grades.Art 62, 69, 70, CDC. V. CONCORDANCE.

AGENT DIPLOMATIQUE : terme générique pour désigner l'ambassadeur, une personne physique accréditée par son pays pour le représenter auprès du pays d'accueil afin de développer des relations harmonieuses et mutuellement bénéfiques au plan économique, scientifique, culturel...

Dans les ambassades du Cameroun, le personnel diplomatique professionnel se compose de l'ambassadeur, des conseillers, des ministres plénipotentiaires, des chargés d'affaires...

Le statut, les immunités et privilèges du personnel diplomatique sont définis par la Convention de Vienne de 1963. Il faut en tenir compte dans la procédure de dédouanement.

AGENT EN DOUANE (CUSTOMS CLEARING AGENT) : employé d'une agence en douane, d'un commissionnaire en douane agréé, déclarant.

AGENT MARITIME : personne (physique ou morale) basée dans un port ou dans une ville loin du littoral, mandatée par un ou plusieurs armateurs de lignes régulières pour négocier des contrats de transport, émettre et signer les connaissements correspondants...

AGIOS : frais prélevés par la banque sur ses clients en rémunération des services qu'elle leur rend.

AGRÉAGE : vérification des qualités d'une marchandise, commandée par un acteur du commerce extérieur (un importateur ou un exportateur) à un mandataire (un expert ou une société de surveillance) auprès d'un fournisseur étranger.

Cette opération vise à s'assurer de la conformité du chargement à embarquer à la commande ainsi qu'aux termes du contrat commercial (quantité, qualité, nature de la marchandise…).

AIRE DE DÉDOUANEMENT : espace ouvert, terre-plein et préalablement agréé par les services douaniers, pour servir au stockage de certaines marchandises. Il s'agit généralement de marchandises pondéreuses, encombrantes… en attente d'une destination douanière. Art 106 à 109 CDC. V. CONCORDANCE.

AJUSTEMENT : redressement, retouche, correction d'une valeur, d'un montant.

ALÉA : risque, évènement imprévisible, incertain : aléa judiciaire.

ALENA : ACCORD DE LIBRE-ÉCHANGE NORD-AMERICAIN en anglais **NORTH AMERICAN FREE TRADE AREA (NAFTA)**

Date de création: 1er janvier 1994 et renouvelé le 30 novembre 2018.

Membres: Canada, USA, Mexique

Objectifs: l'ALENA a pour but d'ouvrir les marchés et de faciliter les échanges commerciaux entre les trois membres, en levant les obstacles (tarifaires…) au commerce. Population: 494 millions d'habitants. Superficie: 21.500.000 km2.

ALICAMENT : néologisme formé avec « aliment » et « médicament ».

Produit alimentaire dans lequel des nutriments (oméga 3, magnésium, vitamines…) ont été additionnés pour prévenir ou traiter des maladies. Ils ne sont pas des médicaments.

Il se matérialise à travers les additifs et compléments alimentaires.

ALIÉNATION : affectation de la propriété, transmission de la propriété d'un bien d'une personne à une autre. Elle est consécutive à un acte juridique. La saisie douanière d'une marchandise ne constitue pas ipso facto un acte d'aliénation de celle-ci. Il faut suivre une procédure pour y parvenir.Articles 368 et 369 CDC. V. Tableau de concordance.

ALLÈGE : petit bateau utilisé pour le transport des marchandises intervenant essentiellement dans le pré ou le post-acheminement.

ALLOTISSEMENT (DES MARCHANDISES) : classement méthodique des marchandises dans un magasin ou un entrepôt, selon des critères variables : lots, références…

ALTÉRATION DES EXPÉDITIONS : modification, surcharge, suppression, falsification, adjonction de mentions d'un document, d'une expédition. Elle constitue un acte répréhensible selon le CDC, articles 303 et 400. V. Tableau de concordance.

ALTER CONSOMMATEUR : consommateur adepte de l'alter mondialisme dont les préférences sont attachées à des valeurs alternatives à celles charriées par la mondialisation à savoir : le commerce équitable, le commerce éthique, l'éco commerce, le commerce des biens usagés, la vente directe du producteur au commerce, les coopératives des consommateurs…

ALTER MONDIALISME (ALTER MONDIALISATION) : ce terme d'origine belge a été précédé par celui d'antimondialisation/antimondialisme qui semblait plus agressif et même extrémiste.

Mouvement social mondial se revendiquant réformiste. Il milite pour une mondialisation intégrant des considérations éthiques et équitables.

Il transcende les frontières et les obédiences politiques pour réunir de types variés d'acteurs : paysans des pays en développement, intellectuels réformateurs dans les pays développés, syndicalistes, associations de protection des consommateurs…

Ses revendications s'articulent autour d'une thématique variée, entre autres : la réforme en vue d'un fonctionnement plus démocratique des institutions financières internationales : FMI, BM, la protection de l'environnement à travers des initiatives comme le protocole de KYOTO, la promotion du commerce équitable, l'annulation de la dette des pays du tiers-monde.

AMARRER : dans le langage de la marine, il s'agit de jeter l'ancre; s'arrêter parlant d'un navire.

AMBASSADE : service public d'un État accréditant installé en permanence sur le territoire d'un État accréditaire pour assurer sa représentation officielle.

Elle est généralement implantée dans la ville où se trouve le souverain et joue un double rôle diplomatique et politique.

Elle se distingue ainsi du consulat qui joue essentiellement un rôle administratif et économique. En plus, ce dernier peut être implanté hors de la capitale politique et même dans plusieurs villes du même pays.

L'ambassade est dirigée par un ambassadeur (art 216 CDC) V. TABLEAU DE CONCORDANCE.

V. Convention de Vienne de 1961 sur les privilèges diplomatiques.

AMENDE DOUANIÈRE : sanction pécuniaire/somme d'argent versée à l'administration douanière par une personne ayant enfreint la législation douanière ou toute autre législation dont l'administration des douanes a la charge de l'application. Elle intervient pour clôturer la procédure transactionnelle douanière.

Rappelons que c'est dans le seul cadre transactionnel que la douane peut fixer une amende modulable pour clôturer le règlement administratif d'un litige douanier. Hors de ce cadre, elle ne peut réduire les amendes. Elle ne peut fixer que des amendes dont les montants correspondent rigoureusement à ceux indiqués par le CDC.

L'amende douanière, bien que discrétionnaire, ne doit pas être arbitraire. Elle revêt un double caractère pénal et indemnitaire. C'est dire que l'amende douanière est conçue comme une sanction à l'encontre du fautif et une réparation pour l'administration qui déploie beaucoup de moyens pour lutter contre la fraude, la contrebande et la contrefaçon.

L'amende de principe est une amende très allégée, voire très symbolique au regard de la sanction prévue. Elle n'est pas simplement une amende arbitrairement minorée.

V. Transaction douanière.

AMENDEMENT : projet de modification d'un texte juridique, d'une loi et la modification elle-même.

AMEX : AMerican Stock **EX**change

AMIABLE COMPOSITEUR : arbitre désigné par les parties pour trancher un litige sans se soumettre obligatoirement et rigoureusement aux règles de droit et de procédure, mais en se laissant guider par l'équité et l'intérêt des parties.

Arbitre guidé par l'amiable composition.

AMIABLE COMPOSITION : forme d'arbitrage dans laquelle la recherche de solutions est prioritairement guidée par l'équité et les intérêts des parties en présence et non le respect strict du droit.

AMONT (PÉTROLIER) : dans la gestion fiscale notamment, des activités des sociétés pétrolières au Cameroun, le secteur amont regroupe les actions et les opérations se rapportant à la prospection, à la recherche et à l'exploration du pétrole. V. Aval (pétrolier)

AMORTISSEMENT : échelonnement comptable de la dépréciation de la valeur d'un élément d'actif, depuis son acquisition jusqu'à sa disparition.

ANALYSE COMPARATIVE : désignée en anglais par benchmarking.

V. Benchmarking.

ANALYSE DE DONNÉES : technique statistique qui consiste à collecter de nombreuses données et à procéder à divers croisements pour mieux les étudier.

ANALYSE DE RISQUES (DOUANIERS) : examen judicieux des informations recueillies sur une situation donnée pour mesurer l'acuité, la pertinence et la fréquence des risques susceptibles de survenir ainsi que les conséquences ravageuses qui pourraient en découler.

Après identification des risques douaniers, leur analyse consiste à les évaluer et les classer afin d'établir un ordre de priorité dans leur traitement. L'analyse des risques s'assimile concrètement à leur évaluation. L'évaluation du risque est la phase qui permet d'explorer d'une part les probabilités de survenance ou leur fréquence et d'autre part la gravité du risque, l'ampleur des dégâts en termes financiers ou non, sur le plan fiscal, financier, environnemental, stratégique…

V. Jean-Paul LOUISOT : Gestion des risques, 2è édition, Afnor Éditions 2014, p.5.

ANALYSE DES RISQUES (RISK ANALYSIS) : examen judicieux et systématique des informations recueillies sur une situation donnée pour apprécier, mesurer l'acuité, la pertinence, la fréquence, l'occurrence et l'ampleur des risques ainsi que leurs probables conséquences sur des opérations douanières.

Elle vise en fait un objectif majeur : l'évaluation la plus exhaustive possible des conséquences dommageables de l'aléa sur l'atteinte des objectifs de la structure ciblée.

Notion traitée au Chapitre 6 de la Convention de Kyoto Révisée (CKR).

ANASE : ASSOCIATION DES NATIONS DE L'ASIE DU SUD-EST (ANASE) en anglais **ASSOCIATION OF SOUTH EAST ASIA NATIONS (ASEAN)**

Date de création : 8 août 1967 par la Déclaration de Bangkok. Siège : Jakarta

Membres : États fondateurs : Indonésie, Malaysia, Philippines, Singapour et Thaïlande ; les autres membres : Brunei (1984), le Vietnam (1995), la Birmanie, le Laos (1997) et le Cambodge (1999).

Objectifs: Elle vise à augmenter les investissements dans la région, à poursuivre la libéralisation des économies des pays membres et réduire systématiquement les barrières douanières en vue d'accélérer la croissance économique, le progrès social et le développement culturel de la région.

Population: 620 millions d'habitants en 2013.

ANCRE (JETER L') : langage de la marine : s'arrêter, s'agissant d'un bateau.

ANGLETERRE : un pays des îles britanniques, membre du Royaume-Uni, qui est formé en plus d'elle, de l'Écosse, du Pays de Galles et de l'Irlande du Nord. Terrain d'échanges multiculturels modernes et attractifs pour le commerce et les arts. Pays de Shakespeare et des Beattles.

Londres est la capitale de l'Angleterre.

V. Royaume Uni et Grande-Bretagne.

ANIF : V. Agence Nationale d'Investigation Financière

ANIMALERIE : commerce en détail des animaux vivants et des produits pour animaux.

ANNUITÉ : tranche annuelle d'un amortissement d'admission temporaire spéciale(ATS), du remboursement d'un emprunt.

Redevance annuelle que verse le titulaire d'un titre de propriété intellectuelle à l'organisme de protection. Le non-paiement de celle-ci peut donner lieu à la déchéance dudit titre.

ANNULATION (D'ACTE JURIDIQUE) : anéantissement rétroactif d'un acte juridique ayant violé les Conditions de formation d'existence, de validité dudit acte.

Elle peut être totale ou partielle. Cette mesure peut provenir de l'administration ou de la justice.

Elle diffère de l'abrogation dont l'origine est exclusivement administrative.

ANNULATION DE DÉCLARATION (DE DOUANE) : fait de supprimer une déclaration dans le système d'information des services douaniers. Cette procédure est encadrée.

V. article 163 CDCR.

ANOMIE : absence de réglementation, de règle. Situation de vide juridique.

ANOR : Agence chargée des normes et de la qualité au Cameroun. Elle gère des normes camerounaises et des normes étrangères.

ANSI (AMERICAN NATIONAL STANDARD INSTITUTE) : Agence fédérale américaine en charge de la normalisation. Elle coiffe 250 agences de normalisation.

Lever l'ancre : partir, pour un bateau, appareiller.

ANTIDATER : apposer une fausse date, antérieure à la véritable date d'un acte.

Postdater : apposer une fausse date, postérieure à la véritable date d'un acte.

Ces agissements constituent des fraudes graves en matière de rédaction des procès-verbaux de douane et d'administration de la preuve.

ANTI DUMPING (DROITS) : articles 11, 12, 18 CDC V. TABLEAU DE CONCORDANCE, droits complémentaires visant à rétablir la concurrence sur des produits ayant fait l'objet de dumping. Ils ne sont pas fixés par les services douaniers lors de l'évaluation des marchandises ou lors des contrôles.

Au Cameroun, une procédure appropriée, déclenchée par le ministère chargé de l'industrie, est prévue pour rétablir le jeu de la concurrence, lorsque ce dernier est rompu par le dumping.

V. Dumping.

ANTIMONDIALISME : terme ayant précédé celui d'alter mondialisme et abandonné à cause de son radicalisme.

Mouvement dont l'objectif était de s'opposer à la mondialisation. Son idéologie était dominée par le conservatisme, voire l'extrémisme.

ANTIQUAIRE : marchand d'objets d'art et de décorations.

APÉRITIF : (du latin médiéval aperitivus de aperire : ouvrir) boisson alcoolique ou à base de vin servi avant le repas en vue d'ouvrir l'appétit. Les apéritifs sont généralement des vins fortifiés, des alcools plus forts et des bitters : exemples Pastis, Campari, Amer Picon, Dubonnet, Xérès, Champagne sec…

APPAREILLER : dans le langage de la marine : partir, lever l'ancre, s'agissant d'un bateau.

APPARIEMENT : technique commerciale de vente de marchandises par lots en réduisant les prix ou pas. Elle ne devrait pas aboutir à une réduction injustifiée de la valeur en douane des marchandises importées.

APPEL : voie de recours ouverte aux justiciables en vue de faire réexaminer un jugement rendu en premier ressort, devant une cour d'appel afin d'obtenir éventuellement son annulation ou sa reformation. Art 340, 344, 355, 361, 365 à 368 CDC. V. CONCORDANCE

Celui qui forme l'appel est l'appelant et celui contre lequel l'appel est formé est l'intimé.

Expressions voisines : jugement frappé d'appel, interjeter appel, partie appelante.

APPEL D'OFFRES : mode de sélection concurrentielle d'un cocontractant notamment de l'administration ou d'un organisme public sur la base de critères objectifs et précis préalablement portés à la connaissance de tous les soumissionnaires. Le critère couramment retenu est le rapport qualité/prix.

Il peut être ouvert ou restreint, national ou international.

V. Adjudication.

APPEL EN GARANTIE : recours au garant dans une procédure administrative ou judiciaire déjà engagée. Introduction forcée d'un tiers dans un procès déjà engagé, à la demande d'une partie pour que celui-ci soit condamné à sa place ou bien que la sentence lui soit applicable.

Mécanisme par lequel le bénéficiaire d'une garantie fait intervenir celle-ci pour couvrir les engagements souscrits par le redevable défaillant.

APPELLATION : dénomination courante, désignation usuelle d'une marchandise, d'un service.

APPELLATION D'ORIGINE : indication relative au lieu géographique dont est issu un produit, où est fabriqué ou même récolté un produit. De manière générale, ce lieu géographique fait implicitement référence à une valeur ajoutée particulière.

APPELLATION D'ORIGINE CONTRÔLÉE (AOC) : désignation d'un produit en référence à un lieu géographique dont des facteurs naturels, écologiques, historiques, humains...constituent un atout qualitatif particulier, potentiel ou réel.

Le label AOC est créé en France en 1919 pour les produits laitiers et alimentaires : huile de lavande, noix de Grenoble... Les vins suivront cette procédure de labellisation en France en 1935.

Sont éligibles à une AOC, les produits agricoles, forestiers ou alimentaires, les produits de mer, bruts ou transformés dont la production est soumise à une réglementation stricte faite par exemple d'habilitation préalable des opérateurs, d'inspections et contrôles de production...

Ce label français ne garantit pas la qualité d'un produit, mais témoigne surtout du lien existant entre le lieu géographique et ce produit.

APPELLATION D'ORIGINE PROTÉGÉE (AOP) : label européen attribué à un produit fabriqué, transformé, obtenu dans une zone géographique dont les méthodes de fabrication, le savoir-faire, l'environnement...sont généralement reconnus favorables et typiques.

Son fonctionnement se rapproche de l'AOC française.

APPOSITION DES SCELLES : (Art. 111 CDCR) installation par l'administration d'un dispositif de scellement sur un bien ou un contenant, pour indiquer son exclusion à l'usage courant.

Opération délicate, car pouvant déclencher ou même précipiter une action judiciaire. Par conséquent, il convient de respecter toutes les exigences légales.

V. mettre sous-main de justice.

APPRÉHENDER (UN FRAUDEUR) : interpeller , arrêter, priver de liberté, capturer.

APRÈS-VENTE (SERVICE) : SAV

V. Service Après-Vente

APUREMENT : acte juridique posé par l'administration des douanes ou par l'acteur du commerce extérieur qui consiste à suivre, vérifier le déroulement d'une procédure jusqu'à son dénouement par des recoupements successifs. Il peut être total ou partiel.

Son objectif vise la mise en conformité d'une opération avec les engagements initialement souscrits.

On parle souvent en douane de l'apurement d'un sommier, d'un régime douanier, d'un manifeste...

APURER : effectuer le suivi ; suivre la régularisation, le solde, l'évolution dans le cadre du déroulement d'une procédure ; contrôler l'exécution d'une procédure par le recoupement documentaire, par la réconciliation des données jusqu'à son terme.

ARBITRAGE : mode de règlement de litiges alternatif à la justice rendue par les tribunaux et cours de l'État. D'autres variantes du mode alternatif de règlement des conflits sont : la médiation et la conciliation.

L'arbitrage est largement utilisé dans le cadre des contrats d'affaires et des litiges internationaux. Il intervient généralement entre des opérateurs qui ont un litige, mais qui souhaiteraient poursuivre leur collaboration au-delà du litige. Il présente un double avantage de célérité et de discrétion.

Dans ce mode de règlement de litiges, les parties désignent pour statuer, un ou des juge(s)qui ne sont pas forcément des magistrats des tribunaux et cours, mais des personnes choisies et rémunérées par elles. Elles sont appelées arbitres.

La réalisation de l'arbitrage est précédée par l'existence d'un compromis d'arbitrage préalablement élaboré qui indique que les parties s'accordent à recourir à l'arbitrage, à des arbitres ou à un tribunal arbitral ainsi que des modalités de mise en œuvre.

Le recours à l'arbitrage par les parties peut intervenir :

- soit avant l'apparition d'un litige en insérant dans le contrat une clause compromissoire.
- soit après l'apparition d'un litige en négociant entre elles un compromis d'arbitrage.

Les parties fixent ainsi ses conditions, ses limites, son objet, sa durée… ainsi que les obligations des membres.

Termes proches : arbitrer, arbitral, compromettre, compromis, compromissoire.

ARBITRE : personne privée désignée comme juge par les parties pour trancher un litige qui les oppose. Elles peuvent en désigner autant qu'elles le souhaitent.

L'arbitre n'est pas forcément un magistrat. Il peut être ou non, un spécialiste du droit, un expert de la matière du litige, un professionnel aguerri… Il peut être enregistré ou pas comme tel auprès d'un centre d'arbitrage. Il peut être choisi par les parties pour ses qualités : sagesse, droiture…son parcours professionnel : hommes d'affaires de renom…

L'arbitre peut juger en droit ou en équité. Quand il se fonde sur l'équité et la logique qui prévaut dans le secteur, l'arbitre agit en « amiable compositeur ».

Dans tous les cas, l'arbitre doit respecter un minimum de règles applicables lors de toute procédure juridictionnelle : principe du contradictoire, respect des droits de la défense… L'arbitre peut prescrire des mesures d'instruction telles que des enquêtes, descentes sur le terrain, l'expertise…

Au terme de ses investigations et de son appréciation du litige, l'arbitre ou l'équipe d'arbitres rend une décision dénommée la sentence arbitrale. Elle a l'autorité de chose jugée. Elle doit comporter un dispositif et être motivée. Elle produit entre les parties, les effets d'un jugement rendu par une juridiction étatique. Elle est revêtue de la force exécutoire lorsqu'elle a obtenu l'exequatur. Exequatur qui peut faire l'objet du recours en annulation ou en opposition.

La sentence arbitrale est susceptible d'appel et de pourvoi en cassation.

ARCHIVE : document conservé.

ARGUER : prétexter, affirmer au cours d'une discussion.

ARGUMENT : moyen utilisé pour soutenir une prétention, un raisonnement, une construction intellectuelle.

Termes proches : argumenter, argumentaire, argumentation.

ARMAGNAC : eau-de-vie de vin du pays d'Artagnan (sud-ouest de la France). Son goût est corsé et fort. Il est présenté dans des bouteilles assez particulières : flacons plats, arrondis au cou allongé. Elles sont généralement appelées bouteilles basques ou « basquaises.» Le meilleur armagnac provient d'un sol sablonneux avec un climat plus rigoureux. Les méthodes de distillation et de maturation du cognac et de l'armagnac diffèrent.

L'indication VSOP (Very Superior Old Pale) est portée sur certaines bouteilles d'armagnac ou de cognac révélant une relative ancienneté, vieillesse. Mais le sens de celle-ci n'est pas à assimiler au millésime porté sur les bouteilles de vin.

ARMATEUR : personne physique ou morale opérant dans le transport maritime, utilisant un navire pour la navigation commerciale. L'armateur peut être le propriétaire du navire ou l'affréteur, si le contrat d'affrètement l'a prévu ainsi.

L'armateur peut être le propriétaire du navire ou l'affréteur, si le contrat d'affrètement l'a prévu.

ARME : objet, instrument pouvant être utilisé par une personne physique pour attaquer ou pour se défendre.

Elle peut être rangée dans plusieurs catégories :

- arme blanche: n'utilisant pas la poudre pour fonctionner. Ex : poignard, couteau, épée, matraques…

- arme factice ou simulée : objet présentant une ressemblance avec les armes à feu et utilisé pour menacer de tuer ou de blesser.
- arme par destination : objet susceptible de présenter, de créer le danger et d'être utilisé comme une arme : bâton, fourchette, pierre, clé de mécanicien…
- arme à feu : arme fonctionnant à poudre : fusil, revolver…
- arme par nature : objet conçu pour blesser ou tuer. C'est le cas des armes à feu et les armes blanches.

Mais sont assimilées aux armes par nature les armes par destination et les armes factices ou simulées. Elles sont utilisées pour menacer, blesser et même tuer.

L'utilisation d'un animal pour menacer, blesser et/ou tuer est assimilable à l'usage d'une arme.

V. Trafic d'armes

ARMEMENT : terme du transport maritime qui désigne l'ensemble des matériels nécessaires à la sécurité, au fonctionnement, à l'exploitation et à la navigation d'un bâtiment, d'un navire. Quand ces équipements sont fournis, on parle d'armer un navire. Dans ce sens, celui qui arme et exploite un navire est considéré comme un armateur.

Il constitue une préoccupation centrale dans les contrats d'affrètement.

Flotte composée par des navires appartenant à une compagnie maritime. Un armement national se compose de la flotte d'une ou des compagnies maritimes d'un État.

ARRAISONNEMENT : inspection effectuée par des agents de douanes à bord d'un navire dans le but de s'assurer de la justesse des informations portant sur la cargaison et le navire qui veut accoster.

ARRAISONNER (UN NAVIRE) : fait pour des agents de douanes d'arrêter un navire, de monter à bord pour procéder à une visite douanière.

ARRESTATION : acte juridique pris dans le cadre de la police judiciaire privant un individu de sa liberté dans le but de le conduire devant une autorité compétente.

V. Appréhender, capturer art 298, 307 CDC.V. TABLEAU DE CONCORDANCE

ARRHES : sommes versées à la commande d'un bien ou d'un service pour garantir l'objet d'une transaction, d'un contrat ou l'exécution d'une prestation.

Chaque partie peut revenir sur son engagement, mais cette décision s'accompagne de conséquences particulières : l'acheteur qui n'honore pas son engagement peut perdre tout ou partie de son versement et le vendeur qui se soustrait à son engagement peut être tenu à la restitution du prix ou du double du prix.

En cela, elles diffèrent de l'acompte.

ARRIÈRE-BOUTIQUE (BACK OFFICE) : activités déployées loin du comptoir d'accueil. Sa finalité est d'apporter du soutien à l'activité principale qui se déroule au comptoir.

ARRIMAGE : Opération(s) matérielle(s) déployée(s) pour pouvoir fixer solidement des marchandises dans les navires en vue de limiter, voire supprimer les mouvements de celles-ci pendant le voyage.

ARTICLE : la plus petite unité de marchandise vendue dans un magasin. Il s'oppose à un lot, à une gamme, à un assortiment.

Sous-ensemble de produits rassemblés selon leur usage, selon des habitudes de consommation ou même selon la culture. Exemples :

- articles de sport : constitués du regroupement des vêtements et d'autres accessoires associés à la pratique du sport, des activités de pêche et de camping. Dans la nomenclature canadienne, les armes à feu et leurs munitions sont classées parmi les articles de sport.
- articles de friperie concernant non seulement les vêtements et les chaussures, mais également les accessoires de l'habillement que sont : les chapeaux, les ceintures, les sacs à main…

Le système harmonisé(SH) envisage d'introduire dans la nomenclature d'autres catégories d'articles : article environnemental…

ARTISANAT COMMERCIAL : notion utilisée par l'alter mondialisme visant à mettre en valeur certaines professions placées sous l'éteignoir par l'industrie : exemple la charcuterie, la boulangerie, la pâtisserie…

ASEAN: Association of **S**outh **E**ast **A**sian **N**ations

V. ANASE.

ASECNA : V. Agence pour la Sécurité de la Navigation Aérienne en Afrique et à Madagascar.

ASSEMBLAGE : montage.

ASSENTIMENT : accord, approbation. Exemple : …si ce projet rencontrait votre assentiment, je vous suggère d'apposer votre signature au bas du document qui vous est soumis…

ASSERMENTÉ : personne ayant prêté serment (témoin, agent de l'administration, membres des professions libérales) et qui reçoit ainsi une habilitation à poser des actes d'une valeur probante particulière et rehaussée au regard de la loi.

ASSERTOIRE : relatif au serment.

ASSESSEUR : aide, suppléant, assistant.

ASSIETTE (DE L'IMPÔT) : matière sur laquelle le calcul de l'impôt va se fonder. Éléments constituant la base sur laquelle la taxation est fondée. Asseoir l'impôt revient à rassembler les éléments, la matière à considérer en vue de procéder au calcul des taxes prévues pour le dédouanement d'une marchandise.

En matière douanière, la détermination de l'assiette correspond à la détermination de la valeur en douane en vue de la taxation.

Dans un système déclaratif d'impôts, l'assiette de l'impôt est déclarée par le redevable, et les services d'assiette ont la charge de la vérifier.

ASSIGNATION EN JUSTICE (en anglais, SUMMON) :

Acte de procédure notifié par un huissier de justice à l'initiative d'un demandeur qui informe son destinataire de l'ouverture contre lui d'une procédure et qui l'invite à venir se défendre devant la juridiction et à la date indiquée. Art 340 et 344 CDC V. TABLEAU DE CONCORDANCE.

Un justiciable assigne, attrait ou cite en justice un autre justiciable. Ainsi pris, attraire et assigner ont le même sens. Mais, attraire revient à assigner devant une juridiction autre que celle normalement territorialement compétente, mais plus avantageuse pour le demandeur.

Déférer ou traduire une personne en justice revient à faire venir une personne ou une affaire devant une autorité compétente : judiciaire ou administrative.

Termes proches : attraire, citer, déférer, traduire.

ASSIGNER (UN RÉGIME DOUANIER) : choisir, affecter, retenir un régime douanier.

ASSIMILATION : confusion ; fiction juridique consistant à appliquer légalement le traitement d'une marchandise X à une marchandise H en sachant bien qu'elles sont différentes.

ASSISES (COUR D') : juridiction compétente en France qui connait des crimes.

« Assises » n'est pas à confondre avec « accises » qui sont des droits indirects.

ASSISTANCE MUTUELLE ADMINISTRATIVE (en anglais MUTUAL ADMINISTRATIVE ASSISTANCE) : mécanisme de coopération réciproque entre des administrations douanières qui permet d'échanger des informations ou des données pour mieux observer, comprendre et analyser des phénomènes transnationaux. Ce mécanisme s'exerce dans un cadre préalablement convenu par les États : définissant la cadence, l'étendue, les modalités, les responsables, les habilitations…

Elle peut être nationale, régionale ou internationale.

Au niveau de l'OMD, elle correspond au mécanisme conventionnel prévu pour permettre un échange de données entre administrations douanières, même sans réciprocité, dans l'optique de prévenir, rechercher, constater et réprimer les fraudes et trafics illicites, transnationaux, multinationaux ou internationaux.

V. Acte 9-94-UDEAC-600-CE-30 du 22 décembre 1994 approuvant le Protocole d'Assistance Mutuelle Administrative.

Convention de Nairobi de 1977 et Johannesburg de 2003 (Convention internationale d'assistance mutuelle internationale en matière douanière).

ASSISTANCE TECHNIQUE : expertise, aide technique, apportée par une personne physique ou morale dotée d'un savoir-faire incontestable à une autre personne ou structure dans le besoin.

ASSISTANCE TÉLÉPHONIQUE (HOT LINE) : numéro téléphonique d'urgence fourni par une entreprise ou un organisme à sa clientèle ou à son public (potentiel ou réel) dans le but de l'assister à obtenir des renseignements utiles pour l'acquisition, l'utilisation, l'entretien, le dépannage…de ses produits High Tech, de ses services ou ceux de son réseau.

Ce numéro dit « numéro vert » est généralement gratuit pour les appelants.

ASSORTIMENT : mode de présentation de certaines marchandises par lequel des produits proposés à la vente sont groupés selon une logique décidée par le vendeur ou demandée par la clientèle. Le classement tarifaire des marchandises présentées en assortiment se fait en application des Règles Générales d'Interprétation (RGI) du Système Harmonisé de désignation et de codification des marchandises

ASSOCIE : personne ayant acquis des parts dans le capital d'une Société à Responsabilité Limitée (SARL) ou des actions dans une Société Anonyme (S.A).

ASSUJETTI : contribuable soumis au respect de certaines obligations en matière de contributions directes.

ASSURANCE (MARITIME, TRANSPORT): activité économique consistant à garantir la protection contre certains risques d'une autre activité afin de procéder à l'indemnisation des dommages que la réalisation desdits risques pourrait causer aux personnes et/ou aux biens assurés.

Pour affiner l'analyse et la gestion des risques, la profession d'assureur collabore avec celle de l'actuariat.

ASSURÉ : personne (physique ou morale) bénéficiaire de la couverture du risque endossé par l'assureur.

ASTREINTE : art 416 CDC V. TABLEAU DE CONCORDANCE.

Ce terme peut se comprendre en douane sous deux angles :

Période pendant laquelle un agent de Douanes est soumis à des exigences particulières et doit se tenir prêt à exécuter un service, une mission en dehors des heures légales et régulières de travail ou hors des lieux officiels de travail : Personnel d'astreinte.

Sanction pécuniaire et contrainte administrative. Elle est prononcée par le juge. Son effet est d'anéantir la diversion, la mauvaise foi, le dilatoire, l'inertie ou la rébellion d'un usager de la Douane. En effet, lors d'un contrôle douanier, de telles manœuvres peuvent aboutir au ralentissement, voire à la paralysie de l'action de l'administration douanière.

Elle se distingue de la sanction pécuniaire douanière applicable en cas de refus de communication de documents. Mais les deux peuvent être cumulées.

L'astreinte est journalière. Elle consiste dans le paiement par jour de retard dans la communication des documents exigés d'une somme d'argent dont le plancher est fixé à 100.000 (cent mille francs) par le CDC au profit de l'administration douanière.

Sa levée fait l'objet d'une liquidation préalable. Exemple : Un opérateur est condamné à une astreinte journalière fixée à 100.000 par le juge. Cet opérateur décide cinq jours après sa condamnation de communiquer les documents exigés. Alors, il paiera au préalable pour lever l'astreinte 5x 100.000= 500.000 FCFA. Ensuite, il s'acquittera du montant de l'amende fixée éventuellement, pour opposition aux fonctions avant la réception desdits documents par les services douaniers.

C'est après ces paiements qu'il faut envisager soit le démarrage, soit la poursuite du contrôle.

A.T.A (Contraction de 2 expressions : Admission Temporaire et Temporary Admission) : convention internationale signée le 06 décembre 1961 à Bruxelles. Elle instaure la libre circulation de certaines marchandises en franchise de tous droits et taxes sur le territoire de tous les États signataires. Le carnet ATA qui prend la forme d'un carnet à feuilles détachables, remplace alors les documents douaniers exigibles dans les procédures d'exportation temporaire, de ré exportation, de transit, de ré importation des pays d'émission ou d'utilisation.

ATM (AUTOMATED TELLER MACHINE) : acronyme à prononcer en anglais. Borne utilisant une carte bancaire en vue de la distribution des billets de banque.

V. G.A.B et DAB

ATTAC (ASSOCIATION POUR LA TAXATION DES TRANSACTIONS FINANCIÈRES POUR L'AIDE AUX CITOYENS) : organisation d'inspiration altermondialiste créée en 1998. Son objet est de proposer à la place de la logique libérale installée par la mondialisation d'autres alternatives sur des problématiques variées : d'ordre démocratique, écologique, financier, social…

Elle lutte principalement pour la rétrocession aux citoyens de leur pouvoir confisqué par les milieux financiers : au plan politique, économique, socioculturel…

Elle compte de nombreux adeptes dans divers pays et s'exprime à travers l'organisation des grandes conférences mondiales à l'instar du Forum de Porto Alegre (Premier forum social mondial)…

ATTRACTIVITÉ : degré d'attraction exercée par un pays sur des acheteurs, des investisseurs au regard de son positionnement sur le marché, de son potentiel fait d'avantages concurrentiels avec d'autres pays en compétition… Les mesures d'attractivité visent à faire venir des clients, des acheteurs, des investisseurs.

AUDIENCE : séance d'une juridiction. Elle peut se tenir au siège du tribunal ou en dehors, on parle d'audience foraine.

Phase orale de la procédure au cours de laquelle le juge donne la parole aux parties ou à leurs représentants pour exprimer leurs prétentions, pour plaider. Après cette étape intervient la décision.

Les audiences des tribunaux sont publiques.

AUDITEUR DE JUSTICE : nom donné aux magistrats-élèves.

AUDIT (DOUANIER) : technique de contrôle a priori ; fonction d'analyse, d'examen et de contrôle ne visant pas une sanction, mais une évaluation du fonctionnement. Il n'a pas vocation à juger l'opportunité des politiques et stratégies de l'entité auditée. Il peut être mené, pour le compte de l'opérateur du commerce extérieur, par la Douane ou par un professionnel compétent.

Il est exercé de façon indépendante, détachée et objective afin de permettre de s'assurer que les structures et les processus audités atteignent les objectifs préalablement fixés, respectent les règles d'éthique en réduisant les risques à leur plus simple expression. Les conclusions de l'audit douanier peuvent recommander des améliorations du système audité et/ou déboucher sur une certification.

Les buts assignés à l'audit peuvent permettre de les classifier : audit diagnostic, agrément, certification, de suivi.

L'audit agrément a pour finalité de fournir une connaissance approfondie de l'activité d'une entité qui sollicite un agrément auprès de la douane. Il est mené par la douane.

L'audit certification est mené par l'organisme certificateur.

L'audit diagnostic a pour objectif de fournir un éclairage détaillé sur le fonctionnement des procédures et systèmes de l'entité auditée afin de les améliorer. Il est effectué à l'initiative de l'acteur du commerce extérieur par une expertise interne (audit interne) ou externalisée (audit externe).

L'audit de suivi permet de vérifier si le déroulement des activités de l'acteur du commerce extérieur (entreprise, ONG…) est conforme aux principes fixés dans l'agrément, la certification, la charte de l'entreprise, la réglementation douanière, dans l'évaluation de l'efficacité des performances ou des risques…

Terme proche : auditeur : professionnel qui réalise un audit pour le compte d'un acteur du commerce extérieur qui est appelé prescripteur.

AUDITION : action au cours de laquelle les agents de douanes (OPJ à compétence spéciale) entendent (sur procès-verbal de constat) une personne mise en cause dans une procédure pénale ouverte dans les registres.

AUTEUR DE L'INFRACTION DOUANIÈRE : selon le CDC, personne ayant commis une infraction douanière (contravention et délit). Celui qui a tenté de commettre un délit douanier reçoit le même traitement que l'auteur dudit délit. Les notions de coauteur, de complice, peuvent s'appliquer. Ceux-ci endossent la même responsabilité que l'auteur principal. On parle de coauteur lorsque l'infraction a été commise par plusieurs individus et chaque participant a joué un rôle. Le complice n'a pas pris part à la commission de l'infraction, mais y a participé.

En outre, le CDC place l'intéressé à la fraude (art 387 CDC) au même niveau de responsabilité pénale que l'auteur de l'infraction.

V. Intéressé à la fraude.

AUTORISATION : approbation, permission, accord octroyé par une autorité compétente préalablement désignée.

Le régime de l'autorisation s'oppose à celui plus libéral de la déclaration.

AUTORITÉ DE CHOSE JUGÉE : effet découlant de l'existence d'une décision de justice, matérialisée par une expédition. La chose jugée indique que le litige a été porté devant un juge. Alors la même affaire impliquant les mêmes parties, fondée sur le même objet et la même cause, ne peut faire l'objet d'un deuxième jugement devant le même degré de juridiction.

La chose jugée produit un effet juridique qui interdit que la même affaire soit jugée par un tribunal du même degré.

Cette expression n'est pas à confondre avec « force de chose jugée »

AUTORITÉS ADMINISTRATIVES : au sens de la règlementation de changes dans la CEMAC, il faut entendre : les services publics du ministère des Finances et d'autres pouvant intervenir en matière de changes :

- la Direction Générale du Trésor et de la Coopération Financière et Monétaire (DGTCFM), s'occupant des opérations diverses sur capitaux en général,
- la Direction Générale des Douanes (DGD), se penchant sur des opérations relatives aux marchandises à l'import et à l'export et la circulation de la monnaie en tant que marchandise,
- la Direction Générale des Impôts (DGI) à travers les mouvements des comptes et dans la comptabilité;
- d'autres départements ministériels pourraient éventuellement intervenir à l'instar de ceux en charge du commerce, des postes, de l'industrie, de l'économie…

AUTORITÉS MONÉTAIRES : pour l'application de la règlementation des changes de la CEMAC et conformément aux Accords de coopération monétaire, il faut entendre :

- le ministère en charge des Finances, notamment à travers la Direction Générale du Trésor et de la Coopération Financière et Monétaire (DGTCFM),
- la Banque Centrale (BEAC) et tous les organes de décision qui lui sont rattachés :
  - ✓ le Comité Ministériel de l'Union Monétaire de l'Afrique Centrale (UMAC),
  - ✓ le Conseil d'Administration de la Banque Centrale,
  - ✓ le Comité National du Crédit,
  - ✓ la COBAC.

AUXILIAIRE DE JUSTICE (Auxilium) : professionnel généralement assermenté participant au fonctionnement du service public de la justice. Pour ce faire, il met ses compétences au service du juge et/ou du justiciable.

Il s'agit notamment des huissiers, des avocats, des greffiers.

AVAL (PÉTROLIER) : dans la gestion fiscale, notamment des activités des sociétés pétrolières au Cameroun, le secteur aval regroupe les actions et les opérations se rapportant au transport, au stockage et à la distribution des produits pétroliers. V. Amont (pétrolier)

AVARIE : Altération, détérioration, dégâts, dommages ayant affecté à un moment donné (transport, stockage) une marchandise (un véhicule, des pommes, des oignons…) ou même le moyen de transport : un navire. Art 20, 273, 368 et 382 CDC V. TABLEAU DE CONCORDANCE

Le droit maritime distingue les avaries communes des avaries particulières : l'avarie particulière vise un seul intéressé contrairement aux avaries communes.

Les avaries communes donnent lieu à une répartition entre l'armateur et les propriétaires des marchandises chargées à bord, des charges et dépenses occasionnées par un sinistre. Au prorata des valeurs de biens sauvés, la répartition des frais à supporter est effectuée par un « dispatcheur » (ou average adjuster). Il lui revient au préalable d'établir un « règlement d'avarie commune » (ou average statement) donnant le détail de la contribution (ou ship's proportion) de chaque acteur intéressé. Avant l'aboutissement du règlement d'avarie commune, les réceptionnaires des marchandises sont appelés à signer un « compromis d'avarie commune » (ou average bond) et verser un montant convenu entre l'armateur et le dispatcheur. Cette somme est une contribution provisoire ayant vocation à être complétée.

En cas d'avaries particulières: perte ou détérioration pendant le transport, la charge du sinistre incombe au chargeur ou à la victime qui est le propriétaire de la marchandise. Dans ce cas, lorsque les marchandises étaient assurées, une « dispache » (ou adjustement) dressée par un commissaire aux avaries (ou adjuster) servira à décompter les indemnités correspondantes.

AVENANT : modification, amendement, changement apporté aux clauses d'un contrat initial.

AVEU : confession effectuée par une partie poursuivie pour reconnaître sa culpabilité et la véracité d'un fait qui lui est reproché constituant une contravention ou un délit de douane.

Il peut être rétracté pour cause d'erreur par son auteur. Il peut servir de moyen de preuve des actes et/ou des faits juridiques.

Quand il est fait devant le juge, il s'agit d'un aveu judiciaire. Dans le cas où il est fait en dehors de la présence du juge, il s'agit d'aveu extra judiciaire.

AVION : aéronef, appareil équipé de moteurs à hélice ou à réaction, utilisé dans le transport aérien pour effectuer le déplacement des personnes et des marchandises. Sa vitesse, comme la distance entre aéroports s'exprime en milles nautiques (1 mille=1852m.)

En fonction de leur autonomie, on distingue trois types d'avions : le court courrier (moins de 2000 km), le moyen-courrier (entre 2000 et 5000km) et le long courrier (plus de 5000km.)

V. Art 281-405 CDC V. TABLEAU DE CONCORDANCE

AVIS À TIERS DÉTENTEUR (ATD) : mesure de recouvrement forcé et acte de procédure qui permet de transférer à l'État (ici la Douane) la propriété de la créance du redevable détenue par une tierce partie pour régler la dette de celui-ci.

Ainsi la douane peut obtenir par l'ATD le paiement de sa créance non pas directement par le redevable, mais par un tiers qui détient des sommes devant être versées au redevable.

AVIS DE MISE EN RECOUVREMENT (AMR) : titre exécutoire qui authentifie et rappelle une créance douanière qui n'a pas été honorée à l'échéance. Il n'est pas un titre qui crée la créance, mais qui rappelle l'imposition et son montant. Il doit indiquer les impositions auxquelles il fait référence.

Son rôle est de liquider le montant impayé d'impôt et en permettre le recouvrement éventuel par les voies d'exécution.

L'AMR est le dernier acte de la procédure d'imposition et le premier acte de la procédure de recouvrement. L'AMR n'est pas un acte de poursuite.

AVISEUR : guide, agent externe fournissant des renseignements opérationnels au service de douanes.

AVITAILLEMENT : opération d'approvisionnement pour le bon fonctionnement d'un navire ou d'un aéronef en fournitures, consommables et provisions : aliments, boissons, carburants, lubrifiants, produits d'entretien… Ils sont destinés aussi bien au navire qu'à l'entretien et au confort des passagers et de l'équipage. Ces biens sont repris sur le manifeste d'avitaillement. Pour cette opération, les moyens de transport effectuant des transports internationaux sont exonérés de taxes locales..

Pour des moyens de transport effectuant des transports internationaux, cette opération est exonérée de taxes locales.

AVITAILLEUR (SHIPCHANDLER) : opérateur dûment agréé par les autorités portuaires et douanières pour ravitailler les navires en fournitures et services logistiques.

AVOCAT : auxiliaire de justice exerçant la profession habituelle d'assister le justiciable dans le conseil et la défense des intérêts de ce dernier.

L'Avocat général auprès de la cour d'appel n'est pas un avocat, mais un magistrat.

AVOIR FISCAL : crédit d'impôt accordé à un redevable à la suite d'un paiement indu de droits et taxes.

AWB : Air Way Bill ou Lettre de Transport Aérien (LTA)

V. LTA

AYANT CAUSE : personne ayant reçu un droit d'une autre personne appelée auteur. L'héritier est l'ayant cause d'un défunt dont il est tenu de respecter les engagements.

AYANT DROIT : personne disposant des droits. Terme couramment utilisé, à tort, comme synonyme d'« ayant cause », car il peut avoir des droits qui ne lui ont pas été transmis par un auteur.

B

B.A.E (BON À ENLEVER) : acte par lequel l'administration accorde la mainlevée, l'autorisation pour l'enlèvement physique des marchandises placées sous sa surveillance, à l'issue du traitement de la déclaration en détail.

BAGAGE : objet transporté à bord d'un moyen de transport. Il peut faire l'objet du contrat principal à l'occasion d'un acheminement.

Dans le transport aérien, trois expressions sont courantes : bagage accompagné, de cabine et de soute.

Le bagage dit accompagné : s'oppose à une marchandise transportée par fret. Il désigne un colis qui se déplace en même temps que le voyageur et dont le sort est lié accessoirement au contrat de transport du voyageur.

Le bagage de cabine : colis gardé sous le contrôle direct du voyageur à bord de l'aéronef ou du navire. Sa forme, son volume, son poids sont définis par les compagnies de transport.

Le bagage de soute : est celui qui, en raison de son poids, de ses dimensions, est destiné à être rangé dans des espaces expressément aménagés pour recevoir les bagages.

BAG IN BOX (BiB) : forme de sachet souple enrobé d'un carton et muni d'un bec verseur. Cet emballage initialement utilisé pour la vente des vins d'une capacité de plusieurs litres dans les pays nordiques pendant l'été est de plus en plus apprécié et utilisé en Europe et ailleurs en raison de son caractère pratique.

BALANCE COMMERCIALE : élément de la comptabilité nationale d'un État servant à mesurer en termes d'unités monétaires ses exportations et ses importations. C'est un compte qui récapitule (généralement sur une période annuelle) les valeurs des biens exportés et importés que dresse la comptabilité nationale, à partir des statistiques douanières moyennant des ajustements.

Lorsque le solde de ce compte révèle la valeur des exportations supérieures à celle des importations, le pays enregistre un excédent commercial et la balance commerciale est dite excédentaire.

Par contre, le solde qui affiche la valeur des importations supérieure à celle des exportations indique un déficit commercial et la balance commerciale est dite déficitaire.

C'est un outil important d'analyse et d'appréciation de la performance et de l'évolution des pays dans les échanges internationaux.

L'obtention de cette mainlevée est obligatoire pour l'entrée ou la sortie du territoire douanier des marchandises.

BALANCE DES BIENS ET DES SERVICES : compte statistique détaillant pendant une période donnée (de préférence l'année) l'ensemble des échanges de marchandises et services entre un pays et ses partenaires à travers le monde.

BALANCE DES CAPITAUX : compte statistique détaillant les entrées et les sorties de capitaux

BALANCE DES OPÉRATIONS COURANTES : compte statistique retraçant tous les échanges de biens, de services et des transferts réalisés au cours d'une période donnée (de préférence l'année) entre un pays et l'étranger.

BALANCE DES PAIEMENTS : compte statistique reprenant l'ensemble des opérations financières (échanges de biens, services et capitaux) réalisées pendant une période donnée (de préférence l'année) entre un pays et l'étranger. Elle regroupe la balance commerciale, la balance des invisibles et la balance des capitaux. Elle permet d'apprécier la richesse et le dynamisme de l'économie : un solde excédentaire traduit un enrichissement tandis qu'un solde déficitaire signifie est synonyme d'appauvrissement de l'économie. Elle accorde à la notion de « résident » une place prépondérante.

V. Résident.

BALANCE DES REVENUS : compte statistique retraçant sur une période (de préférence l'année) les transactions accomplies entre résidents et non-résidents au sujet de la rémunération des facteurs de production : travail, capital…

Les revenus du travail englobent les rémunérations versées aux travailleurs non-résidents et celles perçues par les travailleurs résidents vivant hors du territoire national.

Les revenus du capital intègrent les rémunérations versées ou reçues, les investissements directs étrangers (IDE) et les investissements de portefeuille.

BALANCE DES SERVICES : autrefois appelée balance des invisibles. Compte statistique qui permet sur une période (de préférence l'année) d'enregistrer les différences entre la somme des services exportés et la somme des services importés.

BALANCE DES TRANSACTIONS COURANTES : les transactions courantes regroupent les données figurant dans les balances de revenus et des services.

Compte statistique qui permet de récapituler sur une période (de préférence l'année) les échanges de marchandises et de services, le flux des revenus et des transferts courants entre un pays et l'étranger.

BANQUE : entreprise dont l'activité professionnelle consiste à recevoir l'épargne du public, pour accorder des crédits à ses clients et réaliser des opérations financières.

BANQUE CENTRALE : banque assurant pour un pays ou un groupe de pays deux fonctions capitales : l'émission de la monnaie fiduciaire et le contrôle de la quantité ainsi que du coût du crédit.

La Banque de France fut créée le 18 janvier 1800. La Banque Centrale Européenne créée en 1998. À son siège à Frankfurt (Euro Tour) en Allemagne. Elle gère la création et la stabilité de l'euro.

BANQUE DE PREMIER ORDRE ou DE PREMIER RANG : notion se dégageant d'une classification opérée par Standard & Poors. Elle désigne un établissement présentant des garanties de paiement sûres. Ainsi, elle est très recommandable pour des opérations de banque particulièrement : le cautionnement et l'émission des crédits documentaires.

BANQUE MONDIALE : appellation ultérieurement affectée à la Banque Internationale pour la Reconstruction et le Développement (BIRD). Institution financière internationale issue de la Banque Internationale pour la Reconstruction et le Développement (BIRD) créée lors de la conférence tenue à Bretton Woods aux États-Unis du 1er au 22 juillet 1944.

Ses missions étaient alors :

- de soutenir le processus de reconstruction de l'Europe et du Japon (grandes infrastructures : autoroutes, aéroports, électricité…);
- de promouvoir le commerce international ;
- d'aider la transition d'une économie de guerre à une économie de paix.

Mais depuis, ses missions ont évolué ainsi que ses structures. La BIRD s'est alors transformée en Banque Mondiale avec cinq institutions :

- La BIRD qui accorde des prêts aux pays à revenus intermédiaires ou à faibles revenus, mais solvables.
- La Société Financière Internationale (SFI) qui fournit des prêts et des conseils afin de stimuler les investissements privés dans les pays en voie de développement (PVD).
- L'IDA (International Développement Association) qui octroie des crédits ou des prêts sans intérêts et des dons aux pays les plus pauvres du globe, les (PMA).
- L'AMGI (Agence Multilatérale de Garantie des Investissements) qui offre aux investisseurs et prêteurs dans les PVD, des garanties contre les pertes ainsi que les risques non commerciaux (politiques...) et contribue à l'amélioration des termes des crédits.
- Le CIRDI (Centre International pour le Règlement des Différends relatifs aux Investissements) offre des facilités aux parties en relation, pour recourir à l'arbitrage lorsqu'elles veulent prévoir ou régler des conflits.

La Banque Mondiale exerce une nouvelle mission : celle d'encourager la croissance économique des pays en voie de développement africains, latino-américains et asiatiques qui l'ont rejointe.

BANQUE NOTIFIANTE : banque qui reçoit le crédit documentaire.

BARGE : allège, péniche.

BARRE : dans la salle d'audience où siège le tribunal, une barre matérialise une distanciation symbolique et indique l'emplacement à occuper par les plaideurs pour s'exprimer.

L'expression « à la barre » signifie devant le tribunal ou à l'audience.

BARREAU : regroupement professionnel des avocats, aussi appelé Ordre des avocats. Son président est dénommé bâtonnier dont la charge comme son mandat est appelé le bâtonnat.

BARRIÈRE NON TARIFAIRE : mesure ne portant pas sur les droits de douane, mais sur d'autres critères visant à entraver, décourager, freiner ou stopper les importations de certains pays ou de certains produits pour favoriser les entreprises nationales en les protégeant ou en les soustrayant à la concurrence étrangère. Ce sont des mesures protectionnistes.

Elle peut être d'origine réglementaire ou législative, nationale ou communautaire et revêtir des formes variées :

- limitations quantitatives : contingentement, quota ;
- obstacles insidieux : normes sanitaires, techniques, ou spécifiques ;
- formalités administratives complexes et coûteuses.

V. Obstacle non tarifaire.

BARRIÈRE TARIFAIRE : il s'agit des droits de douane ou des taxes d'effet équivalent instaurés à l'importation de certaines marchandises étrangères en vue de décourager, freiner ou stopper leur importation de certains pays pour favoriser les produits nationaux en les soustrayant à la concurrence étrangère. Ce sont des mesures protectionnistes.

Une augmentation de ceux-ci suffit à relever les prix pour les rendre prohibitifs.

V. Obstacle tarifaire.

BASE DE DONNÉES : recueil de données électroniquement présentées constituées d'informations méthodiquement triées, disposées, classées, agencées...dans le but d'en assurer la consultation et/ou l'exploitation aisée par les tiers.

Cette création intellectuelle est protégée par les droits d'auteur au même titre que les logiciels.

V. Data base

BASE IMPOSABLE ou BASE D'IMPOSITION ou BASE TAXABLE : Assiette de l'impôt. Valeur imposable. Matière imposable évaluée en unités monétaires (u.m) sur laquelle les impôts et les taxes vont être appliqués.

Déterminer la base imposable d'une marchandise revient à rassembler les éléments permettant l'évaluation monétaire de ladite marchandise.

BASE VIE : site généralement isolé, conçu et équipé de commodités permettant à un groupe professionnel de mener une vie convenable en poursuivant le déroulement normal de leurs activités professionnelles. Elle peut bénéficier d'avantages douaniers pour sa réalisation et son fonctionnement.

Exemple : une société construisant une route pourrait créer pour son fonctionnement, une base vie sur l'itinéraire du projet. Celle-ci pourrait comporter des logements dotés d'électricité, de l'eau courante, la fourniture des services de téléphonie mobile, d'internet, des bureaux, une infirmerie, un garage…

BASTINGAGE : limite située vers l'entrée du navire et qui marque la séparation entre l'espace extérieur et la partie considérée comme l'intérieur du navire. Ce terme est couramment utilisé dans les incoterms pour délimiter les responsabilités du transporteur, de l'acheteur ou du vendeur.

BATEAU : engin flottant, motorisé ou pas, destiné au transport des personnes et des marchandises, selon le Code Communautaire de la Marine Marchande de la CEMAC.

Le bateau de plaisance est destiné à un usage privé pour la formation, le sport ou le loisir.

V. Navire

BÂTIMENT : navire, bateau.

Bâtiment de commerce : navire exploitant un objectif commercial.

Bâtiment de guerre : navire appartenant à l'armée marine pour la défense nationale.

BÉATRICE (**B**anque pour l'**É**tude **A**nalytique en **T**emps **R**éel des **I**nformations sur le **C**ommerce **E**xtérieur) : base de données disposant des statistiques variées du commerce extérieur français, portant notamment sur la valeur, les produits, le volume des échanges par produit, par pays d'origine et de destination.

BENCHMARKING : technique de gestion du changement consistant pour un organisme privé (entreprise…) ou public (administration des douanes…) à sélectionner et examiner des pratiques d'affaires, des méthodes de gestion et/ou de fonctionnement appliquées avec succès par d'autres organismes pour en retenir les meilleures pour son propre fonctionnement.

Il constitue un bienfait de la veille informative.

BÉNÉFICE : profit, avantage.

BÉNÉFICE DE DISCUSSION : exception qui permet qu'une caution poursuivie pour paiement puisse refuser de payer et renvoyer le créancier discuter d'abord les biens du débiteur les faisant saisir et vendre pour se faire payer le montant réclamé. Le cautionnement qui n'est pas solidaire peut ouvrir au bénéfice de discussion.

BÉNÉFICE DE DIVISION : exception que peut soulever une caution poursuivie pour paiement dans le cas du cautionnement multiple. Ainsi une caution peut demander au créancier de répartir ses recours entre toutes les parties. Le cautionnement qui n'est pas solidaire peut ouvrir au bénéfice de division.

BENELUX : acronyme de **BE**lgique **NE**therlands **LUX**embourg. Union douanière créée entre ces trois pays d'Europe en 1948.

BIEN : élément s'inscrivant à l'actif du patrimoine d'une personne.

Le bien, dans un sens économique large, est issu d'un processus de production et comporte une valeur économique. Il peut prendre une forme corporelle, matérielle, physique (produit) ou une forme incorporelle, immatérielle, intangible(service).

Un bien peut faire l'objet de consommation ou être un moyen de production.

Dans une acception économique étroite, il est souvent opposé au service.

BIEN À DOUBLE USAGE : produit susceptible d'une utilisation à des fins militaires et civiles. Le contrôle de ces biens revêt une haute importance en douane. Celle-ci se voit ainsi conférer un rôle très déterminant dans la lutte contre le trafic d'armements et la prolifération des armes.

BIEN CORPOREL : bien prenant une forme matérielle, physique et il peut être meuble ou immeuble.

Terme opposé : bien incorporel i.e immatériel.

BIEN CULTUREL : objet appartenant au patrimoine culturel : artistique, historique, archéologique, touristique... d'un pays ou d'une communauté.

Les biens culturels font l'objet de nombreux régimes de protection nationaux et internationaux pour les soustraire aux trafics douteux auxquels ils sont exposés. Ils doivent être accompagnés de justificatifs d'origine, d'acquisition...pour pouvoir circuler ou sortir du territoire douanier.

Par le Règlement 3911/92 du 09 décembre 1992 sur la base de l'ancienneté et de la valeur, l'Union Européenne (UE) les classe en 14 catégories.

BIEN DE CONSOMMATION COURANTE : produit faisant l'objet d'un commerce courant.

V. Produit de consommation courante

BIEN DE LUXE : V. Produit de luxe

BIEN DE PREMIÈRE NÉCESSITÉ : produit se présentant comme pilier dans la consommation des ménages.

V. Produit de première nécessité.

BIEN DURABLE : bien dont l'utilisation peut se répéter et a vocation à se prolonger dans le temps.

BIEN FONGIBLE : V. Bien non durable.

BIEN IMMOBILIER : ensemble de biens immeubles

BIEN INCORPOREL : bien se présentant sous une forme immatérielle, intangible : un fonds de commerce.

Terme opposé : bien corporel

BIEN INDUSTRIEL : produit nécessaire à la production d'une industrie.

BIEN MEUBLE : qui peut être déplacé.

Terme opposé : bien immeuble i.e qui ne peut être déplacé.

BIEN NON DURABLE : bien ayant une durée d'utilisation courte.

BIEN PERSONNEL : autrement appelé effet personnel. Effet neuf ou usagé appartenant à un voyageur qui traverse la frontière, destiné à son usage personnel, pouvant bénéficier d'une franchise des droits et taxes de douane.

V. Effet personnel

BIEN SEMI-DURABLE : bien utilisable pendant une période relativement moins courte que celle du bien non durable.

BILAN : document comptable établi périodiquement (généralement sur l'année) dont l'objectif est de décrire le patrimoine d'une entreprise à travers deux parties : l'actif (tout ce que l'entreprise possède) et le passif (tout ce que l'entreprise doit).

BILL OF LADING (B/L) : connaissement, document central du transport maritime.

V. Connaissement.

BIOÉTHIQUE : relatif à l'assistance médicale en rapport avec le respect du corps humain.

BIOTECHNOLOGIE : technique d'intervention sur le patrimoine génétique des organes vivants donnant parfois lieu à des expérimentations les plus variées pouvant heurter l'éthique.

BITCOIN : monnaie virtuelle créée en 2009 par l'énigmatique Satoshi NAKAMOTO qui utiliserait un nom d'emprunt. Il n'est ni émis ni administré par une institution bancaire. Il est utilisé à plusieurs fins et particulièrement comme moyen de paiement. La chaîne de blocs bitcoin est une prouesse technologique majeure qui offre beaucoup d'options à ses utilisateurs : instantanéité des transactions, véhicule d'investissement, management des affaires (négociation, signature électronique et modification des contrats, vote électronique, stockage des documents…). Sa technologie utilise la cryptographie.

V. PRYPTO : Bitcoin pour les nuls, Édition First, 2017.

BLANCHIMENT (D'ARGENT SALE, DE CAPITAUX, DE FONDS) en anglais (MONEY LAUNDERING) : ce terme fait référence à la couleur blanche qui dégage un symbolisme fort, renvoyant à la pureté, à la lumière éclatante. Le blanchiment vise à reconquérir cet éclat, cette pureté de l'argent.

Selon Interpol, « le blanchiment d'argent sale est l'action qui consiste à cacher ou à déguiser l'identité de revenus obtenus illégalement afin de les faire apparaître comme provenant de sources légitimes »

Le blanchiment permet de dissimuler ou de masquer à travers une activité licite, des capitaux illicites. Son but est de maquiller le caractère illicite des transactions financières originelles pour leur conférer une apparence de légalité et de légitimité alors que ceux-ci sont issus d'un trafic de stupéfiants, d'activités criminelles, de fraudes diverses : fiscale, douanière, corruption...

Le mot blanchiment rappelle une opération pratiquée par la mafia italo-américaine qui consistait à laver les billets neufs de fausse monnaie pour leur attribuer un aspect usagé et faciliter leur insertion dans le circuit économique.

Le blanchiment est un phénomène complexe qui entremêle aussi bien des transactions légales qu'illégales. Les origines de la technique de blanchiment sont difficiles à situer dans l'histoire. Elle semblerait aussi vieille que la criminalité. Par contre, le concept juridique de blanchiment est relativement récent.

BLANC-SEING : pratique consistant à signer à l'avance un document en laissant à son destinataire la charge de le remplir et le faire-valoir ultérieurement, à sa convenance.

BLOCAGE (DE COMPTE) : saisie, suspension temporaire d'un compte bancaire.

BLOCAGE (D'UN CDA) : sanction applicable à un manquement du CDA, entraînant la suspension provisoire de ses activités.

BLOCKCHAIN (CHAINE DE BLOCS): terme provenant de l'informatique pour rendre compte d'une nouvelle approche de la base de données distribuée, partagée. En fait la blockchain est à comprendre comme un logiciel. Certains auteurs la qualifient de « cinquième évolution » majeure de l'informatique. Le caractère révolutionnaire de la blockchain dans l'informatique provient de ce qu'elle « rend désormais le travail en ligne sécurisé d'une façon qui était impossible auparavant. » La blockchain pour les nuls, Tiana LAURENCE, Éditions First, 2019, p.10. Ce qui crée plus de confiance dans les données numériques.

« Une blockchain est une structure de données qui permet de créer un livre numérique de données et de le partager dans un réseau d'individus indépendants. » La blockchain pour les nuls, Tiana LAURENCE, Éditions First, 2019, p. 8.

Différentes sortes de blockchains ont vu le jour : les blockchains publiques (permissionless blockchains), autorisées (permissioned blockchains) et privées. De centaines de blockchains et d'applications blockchains existent. Toutes utilisent la cryptographie pour faire circuler des informations confidentielles et sécurisées entre leurs membres.

Une blockchain fonctionne sous un système pair à pair, hors de toute autorité centrale dont le rôle est la gestion du flux de données reçues.

V. La blockchain pour les nuls, Tiana LAURENCE, Éditions First, 2019.

BLOCUS (ÉCONOMIQUE) : mesure économique visant à isoler un pays ou un groupe de pays, empêchant qu'il entretienne des relations commerciales avec d'autres pays. Cuba est sous blocus américain depuis 1962.

V. boycott ; embargo.

BON : titre de créance : Bon de caisse, Bon du Trésor, Bon de souscription d'action, d'obligation.

BONNE FOI : sincérité dans la manière d'agir, fondée sur la croyance d'agir à bon droit. Loyauté, bonne volonté de se conformer aux prescriptions douanières.

En matière douanière en CEMAC, la bonne foi n'est pas prise en compte lors de l'établissement de l'infraction douanière. Par contre, elle peut être invoquée lors de la clôture transactionnelle de l'affaire.

BOURRAGE DU CONTENEUR : pratique consistant à charger un conteneur au maximum, sans respecter les normes de sécurité et les règles de l'empotage : fixation, calage…

BOURSE DE VALEURS : ce mot bourse viendrait du nom du Flamand Van der BEURSE dont l'impressionnante maison haute de quatre étages située au n°35 de la rue Vlamingstraat de Bruges a servi au XVe comme premier centre d'échanges d'instruments financiers du monde occidental.

De nos jours, le terme « bourse » renvoie presque machinalement à la bourse de valeurs (Exchange).

La bourse de valeurs est un lieu de cotation de valeurs et devises et un marché règlementé où sont effectuées des opérations de vente et d'achat de valeurs immobilières.

Termes proches : boursier : relatif à la bourse, professionnel de la bourse. Boursicoter : faire des opérations de bourse.

BOYCOTT : rejet collectif d'un produit, d'une entreprise, d'un pays, d'un groupe de pays. Refus de consommer, d'acheter un produit, une marchandise provenant d'une entreprise, d'un groupe d'entreprises, d'un pays, d'un groupe de pays. Refus d'entretenir des relations commerciales avec un pays, un groupe de pays.

Cette action économique de boycottage vise à exercer des pressions ou des représailles.

V. Blocus.

BRANCHE D'ACTIVITÉ : regroupement d'entreprises qui ont la même activité de production ou qui produisent un même type de biens ou de services : exemple la branche pharmaceutique, brassicole, automobile, avicole…

BRANDY : eau-de-vie provenant de la distillation du vin. Les meilleurs brandys français sont constitués du cognac et de l'armagnac. Le terme « brandy » suivi du nom d'un fruit, signifie eau-de-vie de ce fruit : Calvados, eau-de-vie française obtenue à partir des pommes, Apple-Jack : eau-de-vie américaine obtenue à partir des pommes ; Marc : eau-de-vie française obtenue à partir des marcs de raisin.

BREVET D'INVENTION : titre de propriété destiné à assurer la protection d'une invention conférant à son titulaire (l'inventeur) un droit exclusif d'exploitation de son invention pendant une durée limitée.

Il est délivré par un organisme chargé de la protection de la propriété intellectuelle qui peut être national ou communautaire.

En 2011, l'Office Européen des Brevets (OEB) a délivré 66.712 brevets d'invention.

BRI DE SCELLES : fait de briser des scellés, rupture de scellés.

BRIC : acronyme apparu en 2001. Il s'applique à quatre pays dont l'ampleur dans l'économie mondiale ne cesse de grandir. Ce quatuor de pays est souvent qualifié d'« émergents ». Il s'agit du Brésil, de la Russie, de l'Inde et de la Chine.

BRICS : depuis 2011, l'acronyme BRIC a été modifié en BRICS. L'adjonction d'un « S » y a introduit South African Republic et l'acronyme représente alors Brésil, Russie, Inde, Chine et South African Republic.

Ces pays présentent des économies proches de celles des pays les plus développés, actuellement situées dans la triade Amérique du Nord – Europe – Asie.

BROKER (CUSTOMS) : terme anglais équivalent à commissionnaire en douane agréé.

BUDGET : état prévisionnel de recettes et de dépenses étalées sur une tranche temporelle donnée (une année par exemple).

BUREAU D'ACHAT : antenne de grands groupes de distribution implantée à l'étranger ayant pour mission d'effectuer les achats pour leur compte. L'éloignement du marché final est parfois source de divergences d'appréciation.

BUREAU DE CHANGE : entreprise agréée par les autorités en charge de la monnaie et du crédit pour exercer à titre professionnel l'activité de change manuel.

BUREAU DES DOUANES : terme générique désignant le service de l'administration douanière où les opérateurs du commerce extérieur accomplissent les formalités de dédouanement et d'enlèvement de marchandises. (Annexe générale, Chapitre 2 de la CKR)

Les bureaux de douane ne sont pas nécessairement implantés le long des frontières. En outre, ils peuvent faire l'objet d'un classement ou d'une spécialisation en fonction de l'importance stratégique, du volume des activités, des régimes douaniers.

Un bureau des douanes de plein exercice est une unité administrative qui est compétente pour tous les régimes douaniers, toutes les marchandises sans limitation de valeur…

Un bureau des douanes peut se voir affecter plusieurs attributions de bureau :

- Bureau de départ : où commence une opération de transit douanier ;
- Bureau de destination : où s'achève une opération de transit douanier ;
- Bureau de passage : où passent les marchandises importées ou exportées dans le cadre d'une opération de transit ;
- Bureau de sortie : où les marchandises en transit franchissent la frontière du pays par lequel les marchandises ont fait leur entrée sur le territoire douanier ;

- Bureau de domiciliation : bureau choisi pour abriter certaines opérations de dédouanement. Bureau où sont systématiquement regroupées toutes les opérations d'une entreprise qui bénéficie d'une procédure particulière.

C

CABOTAGE : navigation allant de port à port en restant à proximité des côtes, dans les limites déterminées par les règlementations nationales.

C.A.C (Centimes Additionnels Communaux) : taxe prélevée au Cameroun au profit des collectivités territoriales décentralisées.

CAC 40 : Indice boursier français.

CACAO DURABLE : fèves de cacao issues d'une exploitation cacaoyère acquise dans le cadre d'une politique agricole soucieuse de la protection de la nature qui milite contre la déforestation et n'exploitant pas le travail des enfants mineurs.

Concept promu par les altermondialistes.

CADRE DES NORMES SAFE (SAFE FRAMEWORK OF STANDARDS) : cadre proposé par l'OMD à la communauté mondiale des affaires en 2005 pour sécuriser et faciliter le commerce international.

Cette solution préconisée par l'OMD intervenait après les attentats du Trade Center aux États-Unis du 11 septembre 2001, où un risque de repli sur soi planait sur les États au nom de leur recherche légitime de sécurité.

V. Normes SAFE.

CADUCITÉ : situation d'un acte juridique pourtant valable, mais qui se trouve totalement privé de ses effets, de son efficacité pour l'avenir à cause de la survenance de circonstances précises, volontaires ou involontaires.

Terme proche : caduc.

V. Forclusion.

CAISSE (EMBALLAGE) : cageot. Forme d'emballages couramment utilisés pour les vins, les fruits et les légumes.

CALAGE : mode de fixation d'une marchandise à une unité de charge : palette, camion, conteneur réduisant au maximum les dégâts engendrés par les secousses, les chocs.

CAMBIO : (cambiar en espagnol qui signifie changer); expression couramment affichée pour indiquer les bureaux de change.

Termes proches : cambial ; cambiaire.

CAMBISTE : professionnel effectuant des opérations de change.

CANNABIS : plante psychotrope qui s'offre à de multiples utilisations (vêtement, corde, papier), mais dont la plus connue et la plus combattue est celle de la drogue. Il est également appelé chanvre indien, haschich, marijuana. Le shit provient de la résine de cette plante.

Du fait de sa réputation de « drogue douce », la marijuana est actuellement la drogue illégale de loin la plus consommée au monde. La mondialisation en question - 1000 articles pour comprendre Broché – 5 juillet 2019 de Lemarchand Philippe (Auteur).

CAPACITÉ JURIDIQUE : aptitude pour une personne à exercer des droits qui lui sont reconnus. Elle se compose d'une capacité de jouissance et d'une capacité d'exercice.

La capacité de jouissance est l'aptitude de pouvoir jouir de ses droits civils, civiques, commerciaux alors que la capacité d'exercice est l'aptitude de pouvoir exercer soi-même ses droits (de contracter …) et de les défendre (ester en justice …). Quand ces aptitudes se trouvent restreintes ou anéanties, il y a incapacité. La transaction douanière ne s'applique pas aux incapables : les services douaniers ne transigent pas avec des mineurs non émancipés ou de majeurs sous sauvegarde de la justice.

CAPITAINE (NAVIRE) : professionnel exerçant habituellement le commandement d'un navire.

CAPITAINERIE : service de l'autorité portuaire chargé entre autres missions de programmer et de coordonner les mouvements de navires dans un port.

CAPITAL SOCIAL : ensemble des apports (en numéraires et en nature) faits à une société commerciale par ses associés. Il se compose de parts ou d'actions.

CARGAISON : ensemble des marchandises transportées à bord d'un moyen de transport.

CARISTE : conducteur de chariot élévateur.

CARNET ATA : document douanier simplifié internationalement reconnu, fait de carnets à feuilles détachables. Il est utilisé pour tenir lieu d'acquit-à-caution des régimes douaniers de l'exportation temporaire, du transit et de l'admission temporaire de marchandises ayant vocation à ne pas être mises à la consommation localement. Il comporte implicitement une garantie internationale qui transcende les exigences nationales de cautionnement en la matière.

Ce document est émis dans le cadre de la Convention ATA et de la Convention d'Istanbul en vue de faciliter la circulation des échantillons commerciaux, des matériels professionnels, des marchandises de foire ou d'exposition.

Il est valable entre pays signataires.

CARNET TIR : document de garantie et de transit douanier internationalement reconnu, fait de carnet à feuilles détachables, utilisé pour effectuer des opérations de Transit International Routier.

CARRIER HAULAGE : opération consistant pour une compagnie à amener le conteneur vide chez un chargeur et de le ramener plein au port de départ. V. Guide Transporter, le guide de référence du transport, de la logistique et de la supply chain, Hors-série 2022 des Éditions Classe Export n° ISSN 1254-1737p. 168.

V. Merchant haulage.

CARTE DE PAIEMENT : terme générique utilisé pour les cartes magnétiques délivrées par une institution financière servant au paiement sur des terminaux agréés ou au retrait de fonds d'un automate (DAB, GAB, ATM). Elle regroupe les cartes de crédit et les cartes de débit.

CARTEL : il diffère du trust. Entente nouée entre des entreprises indépendantes les unes des autres afin de réduire ou d'éliminer dans leur secteur, les possibilités de concurrence.

V. trust.

CAS D'ESPÈCE : cas particulier en cours de traitement, cas particulier imposant un examen précis.

CAS DE FORCE MAJEURE (ACT OF GOD) : évènement extérieur (par rapport aux parties en présence) imprévisible, quant à sa survenance, et irrésistible, quant à ses effets.

CASH FLOW: flux d'argent liquide.

CASIER JUDICIAIRE : document délivré par le tribunal et récapitulant certaines décisions administratives et/ou disciplinaires ainsi que les condamnations prononcées par les juridictions pénales et autres tribunaux entrainant des incapacités (faillite personnelle, déchéance de l'autorité parentale, interdiction commerciale …)

Les informations du fichier sont communiquées par extrait à travers **trois** bulletins :

- le bulletin N°1 contient la liste exhaustive des condamnations (crimes, contraventions, délits) d'une personne. Il est réservé aux autorités judiciaires ;
- le bulletin N°2 contient la plupart des condamnations. Il est réservé à certaines administrations et
- le bulletin N°3 contient seulement les condamnations les plus graves (peine de prison ferme d'une durée supérieure à 6 mois, déchéances et incapacités prononcées sans sursis). Il est destiné aux personnes physiques.

Le casier judiciaire est dit vierge lorsqu'il n'affiche aucune condamnation.

CASSIS : liqueur produite à partir des baies de cassis. Il s'agit en fait d'une crème de couleur rouge foncé. Celle de Dijon figure parmi les plus connues. Cette boisson est généralement consommée en apéritif simplement ou additionnée au vin blanc, selon une composition attribuée à un ancien maire de Dijon, le chanoine Kir. (Certains parleront du Kir Royal quand le champagne est servi à la place du vin blanc.)

V. Crème

CATÉGORIE TARIFAIRE : en zone CEMAC, ce concept est issu de la réforme fiscalo-douanière intervenue en 1994. Elle permet de classifier les marchandises affectées au Tarif Extérieur Commun (TEC). Ainsi à l'importation, quatre catégories tarifaires ont été créées :

Catégorie 1 : Biens de première nécessité 5%

Catégorie 2 : Matières premières et biens d'équipement 10%

Catégorie 3 : Biens intermédiaires 20%

Catégorie 4 : Biens de consommation courante 30%

CATERING : approvisionnement en produits alimentaires d'un aéroport, d'une base-vie (de chantier pétrolier ou de génie civil...).

CAUTION (DOUANIÈRE) : garantie que la Douane exige à un redevable en contrepartie de l'octroi d'une facilité, d'un régime douanier, d'une procédure dont le non-respect expose le Trésor public à un risque de paiement tardif ou de non-paiement de droits et taxes de douane.

En douane, cette caution peut revêtir trois formes : confraternelle, personnelle ou réelle.

La caution confraternelle est la garantie constituée par l'engagement d'une entreprise exerçant la même profession (confrère), dans la même région… qui s'oblige à payer les droits et taxes en cas de défaillance du principal obligé. Elle peut être accordée à des commissionnaires en douane agréés, des exportateurs, des industriels…

La caution personnelle est une garantie offerte par une tierce personne à l'opération, généralement une banque de premier ordre qui s'oblige à payer les droits et taxes à la charge du redevable, bénéficiaire de la caution.

La caution réelle est une somme en numéraires ou en valeurs déposée provisoirement en garantie du paiement des droits et taxes contenu dans l'engagement souscrit par le cautionné. La caution réelle faite en numéraires déposés en douane est appelée la consignation.

La caution dure tant que l'engagement souscrit n'est pas exécuté. Elle peut servir d'ailleurs à son exécution lorsque le délai est échu (réalisation de la caution).

CAUTIONNEMENT(DOUANIER) : (cautionnement : du latin cavere, prendre garde) contrat par lequel une caution personnelle, généralement une institution financière de premier ordre, s'engage à payer les droits, taxes et amendes de douanes dans le cas où le redevable n'honorerait pas les engagements qu'il a souscrits dans les délais prescrits, en douane.

Le cautionnement en général se décline sous plusieurs aspects :

Bancaire : lorsque le contrat émane d'une banque. Il est systématiquement exigé par les services douaniers en raison de sa solvabilité ;

Confraternel : il peut être autorisé par les autorités douanières sur des périodes courtes pour des opérations sans grande envergure ou sans grands enjeux financiers, mais qui requièrent une certaine célérité. La faiblesse de ce type de cautionnement réside dans l'incertitude de la solvabilité permanente de la caution. Ce qui ne garantit pas le recouvrement des droits et taxes éventuels ;

Légal : lorsqu'il est exigé par la loi ;

Judiciaire : lorsqu'il est imposé par une décision de la justice ;

Multiple : lorsque le même contrat engage plusieurs cautions à garantir la même obligation principale. Celles-ci sont appelées cofidéjusseurs ;

Personnel : la caution est une personne (physique ou morale) qui se porte garante ;

Réel : un bien affecté comme garantie de la créance de nos jours est plutôt considéré comme ***une sûreté réelle*** ;

Simple : celui dans lequel la caution ne s'est pas engagée à la créance solidairement avec le débiteur principal. Dès lors, il dispose du bénéfice de discussion et de division. Elle ne peut être poursuivie qu'après le débiteur ;

Solidaire : celui dans lequel la caution s'est engagée à la dette, solidairement avec le débiteur principal. Elle perd les bénéfices de discussion et de division. Elle peut être poursuivie directement, dès que la défaillance du débiteur est constatée. C'est la forme systématiquement exigée par les services douaniers pour son efficacité.

CCD : V. Conseil de Coopération Douanière.

CCED : V. Commission de Conciliation et d'Expertise Douanière.

CCI : Chambre de Commerce Internationale de Paris.

V. ICC.

CCI : V. Contribution Communautaire d'Intégration. **(CEEAC)**

CD : acronyme pouvant signifier « Compact Disc », crédit documentaire

V. Crédit documentaire.

CEA : V. Commission Économique pour l'Afrique.

CEEAC : V. Communauté Économique des États de l'Afrique Centrale.

CEE : V. Communauté Économique Européenne.

CEMAC : V. Communauté Économique et Monétaire de l'Afrique Centrale.

CENTRALE D'ACHATS : service commercial indépendant ou service affilié à un groupe ou à une société multinationale chargé d'effectuer une partie ou la totalité des achats d'un client ou d'un membre du groupe ou d'une société mère.

Étant en contact avec de nombreux industriels et/ou fournisseurs, la centrale d'achats peut obtenir de prix très avantageux qui ne sont pas toujours compatibles avec l'application de la valeur transactionnelle.

V. Bureau d'achat.

CENTRE D'APPEL : plateforme téléphonique servant d'interface entre une administration, un organisme public ou privé et ses usagers et permettant de répondre à des requêtes, de prospecter et de procéder au suivi des services offerts.

Il peut être installé chez celui qui l'exploite ou chez un prestataire ou en partie chez les deux.

Il peut également être installé dans le pays de l'opérateur ou délocalisé dans un pays autre, on dira qu'il est offshore.

Cette activité contribue à baisser le coût du service au client et à améliorer la compétitivité des entreprises qui l'utilisent. En même temps, son rôle en tant que moteur de croissance (que l'activité soit délocalisée ou non) est indéniable.

Ce phénomène préfigure une évolution irréversible introduite par la globalisation des échanges, dans de nombreux domaines non essentiels dans la vie des entreprises. Ainsi celles-ci pourront mieux se consacrer à leur cœur de métier.

Ces domaines concernent particulièrement les tâches administratives et la formation.

CENTRE D'ÉCOUTE : plateforme d'appels téléphoniques ayant pour objet de traiter un grand volume d'appels téléphoniques des usagers-redevables de la douane à la recherche d'informations.

Les téléconseillers fournissent au grand public des indications sur la législation douanière et surtout des informations pratiques pour leur permettre de bien s'orienter afin d'effectuer le dédouanement correct de leurs marchandises.

CÉPAGE : variété de la vigne : pinot, riesling, cabernet-sauvignon, merlot…

Chaque cépage présente des caractères spécifiques lui donnant de pouvoir mieux s'adapter à un type de climat, de sol donné… et développer une meilleure résistance aux maladies. Exemple: le solaris résiste aux basses températures et s'adapte le mieux dans les régions polaires.

CERTIFICAT DE VISITE : rapport établi par un agent de douanes consignant le résultat de la vérification physique des marchandises, du moyen de transport et/ou des personnes. Art 70 CDC V. TABLEAU DE CONCORDANCE

Il reprend en détail les différentes opérations menées et relate toutes les constatations relevées quant au conditionnement, au poids, au nombre, à la nature de la marchandise, à la disposition de celles-ci, aux inscriptions portées sur les marchandises ...

Il doit être signé conjointement par le service des douanes et le commissionnaire en douane agréé. Cette procédure a l'avantage de dévoiler tôt, l'acceptation ou le rejet de l'appréciation du service.

CERTIFICAT DE CIRCULATION : document douanier (rempli par l'exportateur et signé par la douane) prévu dans le cadre des accords préférentiels (entre l'Union Européenne et certains pays) facilitant entre eux la circulation de produits échangés entre partenaires. Il peut prendre des formes variées : EUR1 ; EUR2, ATR1, Formule A.

CERTIFICAT DE CONFORMITÉ : document constatant le respect des exigences d'une norme.

CERTIFICAT EUR1 : document couvrant la circulation des marchandises en direction de l'Europe, utilisé pour attester de l'origine des marchandises dans le cadre des régimes préférentiels communautaires hors SPG.

CERTIFICAT D'ORIGINE (CERTIFICATE OF ORIGIN) : formulaire par lequel une autorité, un organisme autorisé, atteste (douane-chambre de commerce…) de l'origine d'un produit.

Ce document peut comporter une déclaration du fabricant/du producteur ou de l'exportateur ou de toute autre personne compétente.

En tant que preuve documentaire, il peut être exigé à l'occasion de l'ouverture d'un crédit documentaire. Mais son rôle premier est de prouver et de permettre l'application de l'origine préférentielle.

CERTIFICAT FORMULE A : document couvrant la circulation des marchandises signé par la douane dans les pays émergents pour attester de l'origine des marchandises exportées. Les pays arabes exigent de le faire viser en plus par la Chambre de Commerce franco-arabe, dans leurs relations commerciales avec la France.

Il est également utilisé pour attester de l'origine dans le cadre du Système de Préférences Généralisées (SPG) que l'Union Européenne accorde à certains pays en développement.

CERTIFICATION : acte juridique par lequel une autorité atteste de l'authenticité, de l'origine ou de la conformité d'un document, d'une procédure par rapport à la référence.

La certification conforme atteste de l'identité d'un titre, d'un original et sa copie ou même de son extrait. La certification des comptes par un commissaire aux comptes atteste de la sincérité et de la conformité de ceux-ci aux règles de l'art.

La certification de conformité est une opération par laquelle un organisme dit « certificateur » en charge de la norme et la qualité atteste qu'un produit a respecté les règles et normes régissant sa production, sa transformation, son conditionnement …

De nombreux certificats sont exigibles lors du dédouanement des marchandises : certificat d'origine, sanitaire, phytosanitaire, de fumigation, d'inspection et d'assurance …

CESSATION DE PAIEMENT : situation d'une entreprise qui n'arrive plus à faire face à ses engagements à partir de ses ressources devenues insuffisantes.

CESSIBILITÉ : caractère de ce qui peut être cédé, transmis ; transmissibilité.

Termes contraires : incessibilité ; incessible.

Termes proches : cédant, cessionnaire.

CESSION (DE DROITS) : acte juridique par lequel une entreprise X accorde à une entreprise H le droit d'exploiter, de fabriquer ou de vendre des produits dont elle est détentrice du brevet, de la marque ou du know how. La cession est limitée dans le temps et rémunérée par des royalties versées à l'entreprise X par l'entreprise H.

CFCE (CENTRE FRANÇAIS DU COMMERCE EXTÉRIEUR) : organisme public français collaborant avec les missions économiques françaises pour assurer la veille commerciale, règlementaire et technologique en vue de produire une information actualisée et fiable en matière de commerce extérieur.

CHAINE LOGISTIQUE : opérations globales comprenant la logistique en amont (nécessaire à la production) et en aval (relative à la distribution).

CHAMPAGNE (VIN MOUSSEUX DE) : vin mousseux pétillant produit à partir de raisins rigoureusement sélectionnés (sol, climat, vigne et savoir-faire ou le tour de main) dans la région de Champagne, en France, selon des règlements officiels en vue de bénéficier de l'appellation officiellement contrôlée, Champagne.

Des vins mousseux de très bonne qualité produits n'importe où dans le monde ne seront jamais admis comme Champagne. Pourtant des producteurs ont dénommé leur boisson ainsi, en faisant abstraction de la condition de territorialité qui concourt à l'octroi de l'appellation Champagne.

Il peut être commercialisé dans des bouteilles de contenus variables :

Bouteille : 75 cl ; magnum : 1,5 litre (équivalant à 2 bouteilles) ; jéroboam : 3 litres (équivalant à 4 bouteilles); réhoboram 4,5 litres (équivalant à 6 bouteilles) ; mathusalem 6 litres (équivalant à 8 bouteilles) ; salmanazar 9 litres (équivalant à 12 bouteilles) ; balthazar 12 litres (équivalant à 16 bouteilles) ; nabuchodonozor 15 litres (équivalant à 20 bouteilles) ; melchior 18 litres (équivalant à 24 bouteilles).

CHANCELLERIE : sous l'ancien régime, le Chancelier de France en tant qu'Assistant du Roi pour les affaires judiciaires authentifiait les actes royaux en y apposant le sceau royal, le cachet officiel de la France. Le Roi en était le gardien principal et avait confié la garde déléguée au Chancelier ainsi devenu le Garde des Sceaux. De nos jours, la chancellerie désigne le ministère de la Justice et le ministre porte le titre de Garde des Sceaux.

Depuis 1224 dans le domaine diplomatique en France, la chancellerie désigne le ministère en charge des relations extérieures/des affaires étrangères.

CHANGE : opération d'achat et/ou de vente de devises ou de valeurs passant par la conversion d'une monnaie dans une autre.

Le change peut être scriptural, manuel ou tiré.

CHANGE (TAUX DE) : prix d'une monnaie exprimé dans une autre monnaie. Ce rapport peut produire un impact déterminant sur la compétitivité d'une entreprise, d'un État ou d'une zone économique.

CHANGE À TERME : achat/vente de devises d'après le cours en vigueur avec livraison et paiement fixés à une date ultérieure. Date néanmoins convenue par les parties lors de la réalisation de l'opération.

CHANGE AU COMPTANT : achat/vente de devises d'après le cours en vigueur au moment de l'opération, avec livraison et paiement :

- soit dans les 48h pour le change dit spot,
- soit dans les 24h pour le change dit overnight

CHAPITRE : subdivision au sein de la nomenclature tarifaire douanière. Il se compose de positions et de sous-positions tarifaires des marchandises rassemblées selon une logique propre au classement tarifaire. Le regroupement de plusieurs chapitres forme une section dans le Tarif de douanes.

Le Tarif des Douanes de la CEMAC compte 97 chapitres, eux-mêmes regroupés dans 21 sections.

CHARGE : grief.

CHARGES : dépenses (effectives ou virtuelles) supportées pour l'exploitation de l'entreprise.

CHARGES : dépenses de toute nature supportées par une entreprise en vue de réaliser son objet social pour lequel elle est créée. Ces charges sont prises en considération dans le calcul du bénéfice, par les services fiscaux.

Grief, motif de la plainte

CHARGEUR (SHIPPER) : terme défini par le droit du transport maritime ; personne (physique ou morale) qui confie à un armateur, une compagnie maritime, une marchandise en vue de son acheminement d'un port à un autre contre paiement de fret. Cette personne pourrait être le propriétaire de ladite marchandise ou simplement un représentant, un mandataire. Ce terme est parfois assimilé, sans raison valable, à la notion douanière non clairement définie d'expéditeur réel qui vise pourtant un objet différent.

V. Expéditeur réel.

CHARIOT ÉLÉVATEUR : engin de manutention muni de fourches en avant, très utile pour soulever, déplacer, charger, décharger et classer des colis à stocker dans les entrepôts, magasins de marchandises, objet du commerce extérieur. Il est conduit par un cariste.

CHARIOT INTELLIGENT : engin guidé par un système électromagnétique qui offre l'opportunité d'une gestion automatisée des commandes dans les entrepôts modernes.

CHARTE DE LA HAVANE : désigne la convention issue de la conférence internationale qui s'est tenue en 1948 à La Havane, dans l'ile de Cuba. Au cours de celle-ci ont été élaborées les règles générales et l'organisation du commerce international (General Agreement on Tariffs and Trade - GATT).

Cette charte introduit une nouvelle vision du commerce international et des négociations économiques à travers :

- la réduction des tarifs douaniers,
- la condamnation du protectionnisme,
- la normalisation des échanges,
- la sincérité des prix à l'export,
- la non-discrimination,
- la condamnation des cartels internationaux privés.

CHARTE DES CONTRÔLES DOUANIERS : document établi par certaines administrations douanières définissant leurs orientations dans le cadre du développement de la collaboration avec ses partenaires lors des contrôles.

Son élaboration traduit une volonté de transparence et de renforcement de la confiance mutuelle en vue d'accroître le flux d'échanges dans le commerce extérieur.

Elle résume des points saillants de la règlementation des contrôles. Elle rappelle les droits et prérogatives de l'administration et elle informe les acteurs du commerce extérieur contrôlés sur leurs droits et garanties. Il rappelle également les voies de recours dont ils disposent soit pour le dialogue soit pour la contestation.

CHARTE DES INVESTISSEMENTS : document-cadre dans lequel un État ou un groupe d'États expose les orientations, les principes encadrant sa politique des investissements ainsi que les dispositions esquissant l'environnement fiscal, financier, institutionnel qui s'offrent aux entreprises voulant s'installer sur son territoire.

Ces mesures généralement incitatives visent la croissance et la compétitivité.

CHARTE-PARTIE : acte juridique constatant l'affrètement d'un navire et déterminant les conditions, le type, la durée …

V. Contrat d'affrètement.

CHEF D'ACCUSATION : motif principal d'une plainte.

CHEF DE REDRESSEMENT : motif principal sur lequel se fonde le contentieux, la revalorisation de la base taxable.

CHEF D'INCULPATION : raison principale pour laquelle une personne est jugée.

CHÈQUE : ordre, instrument de paiement donné par une personne (tireur), titulaire d'un compte dans une banque, afin que cette dernière (tirée) verse une somme d'argent à un bénéficiaire qui peut être un tiers ou elle-même, de qui émane l'ordre. Il n'y figure pas d'échéance comme sur la lettre de change ; la provision doit exister avant son émission. Sinon le tireur commet l'infraction d'émission de chèque sans provision. La remise d'un chèque au banquier n'est pas automatiquement assimilable à un paiement, car des incidents pourraient intervenir.

CHÈQUE AU PORTEUR : chèque signé sur lequel ne figure pas le nom d'un bénéficiaire à l'ordre duquel il faut le payer. Par conséquent, il peut être encaissé par toute personne qui présente le chèque. Il offre une insécurité maximale.

CHÈQUE AVISÉ : chèque d'un montant généralement élevé qui amène le tireur à informer préalablement le tiré avant son émission.

CHÈQUE BARRE : chèque frappé de deux barres parallèles au recto. Dès lors, il ne peut être encaissé qu'à partir d'un compte bancaire. Lorsqu'aucune mention ne figure entre les deux barres, le barrement est dit général et le chèque ne peut être payé qu'à un banquier ou à un client du tiré.

Par contre, le barrement est dit spécial si le nom du banquier est inscrit entre les barres. Dans ce cas, le chèque ne pourra être payé qu'au banquier.

CHÈQUE CERTIFIE : chèque portant une mention apposée par le banquier attestant de l'existence de la provision et de sa disponibilité au profit du porteur pendant les délais de présentation. Ce type d'ordre de paiement est souvent exigé dans les procédures douanières au Cameroun.

CHÈQUE DE BANQUE : chèque tiré par la banque soit sur un de ses guichets soit sur un autre confrère. Il offre une sécurité maximale, car il n'est pas envisageable qu'il rentre impayé. Il peut valablement se substituer au chèque certifié. Ce type d'ordre de paiement est exigé par les services douaniers au Cameroun.

CHÈQUE DE VOYAGE (TRAVELLER'S CHEQUE) : il est spécial, car n'appartenant ni à la catégorie des chèques bancaires ni à celle des chèques postaux.

Titre endossable émis après dépôt des fonds et contre rémunération par un établissement financier qui s'engage à payer lui-même ou par l'intermédiaire de ses correspondants une certaine somme au bénéficiaire.

L'utilisation de ces chèques de voyage a cédé la place aux cartes bancaires. Ils étaient très pratiques pour les voyageurs au cours de leurs déplacements.

CHÈQUE EN BLANC : chèque signé, mais dont le nom du bénéficiaire et/ou le montant ne sont pas mentionnés.

En langage courant, ce terme équivaut au blanc-seing qui est une autorisation sans limites et sans aucune garantie.

CHÈQUE EN BOIS : chèque sans provision.

CHÈQUE NON ENDOSSABLE : chèque qu'un bénéficiaire ne peut transmettre par voie d'endossement

CHÈQUE SANS PROVISION : délit qui consiste à émettre un chèque alors que le compte est dépourvu de liquidités pouvant servir au paiement dudit chèque.

CHÉQUIER : carnet contenant de nombreux feuillets de chèques.

CHIFFRE D'AFFAIRES (TURN OVER) : montant global de vente de biens et services effectués par un agent économique au cours d'une période donnée.

CHOSE JUGÉE : affaire portée devant les tribunaux. Décision d'un juge.

V. Autorité de chose jugée et force de chose jugée.

CIBLAGE : technique de sélection couramment utilisée dans le cadre de l'analyse des risques douaniers dans le dédouanement, la circulation et la détention des marchandises de fraude ou de contrebande.

CIDRE : boisson obtenue par la fermentation des pommes. On produit également du cidre mousseux.

CIMA : Conférence Interafricaine des Marchés d'Assurances.

Terme proche : Code CIMA

CIRCONSTANCES : faits auxquels la loi a conféré un caractère atténuant ou aggravant en vue de la qualification de l'infraction et de l'application de la peine.

En droit douanier de la CEMAC, le Code des Douanes distingue la fausse déclaration dans la valeur et la fausse déclaration dans la valeur à l'aide de fausses factures. De même, il distingue la contrebande et la contrebande commise en groupe, à l'aide d'un animal ou encore à l'aide d'un aéronef ou d'une embarcation avec moteur. Les circonstances devraient être mises en évidence dans le document transactionnel pour éclairer l'autorité compétente chargée de transiger.

CIRCULAIRE ADMINISTRATIVE : instruction écrite prise par une autorité à l'intention de ses collaborateurs.

CIRLD : V. Commission Indépendante de Règlement des Litiges Douaniers.

CITATION : acte de procédure qui permet à l'administration douanière comme à tout justiciable, de demander à l'auteur d'une infraction douanière ou toute autre infraction, ou à un témoin de se présenter devant une juridiction pour y répondre des faits dont elle l'accuse ou la soupçonne ou pour apporter son éclairage.

Généralement, le procès-verbal de douane offre l'opportunité à l'administration des douanes de citer le fautif ou le contrebandier.

CITATION DIRECTE :procédure qui est offerte au ministère public et à la victime d'une infraction de pouvoir saisir directement une juridiction répressive.

CITATION EN JUSTICE : terme générique pour désigner tout acte permettant de saisir une juridiction.

C.I.T.E.S (Convention On **I**nternational **T**rade in **E**ndangered **S**pecies of wild fauna and flora**)** en français Convention sur le commerce international des espèces de faune et de flore sauvages menacées d'extinction : convention signée le 3 mars 1973 à Washington et regroupant 175 États. Elle est gérée par un Bureau coiffé par un Secrétaire général.

Son but est de s'assurer que le commerce international des spécimens d'animaux et de plantes sauvages ne menace pas leur survie. La C.I.T.E.S a regroupé les espèces qu'elle vise en 3 annexes, en fonction du degré de protection :

ANNEXE 1 : couvre les espèces menacées d'extinction. Le commerce international de ces spécimens est interdit et ne peut être autorisé que dans des conditions exceptionnelles : exigence d'un permis d'importation, d'un permis d'exportation ou d'un certificat de réexportation délivré par un organisme compétent dans la gestion de la faune et/ou de la flore de l'État d'importation, d'exportation ou de réexportation.

ANNEXE 2 : couvre les espèces dont le commerce pourrait menacer la survie. Alors ce commerce doit être règlementé : exigence d'un permis d'exportation ou un certificat de réexportation délivré par l'État d'exportation ou de réexportation.

ANNEXE 3 : couvre des espèces protégées dans au moins un pays qui a sollicité la coopération des autres pays membres de la C.I.T.E.S pour l'aider à contrôler ce commerce. Le commerce de ces espèces est soumis à l'obtention d'un permis d'exportation délivré par l'organisme de gestion de l'État d'exportation.

CIVISME FISCAL : notion vague qui fait appel aux attitudes et perceptions des débiteurs de l'impôt (assujettis, contribuables, redevables), à leur sens poussé de responsabilités des citoyens et les amenant à s'acquitter spontanément et sans détour de leurs obligations fiscales conformément à la loi.

Il traduit un consentement non équivoque à l'impôt « Le civisme fiscal renvoie à la vertu qui pousse un bon citoyen à vouloir déclarer et payer spontanément les impôts dont il est passible. » Circulaire n°004/MINFI/DGD du 4 janvier 2018 précisant les modalités d'application de certaines dispositions de la loi n°2017/021 du 20 décembre 2017 portant loi de finances de la République du Cameroun pour l'exercice 2018, p.20.

Terme opposé : incivisme fiscal.

CLASSEMENT TARIFAIRE D'UNE MARCHANDISE : détermination de l'espèce d'une marchandise en lui affectant un code approprié dans la nomenclature douanière pour la désigner. Ce code indique de manière précise la position et la sous-position.

Les envois postaux peuvent bénéficier des formules spéciales de désignation conventionnelle des marchandises et des codes conformément aux Actes de l'Union Postale Universelle (UPU).

Compte tenu des difficultés et des particularités reconnues au classement tarifaire, les usagers peuvent saisir la Douane pour obtenir le Renseignement Tarifaire Contraignant (RTC).

Le RTC est un avis de classement émis par l'administration douanière, valable pendant une durée préalablement fixée qui ne peut faire l'objet de modification contentieuse avant son échéance.

V. Décisions anticipées

CLAUSE : stipulation d'une convention collective, des conditions générales de vente, d'un contrat. (Le contrat stipule… mais la loi dispose…)

CLAUSE À ORDRE : stipulation figurant dans un contrat de base et autorisant le créancier de se faire remplacer par une autre personne qui effectuera un endossement pour le compte d'un tiers bénéficiaire.

C'est le cas dans une police d'assurance où figure une disposition par laquelle l'assureur autorise l'assuré de pouvoir endosser ladite police au nom d'un tiers bénéficiaire.

C'est le cas dans le transport maritime où une disposition est portée sur le connaissement (B/L) pour indiquer que la propriété des marchandises est transférable à un tiers qui ne figure pas sur le contrat de base. Par exemple: la banque réalisatrice dans un crédit documentaire.

CLAUSE COMPROMISSOIRE : stipulation d'un contrat indiquant que c'est l'arbitrage qui règlera tout litige qui pourrait survenir à l'occasion de l'exécution dudit contrat.

CLAUSE CONTRE DOCUMENTS : stipulation intégrée dans une traite documentaire qui indique que l'acceptation (clause documents contre acceptation D/A) ou le paiement (clause documents contre paiement D/P) seront conditionnés par la remise des documents accompagnant la lettre de change.

CLAUSE D'ELECTIO JURIS (CHOIX DE LA LOI) : stipulation mentionnée dans un contrat commercial international indiquant la loi applicable choisie par les parties au contrat. Cette loi peut être celle d'un ou de plusieurs États ou même une loi non étatique.

CLAUSE DE LA NATION LA PLUS FAVORISÉE (CNPF) : principe prévu par le GATT puis l'OMC. Elle figure dans de nombreux traités de commerce et impose aux États contractants d'octroyer ultérieurement à des pays tiers, les mêmes avantages douaniers qu'ils se sont mutuellement accordés.

CLAUSE DE PAIEMENT EN MONNAIE ÉTRANGÈRE : stipulation permettant aux parties de convenir d'une devise qui constituera la monnaie de paiement du contrat.

CLAUSE DE RÉSERVE DE PROPRIÉTÉ : disposition d'un contrat commercial qui indique qu'il n'y aura pas de transfert de propriété tant que le paiement de la marchandise ne sera pas entièrement effectué.

CLAUSE DE RÉSERVE DE PROPRIÉTÉ : stipulation introduite dans un contrat de vente par le vendeur pour que le transfert de propriété ne prenne effet qu'à compter du paiement de la totalité du prix par l'acquéreur.

Tant que la totalité du prix n'est pas versée par l'acheteur, la marchandise demeure la propriété du vendeur.

CLAUSE RÉPUTÉE NON ÉCRITE : stipulation d'un contrat, d'une convention totalement privée d'effet juridique sans que la validité de l'acte soit affectée.

CLAUSE RÉSOLUTOIRE : stipulation contractuelle énumérant exhaustivement des évènements dont la survenance entraînera la rupture automatique du contrat. Exemple : délai de non-paiement de l'acheteur supérieur à 3 mois.

CLEARING : terme d'origine anglo-saxonne désignant le système de compensation réciproque entre banques.

Clearing house : chambre de compensation.

CLIMAT DES AFFAIRES : perception psycho-affective et/ou rationnelle de l'environnement socio-économique sectoriel ou général d'une société globale (politique, économique, juridique, institutionnel, comportemental…) ainsi que des risques divers greffés aux investissements.

Il affecte directement la réalisation et la rentabilité des investissements. Il exerce une influence automatique sur l'attractivité d'une économie ainsi que sur sa compétitivité.

V. Environnement des affaires

CLUB DE LONDRES : groupe informel des créanciers privés finançant des dettes publiques. Le caractère informel de ce groupe provient de l'absence d'un statut officiel. Le Club n'existe que pendant les négociations. Il se réunit selon les choix des pays et des banques : New York, Londres, Paris, Francfort.

Le Club de Londres se compose de banques commerciales et de fonds d'investissement. Il est organisé en comités « ad hoc ». Ceux-ci se composent des représentants des débiteurs, des principaux fonds d'investissement et des banques ayant prêté de l'argent.

Son objectif est de trouver des solutions qui permettent aux banques prêteuses de récupérer leurs créances en cours et d'en ouvrir de nouvelles par le moyen du rééchelonnement de la dette des pays en difficulté qui n'arrivent pas à honorer leurs échéances de règlement.

Sa première rencontre se tint à Londres en 1976 pour chercher des solutions aux difficultés de paiement du Zaïre. Il collabore toujours avec le Club de Paris et le FMI pour donner suite aux demandes des États.

CLUB DE PARIS : groupe non institutionnel de créanciers publics dont la mission est la résolution des difficultés de paiement des nations endettées qui le sollicitent. Il est présidé par le Directeur du Trésor français.

Sa collaboration avec le FMI et la BM permet d'intervenir sur le rééchelonnement de la dette publique par le moyen du report et parfois de l'annulation de certaines échéances.

Il tint sa première rencontre en 1956 à Paris sur les difficultés de paiement de l'Argentine.

Il compte une vingtaine de membres appartenant à l'OCDE, sauf la Russie. Membres : Allemagne, Australie, Autriche, Belgique, Canada, Danemark, Espagne, EU, Finlande, France, Irlande, Italie, Japon, Norvège, Pays-Bas, R.U, Russie, Suède, Suisse.

CONFÉRENCE MARITIME (FREIGHT CONFERENCE) : nom donné aux regroupements professionnels d'armateurs associés pour organiser leur trafic, négocier des tarifs communs sur des dessertes et surtout mieux affronter la concurrence.

CNUCED (CONFÉRENCE DES **N**ATIONS **U**NIES SUR LE **C**OMMERCE **E**T LE **D**ÉVELOPPEMENT**) :** créé en 1964, cet organisme (qui est plus qu'une conférence ponctuelle) rassemblant 195 pays membres de l'ONU a pour objectif d'intégrer les pays du tiers monde dans l'économie mondiale en vue de favoriser leur développement.

CNUDCI (COMMISSION DES **N**ATIONS **U**NIES POUR LE **D**ROIT **C**OMMERCIAL ET **I**NTERNATIONAL**) :** organisme du système des Nations Unies traitant du droit commercial international à travers :

- des conventions, des lois types et des règles, en forme définitive ou sous forme de projet, pouvant s'appliquer dans le monde entier ;
- des guides et des recommandations juridiques revêtant une grande utilité pratique ;
- des informations actualisées sur la jurisprudence et l'adoption de législations commerciales uniformes ;
- d'une assistance technique pour appuyer des projets de réforme du droit ;
- des séminaires (régionaux et nationaux) sur le droit commercial uniforme.

COCA : plante originaire d'Amérique du Sud dont les feuilles contiendraient des vertus pharmacologiques et pourraient servir de stimulant. La cocaïne qui en est extraite l'a hissée au sommet d'un vaste réseau de trafic de drogues illicites.

COCA-COLA :produit créé à des fins curatives en 1886 par le pharmacien John Pemberton à Atlanta, sur la base de deux ingrédients : la feuille de coca et la noix de cola.

Il est devenu une marque très populaire. Coca-Cola est un des symboles de l'American Way of Life au même titre que le chewing-gum ou le Marlboro. Il est une cible des mouvements altermondialistes.

COCONTRACTANT : partie au même contrat qu'une autre partie.

CODE BARRES/EAN : dispositif composé d'un ensemble de treize (13) signes accompagnés de chiffres pouvant être lus par des rayons optiques et permettant d'identifier des produits dans un magasin.

CODE DES DOUANES : ensemble des dispositions d'origine conventionnelle, législative ou règlementaire définissant notamment :

- le cadre des opérations de dédouanement à suivre par tous les acteurs,
- les principes de droit applicable…
- les règles fixant les régimes douaniers applicables à certaines opérations ou certains produits fabriqués, élevés, extraits…
- les solutions des contentieux pouvant naître de l'application des différentes prescriptions...

En zone Cemac, il se présente effectivement sous la forme d'un recueil plus ou moins volumineux. Mais il doit se comprendre surtout comme un ensemble de mesures dont certaines pourraient ne pas figurer physiquement dans le document.

CODEX : recueil ; dans l'antiquité et au moyen âge, il était constitué de feuilles écrites, cousues ensemble et reliées.

CODEX ALIMENTARIUS : commission mise sur pied en 1963 à la fois par la FAO (Organisation des Nations Unies pour l'Alimentation et l'Agriculture) et l'OMS (Organisation Mondiale de la Santé).

Elle est un organisme de normalisation générant des normes alimentaires, des directives et des codes d'usage internationaux et harmonisés dans l'optique de protéger la santé des consommateurs et assurer des pratiques loyales dans le commerce des aliments. Elle est très suivie par l'Organisation Mondiale du Commerce (OMC) et l'Organisation Mondiale des Douanes (OMD).

Elle compte 184 États, l'Union Européenne, 216 observateurs, 49 organisations intergouvernementales, 151 ONG et 16 Organisations du système des N.U.

L'instance interne qui s'occupe de la normalisation alimentaire proprement dite comprend 60 États et 09 ONG. Elle a traité de nombreuses thématiques, dont les eaux minérales, les laits et les fromages crus…

COFACE (COMPAGNIE **F**INANCIÈRE D'**A**SSURANCE POUR LE **C**OMMERCE **E**XTÉRIEUR**) :** créé en 1945 par l'État français, cet organisme public d'assurance-crédit a été privatisé en 1982 et introduit à la bourse de Paris le 2 février 2002.

La Coface a pour vocation de soutenir les exportations françaises à moyen et long terme. Elle remplit une mission de service public à travers ses objectifs :

- couverture du risque politique,
- assurance-crédit de marché,
- informations commerciales et financières,
- gestion des garanties d'aides à l'export.

COGNAC : eau-de-vie de vin du sud-ouest de la France. Il est obtenu après deux distillations successives de vins issus de certaines variétés de raisin cultivées dans la Charente et la Charente-Maritime, des régions riches en craie avec un climat maritime, doux et brumeux. Le meilleur armagnac par contre provient d'un sol sablonneux avec un climat plus rigoureux.

Les méthodes de distillation et de maturation du cognac et de l'armagnac diffèrent.

Les indications suivantes peuvent être portées sur certaines bouteilles de cognac : VOS (Very Special Old); VSOP **:** (Very Superior Old Pale) indication portée sur certaines bouteilles d'armagnac ou de cognac révélant une relative ancienneté, vieillesse. VSEP (Very Superior Extra Pale) est utilisée sur le marché américain. VVSOP (Very Very Superior Old Pale) peut également être apposée sur des bouteilles de cognac.

Le sens de cette mention n'est pas à assimiler au millésime porté sur les bouteilles de vin. Les cognacs se présentent aujourd'hui dans le commerce sous des types variés : XO, Réserve, Hors d'Age, Extra, Vintage, XXO, …

COLBERTISME : politique menée par Colbert (1619-1683) qui était le Contrôleur général des Finances de Louis XIV.

Il est perçu comme la version française (développée par Montchrestien) de la théorie du mercantilisme.

V. Mercantilisme.

COLISAGE : opération consistant pour un entrepreneur de transport des marchandises à attribuer à celles-ci, selon leurs caractéristiques, la meilleure présentation ou forme afin de les mettre en conformité avec les conditions exigées par le transport le plus adéquat.

Terme proche : liste de colisage.

COLIS POSTAUX (Terme consacré par l'UPU) : envois de la poste aux lettres d'un poids maximal de 30 (trente) kilogrammes acheminés par voie postale. Ils suivent un régime particulier défini par l'Union Postale Universelle (UPU). Ils diffèrent des paquets-poste qui sont plus réduits.

COLLISION : accident frontal (survenant de front) entre deux moyens de transport. Lorsqu'il s'agit de navires, on parle d'abordage.

COLLUSION : entente généralement secrète pour nuire ; collusion frauduleuse : celle qui permet de se soustraire de l'empire de la loi.

Terme proche : collusoire.

COMBINED B/L : connaissement combiné.

V. B/L.

COMITÉ D'APPEL : instance paritaire (douanes-secteur privé) créée à la Direction Générale des Douanes au Cameroun, sous l'inspiration de l'article 130 du CDC, ayant pour objet l'arbitrage en amiable compositeur des litiges nés de la contestation des constatations de l'administration survenues après la vérification physique des marchandises et les contrôles a posteriori et portant sur la valeur, l'espèce tarifaire et l'origine.

Il est présidé par le Directeur général des Douanes. La LF 2021 au Cameroun l'a remplacé par la Commission d'Arbitrage des Litiges Douaniers (CALD). Cette dernière a cédé sa place depuis le 1er janvier 2022, date d'entrée en vigueur au Cameroun du Code des Douanes révisé de la CEMAC, à la Commission Indépendante de Règlement des Litiges Douaniers (CIRLD).

COMITÉ DU SH : art6 de la Convention sur le Système Harmonisé.

Organe chargé de la gestion de ladite Convention en vue d'une interprétation et une application uniformes. Il se compose des représentants de chaque partie contractante qui dispose d'une voix. Peuvent participer à ses travaux en qualité d'observateurs, des organisations intergouvernementales, des organisations internationales, notamment de la statistique, du commerce ou du transport.

COMMANDANT : professionnel assurant la direction habituelle d'un aéronef ou d'un navire. Art 90, 91,92 CDC V. TABLEAU DE CONCORDANCE.

COMMANDEMENT (DE PAYER) : acte juridique par lequel l'administration douanière somme à s'exécuter un redevable ayant dépassé les délais d'exigibilité de sa créance ou en vertu d'un titre exécutoire.

Généralement, le commandement précède une mesure d'exécution forcée à mettre en œuvre par les services chargés du recouvrement.

COMMENCEMENT D'EXÉCUTION : acte indiquant que la commission d'une infraction est :

- engagée avec l'intention de la commettre et/ou
- soit qu'un acte posé va déboucher sur la consommation de l'infraction.

En droit pénal général, cet acte est indispensable pour caractériser une tentative punissable. Il en va autrement dans le droit pénal douanier de la CEMAC où l'élément intentionnel n'est pas exigé pour caractériser une infraction douanière.

En d'autres termes, toute tentative de délit douanier, même involontaire, est punissable.

COMMENCEMENT DE PREUVE PAR ÉCRIT : document écrit incomplet, imparfait, ne pouvant à lui seul suffire à apporter la preuve d'un acte juridique. Il doit être complété, confirmé ou appuyé par d'autres moyens de preuves : aveux, témoignages, présomptions, serments…

Il peut s'agir d'un projet de lettre, d'un registre non coté ni paraphé tenu dans un commerce, d'un document sous seing privé sans signature ou mentionnant un montant en chiffres sans équivalent en lettres…

COMMERCE ÉLECTRONIQUE (ou COMMERCE EN LIGNE) : commerce effectué par la voie de l'internet. Il intègre le paiement électronique.

Ses objectifs sont variés : vendre, fidéliser la clientèle à distance. Il s'adresse à un nouveau type de clientèle : internautes, cyberacheteur, consonautes, jeunes, citadins-habitants urbains.

Il est orienté vers certains biens et services : livres, disques, informatique, cadeaux, objets de collection, fourniture des informations, de données, de communications commerciales, des outils de recherche scientifique, d'hébergement, d'informations, de sites, des accès et de récupération de données, des formations; sur des thématiques variées : les fromages, les vins …

Ce type de commerce connait un essor remarquable depuis la fin du XXe siècle. Mais il reste freiné par des contraintes logistiques.

COMMERCE ÉQUITABLE : système de distribution de certains produits (café, sucre, chocolat, etc.) qui consent aux producteurs des pays pauvres un prix plus juste que celui qui leur est offert couramment, donc un revenu plus élevé. Ce qui permettra d'améliorer leurs conditions de vie.

Ce système est assez connu et pratiqué notamment en Suisse, en Allemagne. Il est promu par les mouvements altermondialistes.

V. www.commerce-equitable.org

COMMERCE EXTÉRIEUR : cette expression regroupe les activités liées, aux échanges commerciaux (importations et exportations) entre un pays, un groupe de pays, une zone et l'étranger.

On y inclut les différentes activités qui gravitent autour des opérations d'importation et d'exportation : étude, pays, prospection, vente, logistique, transport, dédouanement…

Des indicateurs permettent de l'évaluer : balance commerciale, taux de couverture, degré d'ouverture de l'économie nationale, taux de pénétration par rapport au marché extérieur...

Le solde de la balance commerciale entre deux pays, deux zones, se confond au solde du commerce extérieur de ces pays. On peut également apprécier ce solde par rapport à l'ensemble des échanges des biens et services ou d'un seul de ceux-ci.

Le commerce extérieur peut également s'apprécier à travers les principaux clients, principaux fournisseurs, principaux produits importés ou exportés dans une économie.

COMMERCE INTERNATIONAL : cette expression regroupe les activités liées aux échanges commerciaux entre nations, au sein de l'économie mondiale. Selon une conception ancienne, il ne concernait que les flux de marchandises échangées à travers le monde. De nos jours, les flux de services y sont désormais indissociables. Il est assimilable au commerce mondial. Ses indicateurs diffèrent de ceux du commerce extérieur : détermination des termes de l'échange, statistiques globales du commerce mondial, indice d'avantages comparatifs, indice de commerce intra-industriel, indice de fréquence IF (indiquant la proportion des lignes tarifaires faisant l'objet d'une barrière non tarifaire BNT), indice de couverture IC (mesure le pourcentage de la valeur des importations frappées par les mêmes mesures restrictives…) V. Jaime de MELO – Jean Marie GRETHER : Commerce international- Théories et applications, Balises, De Boeck Université, 2è Tirage 2000, p.431

Il se déploie à travers la mise en œuvre globale par différents acteurs, des politiques commerciales, ainsi que leurs instruments : barrières tarifaires et non tarifaires. Il s'agit notamment des droits de douane à l'entrée ou à la sortie, des contingents tarifaires, des dépôts préalables, du rationnement de devises, des valeurs mercuriales, des subventions aux exportations…

COMMISSAIRE D'AVARIES (OU AUX AVARIES) : professionnel intervenant à l'initiative des assurances couvrant un contrat de transport. Son rôle est de constater et d'évaluer les dommages subis par la marchandise (perte totale ou partielle) ou le navire à la suite d'une fortune de mer.

COMMISSION : rémunération du commissionnaire pour ses services. V. art 192 Acte Uniforme OHADA portant droit commercial général

V. Honoraires.

COMMISSION BANCAIRE : frais prélevés par la banque pour des services qu'elle rend à sa clientèle notamment pour le découvert, le crédit documentaire, les transferts.

COMMISSION BANCAIRE : organe de contrôle de la profession bancaire : COBAC (Commission Bancaire de l'Afrique Centrale).

COMMISSION D'ACHAT : Selon l'art 60 al2 du Code des Douanes de la RD Congo, la commission d'achat s'entend comme : « les sommes versées par un importateur à son agent pour le service qui a consisté à le représenter à l'étranger en vue de l'achat des marchandises à évaluer. »

L'article 43 CDC la définit comme « des sommes versées par un importateur à son agent pour le service qui a consisté à le représenter à l'étranger en vue de l'achat des marchandises à évaluer. »

Ces deux définitions sont quasiment identiques.

Montant d'argent versé par un importateur à un agent indépendant basé à l'étranger pour sa prestation de service. Celle-ci consiste pour ce dernier à représenter son donneur d'ordre à l'étranger pour rechercher des marchandises en vue de leur achat et leur acheminement dans le pays d'importation.

La commission d'achat n'est pas à prendre en considération pour établir la valeur transactionnelle d'une marchandise. (Article 27 al a) V. TABLEAU DE CONCORDANCE.

COMMISSION DE CONCILIATION ET D'EXPERTISE DOUANIÈRE (CCED) : organisme indépendant de l'administration douanière en France, créé par la loi du 31 décembre 1968 pour jouer un double rôle de conciliation et d'expertise dans les litiges opposant l'administration des douanes aux déclarants pour ce qui concerne l'espèce, l'origine et la valeur, après la vérification physique des marchandises ou après le contrôle a posteriori.

Elle est présidée par un magistrat assisté de deux assesseurs choisis sur une liste dressée sur la base de leurs connaissances et leur compétence technique parmi de nombreux postulants issus de diverses activités professionnelles.

COMMISSION D'EMPLOI : carte professionnelle spéciale sur laquelle la prestation de serment des agents de douane est retranscrite. Art 63 /64 CDC ; elle est réservée aux agents effectivement assermentés.

Ceux-ci sont tenus de l'exhiber à première réquisition.

COMMISSION ÉCONOMIQUE POUR L'AFRIQUE (CEA) : organisation économique panafricaine créée en 1991 par le Traité d'Abuja. Partie intégrante de l'UA.

Son programme est de créer un marché commun puis une union économique et monétaire panafricaine.

COMMISSION INDÉPENDANTE DE RÈGLEMENT DES LITIGES DOUANIERS (CIRLD) : elle est prévue par l'article 358 CDCR et régie par la Décision n°35/19-UEAC-010A-CMDU du 18 décembre 2019 fixant les modalités d'exercice du droit de recours, de création et de fonctionnement des Commissions indépendantes de règlement des litiges douaniers.

La CIRLD est un organisme public à compétence nationale dans les États de la CEMAC auxquels l'usager/redevable peut faire recours pour obtenir un arbitrage dans le cadre du contentieux répressif douanier initié par l'administration des douanes et portant essentiellement sur l'origine, l'espèce et la valeur.

Elle n'est pas un organe paritaire, comme l'était le Comité d'Appel. Elle se compose d'un président, d'un rapporteur et de trois experts choisis par le président sur une liste établie par arrêté du ministre chargé de la douane. Les fonctions de président et de rapporteur sont permanentes. La référence à la Décision n°35/19-UEAC-010A-CMDU du 18 décembre 2019 (fixant les modalités d'exercice du droit de recours, de création et de fonctionnement des Commissions indépendantes de règlement des litiges douaniers-article 18) et sa composition indiquent clairement qu'elle cesse d'être un organe paritaire regroupant en nombre égal des acteurs provenant du public comme du privé arbitrant en amiable compositeur. Elle devient une instance technique chargée du règlement des litiges douaniers sur la base exclusive du droit douanier.

Au Cameroun, l'Arrêté n°000058/MINFI/DGD du 9 février 2022 porte création, organisation et fonctionnement de la CIRLD et la Décision n°000089/MINFI/DGD du 8 février 2022 porte constitution du collège des Experts siégeant au sein de la CIRLD

COMMISSION PARITAIRE : (art.130 al4 CDC) organe paritaire (secteur privé/Douane) créé pour arbitrer en amiable compositeur les litiges entre les redevables (représentés par leurs déclarants ou leurs fondés de pouvoir) et l'administration des douanes. Au Cameroun, elle a existé sous la dénomination de Comité d'Appel.

Avec l'avènement du Code des Douanes de la CEMAC Révisé, cet organe a été remplacé par la Commission Indépendante de Règlement des Litiges Douaniers (CIRLD) qui n'est plus un organe paritaire.

COMMISSION ROGATOIRE : acte juridique par lequel un juge sollicite un autre juge ou un officier de police judiciaire afin de procéder en sa place et en son nom, à une mesure précise d'instruction nécessaire pour une affaire en cours de traitement par ses soins.

COMMISSIONNAIRE EN DOUANE AGRÉÉ : « Toutes personnes physiques ou morales faisant profession d'accomplir pour autrui les formalités douanières concernant la déclaration en détail des marchandises, que cette profession soit exercée à titre principal ou qu'elle constitue le complément normal de l'activité principale. » Article 1er du règlement n°9/21-CEMAC-UEAC-CM-36 du 08 février 2021 portant révision du Règlement 11/10-UEAC-207-CM-21 du 28 octobre 2010 relatif à la révision de l'Acte31/81-UDEAC-CD-1220 du 14 décembre 1981 fixant le statut des Commissionnaires en douane agréés.

V. Paul Jonathan JIEUGANG : Guide pratique du déclarant en douane, Les Éditions Star Print, 2007, p.9 et **V.** Expert en Douane Agréé (EDA)

COMMON LAW : système juridique provenant du droit anglais, non codifié, non écrit, développé depuis le XIIe siècle et basé sur la loi faite par le juge, le droit jurisprudentiel. Il s'applique cas par cas.

C'est un droit souple qui s'applique aux États-Unis, au Royaume-Uni et dans les pays du Commonwealth, soit environ un tiers de la population mondiale.

COMMON MARKET FOR EASTERN AND SOUTH AFRICA (COMESA): marché commun de l'Afrique orientale et australe, regroupant 20 pays. De regroupement autour d'un accord de libre-échange en 1981, il s'est transformé en union douanière en 1993. Il rassemble une population d'environ 340 millions d'habitants.

Membres : Angola, Burundi, Comores, RD Congo, Djibouti, Égypte, Éthiopie, Kenya, Madagascar, Malawi, Maurice, Namibie, Rwanda, Seychelles, Soudan, Swaziland, Ouganda, Zambie, Zimbabwe.

COMMONWEALTH (OF NATIONS) : association créée en décembre 1931 regroupant les anciennes colonies et territoires commandés par la Couronne britannique. Le Commonwealth est devenu une organisation intergouvernementale réunissant 54 États.

Ses membres ne sont liés par aucun traité. Ils sont mus par leurs intérêts communs et restent autonomes et neutres face à un conflit qui opposerait des membres.

Le Commonwealth œuvre notamment dans :

- la réalisation des programmes de prévention et de résolution des conflits ;
- la recherche des appuis en faveur des institutions qui travaillent pour la démocratie et les droits humains ;
- l'observation des élections ;
- la promotion des institutions démocratiques.

COMMUNAUTÉ ÉCONOMIQUE DES ÉTATS DE L'AFRIQUE CENTRALE (CEEAC) : regroupement de 11 États de l'Afrique centrale créé le 18 octobre 1983 par le Traité de Libreville. Il rassemble le Cameroun, le Congo-Brazzaville, le Gabon, la Guinée Équatoriale, la République Centrafricaine, le Tchad, le Rwanda, le Burundi, la République Démocratique du Congo, l'Angola et Sao Tomé et Principe.

La CEEAC s'étale sur environ 6,6millions de km2 avec une population estimée à 153,8 millions d'habitants en 2014.

L'article 4 du Traité fondateur lui fixe entre autres un objectif ambitieux de promouvoir et de renforcer une coopération fructueuse et multiforme (énergie, ressources naturelles, enseignement, culture, sciences, technologies…) entre ses membres.

Cette communauté a connu un ralentissement notable dans son développement économique et se trouve au stade d'une zone de libre-échange (depuis 2014) sur le chemin de l'intégration économique et monétaire qu'elle ambitionne. Elle est plus active sur le plan politique où elle s'implique dans la résolution des questions de paix, de sécurité (COPAX) en Afrique centrale. Elle a entamé de nombreuses réformes institutionnelles qui lui permettront d'atteindre ses objectifs d'intégration économique et monétaire.

COMMUNAUTÉ ÉCONOMIQUE ET MONÉTAIRE DE L'AFRIQUE CENTRALE (CEMAC) : regroupement de six États de l'Afrique Centrale créé sur les cendres de l'UDEAC, le 16 mars 1994. Ce Traité sera révisé en 2008. La CEMAC rassemble le Cameroun, le Congo-Brazzaville, le Gabon, la Guinée Équatoriale, la République centrafricaine et le Tchad. Elle recouvre 3.020.144

km2 pour une population estimée à 51 millions d'habitants en 2015. Elle promeut l'intégration économique et monétaire après constitution d'un marché commun.

COMMUNAUTÉ ÉCONOMIQUE DES ÉTATS DE L'AFRIQUE DE L'OUEST (CEDEAO) : organisation régionale d'intégration économique fondée par le Traité de Lagos en 1975. Elle vise la création d'un marché commun après la mise en œuvre de la zone de libre-échange. Elle rassemble des pays anglophones, francophones et lusophones.

Membres : Bénin, Burkina Faso, Cap Vert, Côte d'Ivoire, Gambie, Ghana, Guinée, Guinée-Bissau, Libéria, Mali, Mauritanie, Niger, Nigéria, Sénégal, Sierra Leone et Togo.

COMMUNAUTÉ ÉCONOMIQUE DES PAYS DES GRANDS LACS (CPGL) : date de création le 20 septembre 1976 par la Convention de Gisenyi (Rwanda).

Membres : Burundi, Rwanda, RDC

Objectif majeur : l'intégration économique entre ses trois pays membres devant déboucher sur l'accroissement de la sécurité, la libre circulation des personnes, des biens et des capitaux. Population : environ 120 Millions. Superficie : 2 399 582 Km^2.

COMMUNAUTÉ ÉCONOMIQUE EUROPÉENNE (CEE) : aussi appelée Marché Commun, elle est fondée par le Traité de Rome du 25 mars 1957 par les six membres de la CECA (Communauté Européenne du Charbon et de l'Acier). Elle regroupe l'Allemagne, la Belgique, la France, l'Italie, le Luxembourg et les Pays-Bas. Elle est l'ancêtre de l'UE qui voit le jour en 1993.

Le Traité de Rome assigne des missions variées à la CEE. Il s'agissait notamment de créer un marché commun pour établir un espace de promotion du développement de la gestion des connaissances, de la recherche, de l'agriculture (Politique Agricole Commune ou PAC) ainsi que du commerce des produits agricoles, des transports, de l'énergie, des éléments de politique économique, monétaire avec en ligne de mire l'élévation du niveau de vie des citoyens.

COMMUNICATION (Droit de communication particulier à l'administration des douanes) : prérogative de l'administration des douanes édictée par l'article 76 du CD V. TABLEAU DE CONCORDANCE .

Ce droit confère à ses agents qualifiés le droit de demander une gamme de documents variés qui facilitent la gestion et l'exploitation des entreprises privées, des organismes publics, des ONG… Avec l'essor des TIC, la notion de document s'est étendue et peut englober les données de toute nature.

Tout refus de communication de documents, de données ou d'informations expose le récalcitrant à une sanction administrative (une amende douanière) et/ou une sanction judiciaire (astreinte). Cette astreinte est journalière. Son quantum ne peut être inférieur à 100 000 par jour de retard.

La communication des documents n'est pas forcée. Elle doit être exécutée volontairement. Elle peut donner lieu à une saisie des documents par les services douaniers.

COMPAGNIE MARITIME /AERIENNE (Compagnie de navigation maritime/aérienne) : transporteur professionnel disposant en propriété ou exploitant un ou des navires/aéronefs aux fins de transport des marchandises et/ou des personnes entre deux ou plusieurs pays.

COMPARAITRE : à ne pas confondre avec comparer. Se présenter devant un tribunal, un juge soit pour soutenir une accusation soit pour se défendre d'une accusation.

Terme proche : comparution.

COMPÉTITIVITÉ : capacité des entreprises à maîtriser leurs coûts de production de manière à pouvoir résister à la compétition ouverte avec les concurrents. Elle induit la performance économique. Cette notion longtemps réservée aux entreprises est aujourd'hui largement appliquée aux relations commerciales internationales. Selon le facteur retenu pour apprécier les performances, la théorie économique en distingue 4 types : la compétitivité-coût, la compétitivité-prix, la compétitivité technologique et la compétitivité structurelle.

V. La compétitivité internationale, Bernard NEZEYS, Economica, 1993 p 6

COMPLIANCE : terme anglais traduit en français par conformité. Conformité aux lois et règlements.

Compliance officer : responsable chargé de la conformité dans les entreprises. Autrefois, ce cadre était appelé déontologue.

V. Conformité.

COMPLICITÉ : apport d'une aide, des moyens de facilitation à la commission d'une infraction (délit, crime). Elle n'intervient donc pas dans la contravention. Le complice fournit de l'aide, de l'assistance, pour faciliter la préparation ou la commission de l'infraction. Cette notion est très différente de celle d'intéressé à la fraude.

V. Intéressé à la fraude.

COMPROMIS (DROITS) : droits et taxes évités, fraudés, non payés alors qu'ils sont dus. Une pratique constante voudrait que cette expression « droits compromis » soit réservée pour les contrôles immédiats et que l'on emploie « droits éludés » dans les autres cas où les droits dus n'ont pas été effectivement collectés.

COMPROMIS D'ARBITRAGE : convention explicite dans laquelle des parties en litige définissent les modalités de l'arbitrage : en déterminant la durée, en nommant leurs arbitres, en précisant leurs compétences...

Terme proche : dans le vocabulaire de l'arbitrage, compromettre c'est recourir à l'arbitrage.

COMPTABILITÉ : ensemble de règles et techniques permettant de constater et d'enregistrer des flux de marchandises et des flux financiers (entrants et sortants) du patrimoine d'une personne (physique ou morale) afin d'en mesurer l'évolution et de dégager un résultat. Le plan comptable général dicte les règles impératives qui lui sont applicables.

Elle se fonde sur des documents de base que sont : le livre journal, le grand livre, le bilan, le compte des résultats ...

COMPTABILITÉ COMMERCIALE : elle est tenue par une personne (physique ou morale) afin de refléter en permanence son image patrimoniale.

Elle est orientée vers trois utilités majeures :

- la direction générale pour qu'elle suive l'évolution de l'entité,
- le banquier pour qu'il juge sa solvabilité et
- l'actionnariat pour qu'il contrôle la gestion de la direction générale.

COMPTABILITÉ-MATIÈRES : service en charge du suivi étroit des matériels admis dans un magasin. Elle est tenue par le service en charge de l'exploitation d'un magasin ou d'un entrepôt sous douane pour enregistrer systématiquement les mouvements (entrées et sorties) des marchandises stockées et celles enlevées.

COMPTABILITÉ NATIONALE : ensemble des règles et procédures permettant d'analyser et de synthétiser les opérations que mènent les agents économiques (résidents et non-résidents) dans l'espace économique national. Elle permet la représentation simplifiée et chiffrée de l'ensemble des activités d'un pays. Elle fournit une aide déterminante pour les pouvoirs publics dans la prise des décisions économiques.

COMPTABILITÉ PUBLIQUE : ensemble de principes, règles et mécanismes qui régissent les différentes opérations d'encaissement des recettes et d'exécution des dépenses de l'État ainsi que les autres collectivités publiques.

COMPTANT (PAIEMENT) : il consiste dans le versement des espèces avant l'enlèvement de la marchandise. Ce paiement s'oppose au paiement à crédit pour lequel le versement est différé ou échelonné.

COMPTE BANCAIRE : acte juridique par lequel la banque met en service un cadre pour permettre à son client de réaliser des transactions avec ladite banque ainsi que d'autres agents économiques.

COMPTE BLOQUÉ : compte bancaire dont le solde créditeur est rendu indisponible : soit par un arrangement entre le banquier et son client (compte à terme),

- soit par un acte juridique (saisie, avis à tiers détenteur…)

COMPTE DE NON-RÉSIDENT : compte ouvert pour un non-résident (personne physique ou morale) auprès d'un établissement de crédit.

COMPTE DE RÉSIDENT : compte ouvert pour un résident auprès d'un établissement de crédit.

COMPTE EN DEVISES (en CEMAC) : compte ouvert auprès d'un établissement de crédit en une monnaie autre que le franc CFA émis par la BEAC (l'Institut d'émission de l'Afrique centrale).

COMPUTATION DES DÉLAIS : décompte du temps mis ou à mettre, à prendre en considération pour la validité d'un acte juridique. Elle est déterminante pour l'appréciation de la forclusion, de la prescription...

CONCENTRATION : rassemblement des facteurs de production en vue d'affronter efficacement la concurrence.

CONCENTRATION ÉCONOMIQUE : rassemblement visant à accroître la taille des entreprises.

CONCENTRATION GÉOGRAPHIQUE : rassemblement visant à développer l'établissement des entreprises sur un même site.

CONCENTRATION HORIZONTALE : regroupement qui permet de rassembler des entreprises œuvrant au même stade du processus de production ou dans un même secteur.

CONCENTRATION VERTICALE : regroupement des entreprises intervenant à différents stades du processus de production ou à des stades successifs de production. Ces entreprises sont complémentaires.

CONCESSION : contrat par lequel une société, une personne qui produit ou qui distribue des biens et services s'engage à fournir à une autre société de distribution, ses biens et services produits en lui accordant un monopole géographique de distribution en contrepartie d'une exclusivité d'approvisionnement.

Celui qui produit les biens et services et qui accorde le monopole est appelé concédant, celui qui en bénéficie est appelé concessionnaire.

Son enjeu douanier est perceptible dès lors qu'elle est capable d'influer sur l'application en douane de la valeur transactionnelle des marchandises importées.

CONCESSION EXCLUSIVE OU CONCESSION COMMERCIALE : contrat par lequel un fabricant (concédant) accorde un droit exclusif de vendre ses marchandises ou ses produits sur un territoire donné, pendant une période donnée à un distributeur ou à un revendeur (appelé concessionnaire).

Son enjeu douanier est perceptible dès lors qu'elle est capable d'influer sur l'application de la valeur transactionnelle en douane.

CONCLUSIONS (toujours au pluriel) : écrits à travers lesquels le plaideur ou son conseil développe ses prétentions et arguments :

demande, moyen de défense, argument de fait et de droit. Ce document est remis à la juridiction.

En matière civile, le ministère public dépose des conclusions. Dans le procès pénal, le parquet exprime sa position par des réquisitions. Dans le contentieux administratif, les conclusions prennent le nom de mémoire.

CONCOURS D'INFRACTIONS DOUANIÈRES : cumul d'infractions douanières. Il se décline sous deux facettes : concours idéal et concours réel.

CONCOURS IDÉAL D'INFRACTIONS DOUANIÈRES : le même fait matériel peut produire plusieurs infractions liées, dont l'une peut avoir causé l'autre ; exemple : une fausse déclaration portant sur la quantité des marchandises peut avoir entrainé une fausse déclaration dans la valeur.

Bien qu'appelant deux qualifications différentes, ce fait sera sanctionné sous sa plus haute expression pénale.

Ainsi, seule la fausse déclaration dans la valeur de la marchandise appelant la peine la plus élevée sera retenue et sanctionnée.

CONCOURS RÉEL D'INFRACTIONS DOUANIÈRES : lors d'une même opération douanière, un acteur du commerce extérieur peut commettre plusieurs infractions dont les objets se trouvent indépendants; exemple : une fausse déclaration dans l'espèce, une fausse déclaration dans l'origine préférentielle et une fausse déclaration dans la valeur des marchandises…

Dans ce cas, chaque infraction fera l'objet d'une sanction indépendante.

CONCURRENCE : compétition lancée entre des agents économiques à la recherche du profit ou du succès, dans la même branche.

CONCURRENCE DÉLOYALE : la concurrence est loyale lorsque les concurrents se conforment aux pratiques reconnues, admises, légitimes et légales du commerce en général et d'une branche en particulier. Elle est déloyale lorsque la compétition est contraire aux pratiques honnêtes et se fait en violation des dispositions légales régissant la branche d'activité.

Généralement lorsque l'acte caractérisant la déloyauté porte sur un droit de propriété intellectuelle non protégé, la victime dispose de l'action en concurrence déloyale contre ses adversaires.

Par contre, lorsque le droit violé est protégé par la propriété intellectuelle, le titulaire ou la victime dispose de l'action en contrefaçon pour préserver son droit.

CONCUSSION : fait pour un agent public (agent de douanes) d'exiger ou de percevoir à titre de droits ou taxes une somme qui n'a aucun fondement ou qui est au-dessus de ce qui est normalement dû.

Il en est de même d'un agent qui accorde de son propre chef une franchise ou une exonération de droits et taxes en violant la règlementation en vigueur.

Terme proche : concussionnaire : coupable de concussion.

CONDITIONNEMENT : emballage en contact direct avec le produit et qui a pour objectif premier sa protection, puis sa présentation afin de mieux le commercialiser.

CONDUITE EN DOUANE : acheminement des marchandises de la zone frontière vers le service des douanes compétent le plus proche et le plus direct.

CONFÉRENCE MARITIME : convention passée entre plusieurs compagnies maritimes exploitant le même itinéraire visant l'adoption d'une tarification commune et la répartition du fret. Un transporteur maritime opérant sur le même itinéraire, mais non affilié est appelé outsider.

CONFIRMATION : ordre donné par une des parties, de mettre son engagement en exécution.

Confirmation du crédit documentaire : la banque notificative s'engage à régler le bénéficiaire du crédit documentaire contre présentation des documents conformes.

Confirmation de commande : l'acteur du commerce ordonne la mise en œuvre de sa commande.

CONFISCATION DOUANIÈRE : (art 319, 353, 354, 358, 359, 360, 369, 420, 422 CDC). V. Tableau de concordance. Procédure qui consiste à passer par une décision de justice pour attribuer en toute propriété à l'État, à la douane, un bien saisi pour fraude par les services douaniers.

Lorsque les objets susceptibles de confiscation n'ont pas pu être saisis, le tribunal peut prononcer pour tenir lieu de confiscation, une condamnation au paiement d'une somme égale à la valeur représentée par lesdits objets (art 420 CDC). V. Tableau de concordance

La procédure de confiscation douanière des marchandises saisies peut être poursuivie contre les conducteurs ou les déclarants (art 353 CDC). V. Tableau de concordance.

Toutefois, les propriétaires des marchandises saisies peuvent intervenir dans la procédure ou être appelés en garantie par les conducteurs ou les déclarants.

La confiscation en nature des objets saisis de peu d'importance ou sur des inconnus peut être prononcée par le tribunal, sur simple requête.

CONFLIT DE JURIDICTION : état de tension dans lequel un Etat membre d'une communauté se trouve en contradiction avec le droit communautaire. Pour régler ce conflit, une question préjudicielle mérite d'être posée au juge communautaire pour l'interprétation.

CONFLIT DE LOIS : règle de droit accordant au juge la possibilité de choisir la loi applicable à un litige international. Il peut choisir la loi la plus proche du contrat, celle du vendeur, la loi du fort.

CONFORMITÉ : terme français équivalent au terme anglais « compliance ».

Terme générique pour représenter le respect des normes, des règles, des codes, des instructions, des pratiques, des consignes légitimes, sociales, corporatistes, éthiques, déontologiques, légales, écrites ou pas.

Dans les entreprises, il est courant d'affecter un cadre pour la gestion de la conformité, il est appelé dans le système anglo-saxon « complaisance officer » précédemment appelé déontologue.

CONFUSION DES PEINES : réunion de plusieurs peines dont seule la plus forte sera exécutée.

V. Concours idéal d'infractions douanières.

CONGLOMÉRAT : ensemble d'entreprises œuvrant dans différents secteurs, mais appartenant à un même groupe financier.

CONJECTURE : hypothèse, réflexion basée sur des présomptions, des probabilités, des projections.

CONJONCTURE : ensemble des éléments déterminants permettant d'apprécier une situation économique, un secteur, une branche économique, un produit, un ensemble de produits, un marché, un pays. Elle permet d'envisager des prévisions immédiates ou à court terme.

Terme proche : conjoncturel qui s'oppose à structurel.

CONNAISSEMENT : (B/L-Bill of Lading) document fondamental du transport maritime matérialisant le contrat de transport des marchandises passé entre le chargeur et le destinataire d'une part et le transporteur international d'autre part.

Il permet de constater : la remise par le chargeur, la prise en charge de la marchandise par le transporteur à bord du navire et la prise de livraison par le destinataire

Il est à la fois un titre de propriété et un titre représentatif de la marchandise.

En tant que titre de propriété, le connaissement indique celui qui répond de la marchandise notamment en douane (le destinataire réel). Selon les conditions, il est endossable (négociable) ou nominatif (non négociable).

En tant que titre représentatif de la marchandise, le connaissement peut permettre des négociations, des transactions : vente, crédit documentaire...

Établissement du B/L : le BL peut être établi,

- à ordre, faisant intervenir une tierce personne entre le chargeur et le destinataire- réceptionnaire. Ce type de BL est négociable. Il est très utilisé dans les relations commerciales internationales naissantes et dans les crédits documentaires.
- nominatif ou à une personne dénommée ; il est libellé au nom du destinataire/réceptionnaire. Il est non négociable.
- au porteur ou en blanc : il est délivré à l'origine sans mention d'un destinataire qui sera en définitive celui qui se présentera avec le document. Ce type est très peu utilisé en raison des risques innombrables qu'il charrie.

Les mentions :

le B/L peut porter de nombreuses mentions qui constituent également des réserves :

- Clean on bord (net de réserves) : indique que la marchandise chargée se trouve dans un bon état apparent.

- Le connaissement émis, clausé ou surchargé (unclean) indique que le transporteur émet des réserves sur l'état des marchandises ;
- On board ou shipped on board : marchandises chargées à bord du navire. Seuls ces connaissements ainsi que ceux émis net de réserves (clean) sont admis dans la pratique du crédit documentaire ;
- Received for shipment : cette mention atteste de la prise en charge de la marchandise par le transporteur, mais pas de sa mise à bord ;
- Notify : marque l'obligation du capitaine du navire d'avertir le destinataire de la marchandise afin d'éviter l'immobilisation du navire ;
- Shipperload and count : indique que le chargement et son coût sont à la charge du chargeur ;
- Said to contain (disant contenir) la compagnie de transporteur/ou le transporteur international émettent une réserve de taille sur le contenu du conteneur, ils ne répondent pas du contenu.
- Said to weight (disant peser) la compagnie de transport et/ou le transporteur international émettent une réserve de taille sur le poids du conteneur et ne répondent pas du poids du conteneur.
- Freight collect : Fret à payer
- Freight prepaid : Fret déjà payé
- A full set : un jeu complet d'exemplaires originaux du BL
- FCL : Full Container Loaded
- LCL : Less Container Loaded
- Seal n°……………………..
- Scellement du conteneur n°………………..

Les formes du connaissement

Le connaissement peut prendre une des formes suivantes :

- le connaissement commercial : celui destiné au chargeur comme au destinataire ;
- les connaissements « chefs » ou originaux : c'est les deux exemplaires délivrés à la compagnie dont un est adressé au siège de la compagnie de transport maritime et l'autre est classé dans le cartable de bord du navire transportant la marchandise ;
- le connaissement direct (Through B/L) qui matérialise un contrat unique de transport, mais couvre plusieurs transports successifs

(aérien, terrestre, maritime). Chaque transporteur n'est responsable que de la partie qui lui incombe.

- le connaissement combiné (combined B/L) : dans ce cas, la compagnie de transport prend en charge en plus du transport principal, un pré ou un post acheminement ;
- le connaissement multimodal est établi pour un transport sans rupture de charge ;
- le connaissement FIATA est celui émis par un transitaire agréé par la Fédération des transitaires. Il lui confère la responsabilité du transport indiqué.

CONSEIL : avis, recommandation donnée à une personne pour l'éclairer sur ce qu'elle doit faire ou ne doit pas faire ; sur ce qu'elle peut ou ne peut pas faire.

Assemblée chargée de délibérer et de prendre une décision : exemple : conseil municipal, Conseil des ministres de la CEMAC...

Personne dont on demande l'avis et/ ou qui assiste une autre dans certains actes ou dans certaines activités.

CONSEIL DE COOPÉRATION DOUANIÈRE (CCD) : il a vu le jour le 18 décembre 1950 à Bruxelles. Pour tenir compte de son rôle et mieux exercer ses attributions, il prendra en 1994 la nouvelle appellation d'Organisation Mondiale des Douanes (OMD).

Il lui est assigné, entre autres, les attributions suivantes :

- étudier toutes questions relatives à la coopération douanière,
- coopérer avec les autres organisations intergouvernementales au sujet des matières relevant de sa compétence,
- assurer la diffusion des renseignements concernant la règlementation et la technique douanières,
- élaborer les projets de convention et d'amendement aux conventions ainsi que d'en recommander l'adoption aux gouvernements intéressés,
- examiner les aspects techniques des régimes douaniers ainsi que les facteurs économiques qui leur sont rattachés ;
- faire des recommandations pour l'interprétation et l'application uniformes des conventions sur la nomenclature pour la classification des marchandises et sur la valeur en douane des

marchandises ainsi que pour le règlement des différends qui peuvent en naître.

CONSEIL DOUANIER : professionnel dont l'activité habituelle consiste à fournir contre rémunération du conseil et de l'assistance multiformes en matière douanière et de commerce extérieur à ses clients. En zone CEMAC, il se dénomme Expert en douane agréé.

V. Expert en douane agréé.

CONSEIL EN INVESTISSEMENT : professionnel dont l'activité habituelle consiste à fournir contre rémunération, des recommandations sur des transactions relatives aux instruments financiers.

CONSEIL EN PROPRIÉTÉ INDUSTRIELLE : professionnel dont l'activité habituelle consiste à fournir contre rémunération, son expertise et son assistance aux clients pour les conseillers dans leurs démarches de demande, d'obtention, d'exploitation ou de défense des droits de propriété intellectuelle et des droits annexes.

Il peut également donner des consultations juridiques, rédiger des actes sous seing privé dans son domaine.

CONSEIL FISCAL : professionnel dont l'activité habituelle consiste à fournir contre rémunération, des éclairages sur la fiscalité à ses clients.

CONSEIL JURIDIQUE : professionnel juriste dont l'activité habituelle consiste à fournir contre rémunération, des éclairages du droit à ses clients, donner des consultations juridiques, rédiger des contrats, des actes sous seing privé…

CONSIGNATAIRE DE NAVIRE : profession para maritime ; personne mandatée par un armateur et chargée de le représenter dans la recherche des cargaisons, dans l'encaissement du fret, dans l'accomplissement des formalités administratives dans le pays d'accueil du navire : paiement des droits de port, formalités pour l'équipage…

CONSIGNATEUR : personne qui effectue une consignation.

CONSIGNATION DE MARCHANDISES : remise d'une marchandise sous la garde d'un commerçant en vue de sa vente par celui-ci et de la rétrocession du prix au consignateur de la marchandise.

Termes proches : consignataire (personne qui reçoit une consignation, une chose consignée).

CONSOMMABLE : bien utilisé dans un processus de transformation. Accessoire dont l'utilisation intermédiaire est nécessaire dans un circuit de transformation ou de production en vue de l'atteinte d'un résultat final donné. Par exemple en matière d'informatique : papier, encre pour imprimante...

CONSOMMACTION : néologisme né de « consommation » et de « action » et qui représente l'action des consommateurs par laquelle ceux-ci entendent révéler leur existence et veulent faire prendre en compte leur avis auprès des pouvoirs publics et/ou des professionnels, des fabricants.

Termes proches : consom'acteur ou alter consommateur ; consommatisme, consommateurisme, consumérisme, consommérisme.

CONSOMMATION (MISE A LA CONSOMMATION) : régime douanier qui permet d'importer un bien, d'acquitter tous les droits et taxes prévus pour en avoir une libre et entière disposition.

CONSIGNATION DES DROITS ET TAXES : technique de garantie de l'exécution d'une obligation consistant pour l'administration des douanes à recevoir en dépôt un objet de très grande valeur ou une somme d'argent contre décharge.

Elle est pratiquée dans les localités où il n'y a pas d'établissement bancaire capable d'établir un cautionnement valable. Elle garantit le paiement des droits et taxes de douanes.

CONSOMMATIQUE : domaine du savoir qui étudie et développe la recherche sur la consommation.

CONSTATATIONS DOUANIÈRES : art 308 al2 et 310al1 du CDC V. Tableau de concordance.

Stricto sensu, elles s'entendent des constatations matérielles. Celles-ci sont couvertes d'une force probante très forte, attaquable exclusivement par la voie de l'inscription de faux. Elles ne doivent comporter aucun jugement de valeur, aucune argumentation, aucune construction d'idées ou aucun raisonnement. Elles procèdent d'un relevé de faits, d'une reconnaissance de choses, d'un constat d'éléments vérifiables.

Mais lato sensu, elles constituent le point de vue officiel du service douanier. Ainsi, elles peuvent contenir des faits matériels, des raisonnements… Elles peuvent dès lors faire l'objet de contestation en dehors de la procédure d'inscription de faux.

« Infractions au Code des Douanes CEMAC, aux lois et règlements que l'Administration des Douanes est chargée d'appliquer et à la règlementation des Changes relevés sur procès-verbal de constat ou de saisie par les agents des douanes à l'occasion des contrôles immédiats, à la circulation ou à la détention, différées ou a posteriori. »Article 2 (2) de l'arrêté 0058/MINFI/DGD du 9 février 2022 portant création, organisation et fonctionnement de la Commission Indépendante de Règlement des Litiges Douaniers au Cameroun.

CONSTITUER (UN EXPERT EN DOUANE, UN AVOCAT…) : choisir, désigner un expert pour assister un contribuable ou un justiciable.

CONSUL : V. Agent consulaire.

CONSULTATION(JURIDIQUE) : prestation intellectuelle par laquelle un professionnel du droit ou du conseil juridique propose des solutions possibles à un questionnement préalablement soulevé par un sujet du droit.

L'Expert en Douane Agréé est le professionnel habilité par l'Acte 3/96-UDEAC-1496-CD-57 du 1er juillet 1996 révisé par le Règlement n°10/21-CEMAC-UEAC-CM-36 du 08 février 2021 portant statut des Experts en Douane Agréés en zone CEMAC, à donner des consultations juridiques douanières.

La consultation juridique diffère de l'information juridique et de l'information documentaire juridique dont les buts sont simplement de fournir des indications juridiques doctrinales, jurisprudentielles, ou leurs sources.

CONSUMÉRISME : mode de vie faisant la promotion de la consommation ; mouvement d'information et de défense des consommateurs.

CONTENEUR (en français) CONTAINER (en anglais) : boîte métallique partiellement ou totalement close aux dimensions normalisées, conçue pour contenir des marchandises (générales ou spécifiques) en vue de leur acheminement.

Le conteneur fait son apparition dans un contexte où le transport des marchandises est largement dominé par des difficultés récurrentes liées notamment à la manipulation plus ou moins aisée et peu pratique des marchandises ainsi que la sécurité de ces dernières. Ces difficultés sont étroitement rattachées à l'utilisation des cartons ou des caisses en bois. Le conteneur apportant une solution radicale à ces préoccupations est perçu alors comme une révolution dans le transport des marchandises.

Ses premières utilisations sont attribuées à l'armée américaine quand il a fallu ravitailler en toute sécurité ses troupes stationnées en Europe après 1945. Son utilisation est popularisée par le transporteur américain Maclean.

Cet engin de transport qui exclut les manipulations intermédiaires et les ruptures de charge s'adapte à différents modes de transport (maritime, ferroviaire, route…) pris individuellement ou même combinés (maritime-route ; ferroviaire-maritime ; ferroviaire-route).

Les dimensions usuelles sont 20' (pieds) et 40' (pieds). Il se trouve en circulation au Canada et aux USA exclusivement, des conteneurs de 48' et de 53'.

L'ISO a effectué une normalisation des différents types de conteneurs. La largeur extérieure du conteneur varie entre 2,44m (ISO) et 2,59m. La longueur extérieure (ISO) des 20' est de 6,06m et de 12,19m pour les 40'. Les hauteurs extérieures varient entre 2,44m et 2,89m. Les tares, les charges brutes sont variables en fonction des modèles et de la taille du conteneur. Un conteneur standard de 20' (norme ISO) aura une charge utile de 18 tonnes chargeables sur 10 palettes. Elle sera de 23 à 25 tonnes chargeables sur 20 palettes, pour un conteneur de 40'.

Les conteneurs portent de nombreuses marques servant à les individualiser pour mieux suivre leur cheminement : numéro de série, code propriétaire, code impg, code pays…

Le conteneur peut se présenter sous les formes suivantes :

- Reefer : réfrigéré,
- Open top : à toit ouvert, sans toit
- Ventilé (ventilated) : pour le transport de marchandises produisant de la chaleur ou de la condensation à évacuer. Il est donc équipé des évents (motorisés ou pas) pour disperser et évacuer cette chaleur ou cette condensation.

- Isotherme (insulated) : avec des caractéristiques thermiques particulières pour transporter des marchandises sensibles aux fluctuations de températures,
- Citerne (thank) : pour liquide et gaz,
- Flexitant,
- Dry ou standard : sec,
- A pont (flat rack) : ils peuvent être équipés de ranchers, parois amovibles…
- FCL : conteneur plein, complet,
- LCL : conteneur partiel.

V. Convention d'Istanbul de 1990 (Annexe B.3) sur les facilités d'admission temporaire applicables aux conteneurs dans le transport international et la Convention sur les conteneurs de 1972.

CONTENEURISATION : pratique qui consiste à mettre les marchandises dans les conteneurs. C'est dans les années 1960 que la conteneurisation s'est imposée. De nos jours, le conteneur est devenu le principal moyen de rassemblement des marchandises en vue de leur acheminement maritime, ferroviaire et routier.

Ceci s'explique par le fait qu'il facilite et accélère la manutention en même temps qu'il améliore la fluidité de la rotation de navires desservant le commerce international. Le parc mondial de conteneurs comptait récemment plus d'une douzaine de millions de conteneurs maritimes en circulation.

Il convient de rappeler qu'en douane, la circulation des conteneurs est régie par une convention qui leur reconnaît un séjour temporaire et leur accorde d'office le régime de l'admission temporaire. Seuls les conteneurs exclus ou détournés de leur usage international sont soumis au régime de la mise à la consommation, en tant que marchandise. C'est particulièrement le cas des conteneurs en derniers voyages.

CONTENTIEUX DOUANIER : terme, expression générique englobant toutes les contestations que pourrait susciter le fonctionnement des services des douanes et qui pourraient être portées devant les juridictions.

Ainsi compris, il englobe :

➢ Le contentieux pénal douanier ou contentieux douanier répressif. Il s'agit d'un contentieux très spécifique qui s'ouvre dès la commission d'une infraction douanière ou d'une infraction assimilée.

Il est ouvert avant toute saisine d'un tribunal. Il peut également se clôturer sans recours à une juridiction : étatique ou arbitrale. C'est d'ailleurs le cas de la très écrasante majorité des dossiers contentieux ouverts dans les registres des services douaniers au sein de la CEMAC.

➢ Le contentieux civil douanier qui porte sur :

- les contestations du recouvrement de l'impôt douanier et
- les autres litiges nés du fonctionnement du service de douanes quand il a produit des dommages.

➢ Le contentieux administratif douanier : porte sur des actes ou décisions se rattachant à l'action administrative qu'exercent les services douaniers.

CONTENTIEUX DOUANIER RÉPRESSIF : ensemble de règles, procédures et mécanismes qui permettent de mettre en œuvre les prescriptions répressives du droit douanier prévues par le CDC (conduite en douane, stockage en MAD, élaboration de la déclaration en détail, paiement des droits et taxes, enlèvement des marchandises, droit de reprise-contrôle…).

En tant que droit spécial, il comporte de nombreuses spécificités. (V. Les particularismes du contentieux douanier répressif en Afrique centrale, thèse de doctorat/PhD, Université de Yaoundé II, 2020 KAMDEM FOTSO Michel).

Le Professeur Jean Luc Albert relève qu'en France, dès le premier code de douane adopté par la loi des 6 et 22 août 1791, le contentieux douanier est soumis aux juridictions judiciaires comme juridictions de droit commun. Ainsi c'est elles qui étaient compétentes pour connaître des litiges dans lesquels les contribuables contestent les opérations d'imposition effectuées par les services douaniers.

Il en était de même pour les litiges où les contribuables demandaient de vérifier que les services douaniers avaient mis en œuvre la procédure dans le strict respect des règles, prescriptions du CDC.

Par l'arrêt PANNIER de 1931, le tribunal des conflits en France indique clairement que les juridictions judiciaires sont également juges de la légalité des actes d'imposition réalisés par les services douaniers.

En première instance, ces juridictions se composent du tribunal de police pour les contraventions et du tribunal correctionnel pour les délits de douane.

CONTINGENT : quantité de marchandises, de produits fixés par les pouvoirs publics pouvant faire l'objet d'importation ou d'exportation pendant une période donnée. Il est fixé au regard d'une politique prenant en considération l'origine, la provenance et/ou la destination de la marchandise.

CONTINGENT DOUANIER : mesure limitant en quantité et/ou en valeur des marchandises auxquelles s'appliquent des droits de douane réels ou nuls, pendant une période donnée.

CONTINGENT GLOBAL : plafond au-delà duquel la valeur ou la quantité d'une marchandise ne peut être importée ou exportée au cours d'une période donnée.

CONTINGENT QUANTITATIF (RESTRICTION QUANTITATIVE – RQ) : quantité autorisée, préalablement fixée de marchandises, à l'exportation ou à l'importation pendant une période indiquée. À son épuisement, aucune quantité supplémentaire desdites marchandises à l'exportation ou à l'importation n'est permise.

CONTINGENT TARIFAIRE : quantités limitées combinées à un tarif douanier de marchandises déterminées, préalablement fixées, autorisées à être importées et mises en libre pratique à un taux réduit ou nul de droits de douane, sur la base du poids, du volume, de la quantité ou de la valeur, au cours d'une période donnée.

À son épuisement, toute quantité supplémentaire importée sera soumise au paiement des droits de douane au taux normal.

CONTINGENTEMENT : pratique protectionniste consistant dans la limitation des importations ou des exportations en quantité ou en valeur des marchandises précises en fonction de leur origine, leur provenance… pendant une période déterminée.

Il constitue une technique de contrôle d'accès au marché national. Il vise - soit la protection de l'économie nationale (ou de l'industrie locale) - soit la sanction économique d'un pays étranger.

CONTRACTANT : Partie à un contrat.

CONTRADICTOIRE (PRINCIPE DU) : principe de la procédure contentieuse et précontentieuse selon lequel une personne mise en cause dans une plainte, un document ou des conclusions doit recevoir communication de la plainte, du document ou des conclusions afin de présenter sa défense.

Ce principe est un pilier des droits de la défense.

Un jugement est rendu contradictoirement lorsque les deux parties ont comparu.

Une procédure de contrôle a posteriori comporte des séances contradictoires au cours desquelles l'administration des douanes présente ses chefs de redressement et l'entité contrôlée, ses arguments de défense.

CONTRAINTE DOUANIÈRE :(art 321, 323, 333, 336, 337,350 CDC, 358 360). V. Tableau de concordance

Acte préparé dans le cadre du recouvrement des créances douanières par l'administration douanière et visé sans frais par le juge d'instance, produisant les effets d'un jugement.

Elle permet à l'administration de procéder à une exécution forcée des créances douanières : droits et taxes, amendes et autres sommes dues. Art 321 CDC. V. Tableau de concordance

La contrainte doit être accompagnée du titre qui établit la créance, art 324 CDC. V. Tableau de concordance.

Le comptable ou ses proposés décernent les contraintes pour non-paiement des droits de douane. Dans les autres cas, la contrainte est décernée par le Directeur général et les chefs de bureau.

Les juges ne peuvent refuser de viser les contraintes, art 325 CDC V. TABLEAU DE CONCORDANCE. Les tribunaux d'instance connaissent des oppositions à contrainte.

CONTRAT DE LICENCE : contrat permettant au titulaire d'une licence ou d'un droit de propriété industrielle (brevet, marque, dessin, modèle) d'autoriser son exploitation pendant un temps déterminé à un tiers contre paiement de redevances, aussi appelées royalties.

CONTRAT DE CESSION : moyen juridique conventionnel pour le propriétaire d'un droit de propriété industrielle (brevet, marque ou savoir-faire) de le concéder complètement ou partiellement à une tierce personne.

CONTRAT DE DISTRIBUTION : convention entre un fournisseur résidant dans le pays A (le mandant) et un commerçant étranger résidant dans un pays B (le distributeur) pour que ce dernier commercialise dans sa zone géographique les biens et services de son fournisseur.

Le distributeur agira au nom et pour le compte de son fournisseur dans sa zone.

CONTRAT DE FRANCHISE : convention par laquelle le propriétaire (franchiseur) de droits de propriété intellectuelle (nom commercial, marque, enseigne, logo, savoir-faire commercial…) concède à une autre personne (franchisé) contre rémunération, pour une durée déterminée et dans une aire géographique précisée, leur exploitation exclusive.

CONTRAT DE GRÉ À GRÉ : convention soustraite aux principes et règles courantes des contrats en la matière et où sont introduites des clauses reposant sur un consensualisme poussé défini par les seules parties. Il fait abstraction de la concurrence.

CONTRAT INTERNATIONAL DE VENTE (CIV): transaction commerciale qui met en relation un vendeur (exportateur) qui va livrer un bien ou un service à un acheteur (importateur) qui va en payer le prix.

En matière d'évaluation douanière des marchandises importées, la vente se distingue du don, du prêt, du crédit-bail.

Pour être international, le contrat doit renfermer des éléments d'extranéité qui mettent en évidence :

- au moins deux ordres juridiques (lieu d'exécution du contrat, résidences des parties exportateur/importateur)
- franchissement de frontières…

CONTRAVENTION : infraction à la loi douanière pouvant se commettre par action ou par omission. Dans l'échelle des peines douanières, elle est moins grave que le délit. Elle est punie d'une amende sans peine d'emprisonnement. Le CDCR regroupe les contraventions douanières en cinq (5) classes.

Les contraventions sont jugées par le tribunal de police.

Termes proches : contraventionnel, contrevenant, contrevenir.

CONTREBANDE :(Art CDC 75, 298, 394, 403, 405, 406, 417, 426) V. TABLEAU DE CONCORDANCE. Selon l'article 406 du CDC, la contrebande est l'infraction qui « s'entend des importations ou exportations en dehors des bureaux ainsi que toute violation des dispositions légales ou règlementaires relatives à la détention et au transport des marchandises à l'intérieur du territoire douanier».

Ce délit douanier consiste à introduire des marchandises dans le territoire douanier en omettant frauduleusement de les soumettre au contrôle des services douaniers.

Il peut prendre la forme :

- soit d'une importation ou d'une exportation des marchandises sans déclaration en évitant les services douaniers ;
- soit d'une importation ou d'une exportation par les bureaux de douanes avec une déclaration alors qu'une partie de la marchandise a été dissimulée dans des cachettes, cavités ou autres espaces spécialement aménagés pour une telle distraction ;
- soit par assimilation : d'une disparition en entrepôt, d'une détention non justifiée…

V. Convention de Nairobi de 1977 relative à l'Assistance Administrative pour prévenir, rechercher, constater et réprimer les infractions douanières.

Terme proche : contrebandier.

CONTREFAÇON : art 157, 178, 405 CDC V. TABLEAU DE CONCORDANCE : reproduction, imitation ou utilisation frauduleuse d'une œuvre de l'esprit : artistique, littéraire ou industrielle.

Elle est une atteinte au droit du propriétaire d'une marque ou d'un brevet. Elle est réalisée par reproduction, imitation, utilisation non autorisée d'un produit, d'un objet…

Elle constitue un risque planétaire qui menace le commerce international en général et particulièrement l'industrie phonographique, automobile, pharmaceutique, cosmétique, l'informatique, l'audiovisuel, les jouets, la parfumerie, l'horlogerie, les semi-conducteurs et les créateurs d'œuvres. Elle engendre d'immenses pertes au niveau des emplois, des créateurs...

Les marchandises contrefaisantes sont prohibées par le CDC à la détention, à la circulation, à l'importation/ exportation, en transit et en entrepôt. La contrefaçon est un délit de 3e classe (art 405) V. TABLEAU DE CONCORDANCE.

La contrefaçon est un délit civil et pénal.

Au plan civil : prouver la contrefaçon c'est apporter la preuve de la violation des droits de propriété intellectuelle.

Au plan pénal : la contrefaçon est un délit qui nécessite la preuve de la mauvaise foi du contrefacteur ou un mauvais usage du droit d'auteur...

Termes proches : contrefaire, contrefait, contrefaisant, contrefacteur.

V. Copyright.

CONTRE REMBOURSEMENT : modalité de paiement qui oblige l'acheteur à ne prendre livraison de la marchandise qu'après paiement. Cette modalité de paiement a été très utilisée dans les ventes par la voie postale (messageries et colis postaux).

CONTRESEING OU CONTRE SEING (recommandé de ne pas dire contresignature): deuxième signature apposée sur un document pour renforcer la fiabilité de sa certification. C'est le cas de l'acquit-à-caution en douane.

Termes voisins : contresigner, contresignataire.

CONTRIBUABLE : personne assujettie au paiement d'un impôt direct ou calculé en fonction de ses facultés contributives. En principe, les services douaniers n'ont pas des contribuables comme usagers en raison des droits indirects qu'ils liquident et recouvrent. Ils reçoivent généralement des redevables.

V. Redevable et usager.

CONTRIBUTION COMMUNAUTAIRE D'INTÉGRATION : Taxe d'affectation créée au Cameroun par la loi de Finances 2012 ; prélèvement à effectuer par chaque État membre sur les importations extra-communautaires pour alimenter le budget de la CEEAC.

V. Taxe Communautaire d'Intégration. Contribution d'Intégration Africaine

CONTRIBUTION D'INTÉGRATION AFRICAINE (CIA) : Taxe d'affectation créée au Cameroun par la loi de Finances 2017 ; prélèvement à effectuer par l'État sur les importations pour financer sa participation aux charges de l'Union Africaine (UA).

V. Contribution Communautaire d'Intégration (CCI) et Taxe Communautaire d'Intégration (TCI)

CONTRIBUTIONS (DIRECTES, INDIRECTES) : après la Révolution française, l'Assemblée constituante avait préféré le terme « contribution » à celui d'« impôt ». Elle souhaitait ainsi valoriser symboliquement les idées de solidarité et d'égalité entre les citoyens vis-à-vis des charges publiques.

La notion de contribution évoque l'idée d'une participation, d'un partage d'efforts, d'une coopération à la réalisation d'une œuvre commune : construction, charge, dépense…

Comme les impôts, les contributions peuvent être directes ou indirectes.

CONTRÔLE À BORD ET VISITE DU MOYEN DE TRANSPORT : opération menée par la douane à bord d'un moyen de transport, consistant à recueillir des renseignements auprès du responsable, à examiner les documents de transport des marchandises, des produits d'avitaillement, des biens des passagers, de l'équipage, à visiter et fouiller éventuellement ledit moyen de transport : navire, camion…

CONTRÔLE A POSTERIORI :(CONTRÔLE DE NIVEAU EX POST, CONTRÔLE APRÈS DÉDOUANEMENT) : art. 190 CDCR : vérifications réalisées après dédouanement et enlèvement des marchandises des magasins et aires de dédouanement (MAD). Elles visent à s'assurer de l'exactitude, de l'authenticité des déclarations et de la conformité de celles-ci à la législation.

Elles portent sur divers documents qui fournissent de manière parcellaire des informations sur les transactions avec l'étranger : déclarations en douane, livres, registres, systèmes comptables, données commerciales… Elles se déroulent en entreprise sur une période non prescrite. Généralement plus étendues et plus approfondies que les autres contrôles douaniers, elles portent sur tout ou partie des activités de l'entreprise. La douane peut avoir recours à de nombreuses prérogatives légales (communication des documents, saisie des documents, astreinte, procédures diverses...) pour atteindre son objectif.

V. Contrôle différé.

CONTRÔLE AUX FRONTIÈRES : vérifications localisées au lieu de franchissement de la frontière. Il peut être effectué par de nombreux services travaillant ensemble et appliquant la gestion coordonnée des frontières, horizontale ou verticale. Ceux-ci peuvent également œuvrer de façon séparée et solitaire, chacun à son tour.

V. Gestion coordonnée des frontières

CONTRÔLE DE LA DOUANE (contrôle douanier, contrôle de l'autorité douanière) : terme générique et synonyme de plusieurs autres expressions. Il désigne l'ensemble de mesures de vérification prises par l'administration des douanes pour s'assurer de la conformité à la législation douanière (V. Annexe Générale, Chapitres 2 et 6 de la CKR) dont elle a la charge de l'application.

Les contrôles douaniers se déclinent sous des formes multiples et variées :

- Contrôle aux frontières, transfrontalier
- Contrôle immédiat, différé, a posteriori
- Contrôle par audit (Annexe générale, Chapitre 6 de la CKR)
- Contrôle à bord et visite de moyen de transport
- Contrôle physique ou documentaire
- Contrôle intégral, systématique ou par épreuve, par sondage
- Contrôle d'identité
- Contrôle des changes
- Vérifications des marchandises : physique et documentaire, d'un courant d'importation/d'exportation
- Vérification de l'existence de l'authenticité des marchandises et/ou des documents
- Contrôle des trafics en tout genre : armes, stupéfiants, contrefaçon, contrebande, produits dangereux pour l'environnement, la santé humaine ou animale
- Contrôle de l'application du droit de la propriété intellectuelle
- Contrôle sur l'origine en vue de l'application de l'origine préférentielle et la libre circulation des biens

- Contrôle sur les marchandises en circulation ou celles en détention…

CONTRÔLE DES CHANGES : ensemble de mesures administratives par lesquelles les pouvoirs publics d'un État ou d'un ensemble d'États supervisent, procèdent à des vérifications sur des achats ou ventes de devises ou des valeurs ainsi que toutes les transactions financières avec l'étranger.

Le monitoring de l'État peut passer par des activités des particuliers, des professionnels de commerce ainsi que des personnes exerçant à titre principal des professions bancaires et financières.

Certains pays l'ont supprimé ; la CEMAC l'a maintenu.

V. Règlement 02/18/CEMAC/CM du 21 décembre 2018 portant règlementation de changes dans la CEMAC.

CONTRÔLE DIFFÉRÉ : vérification effectuée après le dédouanement et l'enlèvement des marchandises, sur pièces et sur place dans les services douaniers, hors de la présence des entreprises. Ils cherchent à s'assurer de l'exactitude et l'authenticité des déclarations en détail issues des contrôles immédiats.

V. Contrôle a posteriori.

CONTRÔLE DOCUMENTAIRE : vérification effectuée sur la documentation administrative et commerciale accompagnant la marchandise. Elle diffère du contrôle physique. C'est un contrôle qui peut se faire au niveau ex ante et ex post du dédouanement.

CONTRÔLE DU COMMERCE EXTÉRIEUR : ensemble de mesures nationales et/ou communautaires destinées à préserver les divers intérêts des acteurs du commerce extérieur nationaux ou communautaires en sauvegardant l'harmonie avec le système commercial international sur lequel veille particulièrement l'Organisation Mondiale du Commerce (OMC).

CONTRÔLE IMMÉDIAT : contrôle effectué dans un bureau frontalier lors du dédouanement, contrôle de première ligne.

Termes proches **:** contrôle différé et contrôle a posteriori

CONTRÔLE PHYSIQUE : inspection physique des marchandises. L'article 130 du CDC encadre l'exercice et les revendications liées à ce type de contrôle par un formalisme spécifique. V. TABLEAU DE CONCORDANCE

CONTRÔLE PHYTOSANITAIRE : inspection effectuée par les services compétents en vue de s'assurer de la conformité des importations /exportations des végétaux et produits d'origine végétale aux conventions, lois et règlements en vigueur.

CONTRÔLE SANITAIRE ET VÉTÉRINAIRE : inspection effectuée par des services compétents en vue de s'assurer de la non contamination des viandes et des produits d'origine animale par des agents pathogènes nuisibles à la santé humaine, animale et de la conformité des importations /exportations des marchandises aux conventions, lois et règlements en vigueur.

CONVENTION : accord, arrangement, traité. En matière douanière, de nombreuses conventions sont applicables.

Terme proche : disposition conventionnelle : disposition provenant d'un traité.

CONVENTION ATA : convention sur le carnet ATA qui permet de bénéficier de l'admission temporaire sans en remplir toutes les formalités normalement exigibles. Elle est adoptée en 1961 à Bruxelles par le Conseil de Coopération Douanière (CCD).

CONVENTION D'ARBITRAGE (COMPROMIS D'ARBITRAGE) : accord entre parties à un contrat fixant les modalités d'exécution de l'arbitrage prévu par ledit contrat : nombre, qualité des arbitres, compétences des arbitres, durée de l'arbitrage.

V. clause compromissoire, compromis d'arbitrage.

CONVENTION DE JOHANNESBURG : convention internationale signée en 2003 sur l'Assistance Administrative Mutuelle en matière douanière visant le renforcement de la coopération entre les administrations de douanes pour traquer la criminalité transfrontalière. Elle fait suite à celle de Nairobi signée en 1977.

CONVENTION DE KYOTO : convention douanière sur la simplification et l'harmonisation des régimes douaniers, adoptée par le CCD à Kyoto, entrée en vigueur en 1974.

V. Convention de KYOTO

CONVENTION DE KYOTO RÉVISÉE (CKR) : convention douanière adoptée par l'OMD à Bruxelles en 1999, entrée en vigueur en 2005 pour l'amendement de la simplification et l'harmonisation des régimes douaniers.

V. Convention de KYOTO Révisée (CKR)

CONVENTION DE LOME : signée en 1975 entre les pays ACP et la CEE qui accorde un taux préférentiel aux produits en provenance de ces pays. Elle consacre la non réciprocité dans les relations commerciales internationales.

CONVENTION DE NAIROBI : convention internationale adoptée par le CCD en 1977 à Nairobi sur l'assistance administrative pour prévenir, rechercher, constater et réprimer les infractions douanières. Elle sera suivie par celle de Johannesburg signée en 2003.

CONVENTION DE WASHINGTON : signée en 1973 portant sur le commerce international des espèces de flores et de faunes sauvages menacées d'extinction.

V.CITES.

CONVENTION D'ISTANBUL : adoptée en 1990 par le CCD dans la ville éponyme sur l'Admission Temporaire.

CONVENTION DES NATIONS UNIES SUR LES CONTRATS DE VENTE INTERNATIONALE DE MARCHANDISES (CVIM) : cette convention signée en 1980 à Vienne a eu pour cheville ouvrière la Commission des Nations Unies pour le Droit Commercial International (CNUDCI). Elle est complémentaire de la Convention sur la prescription en matière de vente internationale de marchandises signée en 1974 à New York. Compte tenu de son importance, elle est accompagnée par une note explicative pour en faciliter la compréhension et la mise en œuvre.

Elle vise à fournir un cadre uniforme et juste aux contrats de vente internationale des marchandises qui constituent, indépendamment de leur système juridique ou même de leur niveau de développement, le pilier central du commerce international dans tous les pays. En outre, elle présente deux avantages majeurs : la sécurisation et la prévisibilité des échanges commerciaux internationaux d'une part et la réduction potentielle du coût des opérations d'autre part.

Elle ne pose aucune exigence de forme pour le contrat. Elle traite notamment de son champ de compétence, de la formation du contrat, des obligations des cocontractants (vendeur et acheteur), des règles applicables en cas de contravention au contrat par un cocontractant.

CONVENTION SUR LES CONTENEURS : convention douanière sur les conteneurs conclue à Genève en 1972 sous les auspices des Nations Unies et gérée par le CCD.

CONVENTION SUR LE SYSTÈME HARMONISÉ (SH) : convention internationale adoptée par le CCD à Bruxelles et entrée en vigueur le 1er janvier 1988 pour mettre sur pied le nouveau système harmonisé de désignation et de codification des marchandises.

CONVENTION TIR (TRANSPORT INTERNATIONAL ROUTIER) : signée en 1975 sur le transport international des marchandises sous le couvert d'un carnet TIR.

CONVERSION (D'UNE MONNAIE) : transformation d'une unité monétaire dans une monnaie autre.

CONVERTIBILITÉ : possibilité pour une monnaie d'être échangée dans une devise. Qualité d'une monnaie qui peut se changer contre une devise.

La monnaie est convertible lorsque le détenteur a la possibilité de l'échanger légalement contre l'or ou contre une autre devise.

Terme proche : convertible.

COPYRIGHT : droit d'auteur.

CORDON DOUANIER : dispositif de surveillance douanière assurant le contrôle d'une zone frontière.

CORN : terme illustrant le risque linguistique et/ou culturel qui peut s'introduire dans la pratique du commerce extérieur. (V. NIKE)

En Grande-Bretagne, ce terme est traduit par blé,

En Écosse- Irlande, par avoine ou orge,

Et aux USA par maïs.

CORPS : en assurance transport, ce terme désigne le navire alors que le terme « faculté » désigne la marchandise.

CORROBORER : confirmer la véracité, le bien-fondé d'une prétention, d'une déclaration, d'une idée. Un témoin peut corroborer le récit d'un prévenu.

Termes proches : corroborant, corroboratif.

CORRUPTION : pratique condamnable dont la finalité est d'accorder un avantage financier ou en nature à un agent pour qu'il réalise ou s'abstienne de réaliser un acte dans l'exécution de sa fonction.

Elle prend une forme active (corrupteur) ou passive (corrompu).

Termes proches ou contraires : corruptible, incorruptible.

COTATION : devis d'un service à rendre, d'une activité à mener, émis par un chargeur, un transporteur, un commissionnaire en douane agréé, un expert en douane agréé...

COTE MAL TAILLÉE : technique d'imposition des marchandises importées qui consiste à retenir le taux le plus élevé pour l'ensemble de celles-ci alors qu'il ne se rapporte qu'à un ou quelques articles du lot. Elle s'applique exclusivement aux pièces détachées.

V. Acte n°33/76- CD- 1105 du 14 décembre 1976.

COULEURS : leur importance dans le management interculturel du commerce extérieur n'est plus à démontrer.

En effet, les couleurs sont porteuses de symbolisme perçu différemment dans les sphères culturelles. On a pu noter que :

Le rouge plairait aux Japonais, surtout associé au blanc. Le jaune induirait l'idée de la mort en Afrique subsaharienne, par contre, évoque le soleil ailleurs. Le vert est apprécié dans les pays musulmans comme couleur d'Allah. Le bleu représente la pureté en Europe.

COUR D'ASSISES: en France, juridiction ayant la compétence de juger les crimes. Ne pas confondre avec les accises, un impôt indirect.

COURRIER ÉLECTRONIQUE : message sous forme de texte, de voix ou d'image saisi et enregistré sur un support électronique sur l'internet.

COURS : prix susceptible de varier en fonction de facteurs reconnus d'un marché : cours des matières premières, devises, valeurs mobilières…

COURS DE CHANGE : rapport d'une monnaie face à une autre sur un marché de change.

COURS DES DEVISES : taux de conversion de devises, valeur d'une devise face à une autre. Nombres d'unités d'une devise correspondant à une unité d'une autre devise.

Le cours des devises comporte deux variantes :

- le cours acheteur ou cours d'achat : cours le plus bas d'une devise, lorsque la banque achète.
- le cours vendeur ou cours de vente : cours le plus haut d'une devise lorsque la banque vend.

La différence entre les deux est dénommée le spread, la marge bénéficiaire de la banque.

COURS FIXE : prix, tarif qui ne change pas.

COURS FORCE : système dans lequel une monnaie n'est pas convertible.

COURS LÉGAL : pouvoir de circuler librement, sans aucune restriction s'agissant d'une monnaie.

La monnaie d'un pays a cours légal lorsqu'elle est dotée d'un pouvoir libératoire illimité. Ainsi, elle s'impose dans toutes les transactions comme moyen de paiement et toute personne se trouve dans l'obligation de la donner et de la recevoir en paiement.

À partir du 18 février 2002, le franc a cessé d'avoir cours légal en France, au profit de l'euro.

COURS LIBÉRATOIRE : V. pouvoir libératoire.

COURT TERME : durée de temps (comprise entre 6 et 18 mois) pendant laquelle est accordé un crédit. Elle est de 6 mois pour les biens de consommation courante et 18 mois pour les biens d'équipement léger. On parle parfois de court terme élargi.

COURTAGE : activité professionnelle exercée par le courtier qui consiste à rapprocher contre rémunération des personnes, des entreprises en vue de réaliser des ententes, des transactions, des affaires…

Rémunération du courtier.

COURTIER (BROKER, en anglais) : intermédiaire professionnel intervenant dans les transactions commerciales, financières… Ses prestations de service le conduisent notamment à recueillir des informations, des conseils… et à les mettre à la disposition de ceux qui le sollicitent, contre rémunération.

Il se distingue d'un agent commercial par son indépendance.

COÛT : montant exprimé en unités monétaires qu'il faut débourser en vue d'acquérir ou de produire un bien ou un service : coût de transport, coût d'un produit…

COUVERTURE À TERME : accord passé entre une entreprise et une banque en vue de vendre ou d'acheter des devises pour une période convenue. Il fixe un taux de change qui sera utilisé par la banque à l'échéance de la période considérée. Ici, c'est l'irrévocabilité de l'engagement de la banque qui fournit de l'assurance à l'entreprise.

COUVERTURE BUDGÉTAIRE : crédit budgétaire à partir duquel l'État procède au règlement des impôts (directs ou indirects : exemple : droits et taxes de douane) lors des opérations (exemple : importations) qu'il réalise pour son compte.

COUVERTURE DE CHANGE : opération d'achat et/ou de vente de devises visant à réaliser un engagement de change à terme et à se soustraire des effets négatifs d'une éventuelle détérioration du cours de change à l'échéance..

CRD (CENTRE DE RENSEIGNEMENTS DOUANIERS) : en France, service fournissant de l'information douanière aux entreprises qui le sollicitent.

V. Cira

CRÉANCE DOUANIÈRE : droit reconnu à l'administration des Douanes (le créancier) d'exiger l'exécution par un redevable (débiteur) d'une prestation (en nature) ou d'une somme d'argent (en espèce).

Une créance susceptible de donner lieu au paiement (recouvrement) et particulièrement à une exécution forcée (contrainte douanière) doit être cumulativement certaine, liquide et exigible.

La créance certaine ne doit pas être contestée. Sa réalité doit être incontestée. La créance liquide doit être exprimée en un montant d'argent déterminé, pour pouvoir être mobilisable. La créance exigible ne doit être soumise à aucune condition, donc elle doit être en dehors de toute conditionnalité, car son paiement doit pouvoir être réclamé immédiatement. Il ne doit y avoir aucun terme.

CRÉANCIER : titulaire d'une créance. La douane est un créancier privilégié, car ses droits au paiement sont garantis par des privilèges : la préemption, l'hypothèque, le nantissement, le privilège du trésor.

CRÉDIT ACHETEUR : technique de financement spécifique au commerce à l'exportation qui consiste pour une banque ou un organisme financier agréé du pays d'exportation à accorder un crédit directement à l'acheteur basé à l'étranger pour qu'il paie son fournisseur dans le pays d'exportation de la marchandise. C'est en fait un crédit fournisseur.

V. Crédit fournisseur.

CRÉDIT BAIL (LEASING en anglais) : technique de crédit professionnel existant depuis les années 1950 aux USA et 1960 en Europe. Il comporte deux volets : location et promesse de vente au profit du locataire. Il porte généralement sur des équipements mobiliers utilisés à titre professionnel.

CRÉDIT COMMERCIAL : crédit accordé par un fournisseur à son client sous la forme d'un allongement des délais de paiement. Ces délais peuvent varier selon les fournisseurs et selon les professions. C'est en fait une technique de facilitation des affaires.

CRÉDIT DE CAMPAGNE : financement octroyé par une banque à son client pour lui permettre de réaliser ses transactions dans le cadre d'une activité saisonnière, exemple : la campagne cacaoyère qui dure deux à trois mois pour récolter, sécher et vendre les fèves de cacao/café.

CRÉDIT D'ENLÈVEMENT : il constitue une dérogation majeure au principe du paiement au comptant des droits et taxes des douanes avant l'enlèvement de la marchandise.

Facilité de paiement accordée au Commissionnaire en Douane Agréé(CDA) consistant en un report du délai de paiement des droits et taxes de douanes sur une durée décidée par les pouvoirs publics. Il est précédé par le dépôt préalable d'une obligation cautionnée annuelle garantissant le paiement de la créance douanière.

Il est un instrument d'amélioration de la trésorerie des entreprises. Le paiement des droits et taxes de Douane est majoré d'un intérêt de crédit ainsi que d'une remise spéciale.

CRÉDIT D'IMPÔT : créance d'origine fiscale détenue par un contribuable sur le trésor public.

CRÉDIT DOCUMENTAIRE (CD, Credoc) : technique de paiement couramment utilisée dans les opérations du commerce extérieur. Celle-ci se traduit dans les faits par l'instruction qu'une banque émettrice (située dans le pays d'importation) donne à une banque notificative (située dans le pays d'exportation) de payer un certain montant à un tiers (exportateur-bénéficiaire) dans un délai déterminé, après remise par le vendeur de divers documents justifiant la transaction commerciale (expédition, titre représentatif des marchandises) et la valeur des marchandises (facture, police d'assurance…)

Le Credoc est régi par les RUU/UCP (Règles Uniformes d'Usance/Union Custom Practices) n°560-600 et n°608 pour les Credoc dématérialisés. Les RUU, bien qu'émanant d'un organisme privé (ICC), sont pourtant appliquées par les banques dans 160 pays. Le crédit documentaire existe sous de nombreuses facettes: confirmé, irrévocable, transférable…

CRÉDIT DOCUMENTAIRE CONFIRME : dans cette forme, la banque du vendeur prend également l'engagement de payer, d'accepter ou d'escompter la lettre de change que pourra émettre ce dernier.

Dès lors, le vendeur dispose de deux engagements bancaires pour le même paiement qui pourra provenir soit de la banque de l'acheteur (banque apéritrice) soit de sa banque (banque confirmatrice).

CRÉDIT DOCUMENTAIRE IRRÉVOCABLE : dans cette forme, la banque du vendeur (banque émettrice) s'engage envers le bénéficiaire à exécuter le crédit consenti sans possibilité de rétractation, de révocation ou d'amendement des instructions préalablement données par son client (donneur d'ordre). Cette forme est la plus répandue sans doute en raison de la protection et de la sécurité qu'elle offre à ses utilisateurs.

CRÉDIT DOCUMENTAIRE TRANSFÉRABLE : dans cette forme, le bénéficiaire a le droit de le transférer à un tiers qui est généralement son fournisseur (aussi désigné par l'expression second bénéficiaire).

CRÉDIT DROIT ET TAXES : il constitue une dérogation majeure au principe du paiement au comptant des droits et taxes des douanes avant l'enlèvement de la marchandise.

Facilité de paiement octroyée aux entreprises par les services douaniers compétents consistant en un report du délai de paiement des droits et taxes de douane à 60, 90, 120 jours. Sa mise sur pied est subordonnée au dépôt préalable auprès de la douane, d'une obligation cautionnée par l'entreprise bénéficiaire pour garantir le paiement de ses créances. Il est un instrument d'amélioration de la trésorerie des entreprises.

Ce paiement différé des droits et taxes est majoré d'un intérêt de crédit et d'une remise spéciale.

CRÉDIT FOURNISSEUR : technique par laquelle une banque finance des exportations. Elle peut le faire en accordant aux exportateurs, des crédits pour préfinancer leurs activités : rassemblement, conditionnement des marchandises à exporter… Elle peut également accorder des crédits aux acheteurs étrangers pour payer leur fournisseur résidant dans le même pays que la banque.

CRÉMANT : vin blanc produit à base de raisins blancs. Il est pétillant et très légèrement mousseux. Il est fait en Champagne et ne doit pas se confondre au champagne

CRÈME : cette mention figurant sur une bouteille de liqueur vise simplement à indiquer que celle-ci est sucrée. Elle permet de les distinguer des eaux-de-vie naturelles et pures : cognac, Armagnac…

CRIME : infraction d'une extrême gravité dont la peine minimale est de dix (10) ans d'emprisonnement. Le CDC ne prévoit pas de crime douanier.

CRIMINALISER : dans un sens étroit, rehausser une infraction en crime. Dans un sens plus large, ériger une attitude, un comportement non punissable en une infraction pénale : contravention, délit.

Terme contraire : dépénaliser (sortir une attitude, un comportement de la répression pénale).

CRIMINALISTIQUE : ensemble des techniques et mesures développées, notamment par la police judiciaire, pour rechercher les auteurs de crimes et délits en établissant les preuves y afférentes.

CRIMINALITÉ : ensemble des actes enfreignant les lois et règlements qui régissent un groupe social ou une société globale donnée. Cette notion peut être appréhendée sous une acception large ou stricte.

V. Chritian DJIDJIOUA MAIWA: Le droit camerounais et la criminalité douanière, thèse de Doctorat/PhD, Université de Dschang, 2022.

CRIMINALITÉ FINANCIÈRE : notion très vaste regroupant une gamme variée de crimes à caractère financier ou économique : fraudes comptables, délit d'initié, corruption, blanchiment d'argent, financement d'organisations terroristes…

V. Michel DION (sous la direction de) : La criminalité financière, de boeck, 2011.

CRIMINEL : auteur d'un crime ; relatif à un crime.

« Le criminel tient le civil en état » : principe de procédure qui voudrait que le juge civil ne se prononce pas sur une action en réparation d'une infraction pénale avant que le juge répressif n'ait définitivement statué.

CRIMINOLOGIE : science qui étudie le phénomène de la criminalité : ses causes, ses manifestations, sa prévention ainsi que sa répression.

CRITÈRE DE LA TRANSFORMATION SUBSTANTIELLE : il est d'usage fréquent dans la détermination de l'origine des marchandises. Il implique que l'origine à considérer pour une marchandise est le pays où s'est effectuée la dernière transformation ou ouvraison substantielle réputée suffisante pour lui conférer son caractère essentiel.

V. Annexe D1 de la Convention de Kyoto de 1974 et Annexe spécifique K, Chapitre 1 de la CKR.

CROWDFUNDING : terme anglais utilisé pour désigner un mode de financement qui fait appel à la participation d'un grand nombre d'acteurs économiques (entreprises, personnes…), personnes en vue du financement d'un projet.

CRU : vignoble dont le statut est relevé d'après les lois présidant à la classification des vignobles. Terme proche : cru classé.

Terme proche : produit du cru.

CRYPTOMONNAIE : moyen de paiement électronique, virtuel basé sur la cryptographie visant la sécurisation des transactions qu'il génère. Certains auteurs parlent également de monnaie cryptographique. D'autres spécialistes préfèrent la dénomination cryptoactifs, car ils estiment que les cryptomonnaies ne sont pas soumises aux exigences d'un cours légal. Le bitcoin est une cryptomonnaie.

En novembre 2020, on dénombrait plus de 7000 cryptomonnaies à travers le monde. Il y en a d'intéressantes. Mais il y en a également de peu fiables, de véritables arnaques aussi dénommées shitcoins.

Les cryptomonnaies présentent trois caractéristiques essentielles :

- une absence de contrôle d'un régulateur, d'une autorité centrale du type des banques centrales,
- les données enregistrées dans ce cadre sont couvertes par une immutabilité liée à la technologie blockchain en vue d'exclure toute manipulation. En effet, celle-ci ne permet pas de reprendre des écritures. Elle ne permet pas non plus de déplacer des fonds d'une adresse sans utiliser la clé privée y afférente. Enfin, la blockchain enregistre toutes les transactions.
- Une nécessaire décentralisation, notamment sur le plan de sa gestion, au plan géographique ainsi qu'au plan de son architecture.

CT PAT (CUSTOMS TRADE PARTNERSHIP AGAINST TERRORISM) : programme américain de mise en application des normes sécuritaires dans les échanges commerciaux.

Il se réalise à travers une certification volontaire effectuée par chaque membre de la chaine d'approvisionnement et qu'il adresse à la douane américaine.

Il offre de nombreux avantages pour l'importateur américain :

- réduction des inspections ;
- passage plus rapide aux frontières ;
- sécurité de la chaine logistique ;

- accès aux informations utiles sur le site des membres C-T PAT (sur les entreprises accréditées, fournisseurs, transporteurs, courtiers en douane…)

CURAÇAO : liqueur hollandaise produite à partir des écorces d'oranges récoltées sur l'ile de Curaçao (aux Antilles néerlandaises, au large du Venezuela). Cointreau et Grand Marnier sont des marques commerciales de Curaçao.

CURATELLE : régime juridique qui protège un majeur incapable. Ce dernier est exclu de la transaction douanière prévue à l'article 328 du CDC.

CVIM : V. Convention des Nations Unies sur les Contrats de Vente Internationale de Marchandises.

CYBERACHETEUR : acheteur de marchandise à travers l'internet ; consonaute.

CYBERCRIMINALITÉ : activité malveillante menée à travers l'internet et susceptible d'être soumise à la répression pénale.

CYBERMARCHAND : entreprise ayant pour activité habituelle la vente par l'internet.

CYCLES DE NÉGOCIATIONS (ROUNDS) sous l'égide du GATT (GENERAL AGREEMENT ON TARIFFS AND TRADE) : réunion, forum de négociation dont le but est de chercher à introduire des améliorations au fonctionnement du système commercial international à travers notamment la réduction d'obstacles au commerce, la révision des règles commerciales…

Entre 1947 et 1994, les cycles de négociations se sont déroulés aux dates suivantes :

1947 à Genève en Suisse

1949 à Annecy en France

1951 à Torquay au Royaume-Uni

1956 à Genève

1960-1961 à Genève (Dillon Round)

1964-1967 à Genève (Kennedy round)

1973-1979 à Genève (Tokyo round)

1986-1994 à Genève (Uruguay round)

Les quatre premiers cycles couvrant les quatorze premières années du GATT ont pu faire diminuer les droits de douane des années 1940 par trois. Il y avait 48 négociants au départ.

Le Kennedy round (1964-67) : sur la demande des États-Unis, les négociations aboutissent à la réduction des droits de douane sur les produits industriels et agricoles à destination de la CEE. Les négociants passent à 99.

Le Tokyo round (1973-79) connaît la première tentative de réforme du système commercial international. Il abordera essentiellement trois sujets amorcés depuis le Kennedy round :

- le niveau des droits de douane à réduire ;
- les barrières non tarifaires ;
- la redéfinition du cadre juridique du commerce international (le Brésil sollicite pour les PED, la nécessité d'un statut différencié plus favorable).

Il aboutira à une nouvelle réduction des droits de douane sur un bon nombre de produits et à la conclusion des 9 accords et arrangements sur notamment les pratiques antidumping, les barrières au commerce, les subventions, les mesures de sauvegarde en situation de développement, le traitement différentiel des PED.

L'Uruguay round (1986-1994) initié par les États-Unis était programmé de 1986-1990. Mais il s'achèvera en 1993 et ratifié lors du sommet Marrakech en 1994. 123 pays y ont participé. Les négociations ont porté sur de nombreux sujets et embrassé de très vastes domaines. Ce qui a fait dire que c'était la plus vaste négociation commerciale de tous les temps.

D

DAB : V. Distributeur Automatique des Billets.

DATA : terme très utilisé aussi bien en français qu'en anglais dans l'informatique. Il signifie données, éléments de connaissances, informations ou renseignements stockés déjà traités ou prêts pour un usage. (ne prend pas de « s » au pluriel)

DATA BASE (BASE DE DONNÉES) : ensemble de fichiers dont la structuration et l'organisation facilitent aux utilisateurs l'accès aux informations ainsi traitées.

DATA CENTER : lieu physique abritant des serveurs et ordinateurs contenant d'innombrables données.

V. Data warehouse.

DATA MINING : système informatique très robuste permettant de prendre en charge et de traiter une quantité considérable de données.

DATA WAREHOUSE : entrepôt de données conservées sur des supports électroniques.

V. Data center.

DATATION : présentation de la date sur les documents. Les dates se présentent différemment selon les pays, les secteurs d'activité...Dans le système français, la date se positionne en jour /Mois/Année ; dans l'informatique la date s'affiche en année/mois/jour.

Ces usages peuvent influencer le déroulement du commerce extérieur, ex : réalisation du crédit documentaire...

DATE : indication d'un repère temporel.

Date butoir : date à laquelle s'achève une période de grâce et/ou à laquelle naissent de nouveaux droits, de nouvelles obligations.

Date de valeur : date à partir de laquelle la banque porte une opération au crédit ou au débit d'un compte. L'opération au crédit est passée après la date de remise du chèque ou du dépôt des espèces. L'opération au débit est passée avant la date de dépôt ;

Date d'expiration : date de clôture ;

Date d'exigibilité : date à partir de laquelle un paiement est dû ;

Date d'échéance : date à partir de laquelle le paiement des droits et taxes est exigible. (V. Annexe Générale, Chapitre 2 de la CKR).

Date limite de consommation (DLC) en anglais: Best Before (BB) : mention suivie d'une date indiquant la limite de consommation à observer. Celle-ci est capitale pour les produits alimentaires.

Date limite d'utilisation optimale (DLUO): mention suivie d'une date, généralement prescrite par une règlementation particulière (relative à la protection du consommateur). Elle vise prioritairement la qualité, pas simplement la validité. Elle indique une date au-delà de laquelle le produit reste propre à la consommation bien que pouvant ne plus posséder ses qualités optimales.

DAU (DOCUMENT ADMINISTRATIF UNIQUE) : formulaire obligatoire à remplir sur de nombreux territoires douaniers (en CEMAC également) pour déclarer toute importation ou exportation de biens entre celui-ci et les pays tiers.

DAVOS (FORUM ÉCONOMIQUE MONDIAL) en anglais (WORLD ECONOMIC FORUM) : le Professeur d'économie Klaus M. SCHWAB crée en 1971 une fondation à but non lucratif, le Forum Économique Mondial. Son siège est basé à Genève et sa réunion annuelle se tient à Davos, une ville située dans les Alpes suisses.

Depuis, cette assemblée annuelle rassemble généralement des responsables politiques de premier plan, des dirigeants des plus grandes entreprises mondiales, des intellectuels, des journalistes...

Ce forum offre à ces personnalités un cadre pour débattre des sujets critiques d'importance et de portée planétaires, tels que la santé, l'environnement, l'économie... Il permet également d'envisager une amélioration des règles du commerce international, de libéralisation de l'économie et d'organiser des réunions se rapportant à des secteurs spécifiques. Le forum publie des rapports économiques.

La 43e réunion du Davos s'est tenue le 23 janvier 2013 dans la station de ski de Davos. En 2020, la 50e édition prévue en Suisse a été reportée pour cause de crise sanitaire covid-19.

DAX 30 (DEUTSHER AKTIEN INDIX) : principal indice boursier allemand regroupant les 30 plus grandes capitalisations boursières cotées à la bourse de Frankfurt.

DEB (DÉCLARATION D'ÉCHANGE DE BIENS) : document récapitulatif de nature statistique et fiscale reprenant systématiquement la totalité des opérations d'acquisitions et de livraisons. Il est établi mensuellement par l'entreprise et remis à l'administration douanière aux fins d'établir les statistiques du commerce extérieur européen et d'assurer l'application de la TVA.

DÉBAT CONTRADICTOIRE : échange au cours duquel les parties antagonistes présentent leurs arguments d'accusation et de défense. Pendant les contrôles douaniers, la procédure contradictoire doit permettre à l'entité contrôlée de présenter ses arguments clairement et méthodiquement à la suite des constatations du service des douanes énoncées tout aussi clairement et méthodiquement.

DÉBET : acte juridique constatant un déficit dans la gestion d'un comptable public : acte de mise en débet.

DÉBITEUR : celui qui a la charge d'exécuter une prestation au profit d'un créancier. Dans le langage financier, le débiteur est celui qui doit une somme d'argent.

DÉBOURS : dépenses engagées par un mandataire sur ordre et pour compte d'un commettant. Elles doivent être restituées par le mandant.

DÉBOUTER : rejeter la demande en justice d'un plaignant par un juge.

DÉCÈS : CDC art 319-360 V. TABLEAU DE CONCORDANCE. La mort, la cessation de la vie.

L'Administration des douanes est fondée à continuer son action contre la succession de l'auteur d'une infraction douanière. Cette action visera le règlement des droits, amendes, confiscations et autres condamnations pécuniaires prononcées contre le de cujus existant avant le décès.

DÉCHÉANCE : perte d'un droit prononcée en tant que sanction. CDC article 417 et 418 V. TABLEAU DE CONCORDANCE. Déchéance du droit d'électeur et d'éligibilité aux chambres de commerce, de tribunaux de commerce, du bénéfice d'un régime suspensif.

DÉCISION ANTICIPÉE : elle est aussi désignée par certaines administrations douanières par les termes décision préliminaire, renseignement tarifaire contraignant (RTC), renseignement contraignant en matière d'origine(RCO), renseignement contraignant sur la valeur (RCV).

Décision écrite d'une autorité douanière compétente à la requête d'un usager/redevable et qui énonce le traitement douanier que le requérant appliquera au moment de l'importation/exportation aux marchandises ayant fait l'objet de sa demande. La solution indiquée par la douane s'accompagne d'un délai pour son application.

Elle est prévue par l'article 3 de l'Accord de l'OMC sur la Facilitation des Échanges (AFE). Elle est inscrite dans la norme de la convention de la CKR (Annexe générale/Norme9.9) ainsi que dans l'Accord de l'OMC sur les règles d'origine (Évaluations d'origine).

DÉCLARANT EN DOUANE (AGENT EN DOUANE) : lato sensu, la notion de déclarant en douane est étendue au Commissionnaire en Douane Agréé(CDA) constituée sous la forme de personne morale. Leur activité professionnelle consiste à accomplir les formalités douanières pour autrui contre rémunération.

Art 5 al8 du Code des Douanes de la RD Congo, le déclarant est la personne qui fait la déclaration de marchandises

Mais stricto sensu, le déclarant en douane est une personne physique dont l'occupation professionnelle consiste dans la codification des données commerciales, de transport (maritime, terrestre, aérien) en vue de l'établissement et la présentation de la déclaration en détail aux services compétents de la douane.

Dans la pratique quotidienne, le déclarant en douane peut être :

- soit un professionnel autonome,
- soit le propriétaire des marchandises qui les présente au service des douanes ;
- soit un transporteur dans les zones frontalières.

Au Cameroun, seules les entreprises publiques, les sociétés pétrolières et les missions diplomatiques sont autorisées à déclarer pour leur propre compte. Les autres acteurs du commerce extérieur doivent recourir à un Commissionnaire en Douane Agréé (CDA). En fonction du volume et de la complexité de ses activités, le CDA peut employer un ou plusieurs déclarants.

V. Paul Jonathan JIEUGANG : Guide pratique du déclarant en douane, Les Éditions Star Print, 2007, p.9

V. Agent en douane.

DÉCLARATION EN DÉTAIL : acte juridique matérialisé par un document qui sert à assigner un régime douanier à la marchandise importée ou à exporter en fournissant par ailleurs un ensemble d'indications utiles pour appliquer des mesures diverses relatives à l'espèce, la valeur, l'origine, les prohibitions, les statistiques douanières…

Selon l'art 5 al10 du Code des Douanes de la RD Congo, la déclaration de marchandises est « l'acte fait dans la forme prescrite par la douane, par lequel les intéressés indiquent le régime douanier à assigner aux marchandises et communiquent les éléments dont la douane exige la déclaration pour l'application de ce régime ; »

DÉCLARATION EN DOUANE : acte juridique par lequel un agent en douane ou même un voyageur concrétise sa volonté de soumettre une marchandise au contrôle des services douaniers. Elle peut être écrite ou verbale (pour les voyageurs).

La déclaration verbale est faite à la frontière par un voyageur qui informe les services douaniers de l'existence ou pas de marchandise à dédouaner. Elle est courante dans les aéroports douaniers. La déclaration en douane peut revêtir diverses formes : déclaration sommaire, déclaration provisoire et déclaration en détail.

Dans un système numérisé, la déclaration provisoire est destinée à la visualisation concrète des données saisies avant validation de la déclaration définitive qui n'est modifiable que sous des conditions spécifiques. Elle offre l'opportunité d'éventuelles corrections.

La déclaration sommaire est constituée de tout document en usage dans le commerce qui pourra être utilisé à des fins douanières : factures, lettre de transport, lettre de voiture. Elle est déposée dans les services douaniers à l'arrivée de la marchandise pour permettre sa reconnaissance et sa prise en charge effective et immédiate.

La déclaration en détail : est le document qui fournit de nombreuses précisions utiles aux services pour vérifier l'application des prescriptions nationales et communautaires.

DÉCLARATION REVISÉE D'ARUSHA : déclaration adoptée par le CCD à Arusha en 1993 puis révisée en 2003 portant sur la bonne gouvernance et l'éthique en matière douanière.

DÉCLARATION STATISTIQUE SUR LA VALEUR (DSV) : au Cameroun, document analytique des informations utilisées pour l'évaluation douanière des transactions commerciales relatives à l'importation des marchandises.

DÉCOUVERT (BANCAIRE) : montant d'argent avancé à un client par sa banque et représentant une dette, car étant supérieur aux fonds disponibles dans le compte de celui-ci.

DÉDOUANEMENT : procédure consistant dans l'accomplissement d'un ensemble de formalités douanières en vue d'obtenir la mainlevée qui assure l'entrée ou la sortie des marchandises d'un territoire douanier en conformité avec les prescriptions légales en vigueur. Le dédouanement ne doit pas se confondre ni se réduire au paiement des droits et taxes de douane. En effet, certains régimes douaniers peuvent n'imposer aucun droit ou taxe à payer.

D'après l'art 5 al11 du Code des Douanes de la RD Congo, le dédouanement est « l'accomplissement des formalités douanières nécessaires pour mettre des marchandises à la consommation, pour les exporter ou encore pour les placer sous un autre régime douanier ; »

DÉDUCTION (FISCALE) : réduction du montant de l'impôt ou de l'assiette de l'impôt autorisée par la législation.

DE FACTO : expression latine signifiant de fait. S'oppose à l'expression de jure.

DÉFAILLANCE : situation du débiteur d'une obligation qui n'honore pas son engagement à son échéance. Défaut de paiement.

DÉFENDEUR : personne contre laquelle une action en justice est exercée. La personne qui exerce cette action est appelée demandeur.

DÉFENSE COMMERCIALE : lutte contre les pratiques déloyales commerciales à l'importation tendant à mettre en déroute la politique commerciale de l'État d'importation. Ces dernières sont constituées, du dumping, des subventions et des importations massives. Les mesures de défense commerciale s'articulent autour des droits anti-dumping et des droits compensateurs.

V. Politique commerciale ; droits anti-dumping et droits compensateurs (art. 15) ; mesures de sauvegarde (art.14) et mesures de défense commerciale et Règlement n°16/19-UEAC-010A-CM-34 du 18 décembre 2019 fixant les modalités d'application et les quotités des droits compensateurs ou antidumping.

DÉFICIT : solde dévoilant un manquant, un différentiel négatif entre le nombre de colis manifestés et le nombre de colis présentés à la Douane. Le déficit s'oppose à l'excédent.

DÉGROUPAGE : opération liée essentiellement au transport maritime.

Il consiste à décomposer à l'arrivée, une cargaison faite de nombreuses commandes pour les remettre à différents destinataires, propriétaires.

Cette cargaison est constituée, au départ, de nombreuses marchandises appartenant à de nombreux propriétaires qui vont être rassemblées dans le même conteneur pour en faciliter l'acheminement.

DÉGROUPEUR : personne qui exerce l'activité habituelle de dégroupage ou en d'autres termes de répartition et de remise des marchandises acheminées dans le même conteneur, mais appartenant à des propriétaires différents.

DE JURE : expression latine signifiant de droit. Expression s'opposant à de facto.

DÉLAI : espace de temps accordé pour réaliser une procédure douanière (ex. : délai de séjour des marchandises en douanes) et dont le non-respect expose à des effets de droit. Délai de prescription, de route, de procédure.

Deux problèmes se posent généralement dans des règles particulières qui encadrent la computation des délais : le début et la fin ;

Les acteurs du commerce extérieur doivent toujours veiller à bien les définir dans leurs contrats. Ils gagneraient à préciser le jour à partir duquel le délai court : généralement le jour de signature du contrat n'est pas compté (dies a quo). Par contre, le jour au cours duquel le délai expire est compté (dies a quem).

Si le jour où s'achève normalement le délai n'est pas compté et que le délai d'expiration est fixé le lendemain, on parlera de délai franc.

DÉLAI DE REPRISE : période de temps pendant laquelle l'administration douanière peut organiser des contrôles pour vérifier l'application des prohibitions, la présence des erreurs, omissions, insuffisances, dissimulations introduites dans les déclarations des marchandises importées ou exportées et procéder à leur redressement.

DÉLIBÈRE : réunion des juges en vue de préparer le prononcé d'un jugement.

DÉLIT D'INITIE : infraction pénale spécifique liée aux marchés financiers, mais qui tend à s'étendre dans d'autres secteurs (dont le domaine douanier notamment dans la vente aux enchères publiques des marchandises).

Fait pour un agent des marchés financiers de connaitre à l'avance l'évolution des cours des actions pour l'utiliser afin d'en tirer un profit personnel.

L'initié dans ce cas est toute personne détenant une information privilégiée non encore mise à la disposition du public et qui est susceptible d'influencer les cours de bourse. Le privilège visé peut provenir de ses fonctions dans l'entreprise qui l'emploie ou des relations de travail avec d'autres entreprises.

Une telle infraction pourrait être transposée sur le terrain douanier pour un agent des douanes qui a pris part aux préparatifs d'une vente aux enchères publiques des marchandises et qui devenait enchérisseur par la suite, même par un prête-nom.

V. Initié ainsi que l'article 378 CDC. V. TABLEAU DE CONCORDANCE.

DÉLITS DOUANIERS : infractions douanières les plus graves réprimées par de lourdes sanctions souvent associées à des peines privatives de liberté.

La qualification des délits de douane donne lieu à la mise en œuvre d'un arsenal de mesures douanières renforcées en vue de leur recherche, leur constatation et leur répression.

Le CDC prévoit trois classes de délits douaniers assorties de sanctions conséquentes :

1re classe : confiscation de la marchandise de fraude, confiscation du moyen de transport, confiscation des objets servant à masquer la fraude.

Sanction pécuniaire : l'amende est le double de la valeur de la marchandise de fraude ;

Sanction pénale : un mois de prison ferme;

2e classe : confiscation de la marchandise de fraude, confiscation du moyen de transport, confiscation des objets servant à masquer la fraude.

Sanction pécuniaire : l'amende est le double de la valeur de la marchandise de fraude ;

Sanction pénale : 3 mois à un an de prison ferme ;

3e classe : confiscation de la marchandise de fraude, confiscation du moyen de transport, confiscation des objets servant à masquer la fraude.

Sanction pécuniaire : l'amende est égale au quadruple de la valeur des objets confisqués ;

Sanction pénale : emprisonnement ferme de six mois à 3ans.

DÉLOCALISATION : opération consistant dans la fermeture d'une unité de production sur un site donné pour l'ouvrir à nouveau à l'étranger où elle produira plus de bénéfices. La délocalisation de l'activité industrielle recherche une optimisation des gains par l'accroissement de la productivité des facteurs de production.

Les biens qu'elle produira seront importés à des coûts moindres dans le pays d'origine et continueront de ravitailler les marchés d'exportation.

La délocalisation se déploie sous deux modalités : nearshore et offshore. Elle est nearshore quand elle s'effectue dans le même pays ou dans un pays voisin. Elle est offshore quand elle s'installe sur un site lointain.

Terme contraire : relocalisation.

DEMANDE EN JUSTICE : acte de procédure contenant la prétention qu'une personne formule afin de saisir le juge.

DEMANDEUR : personne qui exerce une action en justice. La personne contre laquelle cette action est exercée est appelée le défendeur.

DÉMANTÈLEMENT (TARIFAIRE) : élimination progressive des mesures tarifaires et/ou des mesures commerciales restrictives et discriminatoires.

DÉMATÉRIALISATION (DES PROCÉDURES) : opération consistant à remplacer le support physique de l'information par un support électronique. Ses ambitions sont multiples:

- supprimer la circulation du support papier,
- améliorer l'efficacité des services par la production, la consultation et le stockage aisés, rapides et pratiques des informations en grands volumes,
- accroître la qualité du service rendu,
- réaliser des économies de temps et de ressources variées.

V. Digitalisation.

DEMURRAGE : indemnité versée par le chargeur de marchandises à un armateur pour l'immobilisation de son moyen de transport au-delà du nombre de jours initialement convenu pour le chargement. Il s'apparente au terme surestaries.

V. surestaries.

DENI DE JUSTICE : refus de rendre la justice de la part d'un magistrat ou d'une juridiction.

DENIERS PUBLICS : le denier est une pièce d'argent qui a eu cours légal en Europe entre le IXe et le XIIIe siècle.

Les deniers publics désignent alors les fonds appartenant à l'État et dont le comptable public assure manipulation et garde.

DÉNOMINATION COMMERCIALE : appellation affectée par le fabricant, ou le distributeur à un produit, généralement sur une base commerciale (pas scientifique). Mais celle-ci devrait veiller à s'aligner sur des bases légales et scientifiques : exemples des produits alimentaires avec le Codex Alimentarius.

Sur le plan du commerce extérieur, la méconnaissance des usages interculturels dans l'exploitation des dénominations commerciales peut constituer un handicap.

DÉNOMINATION GÉOGRAPHIQUE : indication d'un lieu comme origine géographique apposée sur un produit en vue de communiquer une information aux consommateurs et d'éveiller leur sensibilité.

L'évocation de ce lieu cherche à tirer un avantage des qualités dont il recèlerait et qu'il confèrerait automatiquement au produit. Exemple de NJOMBE au Cameroun en parlant du poivre.

La dénomination géographique ne devient une « indication de provenance ou une appellation d'origine » selon l'article 1er (2) de la Convention de Paris pour la protection de la propriété industrielle que si elle est soumise à la protection de la propriété industrielle. Les droits y afférents sont défendus par une action en contrefaçon.

DÉNOMINATION SOCIALE : nom attribué à une personne morale. Exemple : Société La Belle Vie.

DÉONTOLOGIE :(Déonto/Logos, Bentham Jeremy) : la science du devoir. Ensemble des règles qui encadrent l'exercice d'une activité professionnelle. Elle vise les obligations formelles, tant matérielles que morales. Il peut s'agir de l'obligation de présence effective au service, de servir soi-même, de désintéressement, d'obéissance hiérarchique, de neutralité, d'indépendance, de discrétion et de réserve… Elle se caractérise par son aspect formel, juridique. Tout manquement à la déontologie peut être sanctionné par une disposition juridique.

Cette notion est souvent adossée à celle d'éthique.

V. Éthique.

DÉPENS : frais de justice supportés par le perdant d'un procès. Partie des frais du procès que le gagnant d'un procès peut se faire rembourser par le perdant. Les honoraires des avocats ne font pas partie des dépens.

DÉPENSE FISCALE : ce concept présente des contours imprécis. Technique fiscale permettant à l'État d'intervenir dans l'économie nationale en accordant des avantages à certains contribuables.

La Cour des Comptes considère les dépenses fiscales comme "des pertes de recettes directes résultant des dérogations fiscales" Cour des Comptes, Rapport annuel 2011, février 2011 p.39.

Elle voit le jour en France dans le 4e rapport du Conseil des Impôts de 1979 consacré à l'impôt sur le revenu.

Il est difficile de déterminer la référence qui permet de considérer la mesure source de la dépense fiscale comme un avantage pour le contribuable.

L'appréciation de l'efficacité des dépenses fiscales est difficile. Son coût est souvent très élevé et constitue une source majeure de déficit budgétaire. C'est pourquoi il faut la réduire à sa plus simple expression.

La notion de dépense fiscale ne saurait se confondre à d'autres telles que le dégrèvement d'impôt, le remboursement, la restitution de crédit d'impôt ou la compensation.

On constate que cette expression a pris un sens plus large et se comprend comme toute mesure qui déclenche des pertes de recettes. Cette mesure peut être d'origine législative ou règlementaire.

Il convient de relever qu'aucun régime douanier ne constitue une dépense fiscale. La méfiance et la suspicion qui entourent l'octroi des régimes douaniers économiques et suspensifs révèlent une confusion sur les liens entre ces deux notions.

Son interférence dans la perception des régimes douaniers pourrait s'avérer très dommageable, car elle pourrait freiner ou même paralyser le déploiement de la mission économique de la douane.

DÉPOSANT (EN DOUANE) : collaborateur direct du déclarant en douane et dont la fonction consiste à déposer les déclarations en détail dans les services douaniers et à y effectuer un portage et un suivi pratique jusqu'à l'obtention de toutes les habilitations en vue de l'enlèvement de la marchandise.

DÉPOSITAIRE : personne qui reçoit un dépôt (Art 364, 366 CDC). V. TABLEAU DE CONCORDANCE

DÉPÔT DE DOUANE : art 18, 108, 269, 275 CDC V. TABLEAU DE CONCORDANCE: le dépôt de douane désigne un régime juridique spécial qui a pour conséquence de mettre provisoirement hors de la portée du propriétaire, une marchandise importée et placée dans un magasin ou une aire de dédouanement. Il la rend juridiquement indisponible pour ce propriétaire qui ne peut effectuer aucune opération sans une autorisation préalable de la douane et sous les conditions qu'elle fixera, notamment le paiement d'une amende.

C'est dire qu'il la met prioritairement à la disposition de l'administration des douanes

Les frais de toute nature résultant de la constitution et du séjour en dépôt sont à la charge de la marchandise." Art 271 CDC V. TABLEAU DE CONCORDANCE

Passé un délai de 3 mois après l'inscription au registre de dépôt, les marchandises qui n'auront pas été enlevées sont vendues aux enchères publiques. Art 273 (1) CDC. Les marchandises périssables peuvent être vendues bien avant ce délai.

DÉPÔT DE BILAN : cessation d'activités.

DÉPOTAGE : déchargement de marchandises d'un conteneur ou de toute autre unité de transport intermodal (caisse mobile, semi-remorque)

Terme opposé : V. Empotage.

DÉRÈGLEMENTATION : démantèlement d'une règlementation contraignante pour adopter une autre plus libérale.

DESCENDANT : personne née d'une autre qui est son ascendant. Il est un ayant droit de son ascendant. Il fait partie de sa succession.

DESSIN ET MODÈLE : création utilisant des symboles graphiques. Le dessin désigne une forme à une ou deux dimensions ; tandis que le modèle a une forme tridimensionnelle. Sans procéder à un dépôt, le créateur ne peut bénéficier d'une protection du droit de la propriété intellectuelle.

DESTINATAIRE RÉEL : (art 401-2, contravention 4e classe ; article 412-3 ; 403 et 422, délit 1re classe CDC) toute personne habilitée à recevoir la livraison des marchandises (Art 401 CDC) V. TABLEAU DE CONCORDANCE. Personne chargée de la réception effective de la marchandise. Dans une lettre de voiture, une LTA ou un B/L nominatif, celle-ci ne devrait pas différer de l'importateur, car il s'agit de documents nominatifs non endossables. Il en va autrement pour un B/L « à ordre ». Cette notion douanière de « destinataire réel » s'apprécie à partir dela déclaration en détail. Cette notion facile à vérifier présente un enjeu majeur pour la douane. En effet, le destinataire réel pourrait bénéficier quelques fois des privilèges de la taxation réduite ou du taux zéro du fait d'une destination privilégiée ou d'une origine préférentielle... Cette notion de « destinataire réel » présente un intérêt particulier pour la douane spécifiquement dans l'application des régimes privilégiés.

Selon le CDC Art 401 al3 V. TABLEAU DE CONCORDANCE, la fausse déclaration dans la désignation du destinataire réel constitue une contravention de 4è classe.

Dans le cadre du contentieux douanier, il est assez courant de rapprocher les notions de destinataire et d'expéditeur réels. Cette dernière notion aux contours flous est utilisée particulièrement par le droit douanier de la CEMAC qui tarde à lui donner un contenu.

Cette notion de « destinataire réel » présente un intérêt particulier pour la douane spécifiquement dans l'application des régimes privilégiés et spéciaux art 408 al6. Ce qui explique la nécessité pour elle de procéder régulièrement à des vérifications assorties de sévères sanctions, en cas d'infraction.

Selon le CDC Art 401 al$_3$ V. TABLEAU DE CONCORDANCE, la fausse déclaration dans la désignation du destinataire réel constitue une contravention de 4e classe.

Terme opposé : Expéditeur réel.

DESTINATION DOUANIÈRE : utilisation finale à laquelle la marchandise est appelée, conformément aux dispositions annoncées aux services douaniers.

Elle peut être déterminée par :

- le régime douanier : mise à la consommation, régime douanier économique ou suspensif, zone franche, exportation, perfectionnement ;
- le régime de son utilisation : destruction, don à un établissement de bienfaisance
- le dépôt de douane, l'abandon.

DESTINATION PRIVILÉGIÉE : utilisation finale de la marchandise en bénéficiant des avantages définis par la législation nationale ou communautaire : exonérations, franchises. À l'instar des régimes douaniers, elle peut être soumise à un contrôle a posteriori.

DÉTENTEUR (DES MARCHANDISES) : Art 380 CDC, 388, 291 V. TABLEAU DE CONCORDANCE, personne déployant une emprise matérielle plus ou moins étroite sur une marchandise.

En matière douanière, le CDC Art 380 al$_1$ énonce clairement que "le détenteur de marchandises de fraude est réputé responsable de la fraude."

Par contre, les transporteurs publics en situation de détenteurs ne seront pas considérés comme contrevenants s'ils indiquent leurs commettants à l'administration douanière.

Les situations des détenteurs de marchandises de fraude (qui ne sont couvertes par aucun titre régulier) sont variées, nous en énumérons quelques-unes :

- est détenteur de marchandises (de fraude) la personne qui a la marchandise en main ou directement sous son contrôle ;
- si la marchandise (de fraude) est déposée dans un lieu donné, le détenteur sera celui qui assure la surveillance, le contrôle, la garde immédiate de ce lieu ;
- si la marchandise est découverte abandonnée dans un lieu, un enclos, une concession, une dépendance... le détenteur qui va en répondre est celui qui jouit des lieux et à défaut le propriétaire des lieux ;
- si la marchandise (de fraude) est en circulation dans un moyen de transport, le détenteur est le conducteur ou le propriétaire de la marchandise s'il est présent, ou le propriétaire du moyen de transport si les deux précédents ont pris la poudre d'escampette.

DÉTENTION (DES MARCHANDISES) : Art 388, 380, 291, 290 CDC V. TABLEAU DE CONCORDANCE emprise matérielle plus ou moins étroite exercée par une personne sur un bien.

Selon le CDC le détenteur se substitue de plein droit au propriétaire de la marchandise lors des contrôles douaniers.

DETTE EXTÉRIEURE (D'UN PAYS) : ensemble des dettes d'un État vis-à-vis de ses créanciers étrangers (coopération bilatérale, multilatérale, institutions financières, Club de Paris, Club de Londres, ...) Le service de la dette désigne l'ensemble des sommes versées annuellement par le pays pour rembourser ses dettes (capital et intérêts).

DETTE DOUANIÈRE: « l'obligation pour une personne de payer les droits et taxes à l'importation (dette douanière à l'importation) ou les droits et taxes à l'exportation (dette douanière à l'exportation) qui s'appliquent à des marchandises déterminées selon les dispositions en vigueur ; » article 5 al 13 du Code des Douanes de la RD Congo.

Art.174 al3 CDCR « somme d'argent due par un redevable à l'État au titre d'une opération douanière soumise ou qui pourrait être soumise au paiement des droits et taxes de douane. »

L'art. 205 al1 CDCR dispose que « Sauf disposition contraire de la législation douanière, toute opération de transit doit être couverte par une garantie. Cette garantie a pour but d'assurer le paiement des droits et taxes à l'importation ou à l'exportation correspondant à toute dette douanière et autre imposition qui pourrait naître en rapport avec les marchandises. »

Par ailleurs, l'art. 215 CDCR traite des modalités de recouvrement des créances nées de la dette douanière liée au transit.

L'article 203 du Code des Douanes de la RD Congo dispose :

« 1. Lorsqu'une dette douanière naît à l'égard des marchandises importées, le montant de cette dette est déterminé sur la base des éléments de taxation propres à ces marchandises au moment de l'enregistrement de la déclaration de placement sous le régime de l'admission temporaire en suspension partielle.

2. Lorsque, pour une raison autre que le placement sous le régime de l'admission temporaire en suspension partielle des droits et taxes à l'importation, une dette douanière naît à l'égard de marchandises placées sous ledit régime, le montant de cette dette est égal à la différence entre le montant des droits et taxes déterminé en application du point 1 ci-dessus et celui dû en application de l'article 202 ci-dessus. »

Le fait générateur de la dette douanière peut faire l'objet de débat.

En effet, pour certains, le fait générateur de la dette douanière se trouve dans le régime douanier énoncé par la déclaration en détail. Elle court dès le dépôt de cette dernière sur laquelle figure l'acceptation du déclarant.

Pour d'autres, le fait générateur réside dans l'importation de la marchandise, qu'elles soient directement mises à la consommation ou dans un régime qui oblige à garantir ces droits non liquidés.

Qui en est le débiteur ? Le commissionnaire en douane agréé et le propriétaire de la marchandise pour le compte duquel la déclaration est levée. La notion de dette douanière fait naître in fine comme une association (mais pas une solidarité) entre l'importateur/exportateur et son CDA, (art 359 al_1 CDC). V. TABLEAU DE CONCORDANCE. La dette douanière s'éteint par son paiement.

DÉVELOPPEMENT DURABLE : activités dont la finalité est de concilier la croissance avec la satisfaction des besoins des générations futures.

En 1987, la Commission mondiale de l'environnement et du développement le définissait comme « le développement qui répond aux besoins du présent sans compromettre la capacité des générations futures de répondre aux leurs ».

Le concept entend prendre le contre-pied des conséquences négatives de la croissance telles que : l'épuisement des ressources naturelles, l'accroissement des inégalités, les nombreuses et répétées dégradations de la nature avec l'émergence des risques écologiques majeurs : réchauffement climatique, inondations abondantes...

Il fonde ses principes sur :

- la solidarité avec les générations futures de toute la planète,
- le principe de précaution,
- la participation de tous les acteurs de la société civile.

Ses indicateurs sont : l'empreinte écologique, le PIB vert, l'indice de bonheur intérieur brut, l'indice de progrès véritable...

V. Commerce International, BTS CI Réflexe, Nathan, 2017, p. 15.

DEVISE : terme provenant du secteur bancaire et occupant une place centrale dans le contrôle des changes. Il désigne une monnaie étrangère.

Selon une norme ISO, "les monnaies sont exprimées par un code de trois lettres : EUR pour euros, USD pour dollar US, CAD pour dollar canadien, JPY pour yen japonais, SEK pour couronne suédoise, NOK pour couronne norvégienne, DKK pour couronne danoise, CHK pour franc Suisse..."

XAF désigne le franc CFA de l'Afrique Centrale et XOF celui de l'Afrique de l'Ouest.

DIGITALISATION : transformation des documents papier en version numérique, fixation des documents sur un support informatique.

DIPLOMATIE ÉCONOMIQUE : volet de la diplomatie politique traditionnelle qui s'intéresse à la politique économique. De nos jours, les deux sont intimement liées.

DIRECTIVE : règle de droit d'origine conventionnelle ou appartenant au droit communautaire qui énonce une orientation, un objectif plus qu'elle ne prescrit une décision. Généralement, elle laisse beaucoup de marge aux États membres pour son application, sa transposition dans leur ordre juridique interne. Elle se démarque du règlement.

V. Règlement.

DISCOUNT : rabais, remise, escompte.

Établissement de distribution spécialisé dans la vente de produits dépareillés avec une forte remise à l'acheteur.

DISPENSE : exemption, exonération, non soumission à une obligation.

DISTRIBUTEUR AUTOMATIQUE DE BILLETS (DAB) : machine équipée d'un système informatique qui permet à un client muni d'une carte bancaire magnétique d'effectuer des retraits de fonds dans des conditions préalablement définies par la banque.

V. ATM et GAB.

DISTRIBUTION EXCLUSIVE : mode de vente très utilisée dans le secteur du luxe. Elle met en relation un concédant-producteur et un concessionnaire obligé de se ravitailler exclusivement auprès du concédant-producteur.

DISTRIBUTION INTENSIVE : mode de vente de masse qui fait la part belle aux produits de grande consommation.

DISTRIBUTION SÉLECTIVE : mode de vente d'après lequel le producteur fixe des conditions en vue de sélectionner les distributeurs qui seront autorisés à représenter sa marque.

DIVIDENDE : part de bénéfice versée à chaque actionnaire après la division du bénéfice distribuable réalisé par le nombre d'actions constituant le capital d'une société.

DLC : V. Date Limite de Consommation.

DLUO : V. Date Limite d'Utilisation Optimale.

DOCKER : manœuvre spécialisé dans la manutention portuaire. Il n'est pas un marin.

DOCTRINE ADMINISTRATIVE (DOUANIÈRE) : terme générique englobant l'ensemble des écrits que produisent différents organes légalement compétents au sein de la hiérarchie administrative douanière : circulaires, instructions, renseignements contraignants, réponses administratives des responsables, du Directeur général des Douanes, du ministre des Finances...

Elle vise à faire connaitre leur compréhension des textes applicables en douane. Elle n'est pas une interprétation de ces textes, car le pouvoir d'interprétation de la loi est accordé au seul juge.

Un questionnement est récurrent sur la nature et la valeur juridique de cette doctrine administrative. Elle n'a aucune valeur normative. Elle n'est ni la loi ni la jurisprudence. Elle ne leur est pas assimilable ou interchangeable. Toutefois, il convient de relever que le redevable est fondé à l'opposer à l'administration douanière.

DOCUMENT : tout support contenant des données, des informations et pouvant prendre une forme physique : papier... ou une forme électronique : bande, disque magnétique, microfilms...

V. Annexe 1.1 de la Convention de Kyoto de 1974.

DOL : manœuvre frauduleuse dont la finalité est de tromper quelqu'un pour qu'il s'engage dans un acte juridique : contrat... Il s'agit d'une fraude, d'une tromperie.

Terme proche : manœuvre dolosive.

DOMICILIAIRE (VISITE) : visite effectuée par les services douaniers au domicile d'un redevable douteux ou d'un contrebandier (avéré ou supposé), à la recherche des marchandises de fraude et/ou de contrebande (et non des documents).

V. Visite domiciliaire et perquisition.

DOMICILIATION (BANCAIRE) : « acte par lequel un importateur ou un exportateur mandate un intermédiaire agréé à effectuer pour son compte les formalités d'une opération d'importation ou d'exportation de l'initiation à l'apurement de celle-ci. » article 1er al 21 du Règlement n°02/18/CEMAC/UMAC/CM du 21 décembre 2018 portant règlementation des changes dans la CEMAC. Elle se matérialise par une mention sur les documents de l'opérateur indiquant la prise en charge effective de l'opération par la banque. Elle habilite l'intermédiaire agréé à mener avec les organismes concernés toutes les diligences exigées pour l'opération sollicitée : paiement, rapatriement.

La domiciliation est un instrument juridique déterminant dans le contrôle des paiements de marchandises et services avec l'extérieur.

Ainsi donc, la règlementation des changes, qui est d'interprétation très étroite comme le droit douanier, n'envisage la domiciliation que pour des opérations d'importation et d'exportation de marchandises et de services.

DOMMAGES ET INTÉRÊTS – DOMMAGES-INTÉRÊTS : somme d'argent payée à une victime pour la compensation d'un préjudice subi.

DONNEUR D'ORDRE : dans le crédit documentaire, le donneur d'ordre est l'acheteur-importateur basé dans le pays d'importation. C'est lui qui est à l'origine (l'auteur de l'ouverture) du crédit documentaire à la banque.

Une banque peut être donneur d'ordre dans une transaction avec l'étranger lorsque le connaissement est "à ordre".

DOUANE : administration publique dont le rôle est centré sur la participation à l'élaboration de la politique douanière de l'État, à l'application de la législation douanière traitant notamment des formalités relatives aux échanges avec l'étranger ainsi que la perception des droits et taxes de douanes...

V. Annexe générale, Chapitre 2 de la CKR.

« Customs is said to have existed as early as in the Old Kingdom (BC 2700-2200) in Ancient Egypt. There existed a member of government then known as the Director of Caravan, responsible for import and export registration, the collection of statistics tax and customs duty. The present port of Luxor, then known as Thebes had warehouses, brothels, stores, customs houses, shops, beer houses and dwellings for the poor. Customs existed in China under the reign of SI ZHOU dynasty (14th- 7th BC)…" Edwin NUVAGA FONGOD: Cemac Customs-Guide, Design House-Limbé, 2002, p.1.

En tant que service public stratégique, la douane est généralement investie de trois missions essentielles et non exclusives :

- économique : la douane qui se trouve au centre des flux d'échanges du commerce extérieur doit développer un partenariat fructueux avec les entreprises pour que celles-ci atteignent avec elle des objectifs de sécurité, de qualité et de fluidité.

Ainsi elle pourra réaliser un contrôle efficace du commerce : lutte contre le dumping et veiller au respect des conventions et autres accords commerciaux...

Cette mission économique paraît généralement atrophiée dans les pays en développement (PED). Ceux-ci préférant accorder une place prépondérante aux recettes douanières au détriment de l'activité de production locale ne fournissant pas directement des recettes. Pourtant c'est elle qui est susceptible de placer le plus rapidement le pays sur la voie du développement.

- fiscale : la douane perçoit des recettes pour le financement du budget de l'État et de nombreux organismes : OHADA, CEMAC, CEEAC...

La mission fiscale paraît généralement hypertrophiée dans les pays en développement (PED).

- surveillance et protection de l'espace économique national et communautaire, par :
    - la lutte contre la fraude et les grands trafics internationaux : la contrefaçon, la cybercriminalité, le blanchiment, les drogues ;
    - la protection de la sécurité des personnes contre la drogue, l'immigration clandestine, le trafic des êtres humains, le trafic des produits de la santé humaine et animale ;
    - la protection de la nature (couche d'ozone) et de l'environnement (espèces menacées...) ;
    - la protection du patrimoine culturel national.

DOW JONES : principal indice boursier du New York Stock Exchange (NYSE) qui regroupe les 30 valeurs boursières les plus importantes (Blues Chips). Il est le plus vieil indice boursier du monde.

DRAWBACK : expression empruntée de l'anglais qui signifie remise. "Régime douanier qui permet lors de l'exportation des marchandises, d'obtenir le remboursement total ou partiel des droits et taxes à l'importation qui ont frappé, soit ces marchandises, soit les produits contenus dans les marchandises exportées ou consommés au cours de la production" Art 249 CDC V. TABLEAU DE CONCORDANCE.

"Montant des droits et taxes à l'importation remboursé en application du drawback" Art 250 CDC. V. TABLEAU DE CONCORDANCE.

V. Annexe E.4 de la Convention de Kyoto de 1974 et Annexe 4 spécifique F, Chapitre 3 de la CKR.

DROGUERIE : activité commerciale consistant dans la vente des produits chimiques, d'entretien, d'hygiène, de beauté (soins corporels, capillaires…), de la parfumerie, de la parapharmacie.

V. Drugstore

DROIT DE DOUANE : est synonyme de droit d'entrée. Dans une union douanière ou une communauté, il est appelé Tarif Extérieur commun (TEC). Dans la CEMAC, il est soumis à l'Acte n°1/18-UDEAC-1505-CD-61 du 21 juillet 1998 portant modification des articles 9 et 10 de l'annexe à l'Acte n°7/93-UDEAC-556-CD-SE1 du 21 juin 1993 portant révision du TEC et fixant les conditions d'application du TEC.

Le droit de douane est un impôt inscrit au tarif communautaire des douanes de la CEMAC. Il est à acquitter lors de l'entrée des marchandises sur le territoire douanier de la CEMAC. Le Conseil des ministres de l'UEAC en fixe le taux et détermine l'assiette, comme pour les autres droits et taxes à l'importation (art 10 CDCR). Aucun droit de douane n'est à percevoir sur des échanges intracommunautaires au sein de la CEMAC.

« À l'importation, le tarif des douanes est constitué du droit de douane » article 4(1) CDC V. TABLEAU DE CONCORDANCE.

Le calcul du montant dû du droit de douane est basé sur l'espèce, l'origine et la valeur de la marchandise importée.

Le droit de douane peut servir pour la promotion du protectionnisme comme pour la promotion de la libération des échanges.

En 1990, les droits de douane moyens sur les produits manufacturés étaient les suivants : Union Européenne Europe 6,7 ; États-Unis 6,5 ; Japon 5,2 ; Corée 12,4 ; Brésil 32,3 ; Chine 43 et Inde 83,1.

En 2001, les droits de douane moyens sur les produits manufacturés étaient les suivants : Union Européenne 4,5 ; États-Unis 4,1; Japon 3,7 ; Corée 7,9 ; Brésil 12,9 ; Chine 14,9 et Inde 31,3.

En 2015 les droits de douane moyens sur les produits manufacturés étaient les suivants : Union Européenne 4,2 ; États-Unis 4 ; Japon 3,2 ; Corée 7 ; Brésil 12 ; Chine 9,2 et Inde 9. Dans les PED et particulièrement en Afrique, ils sont encore très élevés.

V. T.E.C et Annexe générale, Chapitres 2 et 4 de la CKR.

DROIT DE PRÉEMPTION : prérogative accordée par une voie conventionnelle ou légale à une personne, qui lui permet d'acquérir un bien (mis en vente), de préférence à toute autre.

DROIT DE PRÉFÉRENCE : prérogative reconnue à un créancier d'être payé avant les autres sur le prix du bien garantissant sa créance lorsqu'il est détenteur d'une sûreté réelle.

DROIT DE SORTIE : impôt à acquitter au moment de la sortie des marchandises du territoire douanier. Dans la CEMAC, il n'est pas convenable de le dénommer droit de douane de sortie. Il s'agit simplement du droit de sortie. Contrairement au Tarif Extérieur Commun (TEC) ou droit de douane qui est institué par la CEMAC à l'importation, il n'y a pas de Tarif Extérieur Commun à l'exportation.

Conformément à l'art 14(1) CDC V. TABLEAU DE CONCORDANCE, les droits de sortie sont fixés par chaque État membre de la CEMAC. "A l'exportation, la taxation relève de la compétence de chaque État" Art 5 CDC V. TABLEAU DE CONCORDANCE.

DROIT DOUANIER : ensemble des prescriptions légales nationales et/ou conventionnelles régissant certains aspects des échanges de biens et services dans le cadre du commerce extérieur.

Quand la politique économique est dominée par le protectionnisme, le droit douanier va s'orienter vers la réduction ou même l'interdiction des importations de marchandises, directement ou indirectement (tarifs élevés du droit de douane).

Par contre, les politiques inspirées du libre-échange admettent sans complication des marchandises étrangères sur leur territoire.

Avec la mondialisation, le droit douanier se penchera sur des questions récurrentes de portée mondiale que sont notamment : la lutte contre le terrorisme, la contrefaçon, le blanchiment, la pollution, les stupéfiants, le trafic des espèces menacées, le trafic des biens culturels…

Le droit douanier se rattache à un ordre juridique territorial donné (national ou communautaire) qui facilite son interprétation, son application, sa sanction et son contrôle.

En 1948, le GATT (General Agreement on Tariffs and Trade) ou AGTC (Accord Général sur les Tarifs douaniers et le Commerce) s'est préoccupé des tarifs douaniers. En 1995, l'OMC a pris le relais et son apport est très appréciable. L'Accord sur l'évaluation des marchandises en douane en est une preuve éclatante.

Les prescriptions du droit douanier tiennent compte des flux du commerce extérieur, du développement scientifique, technique et technologique.

DROIT ÉCONOMIQUE : droit de l'économie en fait. Branche du droit qui s'intéresse à l'ensemble des règles qui régissent les opérations économiques effectuées dans un système commercial donné, entre les différents acteurs.

Elles peuvent se dérouler dans le cadre de l'ordre juridique d'un État (droit économique interne) ou dans un cadre plus vaste : une union douanière, une communauté (droit économique communautaire) ou l'étranger (droit économique international).

DROIT ÉCONOMIQUE INTERNATIONAL : il se compose de l'ensemble des règles régissant l'organisation des relations internationales économiques. Mais ces relations peuvent être d'ordre macroéconomique ou microéconomique. Ces règles prennent leurs sources aussi bien dans le droit international que dans les droits nationaux. Par exemple les règlementations relatives aux investissements des États peuvent influencer de manière significative la circulation des capitaux internationaux. C'est à juste titre que le Pr Carreau estime que cette appellation (droit économique international) est trompeuse.

Le droit économique international englobe essentiellement la macroéconomie (grands ensembles économiques : actions, réactions, interactions). Le droit économique international est un « macro-droit consacré à l'étude juridique des grands ensembles ; »

Par contre, la microéconomie (comportements des opérateurs économiques pris isolément et leurs incidences sur les marchés) aurait donné naissance au droit des opérations internationales, micro-droit consacré à l'étude des transactions particulières. »

V. Dominique CARREAU, Patrick JULIARD, Régis BISMUTH, Andrea HAMANN, droit économique international, 6e édition, Dalloz, 2017.

DROIT PUBLIC ÉCONOMIQUE : branche du droit qui s'intéresse aux phénomènes et préoccupations économiques (production-fabrication, transformation, échanges, transport, consommation, propriété, acquisitions...) en prenant appui aussi bien sur le droit public que sur d'autres disciplines (droit privé, économie...). On pourrait dire qu'il donne l'occasion de comprendre comment le droit public, notamment interne, appréhende la vie économique dans l'optique du bon fonctionnement de la société globale. Sa formation est liée à l'histoire économique de celle-ci. Elle est souvent perçue de la part de l'État comme un moyen pour exprimer sa politique interventionniste (politique de la planification, du crédit, des prix, des nationalisations...) ou sa politique libérale (politique des privatisations, des déréglementations...).

V. Martine CLIQUENNOIS : Droit public économique, ellipses, 2001.

DROIT REEL : droit portant sur une chose.

Terme contraire : droit personnel, attaché à une personne.

DROITS ADDITIONNELS : droits et taxes supplémentaires ajoutés après vérification du dédouanement initial d'une marchandise.

DROITS ANTIDUMPING : Art 13 CDC V. TABLEAU DE CONCORDANCE, droits additionnels exceptionnellement perçus sur un produit ayant fait l'objet d'un dumping. Ils doivent être fixés à la hauteur de la marge, de la différence créée par le dumping.

Ils ne sont pas fixés par les services douaniers d'assiette, mais à l'issue d'une procédure qui établit le dumping. Au Cameroun cette procédure est engagée et pilotée par les services du ministère en charge de l'industrie (le ministère des Mines de l'Industrie et du Développement Technologique).

La pratique des droits anti dumping est autorisée par l'article VI du GATT quand le prix à l'importation d'une marchandise est inférieur à son prix sur le marché intérieur du pays exportateur.

DROITS COMPENSATEURS : Art 13 CDC V. TABLEAU DE CONCORDANCE, droit, taxe dont le but est de gommer les effets d'un avantage ou d'une aide reçu(e) par un produit dans le pays d'exportation (prime, subvention directe ou indirecte) et qui cause ou risque de causer un préjudice à la production nationale d'une marchandise concurrente.

DROITS D'ACCISES : droits indirects de consommation prélevés sans acception des personnes sur certains produits importés ou fabriqués localement. Ils sont fixés par les pouvoirs publics.

Il est régi en CEMAC par la Décision110/07-UEAC-028-CM-16 du 18 décembre 2007 portant harmonisation des législations des États membres en matière de droit d'accises.

DROITS D'AUTEUR : droits de propriété reconnus au créateur d'une œuvre de l'esprit originale : droit moral et droits patrimoniaux.

V. Copyright.

DROITS DE LA DÉFENSE : droits reconnus à tout plaideur de présenter tous les éléments qui pourraient servir à le décharger des griefs soulevés à son encontre dans une procédure engagée contre lui devant un tribunal.

Prérogatives reconnues à tout plaideur au cours d'un procès, lui permettant de fournir tous les éléments à décharge pour faire échec à la procédure intentée contre lui. Ils garantissent une égalité et une loyauté entre les parties en procès.

V. Pratique et principe du contradictoire.

DROITS DE PORT : appellation attribuée à l'ensemble des frais exigibles par l'autorité portuaire à l'occasion de l'utilisation de ses services ainsi que du séjour à quai des navires.

DROITS DE PROPRIÉTÉ INTELLECTUELLE : ils se composent de prérogatives diverses sur :

- Les droits d'auteur et les droits connexes
- Les droits de marque
- Les indications géographiques
- Les dessins et modèles industriels
- Les brevets
- La topographie des circuits intégrés
- La protection des renseignements non divulgués

V. l'Accord sur les ADPIC.

DROITS DE TIRAGES SPÉCIAUX (DTS) : instrument monétaire international créé par le FMI en 1969 destiné à soutenir les parités fixes du système de Bretton Woods et remplacer l'or ou le dollar. À l'origine, la valeur des DTS correspondait à un dollar. En 1973, les DTS correspondent à un panier de quatre monnaies. Dès lors, la valeur d'un DTS est déterminée à partir des quatre monnaies ainsi réparties : le dollar américain représente 45%, l'euro 29%, le yen japonais 15% et la livre sterling 11%. Dans cette configuration, 100 DTS valent 45 dollars, 25 euros, 15 yens et 11 livres sterling. Au 1er janvier 2012, 1 DTS valait 1,1314 euros.

Les DTS ne sont pas une monnaie, à proprement parler. Mais une monnaie virtuelle, fictive. Ils n'existent que sous la forme scripturale i.e. dans les comptes. Ils n'existent pas sous la forme des billets et des pièces.

Ils servent d'unité de compte pour mesurer la valeur des dépôts de chaque pays dans son compte au FMI et les prêts accordés par le FMI.

V. Claire-Agnès GUEUTIN : L'essentiel de l'économie internationale, Ellipses, 2012, Page 129.

DROITS ET TAXES À L'EXPORTATION : "Sauf conventions contraires, les marchandises à l'exportation sont soumises aux droits et taxes fixés par chacun des États membres" Art 14 CDC V. TABLEAU DE CONCORDANCE.

Ils se composent de toutes les impositions que chaque État peut décider, à l'occasion de l'exportation : droit de sortie…

C'est dire qu'il n'y a pas de Tarif Extérieur Commun à l'exportation.

V. Annexe générale Chapitre 2 de la CKR.

DROITS ET TAXES A L'IMPORTATION : à l'importation, le tarif des douanes est constitué du droit de douane.

En plus du droit de douane, il peut être perçu des droits à caractère fiscal (droit d'accises, TVA …) applicables aux marchandises, quelles que soient leur origine et leur provenance.

Cette expression désigne donc tous droits et taxes (droit de douane, droit d'accises, TVA et autres taxes) pouvant être appliqués aux marchandises à l'importation.

V. Annexe générale Chapitre 2 de la CKR.

DROITS ET TAXES AD VALOREM : droits et taxes calculés proportionnellement à la valeur des marchandises.

DROITS ET TAXES SPÉCIFIQUES : droits et taxes dont le calcul est fondé sur une référence liée à la marchandise qui peut être : une quantité, un poids, un nombre… Cette référence est aussi appelée unité complémentaire.

D41 : permis d'échantillonner.

D42 : Bon A Enlever (BAE).

D48 : soumission cautionnée : formulaire intitulé, engagement de produire un document ou d'accomplir une formalité. Elle constitue une garantie solidaire avec une banque de premier ordre que la douane exige avant d'autoriser l'enlèvement de la marchandise en l'absence de certains documents obligatoires ou malgré la non résolution d'une contestation d'un élément de la taxation : la valeur, l'origine, l'espèce tarifaire…

DRUGSTORE : magasin de commerce offrant une large amplitude horaire d'ouverture et proposant une gamme très variée de produits : chimiques, pharmaceutiques, d'hygiène, de beauté, de produits alimentaires ainsi que des marchandises générales. Cette formule de commerce est très répandue en Amérique du Nord.

V. Parapharmacie.

DUMPING : terme emprunté à l'anglais "to dump" qui veut dire déblayer, inonder.

Pratique anti concurrentielle et déloyale qui permet d'inonder un marché en vendant une marchandise dans un pays d'importation à un prix moins élevé que dans le pays d'exportation. Le prix de la marchandise à l'exportation est inférieur à son coût de production et son transport. Cette politique est utilisée par les entreprises qui cherchent à s'implanter sur un marché ou à anéantir la concurrence.

Le dumping s'appréhendait comme une réduction anormale et déloyale du prix. Mais il s'entend de plus en plus comme toute aide, tout avantage non permis, non reconnu, accordé par un État aux entreprises pour doper ses exportations.

Le GATT (Charte de la Havane du 21 novembre 1947) et l'OMC (1995) l'ont toujours combattu. Ils autorisent aux États qui en sont victimes, l'établissement des droits anti-dumping.

DVB (DÉFINITION DE LA VALEUR DE BRUXELLES) : depuis sa création, le GATT a pour but d'harmoniser le commerce international et favoriser le développement des échanges au niveau mondial. Il s'est particulièrement penché sur le système d'évaluation des marchandises importées qui est souvent à l'origine de nombreuses interprétations inconciliables. Trois étapes ont marqué l'évolution de ce système GATT.

Genève 1947 : l'article VII du GATT fixe des principes généraux d'évaluation des marchandises sans en indiquer les modalités d'application pratique.

Bruxelles 1953 : la DVB énonce une notion théorique de la valeur en douane des marchandises importées : « le prix réputé pouvoir être fait dans des conditions de pleine concurrence entre un acheteur et un vendeur indépendants l'un de l'autre. » Sa subjectivité offrait des pouvoirs exorbitants aux administrations douanières pour l'appréciation du prix des marchandises importées. Il lui a été fait maints reproches tels que : le manque d'équité, la complexité et l'instabilité.

L'évaluation était inéquitable par ce qu'elle s'effectuait très souvent au détriment de la communauté des affaires et déconnectée des pratiques commerciales réelles. Elle charriait souvent des valeurs arbitraires et fictives constituant de véritables obstacles non tarifaires.

Elle était complexe parce qu'elle faisait recours à des critères et méthodes n'offrant aucune lisibilité ni visibilité. Ils pouvaient différer d'un moment à l'autre, d'un pays à l'autre, d'une unité douanière à une autre…

Cette évaluation était soumise à une imprévisible variabilité qui confirmait son instabilité.

Genève 1973–1979 : comme aboutissement des négociations commerciales multilatérales, le Tokyo Round adopte un nouveau code de l'évaluation en douane des marchandises importées dans la perspective de l'application effective de l'art. VII du GATT.

Celui-ci se caractérise par sa clarté, sa simplicité et son pragmatisme. Il est fondé sur « le prix effectivement payé ou à payer des marchandises importées. » Il s'agit du prix effectif de la transaction, baptisée valeur transactionnelle. La notion de prix est désormais positive et objective.

Ce code définit six méthodes d'évaluation à appliquer dans l'ordre :

- la 1re méthode : la valeur transactionnelle des marchandises importées
- la 2e méthode : la valeur transactionnelle des marchandises identiques
- la 3e méthode : la valeur transactionnelle des marchandises similaires
- la 4e méthode : la méthode déductive
- la 5e méthode : la valeur calculée
- la 6e méthode : la méthode dite « de dernier recours. »

Au terme des négociations commerciales multilatérales de l'Uruguay Round (1986-1994) ayant débouché sur la création de l'Organisation Mondiale du Commerce (OMC) en 1994, le Code de l'évaluation du GATT a cédé la place à l'Accord sur la mise en œuvre de l'article VII du GATT aussi appelé Accord sur l'évaluation. Cet Accord a fait l'objet d'une transposition dans le CDC puis dans le CDCR actuellement en vigueur dans la CEMAC.

E

EAST AFRICAN COMMUNITY (EAC) : communauté initialement fondée le 1er décembre 1967 puis dissoute en 1977 avant d'être recréée le 7 juillet 2000. Membres: le Burundi, le Kenya, l'Ouganda, le Rwanda, le Soudan du Sud et la Tanzanie.

Objectifs: Elle vise une intégration économique de ses membres avec pour but ultime d'établir une fédération politique régionale. Elle exerce entre autres attributions, la supervision de l'aviation civile , la coordination de la politique de recherche, de la culture (enseignement du Swahili comme langue régionale), de la santé publique, le financement d'initiatives de développement durable.

Avec une Union douanière créée en 2005, les différents membres de la communauté se sont engagés notamment à appliquer des tarifs douaniers et d'accises communes et à mettre en œuvre la libre circulation des personnes, des marchandises originaires de l'un des États partenaires...

Population: 190 millions (estimation de 2020).

Superficie: 1,8 million de km^2

EAUX TERRITORIALES : V. Mer territoriale.

ÉCHANGE INTER-BRANCHE : échange de produits fabriqués par des secteurs d'activités différents.

ÉCHANGES EXTRACOMMUNAUTAIRES : importations et/ou exportations effectuées par un membre de la communauté en provenance ou à destination d'un pays tiers.

ÉCHANGES INTRACOMMUNAUTAIRES : acquisitions et expéditions (ou livraisons) respectivement pour les entrées et les sorties entre les pays membres d'une même communauté. Il n'est pas convenable d'utiliser les termes « importations /exportations » alors qu'il n'y a pas franchissement d'une frontière.

ÉCHANGES INTERNATIONAUX : commerce entre différents acteurs situés dans les quatre coins du globe pour lequel l'appartenance à une zone économique, une zone de libre-échange ne constitue pas une condition déterminante.

ÉCHANTILLON : unité ou très peu d'unités ou petite quantité d'une marchandise dépourvue de valeur commerciale dont le but est de fournir une idée d'un modèle, d'une couleur, d'une matière qui vient étayer un argument de vente pendant la phase de prospection.

ÉCHANTILLON DE MARCHANDISES : article représentatif d'une catégorie de marchandises dont les dimensions, la présentation et/ou la qualité disqualifient tout usage qui ne correspondrait pas à la prospection, à la recherche de commandes ou à la recherche de la clientèle.

Le prélèvement d'échantillon par certains agents de douanes a donné lieu à des abus qui ont conduit à un encadrement rigoureux de cette pratique au Cameroun.

ÉCHANTILLON SANS VALEUR COMMERCIALE : expression couramment utilisée en douane pour déclarer une marchandise sans valeur commerciale qui ne fera pas l'objet de règlement financier auprès du fournisseur ou une marchandise de valeur négligeable et en lui faisant bénéficier des facilités et franchises dues à ce type de marchandises.

La convention d'Istanbul de 1990 sur l'admission temporaire traite des échantillons dans son annexe B3.

V. Convention internationale pour faciliter l'importation des échantillons commerciaux et du matériel publicitaire (Genève, 1952).

ÉCHÉANCE (DEADLINE) : date limite à laquelle un débiteur est tenu de remplir une obligation, ou de faire quelque chose. Passé ce délai, il devient défaillant.

Termes proches : Dette arrivée à échéance : dette échue; à l'échéance d'un mois : dans un délai d'un mois.

ÉCHÉANCIER : document qui permet de retranscrire, de classer les paiements à verser ou à recevoir par ordre d'exigibilité.

ÉCHÉANT: participe présent du verbe échoir.

Terme proche : le cas échéant qui veut dire : éventuellement, si le cas se présente.

ÉCHOUAGE : opération volontaire de mise à sec d'un navire afin de procéder à des réparations techniques ou à toute autre activité techniquement justifiée.

Situation d'un navire que les marées ont abandonné sur du sable.

ÉCHU : participe passé du verbe échoir. Arrivé à échéance. Mois échu. Dette échue : dette arrivée à échéance.

ÉCO CITOYEN : citoyen respectueux de l'écologie.

ÉCO EMBALLAGE : emballage compatible avec les règles d'un environnement sain.

ÉCO GARDE : personnel chargé de protéger l'environnement et la nature (Eaux et forêts).

ÉCO MARKETING : promotion des biens et services faite en tenant compte de la sauvegarde de l'environnement.

ÉCO RESPONSABLE : respectueux de l'environnement.

ÉCO TOURISME : tourisme visant la contemplation de la nature, de la faune, de la flore, des sites naturels.

ÉCOLOGIE : science étudiant les rapports des êtres vivants avec leur milieu naturel.

ÉCONOMIE GÉOGRAPHIQUE : après la publication dans les années 1990 de Géographie commerciale de Paul KRUGMAN (prix Nobel d'économie…) une théorie sur l'économie géographique a vu le jour. Celle-ci vient éclairer les stratégies de localisation des activités définies en fonction des caractéristiques économiques des États pour permettre de mieux appréhender les logiques de délocalisation. Elle s'appuie sur des facteurs économiques : coût du foncier, de la main-d'œuvre, des transports, de la proximité des marchés.

ÉCONOMIE INTERNATIONALE : branche des sciences économiques utilisant les mêmes méthodes d'analyses que celles-ci en tenant compte de la dimension internationale des échanges, pour étudier des relations économiques entre différents acteurs (sociétés multinationales, États…) en se penchant sur certains déterminants spécifiques tels que la politique commerciale, l'évolution des taux de change… Ces relations économiques sont nouées autour d'accords bilatéraux, multilatéraux portant sur des préoccupations variées (relations monétaires et financières, système de financement et d'investissement…).

Parlant de l'économie internationale, Paul KRUGMAN, Maurice OBSFIELD, Marc MELITZ : Économie internationale, 10e édition, Nouveaux Horizons, 2015, p.4, proposent de dégager sept thèmes majeurs : « (1) les gains à l'échange (2) les structures du commerce international (3) le protectionnisme (4) la balance des paiements (5) la détermination des taux de change (6) la coordination internationale des politiques économiques et (7) le marché mondial des capitaux. »

ÉCONOMIE JURIDIQUE : étude qui permet de comprendre les relations entre l'économie et le droit.

V. Droit économique.

ÉCONOMIE MONÉTAIRE : branche des sciences économiques qui étudie la monnaie ainsi que son rôle et ses influences sur le fonctionnement de l'économie.

ÉCONOMIE NUMÉRIQUE : notion pas encore clairement définie. Elle dérive de l'utilisation massive des nouvelles technologies dans les domaines de l'information et de la communication. Celles-ci ont vite débordé le cadre initial pour créer à l'aide de la dématérialisation, de nouveaux regroupements avec de nouveaux concepts, de nouvelles activités, de nouveaux marchés et même de nouveaux entrepreneurs.

Cette économie nouvelle exerce un impact transversal sur tous les secteurs économiques, sur la productivité des États, des entreprises, la vie des ménages et des particuliers. Elle est symbolisée par les secteurs à fort contenu numérique : la production des biens et services numériques, l'informatique, l'électronique, les télécommunications, le commerce électronique, les réseaux internet, la production, le stockage et la gestion des connaissances …

ÉCONOMIE POLITIQUE : discipline dans laquelle, la science économique est mise en œuvre dans le cadre de la société globale, d'un État.

ÉCONOMIE SOUTERRAINE : ensemble des activités qui se déroulent en parallèle ou en marge du cadre officiel et légal défini par un État. Ce dernier ne peut en contrôler l'ampleur ni dresser des statistiques convaincantes par manque d'informations fiables.

ÉCOR : activité douanière pouvant s'exercer au chargement comme au déchargement et qui consiste à procéder à la reconnaissance puis au dénombrement systématique des colis les uns après les autres que l'agent de douane présent sur les lieux effectue. Il devra noter tous les détails qui y figurent.

L'écor peut se faire au pied du moyen de transport, à quai ou dans les magasins et aires de dédouanement (MAD). Il peut donner lieu à l'établissement des états différentiels enregistrés dans un carnet d'écor.

ÉCOTAXE : taxe souvent appelée taxe environnementale, visant la protection de l'environnement.

ECU (European Currency Unit) : monnaie anciennement utilisée en France.

Unité monétaire européenne qui a précédé l'euro.

E.D.I : Electronic Data Interchange / Échange de données Informatiques : procédures dont l'objectif est de faciliter l'intercommunication des données entre les systèmes d'information de plusieurs structures : fournisseurs – distributeurs en vue des livraisons ; Douane – Transporteurs en vue de la gestion des manifestes cargo…

EDIFACT: Electronic Data Interchange For Administration Commerce and Transport.

e–administration : gestion administrative de l'État à distance par internet.

e–force : formulaire électronique utilisé pour exécuter les formalités du commerce extérieur à partir d'un ensemble d'informations mises à disposition par le chargeur, allant de la négociation commerciale aux taux des droits de douane dont la marchandise est passible dans le pays de destination.

e–intelligence : moyen par lequel une entreprise développe son intelligence économique en exploitant la veille informative.

e–learning : mode d'enseignement à distance par le moyen d'internet.

e–logistique : partie logistique mise en ligne, d'un achat/vente en ligne ou d'une entreprise : situation des stocks – entreposage, préparation des commandes, livraisons, …

e–supply chain : ensemble d'outils que l'internet permet de coordonner pour produire une marchandise au meilleur prix et dans les meilleurs délais.

EFFET (DE LEVIER) : amélioration d'une situation à partir du déclenchement d'une autre.

EFFET (JURIDIQUE) : conséquence produite par un acte ou un fait juridique. Exemple: effet obligatoire du contrat entre les parties.

EFFET ÉQUIVALENT (TAXE D') : V. Taxe d'effet équivalent; prélèvement dénommé autrement, mais produisant les mêmes effets que le droit de douane.

EFFET INTERRUPTIF (DE LA PRESCRIPTION) : fait pour un acte d'effacer rétroactivement un délai qui courait déjà pour en ouvrir un nouveau.

EFFET RÉTROACTIF (D'UNE LOI) :le fait pour une loi actuelle de voir ses conséquences appliquées dans le passé. Généralement, la loi n'est pas rétroactive sauf dans certaines conditions.

EFFET SUSPENSIF (DE LA PRESCRIPTION) : conséquence d'un acte stoppant le cours de la prescription tout en maintenant le temps écoulé avant sa survenance dans la computation du délai de prescription.

EFFETS PERSONNELS : articles, neufs ou usagés, appartenant à un voyageur et pouvant être mis en service pour son usage personnel pendant son séjour. Ils n'incluent pas les véhicules automobiles, les motocyclettes… Ils bénéficient d'une franchise totale des droits et taxes d'entrée selon les conditions fixées par la loi de la CEMAC (Acte 2/92 – UDEAC 6 556 6 SE 1 du 30 avril 1992). Les marchandises importées ou exportées à des fins commerciales en sont exclues.

« Tous les articles, neufs ou usagés, dont un voyageur peut raisonnablement avoir besoin pour son usage personnel au cours de son voyage, compte tenu de toutes les circonstances de ce voyage, à l'exclusion de toute marchandise importée ou exportée à des fins commerciales. Une liste indicative de ces objets personnels est reprise en annexe du présent Règlement. » Article 1 du Règlement n°11/19-UEAC-010A-CM-34 du 18 décembre

2019 portant sur les facilités douanières en faveur des voyageurs en zone CEMAC. V. Voyageur.

V. Annexe spécifique J, Chapitre1 de la CKR.

ÉLÉMENTS DE TAXATION (ou BASES DE TAXATION) : piliers sur lesquels repose la taxation en douane : l'espèce tarifaire, la valeur et l'origine. (Les quantités, la qualité des marchandises peuvent avoir une incidence sur l'évaluation sans en constituer un pilier).

EMBALLAGE : "…tout objet, quelle que soit la nature des matériaux dont il est constitué destiné à contenir et à protéger des marchandises, à permettre leur manutention et leur acheminement du producteur au consommateur ou à l'utilisateur et à assurer leur présentation." Directive 94/62 de l'Union Européenne(UE).

"Pour l'application des droits et taxes du Tarif d'entrée, on entend par emballages : tous les contenants extérieurs et intérieurs, conditionnements, enveloppes et supports à l'exclusion des engins de transport, notamment des conteneurs, tels que définis ci-après, ainsi que des bâches, des agrès et du matériel accessoire de transport;" selon l'Acte 5/65-21 du 14 décembre 1965 fixant les conditions d'application des droits et taxes du tarif d'entrée aux marchandises imposables au poids, le régime des emballages importés pleins et certaines règles de vérification des marchandises, article 1er .

L'emballage se distingue du conditionnement. L'emballage porte sur l'aspcct extérieur du produit et doit convenir aux conditions de transport et de stockage.

Matériel servant à protéger, emballer, arrimer ou séparer des marchandises au cours de la manutention, du stockage et du transport de celle-ci. L'emballage exclut des matériaux en vrac : papier, copeaux, papier, fibre de verre… Sont également exclus les conteneurs et les palettes.

L'emballage peut être primaire, secondaire ou tertiaire. L'emballage regroupe les boîtes en carton (compact, ondulé), les caisses en bois, les fûts, tonneaux, barils, cannettes, tubes, les sacs (big bags, Grands Récipients Souples pour Vrac (GRSV)…

Le chargeur a l'obligation de présenter pour le transport, la marchandise emballée. L'absence d'emballage, son insuffisance ou son inadéquation peuvent exonérer le transporteur de sa responsabilité.

L'emballage offre une opportunité pour communiquer sur sa marque, son entreprise…

Le traitement douanier des emballages obéit à un régime juridique varié : la Convention d'Istanbul de 1990 (Annexe B3) pour l'importation temporaire, l'Accord de l'OMC pour l'évaluation en douane en ce qui concerne l'évaluation et la Règle générale 5b) pour l'interprétation du Système Harmonisé s'agissant du classement tarifaire.

V. Conditionnement et clause d'emballage.

EMBARGO : terme provenant de l'espagnol “embargar” qui signifie embarrasser.

Sanction consistant en une mesure politique coercitive prise unilatéralement par un État ou un groupe d'États contre un État ou un groupe d'États. Elle se concrétise par une interdiction d'importation ou d'exportation d'un produit ou de tous leurs produits.

Ses conséquences sont multiples et variées.

V. Blocus, Boycott.

ÉMOLUMENTS : rémunération versée à certains professionnels pour l'accomplissement de certains actes (huissiers…).

EMPOTAGE : chargement de marchandises dans un conteneur ou dans toute autre unité de transport intermodal (caisse mobile, semi-remorque) selon leur nature, les caractéristiques du conteneur, les règles d'arrimage ainsi que celles préconisées par la profession.

Terme opposé : V. Dépotage.

EMPRUNT : contrepartie d'un prêt. Contrat par lequel une personne reçoit pour une échéance prédéterminée la mise à disposition d'une somme d'argent au titre d'un financement qu'elle aura sollicité auprès d'un prêteur.

ENCAN : (VENTE À L'ENCAN) : mode de vente, vente aux enchères publiques d'effets mobiliers.

ENCHÈRE(S) : offre(s) faite(s) après la mise en vente lors d'une vente aux enchères publiques(VEP).

Termes proches : enchérir (faire une offre pendant une vente aux enchères publiques : VEP) ; enchérisseur (celui qui prend part aux enchères) ; surenchère (enchère plus élevée que la précédente) ; folle enchère (enchère fantaisiste).

ENCOURIR (UNE SANCTION) : s'exposer à une sanction, être passible d'une sanction.

ENDOSSEMENT : mode de transmission de droits. Apposition par un primo destinataire de sa signature (endosseur) au dos d'un document négociable (effet de commerce, B/L...) à l'effet de transférer la propriété de la créance qu'il représente à un tiers (endossataire).

Termes proches : endossataire, endosser, endos.

ÉNERGIES RENOUVELABLES : énergies qui peuvent être reproduites sans être exposées à un risque d'épuisement immédiat ou éloigné. Elles sont issues du soleil (énergie solaire), du vent (énergie éolienne), des chutes d'eau (houille blanche ou énergie hydraulique), de la biomasse (houille verte ou énergie des végétaux), de la géothermie (énergie de la terre).

Elles s'opposent aux énergies épuisables, par essence non renouvelables que sont les combustibles fossiles (charbon, gaz, pétrole) ou uranium, constitués au fil des âges en quantités limitées. Ces dernières sont exposées à un risque d'épuisement à un terme proche ou lointain.

ENQUÊTE : procédure au cours de laquelle des informations variées sont collectées sur un sujet donné.

Dans la procédure civile, l'enquête est la phase ou le juge auditionne des personnes : témoins, parties...

Dans la procédure pénale, durant les enquêtes, la police judiciaire recherche, constate les infractions, rassemble les preuves et recherche les auteurs.

En tant qu'officiers de police judiciaire à compétence spéciale, c'est ce type d'enquête que les agents des douanes sont appelés à mener lors des contrôles.

L'enquête de police peut se déployer sous deux formes :

- l'enquête de flagrance: réalisée quand l'infraction est flagrante: un crime ou un délit punissable d'emprisonnement. C'est notamment le cas en douane pour la contrebande et la contrefaçon.

L'infraction est dite flagrante dans les cas suivants :

- le crime ou le délit se commet actuellement,
- le crime ou le délit vient de se commettre,
- la personne soupçonnée est poursuivie par la clameur publique,
- la personne est trouvée dans un temps voisin de l'action en possession des objets, ou en présence des traces ou d'indices laissant penser qu'elle a participé au crime ou délit.

- L'enquête préliminaire: menée lorsque le flagrant délit n'est pas grave ou lorsque le temps de la flagrance est dépassé. C'est le mode d'enquête le plus fréquemment utilisé. C'est le mode d'enquête ordinaire.

ENQUÊTES DOUANIÈRES : elles se démarquent des enquêtes menées habituellement par les services de police judiciaire bien qu'empruntant souvent leurs méthodes.

Contrôle entrepris par les services douaniers dédiés, au cours duquel des informations et des données sont examinées en vue de rechercher, de constater la fraude,d'en rassembler les preuves pour permettre sa répression soit par la voie transactionnelle soit par la voie juridictionnelle.

La recherche des auteurs n'est pas souvent une préoccupation majeure des services douaniers, car la personne contrôlée, choisie en fonction de ses activités ou de ses liens avec les marchandises, est susceptible de répondre des infractions relevées.

ENREGISTREMENT (DE LA DÉCLARATION EN DÉTAIL) : prise en charge dans les livres du service douanier après vérification et admission de la recevabilité de la déclaration en détail.

ENRICHISSEMENT SANS CAUSE : principe qui veut que personne ne puisse s'enrichir sans cause légitime, aux dépens d'autrui.

ENSEIGNE : signe distinctif visible à distance permettant de localiser, d'identifier et de distinguer un établissement afin d'y attirer la clientèle. Comme la marque s'attache aux produits, l'enseigne se rapporte aux établissements.

ENTENTE (CARTEL AGREEMENT) : accord formel ou informel, cantonné ou d'ordre général entre deux entreprises indépendantes ou plus.

Elle a pour objectif de coordonner leurs efforts pour mieux défendre les intérêts de leurs activités professionnelles.

Les ententes prennent une forme verticale ou horizontale :

- une entente horizontale : regroupe des entreprises exerçant au même niveau, dans un secteur d'activité, dans un seul niveau de la production, de la commercialisation ;
- une entente verticale : regroupe des entreprises considérées plus globalement dans leur fonctionnement.

Les ententes ayant pour effet de fausser, d'empêcher ou de limiter le jeu de la concurrence sont proscrites.

ENTREPOSEUR : personne physique ou morale ayant reçu de la part des responsables administratifs compétents, l'autorisation de créer et de gérer un lieu agréé pour l'entreposage sous douane.

ENTREPOSITAIRE : personne bénéficiant du régime douanier de l'entrepôt qui s'engage à exécuter les obligations liées à la catégorie d'entrepôt qu'elle a souscrite auprès des autorités douanières.

ENTREPÔT (DOUANIER) : lieu protégé (constitué par un local ou une aire) agréé par les autorités douanières et placé sous leur surveillance étroite en vue du stockage temporaire de marchandises sous certaines conditions.

Régime douanier (art 231 à 256 CDCR) V. TABLEAU DE CONCORDANCE qui permet l'importation et le stockage de marchandises en suspension de droits et taxes de douane, de prohibitions et d'autres mesures économiques, fiscales ou douanières dont sont passibles les marchandises autres que celles visées à l'art 233 ou 231 CDCR V. TABLEAU DE CONCORDANCE . Ce régime s'exerce sous certaines conditions et pendant une période déterminée.

Il se décline sous trois catégories :

- l'entrepôt privé,

- l'entrepôt public et
- l'entrepôt spécial

Certains produits sont exclus de l'entrepôt de douane (art 233 CDC) alors que d'autres en sont éligibles (art 232 CDC)

Les entrepositaires doivent prendre l'engagement cautionné d'apurer les sommiers d'entrepôt conformément à la législation et d'acquitter les droits et taxes sur les marchandises qu'ils ne peuvent présenter au service des douanes dans les mêmes quantités et qualités qu'à leur entrée.

ENTREPÔT PRIVE : régime pouvant être accordé sous la forme de l'entrepôt privé particulier aussi appelé entrepôt fictif ou sous celle de l'entrepôt privé banal. La durée du séjour des marchandises est de 2 ans.

L'entrepôt privé banal est accordé par le Directeur des douanes "aux collectivités ou aux personnes physiques ou morales faisant profession principalement ou accessoirement d'entreposer des marchandises pour le compte des tiers" art 242 CDCR V. TABLEAU DE CONCORDANCE. Il peut en être de même "pour les marchandises destinées à figurer dans les foires, expositions, concours ou autres manifestations du même genre". C'est le cas des salons.

L'entrepôt privé particulier est réservé "aux entreprises de caractère industriel ou commercial pour leur usage exclusif en vue d'y stocker les marchandises qu'elles revendent à la sortie d'entrepôt." art 242 CDCR V. TABLEAU DE CONCORDANCE

ENTREPÔT PUBLIC : selon l'art 234 CDCR, V. TABLEAU DE CONCORDANCE « l'entrepôt public est accordé par arrêté du ministre des Finances. Il est concédé selon l'ordre de priorité suivant : à la commune, à l'organisme chargé de la gestion du port ou à la chambre de commerce. "L'emplacement, la construction et l'aménagement des locaux de l'entrepôt public doivent être agréés par le Directeur National des Douanes" art 236 CDCR V. TABLEAU DE CONCORDANCE.

"L'entrepôt est gardé par le service des douanes" art 237 al_1. Mais l'alinéa 2 précise que « toutes les issues de l'entrepôt sont fermées à deux clefs différentes, dont l'une détenue par les agents des douanes.

La durée de séjour des marchandises en entrepôt public est de trois ans. (art 238 CDCR) V. TABLEAU DE CONCORDANCE

ENTREPÔT SPÉCIAL : l'autorisation d'ouvrir un entrepôt spécial (exemple : Free Shop, entrepôt d'hydrocarbures) est accordée par le ministre des Finances (art 247 al_2) V. TABLEAU DE CONCORDANCE. Les locaux doivent être agréés par le Directeur des Douanes. La durée de séjour des marchandises y est de deux ans.

ENTREPRENEUR DE FRAUDE : fraudeur

ENTREPRENEUR DE MANUTENTION : Acconier, personne physique ou morale qui a pour profession habituelle d'effectuer des opérations en vue de charger et/ou décharger les navires ainsi que des opérations matérielles et juridiques de mise sous hangar et sur terre-plein des marchandises.

ENTREPRENEUR DE TRANSPORT MULTIMODAL(ETM) : personne qui conclut un contrat de transport multimodal et qui en assure l'exécution.

ENTREPRISE : unité autonome de production économique de biens et/ou de services. Il existe une variété d'entreprises: non financières, financières, nationales, multinationales...

ENTREPRISE CITOYENNE : construction théorique aux contours non définis rigoureusement, utilisée pour la catégorisation des redevables. Elle est handicapée par l'absence de définition claire de moyens/critères d'évaluation admis par l'ensemble de ses utilisateurs.

Cette théorie recourt notamment à quelques critères pour permettre la reconnaissance de cette catégorie :

- respect sans faille des obligations de déclarer convenablement et de payer sans délai,
- bonne moralité fiscale des dirigeants de l'entreprise : pas d'antécédents contentieux personnels, pas de résistance aux autorités douanières avec leur doctrine,
- solvabilité de l'entreprise (immobilisations, créances, garanties bancaires),
- absence de redressement, de contentieux et niveau de compliance très appréciable.

EN VIGUEUR : en cours de validité, en application, applicable ; législation en vigueur.

ENVIRONNEMENT : le milieu dans lequel évoluent les êtres vivants.

ENVIRONNEMENT DES AFFAIRES : Il est différent du climat des affaires. Il est constitué des mécanismes administratifs ainsi que des différents dispositifs mis en place pour concrétiser la politique gouvernementale : cadre juridique, agences, procédures administratives : longues, coûteuses, opaques, transparentes... Il peut inspirer beaucoup, peu ou pas de confiance de l'investisseur par son caractère incitatif ou décourageant.

ENVOIS DE LA POSTE AUX LETTRES : l'Union Postale Universelle (UPU), désigne comme tels les imprimés, les lettres, les cartes postales, les cécogrammes et les petits paquets.

V. Annexe F.4. de la Convention de Kyoto de 1974 et Annexe spécifique J, Chapitre 2 de la CKR.

ENVOIS POSTAUX : art.77 CDC V. TABLEAU DE CONCORDANCE. Envois de la poste aux lettres et les colis acheminés par les services postaux ou pour le compte de ceux-ci.

V. Annexe spécifique J, Chapitre 2 de la CKR.

ENVOIS URGENTS : marchandises dont le dédouanement doit être rapide et prioritaire en raison soit de sa nature, soit de sa destination, soit du besoin qu'il entend satisfaire.

ÉPICES : condiment pour l'assaisonnement. Sous l'ancien régime en France, ainsi était dénommée la rémunération des juges. Elle était versée directement par la partie qui gagnait le procès.

ÉQUIPEMENTS PORTUAIRES : ensemble des moyens techniques et technologiques (portiques à conteneurs, engins de levage…) utilisés dans un port pour le chargement et le déchargement des navires à quai. Ils sont utilisés comme critères d'appréciation et de comparaison des ports en vue de l'orientation des porte-conteneurs vers les ports.

ERGA OMNES : expression latine signifiant à l'égard de tous. La loi s'applique erga omnes.

ESCOMPTE : opération bancaire qui permet le paiement avant son échéance au porteur, d'un effet de commerce ou d'un chèque sous certaines conditions négociées d'avance.

ESCORTE DOUANIÈRE : équipe douanière généralement dotée d'armes, logée dans un moyen de transport ou un convoi de moyens de transport, chargée de la surveillance et de la protection de marchandises stratégiques et/ou sensibles à la fraude et dont la conduite à destination ou en transit pourrait susciter des inquiétudes légitimes au niveau des intérêts du trésor public.

ESPACE SCHENGEN : Schengen est cette bourgade luxembourgeoise où fût signé le 14 juin 1985 l'Accord éponyme prévoyant la libre circulation des personnes entre les États signataires. La convention d'application de cet accord entrera en vigueur le 26 mars 1995.

L'espace Schengen est constitué de la superficie totale de ces États signataires. Il comprend 22 des 27 membres de l'UE. L'Islande, la Suisse et la Norvège, bien que ne faisant pas partie de l'UE adhèrent à l'espace schengen.

V. SCHENGEN

ESPÈCE : dans le vocabulaire de la justice, affaire, cas en cours d'examen…

Termes proches : cas d'espèce, en l'espèce, dans la présente espèce, les données de l'espèce…

ESPÈCE TARIFAIRE : Dans le vocabulaire douanier, elle est la dénomination affectée à une marchandise en vue de l'individualiser, de la ranger dans une catégorie. Elle est choisie selon les Règles Générales d'Interprétation (RGI) dans la nomenclature douanière de désignation et de codification de marchandises aussi appelée le Tarif des douanes.

La technique de classement des marchandises selon leurs spécifications et les RGI, associe un libellé synthétique de la marchandise à un code chiffré qui dissipe toute possibilité de confusion de produits (pomme de terre et pomme en fruit).

L'espèce tarifaire est un des trois piliers fondamentaux (à côté de l'origine et de la valeur) du traitement des marchandises en douane. En effet, c'est elle qui fonde l'application des mesures de politique commerciale : dumping, norme de qualité... ; des mesures de contrôle sanitaire ou phytosanitaire ; des mesures d'embargo. Elle permet également de déterminer l'assiette de la taxation et de tenir avec efficacité les statistiques du commerce extérieur.

ESPÈCES MENACÉES (D'EXTINCTION) : notion faisant référence à la Convention de Washington aussi appelée Convention CITES (**C**onvention on **I**nternational **T**rade on **E**ndangered **S**pecies of wild fauna and flora) signée en 1973 pour protéger les espèces de faunes, de flores sauvages menacées d'extinction par le commerce international. Ces espèces sont réparties en 3 annexes et les mesures de protection sont : des autorisations, des limitations, des permis spéciaux, des mesures de sauvegarde et des interdictions.

V. CITES: Convention on **I**nternational **T**rade on **E**ndangered **S**pecies.

ESTER EN JUSTICE : agir en justice pour défendre ses intérêts soit en engageant une action soit en présentant sa défense contre une action.

E.T.A (ESTIMATED TIME ARRIVAL) : estimation de la date et l'heure prévues pour l'arrivée d'un navire dans un port d'escale

ÉTABLISSEMENT DE CRÉDIT : entreprise agréée pour effectuer à titre professionnel des opérations de banque conformément à la règlementation bancaire en vigueur dans la CEMAC.

État tiers : il s'agit d'un État non membre d'une communauté et non associé à cette communauté. Il ne bénéficie d'aucun avantage communautaire ni de l'origine préférentielle ainsi que le tarif préférentiel qui lui est rattaché

État tiers qui n'est pas à confondre avec Tiers État. Tiers État désignait sous l'Ancien Régime en France, les personnes qui n'appartiennent ni au clergé ni à la noblesse.

E.T.C (EMPTY TRANS CONTAINER) : conteneur vide.

E.T.D (ESTIMATED TIME OF DEPARTURE) : estimation de la date et l'heure prévues pour le départ d'un navire d'un port d'escale.

ÉTHIQUE : du grec ethikos, de ethos qui veut dire « mœurs, manière de vivre. »

Discours normatif mettant en opposition le bien et le mal qui fonde le comportement d'un individu ou d'un groupe d'individus. En fait, l'éthique prône un art de vivre selon un certain idéal moral. Elle répond à la question « comment vivre ? »

Elle caractérise une manière d'être, de vivre. Elle s'appuie sur des valeurs telles que : la conscience, l'estime, la considération, l'altruisme, l'humilité, la responsabilité, la résilience, la tolérance... Celles-ci sont généralement du ressort des soft skills.

Un manquement à l'éthique n'est pas toujours facile à faire réprimer par une disposition juridique. Il sera très difficile de faire sanctionner par le droit, un défaut de résilience, de tempérance, d'humanisme ou un leadership insuffisant dans un groupe donné.

Elle ne doit pas être couramment assimilée à la déontologie comme c'est si souvent le cas.

V. Déontologie

ETIQUETTAGE : procédé consistant à apposer des étiquettes sur les marchandises en vue de porter certaines informations à l'attention du public et des autorités en charge des contrôles. Il peut s'agir des dates de péremption, de la destination des marchandises... Il en est quasiment de même pour le marquage et l'estampillage auxquels peuvent être assignés d'autres objectifs.

V. Estampillage, vignette.

ÉTRANGER : selon la règlementation de changes de la CEMAC, le territoire de son application couvre la zone franc. Il faut entendre par étranger les pays et territoires extérieurs, non soumis à ladite règlementation. De même, sont considérées faites avec l'étranger, les transactions effectuées avec de non-résidents malgré leur présence sur le territoire douanier ou dans le pays.

EUR 1 – EUR 2 : dénomination attribuée à deux types de certificats pour la circulation des marchandises. Ils sont utilisés entre l'Union européenne et certains partenaires pour conférer le bénéfice de l'origine préférentielle qui peut conduire à une réduction ou même une annulation des droits de douane. Ils sont assimilables à des certificats d'origine.

EUR 1 : concerne les échanges commerciaux d'une valeur supérieure à 3140,45 euros. Il est signé par les services douaniers au bureau de sortie de la marchandise.

EUR 2 : concerne les envois postaux de valeur inférieure ou égale à 3140,45 euros. Il n'est pas signé par la douane.

EURO : représenté par le signe € et le sigle ISO de trois lettres EUR.

Monnaie unique et commune à certains pays d'Europe y ayant cours légal depuis le 1er janvier 2001 jusqu'à nos jours.

ÉVALUATION EN DOUANE : ensemble des règles, techniques, méthodes et mécanismes mis en œuvre dans les services d'assiette de douane conformément aux prescriptions conventionnelles, communautaires et règlementaires en vue de la détermination de la valeur des marchandises importées ou exportées.

Sur la base de l'Accord de l'OMC sur l'évaluation signée en 1994, le CDCR a prévu six méthodes pour l'évaluation en douane des marchandises importées. Il s'agit des méthodes de la valeur transactionnelle, des marchandises identiques, des marchandises Similaires, de la méthode déductive, la méthode de la valeur calculée et celle dite de dernier recours ou des moyens raisonnables.

De cette évaluation découlera l'application des droits et taxes et taxes de douane, des droits compensateurs, des droits anti-dumping…

ÉVASION FISCALE : phénomène complexe consistant en une utilisation astucieuse, mais légale et légitime des dispositions de la loi fiscale pour bénéficier d'une base d'imposition allégée et du paiement d'un impôt réduit ou modéré. Elle n'est pas à confondre avec la fraude fiscale ou douanière qui est une violation de la loi fiscale ou douanière.

La difficulté de ces pratiques tient à l'utilisation des montages financiers peu simples, du choix des formes de sociétés qui font la part belle à l'anonymat, des prix de transfert, du choix des territoires très peu fiscalisés, de la persistance du secret bancaire, du très peu ou de l'absence de coopération avec le fisc.

L'évasion fiscale provient en partie de la rude concurrence fiscale que se livrent les États et qui les soumet à un réalisme parfois déroutant se matérialisant parfois par des baisses drastiques des niveaux d'imposition ainsi que l'octroi d'avantages divers.

Elle peut être combattue par l'assistance administrative entre administrations fiscales et douanières internes et internationales.

ÉVÉNEMENT DE MER : fait pouvant survenir au cours de la navigation maritime.

E.V.P (ÉQUIVALENT VINGT PIEDS) : équivaut à TEU, en anglais. Unité de mesure qui équivaut à un conteneur ISO de 20 pieds de long soit 6,10m. Elle sert à exprimer la capacité d'un port, d'un porte-conteneur ou des flux de transport de marchandises.

V. T.E.U: Twenty Equivalent Unit.

EX ANTE / EX POST : expressions latines signifiant avant/après ou bien en amont / en aval.

EXCÉDENT : surplus se dégageant à l'issue du rapprochement de deux données, deux montants représentant des activités opposées, symétriques : importations/exportations ; marchandises embarquées / marchandises débarquées ; marchandises entrées dans un magasin / marchandises sorties d'un magasin ; avoirs/dettes ; ressources /emplois…

Terme contraire : déficit

EXCEPTION (EN DROIT): moyen de défense basée sur le rejet de la demande pour vice de forme: exception d'incompétence du tribunal, de nullité, d'inconstitutionnalité…

Pour être valable, elle doit être soulevée in limine litis i.e au début de la procédure ou avant tout examen au fond des prétentions.

EXCÈS DE POUVOIR : Procédure devant la juridiction administrative en vue de faire constater l'illégalité d'un acte administratif à cause de l'incompétence, d'un détournement de pouvoir, de la violation de la loi ou d'un vice de forme.

EXCIPER (de...) : faire valoir un argument, une exception pour se défendre.

EXCIPIENT : produit secondaire, qui n'est pas le principe actif, utilisé dans la fabrication d'un médicament pour en faciliter l'absorption ou la biodisponibilité.

EXCLUSIVITÉ : mesure, prérogative tendant à confier l'exploitation, l'usage d'un droit, d'un service, d'un avantage à un seul bénéficiaire : Exemple distribution exclusive. Notion pouvant influencer l'évaluation des marchandises importées en douanes.

EXÉCUTION FORCÉE : procédure mise en œuvre par un huissier de justice accompagné par la force publique, le cas échéant, sur la personne d'un débiteur (contrainte par corps) ou sur ses biens (saisie) en vue d'exécuter des obligations nées d'un contrat, d'une convention ou d'une décision de justice.

V. Voies d'exécution.

EXÉCUTOIRE : caractère de ce qui doit être mis en exécution.

V. Titre exécutoire.

EXEMPTION : dispense d'impôts, de taxes ou de droits, non soumission à une obligation, affranchissement d'une obligation.

EXEQUATUR : expression latine signifiant "qu'il soit mis en exécution". Décision d'une juridiction compétente dans un État donné pour rendre exécutoire, applicable, un acte juridique étranger : administratif ou juridictionnel, une sentence arbitrale rendue dans le même État. Les conditions d'octroi d'exequatur varient selon les États.

EXIGIBILITÉ : droit qu'un créancier peut faire valoir en raison de certaines conditions réunies à un moment donné pour obtenir le paiement de sa créance.

Caractère d'une créance ou d'une dette dont on peut réclamer le paiement immédiatement, sans possibilité de se voir opposer un décalage basé sur le temps ou sur les circonstances.

V. Créance exigible.

EXONÉRATION (DOUANIÈRE) : mesure de dispense totale ou partielle de l'obligation de payer des droits et taxes de douanes, fondée par un acte juridique d'origine conventionnelle, communautaire, législative ou règlementaire. Elle vise des objectifs variés selon les pays : économiques, sociaux, environnementaux...

Au plan national, elle nourrit abondamment les dépenses fiscales et nécessite d'être contrôlée et maîtrisée afin de diminuer le déficit budgétaire.

V. NZOYEM Bruno: Exonérations douanières et mobilisation des recettes en zone CEMAC: Contribution à l'étude de la politique fiscale à partir de l'exemple camerounais, Thèse de Doctorat/PhD, Université de Douala, 2022.

EXPÉDITEUR RÉEL (art 401-2, contravention. 4e classe ; art. 412-3 ; 403 et 422, délit 1re classe CDC): La personne qui remet effectivement la marchandise à l'opérateur en charge de son acheminement à un destinataire s'entend bien comme étant son expéditeur. Ce dernier est souvent considéré comme jouant le rôle inverse à celui de destinataire. Il remet la marchandise au transporteur pour qu'elle soit acheminée tandis que le destinataire est celui qui en reçoit la livraison à destination, après acheminement. L'expéditeur opère aussi bien à l'importation qu'à l'exportation. Le droit maritime reconnait formellement cet acteur qu'il dénomme le chargeur et définit son rôle, ses responsabilités…

Le droit douanier de la CEMAC a prévu deux types d'expéditeurs : l'expéditeur unique et l'expéditeur réel.

La Décision n°23 du 13 avril 1966 du Secrétaire général de l'UDEAC fixant la forme des déclarations de douanes, les énonciations qu'elles doivent contenir, les documents qui doivent y être annexés et les conditions dans lesquelles peut avoir lieu l'examen préalable des marchandises, introduit la notion d'expéditeur unique.

En son article 4 al2, elle précise qu' « on entend par expéditeur unique la personne qui s'est matériellement chargée de l'expédition (fournisseur, bureau d'achats de l'importateur, emballeur, groupeur, selon le cas). »

Cette Décision fournit ainsi une liste exhaustive des possibles expéditeurs uniques.

L'alinéa1 du même article indique que « sauf dérogations accordées par les chefs de bureaux, chaque déclaration en détail ne peut concerner que les marchandises justiciables du même régime douanier, adressées par un expéditeur unique à un destinataire unique ». En d'autres termes, l'expéditeur unique peut donc se comprendre comme la personne qui s'est matériellement chargée de l'expédition des marchandises justiciables du même régime douanier à un destinataire unique. Elles doivent faire l'objet d'une même déclaration en détail. La liste limitative des potentiels expéditeurs uniques peut s'expliquer par la volonté du législateur de mieux contrôler les marchandises expédiées. Dans ce cadre, le non-respect d'une des conditionnalités constitue un manquement. Mais il se trouve qu'aucune sanction spécifique n'est prévue pour le réprimer, car il n'existe pas d'infraction de fausse déclaration dans la désignation de « l'expéditeur unique ».

Par contre, la notion d'expéditeur réel n'est pas concrètement définie par le droit douanier de la CEMAC. Mais elle apparaît simplement dans la nomenclature des infractions douanières (fausse déclaration dans la désignation de « l'expéditeur réel») assortie d'une sanction sévère (art 401-2, contravention 4e classe; art. 412-3 ; 403 et 422, délit 1re classe CDC). On est en droit de s'interroger sur les éléments caractérisant l'expéditeur réel et dont l'absence ou le non-respect pourrait établir l'infraction mentionnée dans la nomenclature des infractions du CDC.

La Règlementation Douanière de la CEMAC, adoptée par le Règlement 08/06-UEAC-028-CM-014 du 11 mars 2006, précise dans le Tableau des Infractions n°60 dans son Nota II que « L'obligation d'indiquer dans les déclarations le nom, la profession et le domicile...de l'expéditeur réel a été édictée exclusivement pour permettre à la Douane de procéder éventuellement à des recherches dans les écritures ...des expéditeurs. Elle est un moyen et non une fin. » Cette précision reconnait implicitement que le rôle de l'expéditeur réel comme celui de destinataire réel ne constitue pas automatiquement une profession. Dès lors, ce rôle peut être rempli par de nombreux acteurs exerçant d'autres professions et provenant d'horizons divers.

On pourrait se demander s'il est nécessaire de retenir ce manquement à la recevabilité comme une infraction, au regard de l'alinéa suivant du Nota II du même numéro 60 qui martèle : « Il est précisé, en outre, que l'absence des indications relatives aux…expéditeurs ne saurait, en elle-même, constituer une infraction ; mais cette lacune rendrait la déclaration irrecevable et l'intéressé devrait avant enregistrement, être invité à la compléter en conséquence ».

Une autre difficulté surgit du fait que l'expéditeur réel dans une importation, appartient à un ordre juridique différent de celui du destinataire de la marchandise, de l'importateur. La Douane n'exerce aucune autorité sur ledit expéditeur réel. En outre, ce dernier ne bénéficie généralement d'aucun avantage dans le pays d'importation. Quel pourrait être son intérêt à la fraude ? Par contre, l'expéditeur réel dans une exportation se trouve dans le même ordre juridique que la douane. Cette dernière peut facilement démontrer son intérêt à la fraude et déployer ses moyens du contrôle a posteriori pour procéder à toutes les vérifications utiles. C'est d'ailleurs le sens du son Nota II du n°60 du Tableau d'Infractions (TI) de La Règlementation Douanière de la CEMAC.

Comment établir le caractère « réel » d'un expéditeur ? Voilà où réside la difficulté de cette qualification. En l'absence de fondement juridique clair, il devient difficile de caractériser les manquements attachés au non-respect des obligations de l'expéditeur réel. Cette infraction est difficile à relever et à prouver pour les services douaniers.

Pourtant il est loisible de constater que de nombreux services douaniers en charge notamment du contrôle a posteriori, sans aucune référence à un texte juridique, ont tôt fait d'assimiler systématiquement l'expéditeur réel au fournisseur/vendeur de la marchandise ou à l'exportateur au mépris de la pratique du commerce extérieur. L'expéditeur réel (comme pour l'expéditeur unique) pourrait être non seulement le fournisseur, le bureau d'achat de l'importateur, l'emballeur, le groupeur, mais également tout autre agent (professionnel ou occasionnel) désigné à sa discrétion ou même encore un agent (professionnel ou occasionnel) désigné par le destinataire de la marchandise (en fonction de l'incoterm utilisé)…

Cette notion ne présente pas les mêmes enjeux pour la douane que celle de destinataire réel. Ce dernier pourrait bénéficier de la taxation réduite ou nulle du fait d'une destination privilégiée ou d'une origine préférentielle. Par contre, il n'en est rien pour l'expéditeur réel.

Afin d'arrimer les administrations douanières de la CEMAC aux règles de la facilitation et d'œuvrer pour le développement de la traçabilité des flux matériels et financiers du commerce international, on est en droit de se demander s'il ne serait pas judicieux de faire figurer par exemple des cases différentes sur les déclarations en détail pour enregistrer des informations, à l'import comme à l'export sur le fournisseur, l'expéditeur et le vendeur. Cette pratique s'inspirerait de la dissociation claire sur les déclarations en détail des notions d'origine et de provenance.

Cette distinction éviterait aux partenaires douaniers (administration douanière, opérateurs économiques, CDA, EDA...) de nombreux tiraillements sortant souvent totalement du périmètre des préconisations de la Règlementation douanière CEMAC (Tableau d'infractions n°60) et contraires à l'esprit et à la lettre des règles de facilitation édictées par l'AFE.

V. Destinataire réel.

EXPÉDITION : envoi, livraison d'une marchandise communautaire d'un État vers un autre État dans la même communauté. Pour une vente extracommunautaire, on parlera d'exportation

EXPÉDITION : copie d'un acte authentique ou d'une décision de justice. L'original dudit acte ou de la décision de justice étant appelé la minute. La grosse est la copie exécutoire de la décision de justice i.e. une expédition revêtue de la formule exécutoire. Par extension, copie d'un document délivré par la douane (art. 146 CDC).

EXPERT : professionnel libéral, personne dotée de solides connaissances techniques ainsi qu'une expérience pratique avérée le qualifiant pour exécuter des missions variées et de haute spécialisation telles que le contrôle, l'inspection, l'audit... en vue de constater, d'évaluer, d'auditer, d'analyser et de faire des recommandations pertinentes.

Termes proches : Homme, femme de l'art.

EXPERT COMPTABLE : en tant que professionnel libéral et spécialiste des sujets comptables et financiers, il tient, vérifie, révise et certifie la comptabilité des entreprises, associations et organismes divers.

Cette profession en CEMAC est organisée par un acte du Conseil des ministres.

EXPERT EN DOUANE AGRÉÉ : « celui qui fait profession habituelle d'assister et de conseiller à la fois les administrations des douanes, les opérateurs économiques et les usagers du service. » Article 1er du Règlement n°10/21-CEMAC-UEAC-CM-36 du 8

février 2021 portant statut des Experts en Douane Agréés en zone CEMAC.

Il s'agit d'un professionnel libéral spécialisé dans le conseil et l'assistance sur les questions douanières, notamment le contentieux douanier portant sur le tarif, l'origine, la valeur, le contrôle des changes ou toute autre question douanière.

En outre, il peut « effectuer des consultations, des études d'ordre juridique, administratif ou fiscal ou apporter son avis à toute autorité ou tout organisme public qui lui en fait la demande... » Article 8 du Règlement n°10/21-CEMAC-UEAC-CM-36. Il peut également « participer à l'enseignement professionnel et procéder à des travaux et études statistiques et de documentation économique… » Article 9.

Il organise les services « import et export ; oriente les investisseurs et assiste les tribunaux en cas de contentieux.

Il fournit ses prestations intellectuelles aux entreprises, associations, ONG, importateurs, exportateurs, organismes publics et privés, administrations, institutions internationales...

Cette profession en CEMAC est organisée par l'Acte 3/96-UDEAC-1496-CD-57 du 1er juillet 1996 révisé par les Règlements n° 8 et 10/21-CEMAC-UEAC-CM-36 du 08 février 2021 portant statut des Experts en Douane Agréés en zone CEMAC.

V. Commissionnaire en Douane Agréé (CDA)

EXPERT MARITIME : professionnel libéral maîtrisant les connaissances, les pratiques des professions maritimes et para maritimes et dont l'occupation habituelle est de contrôler ou d'inspecter les services marchands de biens, de production des navires en vue d'apprécier leur état de fonctionnement et d'émettre une recommandation à un acteur qui le sollicite.

Cette profession en CEMAC est organisée par un Acte du Conseil des ministres.

EXPERTISE : corps de connaissances, de compétences théoriques solides doublées d'une maîtrise pratique éprouvée.

Mission technique confiée ou menée par un professionnel (de l'expertise) dans un domaine donné afin d'examiner un sujet et de fournir un avis éclairé en tant qu'outil d'aide à la décision d'une juridiction ou d'une partie qui le saisit.

EXPLOIT : Acte de procédure rédigé et signifié par un huissier de justice pour le compte d'un justiciable.

L'art 347 CDC habilite les agents de douane à poser des actes ayant la même valeur. V. TABLEAU DE CONCORDANCE

EXPORTATION : régime douanier consistant en l'envoi hors du territoire douanier, d'une marchandise communautaire. On ne parle pas d'exportation de marchandises au sein d'un territoire douanier, mais d'expédition.

L'envoi de biens ou de services de la CEMAC vers une zone franche installée dans le territoire douanier est assimilé à une exportation.

L'exportation peut être effectuée en simple sortie. Ainsi, les marchandises communautaires quittent définitivement le territoire douanier.

L'exportation peut également être effectuée sous réserve de retour. Ainsi les marchandises quittent le territoire douanier, mais avec une perspective certaine de retour.

Par extension : sortie des marchandises pour l'étranger en vue de les faire acheminer dans le pays ou le territoire douanier où réside l'acheteur.

Termes proches : exportation illicite : sortie frauduleuse d'une marchandise du territoire douanier ; pays d'exportation : pays de départ de la marchandise vendue pour l'étranger.

V. Annexe spécifique C, Chapitre1 de la CKR.

EXPORTATION EN SIMPLE SORTIE (EXPORTATION À TITRE DÉFINITIF) : Régime douanier qui consiste à envoyer définitivement hors du territoire douanier, des marchandises en libre circulation (libérées de toute sujétion douanière donc mises à la consommation après acquittement des différents droits et taxes à l'importation).

V. Annexe spécifique C, Chapitre1 de la CKR.

EXTOURNE : Contre-passation d'écriture par la banque aboutissant à l'annulation de la première écriture.

EXTRACOMMUNAUTAIRE : caractère d'une opération qui se déroule entre un État appartenant à une communauté donnée et un autre État qui n'appartient pas à la même communauté ou n'a pas signé d'accord préférentiel avec cette dernière.

EXTRANÉITÉ : caractère marquant, étonnant, étrange figurant dans un contrat, une convention, une situation.

Terme proche : exception d'extranéité.

EXTRATERRITORIALITÉ : fiction juridique intervenant dans de nombreux domaines et se traduisant par le fait pour un État, d'accorder l'application d'un droit étranger (d'un autre État) sur une partie de son territoire à un moment donné. Le régime de l'entrepôt illustre très bien cette notion en droit douanier.

La marchandise en entrepôt sur le territoire douanier est considérée comme étant à l'étranger.

F

FACILITATION DES ÉCHANGES (TRADE FACILITATION) : réduction des obstacles à la réalisation des échanges internationaux par la voie de la simplification et de l'harmonisation des procédures du commerce international. Cet objectif a été visé par le GATT à travers maints cycles de négociations commerciales (rounds).

Pour la CNUCED, elle désigne la simplification et l'harmonisation des procédures commerciales internationales. Mais dans sa mise en œuvre, ce concept fait généralement référence à la simplification, la standardisation et l'harmonisation des procédures douanières et des informations commerciales. Celle-ci commande en amont un grand travail de recueil, de traitement et de partage de données nécessaires pour le suivi efficace du mouvement des marchandises. Elle a été concrétisée au plan douanier par la Convention de Kyoto(CK) puis la Convention de Kyoto Révisée (CKR).

En 2013, à Bali en Indonésie, l'OMC a densifié cette notion à travers l'Accord sur la Facilitation des Échanges (AFE). La facilitation est désormais étendue à divers domaines : la documentation, les pratiques, les procédures, les formalités nécessaires au déplacement et à la circulation des marchandises objet de commerce international licite.

V. AFE

FACILITE DE CAISSE : découvert bancaire, crédit à court terme accordé pour des raisons circonstancielles à un client selon des conditions qui peuvent être exceptionnelles. On parle également de crédit de calentier.

Terme proche: facilités de caisse renforcée : terminologie utilisée par le FMI.

FACTURE COMMERCIALE IMPORT: document commercial obligatoire attestant de l'existence d'une transaction entre deux personnes (physiques ou morales). Sa place est indispensable dans la comptabilité.

Elle est établie en conformité avec la règlementation sur les prix et la règlementation fiscale qui imposent des mentions obligatoires : désignation de la marchandise, la date, le lieu, la valeur du lot, la référence, la signature…

Elle peut être définitive ou provisoire. Dans ce dernier cas, on l'appellera facture proforma.

FACTURE COMMERCIALE EXPORT : document commercial émis par le vendeur etadressé à l'acheteur. Son rôle est central dans une opération d'exportation non encadrée par un contrat de vente.

Il est recommandé de lui adjoindre d'autres mentions certes facultatives, mais très utiles et pratiques telles que l'incoterm, le lieu du transfert de la marchandise, la devise de paiement, le mode de règlement, la domiciliation bancaire, le numéro de commande, toutes les précisions sur l'adresse de l'acheteur : numéro d'identification fiscal...

Elle peut ouvrir au bénéfice d'avantages : remboursement des droits et taxes, TVA...

FACTURE CONSULAIRE : document émis par l'exportateur, destiné à la douane du pays d'importation et visé par une autorité diplomatique ou consulaire du pays de destination dans le pays d'exportation.

Cette facture a une forme semblable à celle de la facture commerciale.

FACILITÉ DOUANIÈRE : mesure administrative prise par une autorité douanière au bénéfice des redevables/usagers dans un but de simplification, de rationalisation ou de réduction des délais et autres obstacles. Elle s'inscrit généralement dans le cadre d'une politique inspirée par la CKR, l'AFE et/ou les plans régionaux et/ou nationaux de facilitation des échanges. Elle traduit dans les faits une politique de facilitation.

FACTURE ÉLECTRONIQUE : document commercial adressé par un vendeur à un acheteur comportant toutes les mentions requises par les lois régissant le commerce. Sa particularité réside dans le fait qu'elle se présente sous un format électronique structuré permettant un traitement automatique. Elle doit être émise, transmise et reçue par la voie électronique. Une facture établie sur support papier numérisée puis expédiée par courrier électronique n'est pas considérée comme une facture électronique. Par contre, malgré l'absence du support physique, une facture électronique est une facture.

FACTURE DOUANIÈRE : facture commerciale émise dans le pays d'exportation, mais devant respecter les prescriptions du pays d'importation.

FACTURE PROFORMA : (proforma : expression latine signifiant littéralement selon la forme) cette mention doit impérativement figurer et être mise en évidence sur le document constituant une facture proforma.

Devis élaboré par le vendeur et adressé à l'acheteur qui tient lieu de document d'information de l'acheteur sur les estimations de la commande reflétant la réalité (l'orientation et les conditions du vendeur) que pourrait prendre la transaction sous sa forme finale. Elle est par essence provisoire.

Elle est un document non comptable. Elle permet à l'acheteur de mieux préparer ses négociations et d'amorcer ses démarches administratives.

Si ce document précontractuel n'est pas validé par les parties, il perd toute valeur.

FACULTÉS (POLICE SUR FACULTÉS) : nom attribué aux marchandises, en matière d'assurance transport par voie maritime. Il s'oppose au « corps » qui désigne le navire lui-même.

FAIRE FOI : prouver à suffisance, démontrer de manière incontestable.

FAIRE OPPOSITION : exprimer son désaccord, sa désapprobation, contester.

FAIT GÉNÉRATEUR : acte/fait juridique par lequel sont réalisées les conditions fixées par la loi et nécessaires pour le déclenchement de l'exigibilité d'un droit ou d'une taxe. Situation ou évènement qui déclenche les conditions légales d'exigibilité d'un impôt, d'un droit ou d'une taxe ; qui rend exigible : la dette douanière, la restitution de la TVA, des droits d'accises...

FAIT JURIDIQUE : action ou évènement, naturel ou provoqué, dont la survenance produit des conséquences juridiques.

FAO (FOOD AND AGRICULTURE ORGANIZATION) : organisme de l'ONU spécialisé pour l'agriculture et l'alimentation créé en 1945. Son siège est à Rome. Il regroupe 180 États et assure la co-tutelle du Codex Alimentarius avec l'OMS.

FAP (FRANC D'AVARIES PARTICULIÈRES) (EN ANGLAIS FREE OF PARTICULAR AVERAGE): formule d'assurance permettant de couvrir la perte totale, l'avarie commune, en excluant les avaries particulières.

FAP SAUF (FRANC D'AVARIES PARTICULIÈRES SAUF) : formule d'assurance de transport des marchandises couvrant des avaries dues à certaines causes précisées dans la police en plus de celles prévues par la formule FAP. Cette formule est restreinte, car elle ne couvre généralement que des dommages survenus aux marchandises pendant les opérations de chargement, de déchargement, la cargaison et le moyen de transport. Elle se limite aux pertes et dommages causés aux marchandises par des événements énumérés dans la police d'assurance (exemple : abordage, échouement, explosion...).

Police d'assurance de transport des marchandises garantissant une couverture minimale de risques.

FAUSSE DÉCLARATION : expression générique utilisée par le droit douanier pour désigner un manquement à une obligation. On parlera notamment de la fausse déclaration dans l'espèce, dans la valeur, dans l'origine, dans la désignation du destinataire réel...

FAUSSE MONNAIE : monnaie contrefaite : pièce et/ou billet de contrefaçon.

Pièces et billets émis par toute personne autre que l'Institut d'Émission légal et légitime.

FAUTE COMMERCIALE : dans le transport maritime, manquement ou faute commise par le capitaine d'un navire et qui ne porte pas préjudice au navire, mais plutôt à la marchandise ; ex. : de l'eau pompée dans une cave de vin par erreur.

FAUTE DU CHARGEUR : dans le transport maritime, c'est un manquement du chargeur causant un préjudice à la marchandise et constituant une cause d'exonération de la responsabilité du transporteur, quel que soit le mode de transport ; exemple : acheminement d'un produit à conserver frais dans un conteneur sec, dépourvu des dispositions de réfrigération.

FAUTE NAUTIQUE : dans le transport maritime, manquement du capitaine portant préjudice au navire et constituant une cause d'exonération de la responsabilité du transporteur ; ex : mauvaise lecture des cartes puis échouage du navire.

FAUX : Art 303 CDC V. TABLEAU DE CONCORDANCE altération frauduleuse d'un acte, d'un document, d'une écriture. Imitation frauduleuse, contrefaçon.

FCL (Full Container Load) : modalité d'expédition des conteneurs ayant deux variantes :

FCL – FCL : ici le conteneur est livré plein par le chargeur dans le bateau et il sera rendu au destinataire plein. Le conteneur assure un transport domicile/domicile.

FCL – LCL : ici, le conteneur est empoté par un seul chargeur, mais sera délivré au port de débarquement à plusieurs destinataires.

V. LCL

Expressions proches : faux et usage de faux ; faux en écriture publique.

FEEDER (FEEDERING) : navire de faible tonnage utilisé pour ravitailler et/ou décharger de très grands navires de grande capacité qui ne peuvent desservir certaines escales.

Il va effectuer le pré ou le post acheminement de conteneurs vers ou de ceux-ci.

FEET (PIEDS) : Unité de mesure anglaise utilisée par l'ISO pour classer les conteneurs.1 pied = 1 foot = 12 inches = 0,348m

Container 20 pieds (feet); container 40 pieds(feet).

FERME : adjectif indiquant/suggérant un caractère de solidité, de résistance vigoureuse, de résolution, de détermination, d'ardeur, d'autorité, sans faiblesse.

Termes proches : prison ferme, prison sans sursis ; renvoi ferme : renvoi qui ne connaitra pas un autre renvoi, à la date fixée.

FERME GÉNÉRALE (RÉGIME DE LA) : système de perception des impôts reposant sur une convention passée entre le Roi de France et un adjudicataire contre une somme forfaitaire prédéterminée.

Depuis la fin du 14e siècle en France, de nombreuses taxes étaient affermées. Mais le régime de la Ferme générale va véritablement éclore sous Colbert en tant que Contrôleur général des Finances (1665-1683).

L'ordonnance de juillet 1681(règlementant des droits de ferme sur le tabac, les octrois, les aides, les gabelles, la marque sur l'argent et l'or) peut être considérée comme le Code des fermes.

La différence entre la totalité des impôts recueillis et la somme versée au Roi constituait la rémunération du fermier. Celle-ci était souvent colossale.

Compte tenu de la puissance croissante de la Ferme générale, un arrêt du Conseil du Roi intervint le 09 janvier 1780 pour tenter de la réduire en répartissant ses pouvoirs à trois compagnies. Mais la Ferme générale restait chargée :

- des droits de douane,
- de la régie générale chargée des droits sur les boissons et les objets de commerce.
- de l'administration des domaines et des droits domaniaux chargée du recouvrement de ces droits.

Son impopularité généralisée découlait du caractère privé de la perception des impôts et des profits jugés exorbitants par la population par rapport aux versements effectués au Trésor.

Pendant le 18e siècle, cent familles monopolisèrent la Ferme. Elles employaient 30.000 personnes. Cette Ferme générale est l'ancêtre de l'administration des douanes qui recruta d'ailleurs bon nombre d'employés de cette Ferme générale au lendemain de la Révolution de 1789.

Termes proches : affermage, affermé…

FERROUTAGE : solution de transport de marchandises qui combine route et rail.

FERRY-BOAT : navire spécialement aménagé pour effectuer le transport d'engins, de camions, de voitures, de trains ainsi que leurs passagers ; ex. : Marseille – Alger.

FIATA : **F**édération **I**nternationale des **A**ssociations de **T**ransitaires et **A**ssimilés. Elle est créée à Vienne en 1926 et a son siège est à Zurich. Cette organisation professionnelle internationale regroupe environ 40.000 transitaires et entreprises de logistique dans 150 pays (dont le Cameroun).

La FIATA vise de nombreux objectifs entre autres :

- améliorer la qualité du service rendu par les transitaires,
- développer la formation professionnelle des transitaires sur certaines problématiques : l'assurance, la responsabilité, le commerce électronique, l'EDI, les codes-barres…
- développer les documents de transfert uniformes en commençant par le B/L,

- diffuser l'information, par diverses publications, auprès des opérateurs du commerce et de l'industrie,
- promouvoir l'image de marque de la fédération et de la profession de transitaire en étant toujours représenté ou en prenant activement part aux réunions internationales portant sur les transports.

FICTION LÉGALE : fait pour la loi de considérer qu'une situation pourtant inexistante dans la pratique réelle est vraie. Par exemple: le principe "Nul n'est censé ignorer la loi" alors qu'il est évident que personne ne peut connaitre toutes les lois. Elle vise à constituer le fondement d'une règle de droit.

Par exemple, en matière douanière, le régime de l'entrepôt permet de stocker sur le territoire national des marchandises. Mais celles-ci bénéficiant de la fiction légale d'extraterritorialité sont à considérer comme étant encore à l'étranger.

Un autre cas : l'abstraction faite des frontières des États dans une union douanière : dans une union douanière, les frontières entre pays sont considérées comme inexistantes. Seules les frontières du territoire douanier sont à prendre en compte.

Termes proches : fictif, imaginaire, simulé, apparent, pas réel.

FIDUCIAIRE (MONNAIE) : fiducie : vient du latin fides qui signifie confiance. Monnaie sous la forme d'un papier (billet de banque), fondée sur la confiance qui est placée dans l'organisme d'émission.

FILIALE : société installée dans un pays donné et dont le capital est détenu à plus de la moitié par une autre société, dite société mère.

Les filiales sont regroupées en 3 types :

- Filiale de commercialisation menant une activité commerciale
- Filiale de production menant une activité de production.
- Filiale mixte exerçant les deux précédentes activités.

V. Succursale.

FILM : œuvre de l'esprit prenant la forme audiovisuelle.

FIRME TRANSNATIONALE/FIRME MULTINATIONALE : Entreprise dont l'implantation transcende des frontières. Celle-ci est établie dans de nombreux pays. Elle développe des stratégies et réalise des investissements directs étrangers (IDE). Ce qui explique une circulation d'importants flux de capitaux à travers le monde.

Plus de 82.000 firmes transnationales évoluent à travers le monde.

FISC : terme générique désignant les services des impôts et de la douane parce qu'ils perçoivent les impôts.

FISCALITÉ : ensemble des lois, des règlements et toutes les mesures pratiques portant sur les impôts permettant de financer l'État et les collectivités territoriales décentralisées.

L'action fiscale de l'État se matérialise par des prélèvements et des taxes. Trois types d'opérations dominent cette fiscalité :

- la détermination de l'assiette,
- la liquidation de l'impôt,
- le recouvrement de l'impôt.

FISCALITÉ DE PORTE : fiscalité douanière généralement appliquée à la porte, à la frontière lors du franchissement du cordon douanier par l'administration des douanes : droit de douane (DD), droit d'accises(DA) à l'importation, TVA Import, droits de sortie (DS)...

FISCALITÉ DIRECTE : celle portant sur les impôts directs.

FISCALITÉ INDIRECTE : celle portant sur les impôts indirects.

FISCALITÉ LOCALE : celle orientée vers les collectivités territoriales décentralisées : droits de patente, droit de licence, Impôt libératoire, taxes communales...

FLAGRANCE : situation où l'on se retrouve face à un flagrant délit.

FLAGRANT DÉLIT : situation où un délit ou un crime est en train d'être commis ou vient d'être commis. Il donne l'occasion de poursuivre toute personne en possession d'objets suspects ou laissant penser qu'elle a participé au crime ou au délit et surtout de capturer le prévenu puis d'effectuer éventuellement une visite domiciliaire. (art 298, 307 § 2) V. TABLEAU DE CONCORDANCE.

FLOTTE : ensemble de moyens de transport placés sous la même direction exécutive.

- Flotte maritime : ensemble de navires d'un particulier ou d'une entreprise, possédés ou loués par les compagnies maritimes.
- Flotte aérienne : ensemble d'avions d'un particulier ou d'une entreprise possédée ou louée par les compagnies aériennes.

- Flotte routière : ensemble des véhicules automobiles d'un particulier ou d'une entreprise.

FOIRE : exposition commerciale portant sur une diversité de gammes de produits, se tenant généralement à un intervalle régulier de temps et un lieu connu.

Elle pose aux services douaniers le problème du régime douanier des marchandises à exposer, de celles vendues et de celles à retourner.

V. Salon

FOLLE ENCHÈRE : enchère présentée par le dernier enchérisseur qui est censé acquérir en définitive le lot mis en vente. Mais il ne le peut pas : soit parce qu'il n'est pas qualifié pour prendre part à la vente aux enchères publiques, soit parce qu'il n'a pas les moyens de s'acquitter des frais.

Terme proche : fol enchérisseur.

FONCTION DOUANE DANS L'ENTREPRISE : elle est constituée de l'ensemble des tâches douanières ainsi que des personnes qui les exécutent afin d'assurer la sécurité de ladite entreprise, d'optimiser ses choix et de l'engager dans la voie de la performance. Elle doit prendre en considération la taille et l'expérience des entreprises.

Elle se déploie autour de trois pratiques courantes :

- Dans les très petites entreprises(TPE), intervenant comme primo exportateur/importateur, c'est le responsable de l'entreprise qui concentre tous les pouvoirs y compris celui de gérer la fonction douane pour laquelle il n'est pas souvent nanti de compétences techniques indispensables ou bien en dispose très peu. Alors il aura une forte tendance à tout reporter sur le CDA qui est pourtant une entité juridique externe totalement distincte.
- Des entreprises de taille plus grande peuvent choisir de créer une structure dédiée à la gestion de la fonction douane. Une section pour l'import, une autre pour l'export. Dans chacune des sections, elles peuvent créer d'autres subdivisions relatives aux fournisseurs, aux produits phares de l'entreprise…
- Des entreprises peuvent opter pour une répartition de la fonction dans chacun des services intervenant dans les opérations du commerce extérieur : achats, comptabilité, finances, administration, juridique, fiscalité, documentation administrative…

FONDS MONÉTAIRE INTERNATIONAL : organisation intergouvernementale comptant 188 États membres avec son siège à Washington.

Elle est créée par la conférence des Nations Unies de Bretton Woods en juillet 1944.

Les quarante-quatre participants à ces assises étaient préoccupés par le cycle des dévaluations compétitives qui n'en finissaient plus.

Il fallait créer un régulateur en matière monétaire internationale, pour la coordination des changes, la promotion de la croissance économique et l'assistance financière. Le FMI fut alors créé pour jouer ce rôle.

Il a reçu la charge de :

- combattre les désordres monétaires (stabilisation des taux de change) internationaux,
- veiller au bon fonctionnement permanent et stable du système monétaire international et
- faciliter des négociations entre les États.

Il devait également suivre les politiques économiques en vue

- d'encourager la croissance économique durable et un niveau élevé d'emplois,
- de réduire la pauvreté et
- d'améliorer le niveau de vie des populations.

Aujourd'hui, ses missions sont étendues aux questions macroéconomiques et financières qui pourraient perturber la stabilité du monde.

Pour mieux suivre ces politiques économiques le FMI a la capacité de débloquer des prêts au bénéfice de ses membres afin qu'ils puissent ajuster leur balance de paiement, leurs relations commerciales internationales.

En 1970, le FMI a créé les DTS (Droits de Tirages Spéciaux) pour assurer cette attribution.

FOR (LOI DU FOR) : V. Lex fori.

FORCE DE CHOSE JUGÉE : caractère d'une décision de justice qui n'est plus susceptible de recours pouvant entrainer la suspension de son exécution.

Bénéficient de la force de la chose jugée :

Les jugements rendus en dernier ressort ;

Les jugements rendus en premier ressort, mais dont les délais d'opposition ou d'appel ont expiré.

La force de chose jugée est matérialisée par l'établissement de la grosse.

FORCE DE SÉCURITÉ (FDS) : personnel de l'État en charge de la défense de l'intégrité territoriale et de manière générale du respect de la loi.

FORCE EXÉCUTOIRE : qualité dont sont revêtus certains actes (décisions de justice, actes des administrations fiscales) servant à déclencher leur exécution forcée, dans les conditions prévues par la loi. Il convient de relever que les procès-verbaux de douane ainsi que leurs actes de notification ne sont pas dotés de force exécutoire pouvant déclencher une exécution forcée.

FORCE MAJEURE : évènement imprévisible, insurmontable et irrésistible.

FORCE PROBANTE : valeur liée à une preuve dans sa capacité à établir, à asseoir rapidement la conviction de celui qui l'apprécie, le juge.

C'est ainsi qu'on relève une différence dans la force probante attachée à un acte sous seing privé et un acte authentique.

FORCE PUBLIQUE : personnel de l'État en charge du maintien de l'ordre et de manière générale du respect de la loi et de l'exécution des décisions de l'État.

FORCLUSION : perte d'un droit à cause de l'expiration d'un délai. Déchéance d'un droit exercé hors des délais fixés par la loi.

Rien ne peut interrompre le délai de forclusion. Toutefois une personne forclose peut solliciter auprès du juge, la poursuite de la procédure malgré la forclusion.

Termes proches : forclore, forclos.

FORMALISME JURIDIQUE : règles, procédures que le droit prescrit de remplir ou de suivre nécessairement pour accomplir un acte juridique. Par exemple, pour certains actes, il peut consister à passer nécessairement par des écrits, à respecter un délai…

FORMALITÉS DOUANIÈRES : ensembles des démarches à effectuer et d'obligations à honorer (aussi bien auprès des services douaniers que beaucoup d'autres agences publiques ou privées) par les usagers/redevables pour satisfaire aux exigences fixées par la règlementation douanière communautaire et nationale (exigence d'ordre sanitaire, phytosanitaire, vétérinaire, immigration, changes …)

Selon l'art 5 al22 du Code des Douanes de la RD Congo les formalités douanières désignent « l'ensemble des opérations qui doivent être effectuées par les intéressés et par la douane pour satisfaire à la législation douanière »

V. Annexe générale, Chapitre 2 de la CKR.

FORMATION PROFESSIONNELLE CONTINUE: dispensation de connaissances ouverte aux employés/agents déjà en fonction dans une organisation : publique ou privée, commerciale ou industrielle.

Elle participe au développement économique de l'entreprise et favorise l'épanouissement socioculturel du personnel.

Elle vise au moins trois objectifs :

- l'adaptation de ces personnels aux changements intervenus dans leur environnement professionnel.
- La qualification professionnelle,
- la promotion professionnelle et sociale.

FORMULE EXÉCUTOIRE : formule apposée par les services de la justice à la fin du jugement pour lui conférer la force exécutoire qui autorise l'exécution forcée, si nécessaire.

FORTUNE DE MER (PERILS OF THE SEA) : accident survenant sur un navire et pouvant l'affecter et/ou le fret qu'il transporte.

FORUM DE DAVOS :V. DAVOS

FOUILLE A CORPS : recherche par palpation le long du corps, opérée par les agents de douane en vertu de l'Art 70 CDC V. TABLEAU DE CONCORDANCE relatif à la visite des personnes.

FOUILLE IN CORPORE : recherche dans l'organisme d'un individu, demandée par les services douaniers, commandée par le parquet, effectuée par les services médicaux sous la supervision d'un juge.

FOURNISSEUR : personne qui ravitaille une autre en marchandises :

-soit parce qu'elle fabrique, transforme et emballe,

-soit parce qu'elle importe ou vend sur place ces marchandises.

FRAIS FINANCIERS : ensemble des dépenses, des charges bancaires et des assurances à incorporer par l'acheteur dans le prix export quand il doit évaluer le coût final de la marchandise. Il s'agit : des primes d'assurance–crédit, d'assurance prospection, du coût du crédit documentaire, ou d'autres moyens de paiement, des commissions bancaires en vue de la mise à disposition du financement, des garanties, des taux d'intérêt sur le montant des emprunts.

FRAIS GÉNÉRAUX : dépenses engagées par une entreprise pour son fonctionnement. Ils sont déduits du bénéfice imposable lors du calcul de l'impôt sur les sociétés(IS).

FRANC CFA (COMMUNAUTÉ FINANCIÈRE D'AFRIQUE) : unité monétaire en vigueur dans la zone franc. Elle y a cours légal et pouvoir libératoire. Elle est symbolisée par XAF en Afrique centrale et XOF en Afrique de l'Ouest. Cette zone rassemble la France et 15 États d'Afrique subsaharienne et les Comores. Sa parité est d'un euro pour 655,957 FCFA et un euro pour 491,96775 francs des Comores.

FRANCHISAGE : contrat qui permet à une entreprise titulaire de droits de propriété intellectuelle (marque, produit, service) de les mettre à la disposition d'une autre personne (physique ou morale) pour exploitation temporaire moyennant versement de royalties.

FRANCHISE : seuil, quantité, limite à ne pas dépasser, à ne pas franchir par le débiteur d'une obligation. Ex : au Cameroun, la franchise de poids généralement accordée par les compagnies aériennes aux voyageurs de la classe économique est de 46 kilogrammes pour deux colis de 23 kilogrammes chacun.

En matière de commerce associé, la franchise met en relation un franchiseur et un franchisé. Elle est un contrat par lequel une personne détentrice d'une marque, d'un savoir-faire commercial ou industriel accorde à une autre le droit d'exploiter temporairement ces biens immatériels en contrepartie du versement de royalties.

Trois types de franchise existent dans la pratique :

- la franchise de distribution,
- la franchise de service,
- la franchise industrielle.

FRANCHISÉ : contractant du franchiseur, qui bénéficie du contrat de franchise. C'est à lui qu'il revient d'exploiter les droits qui lui sont conférés par le franchiseur contre paiement de redevances.

FRANCHISE DE DISTRIBUTON OU COMMERCIALE : convention par laquelle le propriétaire (franchiseur) de droits de propriété intellectuelle (nom commercial, marque, enseigne, logo, savoir-faire commercial…) concède à une autre personne (franchisé) contre rémunération, pour une durée déterminée et dans une aire géographique précisée, leur exploitation exclusive.

FRANCHISE DE SERVICE : convention par laquelle le propriétaire (franchiseur) de droits de propriété intellectuelle portant sur un service concède à une autre personne (franchisé) contre rémunération, pour une durée déterminée dans une aire géographique précisée, leur exploitation exclusive.

FRANCHISE DOUANIÈRE : (Acte 2/92 – UDEAC 6 556 6 SE 1 du 30 avril 1992) : dispense, généralement d'origine communautaire, de paiement des droits et taxes à l'importation de certaines marchandises. Les motifs sont très variés et s'articulent notamment autour de la nature non-commerciale de l'opération (effets personnels), de sa nature symbolique et diplomatique : dons aux chefs d'État ; de sa destination humanitaire (dons à la Croix-Rouge), ou de sa très faible valeur économique (échantillon)…

V. NZOYEM Bruno: Exonérations douanières et mobilisation des recettes en zone CEMAC: Contribution à l'étude de la politique fiscale à partir de l'exemple camerounais, Thèse de Doctorat/PhD, Université de Douala, 2022.

Limite d'un approvisionnement en quantité ou en valeur que doit respecter un voyageur pour bénéficier de la franchise prévue dans le cadre des voyages transfrontaliers. Ex: franchise en matière d'importation des cigarettes, des boissons alcoolisées…

Acte 2/92 – UDEAC 6 556 6 SE 1 du 30 avril 1992 portant révision de l'Acte 13/65 – UDEAC – 35 fixant les conditions d'application de l'article 241 du Code des Douanes de l'UDEAC.

FRANCHISE INDUSTRIELLE : convention par laquelle le propriétaire (franchiseur) de droits de propriété intellectuelle portant sur un processus industriel concède à une autre personne (franchisé) contre rémunération, pour une durée déterminée dans une aire géographique précisée, leur exploitation exclusive.

FRANCHISEUR : auteur des savoirs et concepts de fabrication, de distribution ou de services, protégés par la propriété intellectuelle qui lui confère des droits exclusifs.

Malgré la concession temporaire qu'il fait, il demeure le propriétaire et garde toujours un droit de contrôle de l'exploitation des droits concédés et du respect des clauses contractuelles.

FRAUDE COMMERCIALE DOUANIÈRE : acte et/ou omission contrevenant aux dispositions communautaires, législatives et règlementaires dont la douane a la charge de l'application, à l'effet :

- d'éluder ou de compromettre, de tenter d'éluder ou de tenter de compromettre le paiement des droits et taxes liés aux marchandises,
- de percevoir ou de tenter de percevoir indûment des remboursements et autres versements de l'administration des douanes,
- de bénéficier ou de tenter de bénéficier indûment de régimes douaniers avantageux,
- de se soustraire ou de tenter de se soustraire des engagements souscrits vis-à-vis de la douane, des prohibitions ou des restrictions applicables aux marchandises,
- d'obtenir ou de tenter d'obtenir des avantages commerciaux illicites (ayant une conséquence sur la marchandise à dédouaner ou le service intervenant dans le dédouanement) et contrariant les pratiques licites de la concurrence commerciale,
- d'exploiter ou de tenter d'exploiter le commerce aux fins du transfert du produit des activités criminelles.
- V. Étude Trendspotter sur la fraude commerciale en matière douanière, OMD ACTU Edition1/2023, n°100, p.6.

FRAUDE DOUANIÈRE : elle ne constitue pas une infraction en tant que telle dans la législation douanière, mais un phénomène plus vaste englobant de nombreuses infractions.

Tout acte ou omission contraire à la législation douanière volontaire ou involontaire débouchant sur la violation d'une prescription ou la soustraction à une règle du droit douanier ou toute autre règle assimilée.

La fraude douanière se caractérise par une infraction qui vise à tromper la douane pour esquiver le paiement total ou partiel des droits et taxes et/ou l'application des mesures de prohibition ou obtenir indûment un avantage quelconque.

Un problème se pose pour la définition de la fraude douanière, car dans beaucoup de pays, l'infraction douanière ne prend pas en compte l'élément intentionnel, intellectuel. Or dans certains pays, une infraction ne peut relever de la fraude que si elle est intentionnelle.

Par ailleurs, d'autres pays ne parlent de fraude douanière que si la législation douanière proprement dite est enfreinte. Lorsqu'il s'agit des législations d'autres administrations que la douane est chargée d'appliquer, celles-ci n'entreront pas dans ce registre.

La fraude commerciale est emblématique de la fraude douanière.

V. Conférence de Nairobi de 1977 en matière d'infraction.

FRAUDE FISCALE : délit se caractérisant par des manœuvres visant à se soustraire volontairement au paiement de l'impôt, à payer partiellement l'impôt ou à ne pas se soumettre aux prescriptions fiscales et aux procédures fixées par la loi fiscale.

Il est difficile de trouver une définition unanime de la fraude fiscale, car deux conceptions s'affrontent. En effet, certaines législations estiment que ne pas se conformer à l'esprit de la loi fiscale revient à s'en écarter alors que d'autres admettent l'optimisation fiscale licite.

FREE LANCE : statut d'un travailleur indépendant qui lui offre l'opportunité de pouvoir traiter avec plus d'un employeur à la fois. Il est généralement rencontré dans les domaines utilisant beaucoup d'aptitudes intellectuelles : communication ...

FREE OF CHARGE : sans charges fiscales, sans droits et taxes.

FREE SHOP : boutique vendant des marchandises hors taxe (notamment dans les aéroports).

FREIGHT COLLECT : mention portée sur le B/L indiquant que le fret est payable à destination, à l'arrivée de la marchandise par le destinataire indiqué sur le B/L. (L'utilisation des Incoterms doit rendre attentif à l'usage de ces mentions)

FREIGHT PREPAID : mention portée sur le B/L indiquant que le fret est déjà payé au départ.

FRET : Prix à payer pour le transport (maritime) des marchandises d'un point à l'autre. Marchandises à transporter.

V. Nolis

FRÉTEUR : propriétaire d'un navire ou personne qui s'engage à mettre un bâtiment entier ou pas, une cellule, un espace... à la disposition d'un affréteur moyennant le paiement d'une somme d'argent appelée fret (le loyer du navire) pour le transport des marchandises d'un point à un autre.

FRONTALIER : relatif à la frontière. Personne résidant à la frontière d'un pays A et traversant la frontière pour aller travailler dans un autre pays B. La qualité de « frontalier » peut être attribuée aussi bien aux personnes physiques qu'aux personnes morales.

V. Annexes B, 8 et D de la Convention d'Istanbul pour la définition plus ample de ce terme

FRONTIÈRE : ligne de démarcation marquant la limite, la séparation de deux états, de deux territoires. Dans certains cas, elle revêt des enjeux géopolitiques indéniables.

V. Impact des contrôles sur les échanges transfrontaliers : étude appliquée à la région du Sud-ouest Cameroun, Mémoire inédit, ISREID, 2016 p.33 Guy Alain CHEPING SIMO.

FRONTIÈRE DOUANIÈRE (CUSTOMS FRONTIER) : limite du territoire douanier. Sur un plan douanier, cette notion de frontière est plus spatiale que linéaire. Elle correspond plus à un espace, une zone qu'à une ligne de démarcation de la limite du territoire douanier. Elle épouse les contours du territoire douanier

FRONT OFFICE :(par opposition à back office) : ligne de front, personnel travaillant en contact avec la clientèle.

G

G.A.B : V. Guichet Automatique de Banque

G.A.B.A.C (Groupe d'Action contre le Blanchiment d'Argent en Afrique Centrale) : institution spécialisée de l'Union Monétaire de l'Afrique Centrale (UMAC) en charge de « la coordination des politiques de lutte contre le blanchiment des capitaux et le financement du terrorisme. » article 31 de la Convention révisée de l'Union Monétaire de l'Afrique Centrale (UMAC) du 25juin 2008.

G5 SAHEL : regroupement de cinq États du Sahel (Burkina Faso, Mali, Mauritanie, Niger, Tchad) créé le 16 février 2014 et dont la Convention a été signée le 19 décembre 2014 à son siège à Nouakchott.

Il vise à offrir à ses membres le développement et la sécurité dans un environnement de plus en plus perturbé par les agressions terroristes récurrentes.

Il est assisté par la coopération bilatérale et multilatérale.

G8 : Groupe des 8. Il s'agit des principales puissances industrialisées de la planète : Allemagne, Canada, États-Unis, France, Grande-Bretagne, Italie, Japon, Russie. Le G8 représente globalement 15% de la population mondiale, 65% du PIB mondial et deux tiers du commerce international.

Le G8 a démarré en tant que G6 créé à l'initiative de la France en 1975 pour affronter le premier choc pétrolier.

Il est un groupe informel qui se réunit une fois par an pour définir des orientations et envisager des initiatives politiques, pour suggérer des solutions aux problèmes économiques et sociaux du monde. Il n'est pas une institution internationale regroupant des chefs d'États et de gouvernements et dotée d'un organe exécutif.

G10 (Groupe des 10) : il s'agit du groupe de pays ayant participé aux accords généraux d'emprunt créé par le FMI en 1962. Son but était de proposer une mise à la disposition du FMI des moyens supplémentaires, si ses ressources arrivaient à ne pas suffire pour ses programmes.

Le G10 est devenu G11, les membres : Allemagne, Belgique, Canada, États-Unis, France, Italie, Japon, Pays-Bas, Royaume-Uni, Suède, Suisse.

G20 (Groupe des 20) : il s'agit d'un groupe de 19 États plus l'UE. Il a vu le jour en 1990 et rassemble les ministres en charge des finances, les chefs de banques centrales et les chefs d'État.

Le G20 représente 85% du commerce mondial, deux tiers de la population mondiale, et plus de 90% du produit mondial brut (somme du Produit Intérieur Brut (PIB) de tous les pays du monde).

Le G20 se fonde sur l'expertise de certaines organisations mondiales et régionales (FMI, BM, OCDE, OIT, OMC, ONU...) pour examiner des problèmes cruciaux (d'ordre économique, social, environnemental...) auxquels fait face la planète.

Le G20 est géré par la rotation annuelle de la présidence. Il peut en tant que de besoin procéder à des négociations préalables et des réunions préparatoires (ministres des Finances et gouverneurs de banques) au sommet des chefs d'États et des gouvernements.

Membres : 1- Afrique du Sud 2- Allemagne 3- États-Unis 4- France 5- Inde 6- Indonésie 7- Italie 8- Japon 9- Arabie Saoudite 10- Argentine 11- Australie 12- Brésil 13- Canada 14- Chine 15- Corée du Sud 16- Mexique 17- Royaume-Uni 18- Russie 19- Turquie 20- UE.

GABELLE : initialement la gabelle était un terme générique désignant indistinctement tous les impôts indirects. Mais elle se spécialise sur le sel à partir du 14e siècle. Le sel (aussi appelé l'or blanc) était un produit stratégique au Moyen-âge, largement utilisé pour la conservation des aliments ainsi que la consommation humaine et animale.

En 1342, le Roi Philippe VI prit la décision de vendre le sel exclusivement dans les magasins royaux (ou greniers à sel) en lui indexant un prélèvement relativement élevé, la gabelle.

Au 16e siècle, la gabelle a été soumise au régime de la Ferme générale. Au 17e siècle, une ordonnance de mai 1680 portant "Règlement général sur le fait des gabelles" précisa les conditions d'approvisionnement, de vente, de distribution et de conservation du sel.

Celle-ci distingua 6 zones fiscales soumises à des régimes différents :

- le pays de grande gabelle où le sel est très fortement taxé avec en plus une obligation pour les populations d'acheter au moins un minot soit 72 litres par groupe de quatorze (14) personnes ayant plus de 8 ans. Cette obligation constitue le sel du devoir,
- les régions de petite gabelle : où le sel est moins coûteux et sa consommation n'est soumise à aucune condition. Le sel y provient des salines de la Méditerranée,
- les pays des salines : comme on y produit du sel, son prix est moins cher que partout ailleurs,
- les pays rédimés avaient obtenu, de haute lutte, la dispense de cet impôt,
- les pays de quart bouillon : avaient l'obligation d'acheminer le quart de leur production de sel dans les greniers à sel royaux. Ici, le sel est obtenu en bouillant l'eau de mer,
- les régions exemptées : où le commerce du sel est sans taxe, avec un prix faible.

Le privilège de franc salé permettait aux œuvres charitables et aux agents royaux établis ailleurs de s'y ravitailler.

L'application de la gabelle a créé une disparité remarquable dans la consommation du sel, elle a attisé la recherche et l'octroi de privilèges et a développé la fraude et la contrebande de sel (pratiquée par toutes les couches de la population. Châteaux, chaumières et couvents s'y sont livrés malgré la sévère répression qui frappait ces activités illégales de faux saunier.

À titre d'illustrations, les populations étaient soumises à des visites domiciliaires inopinées et devaient produire leur billet de gabellement pour justifier leur stock et leur consommation de sel sous peine de saisie ou même d'envoi aux galères.

Par ailleurs, le faux saunier à pied et sans arme devait payer 200 livres et 6 ans de galères en cas de récidive. À cheval, il devait payer 300 livres et 9 ans de galères en cas de récidive. Armé et en bande, il était soumis au paiement de 300 livres et subissait la peine de mort en cas de récidive. Les femmes étaient passibles de fouet et du bannissement à vie. Les soldats, les officiers royaux, les juges ainsi que les employés de la ferme générale s'exposaient à la peine de mort.

Selon NECKER, le Contrôleur général des Finances du Roi « de tous les revenus du Roi, le plus exécré fut l'infâme gabelle. » En effet, elle fit l'objet de très nombreuses dénonciations dans les Cahiers de doléances rédigés en 1789. La gabelle fut supprimée en 1790.

V. Jean Luc ALBERT : dictionnaire de droit fiscal et douanier, Ellipses, 2007, p. 267.

GABELOU : nom dérivé de la gabelle qui désigne communément le douanier, la profession douanière.

GAFI (Groupe d'Action Financière) : organisme intergouvernemental fondé en 1989 et regroupant 39 (trente-neuf) membres, dont 37 (trente-sept) pays, et territoires et 02 (deux) organisations régionales.

Son objet est de lutter contre les transactions financières douteuses, le blanchiment et le financement du terrorisme. Son action peut se résumer dans l'élaboration des normes internationales, des politiques et le suivi étroit de l'application des mesures de lutte contre le blanchiment des capitaux, le financement du terrorisme ainsi que toutes les autres menaces qui pèsent sur le système financier international. Les Recommandations du GAFI publiées en 1990 puis révisées en 1996,2001, 2003, 2012 sont applicables par tous les pays du monde.

Il a publié une liste noire des pays blanchisseurs de capitaux et/ou qui ne participent pas assez à la lutte contre le blanchiment.

V. Blanchiment.

GARANT : répondant de la dette d'une tierce personne engagée dans une opération de garantie avec une autre partie.

GARANTIE BANCAIRE : technique juridique visant à renforcer la sécurité depaiement du créancier en introduisant un nouveau recours qu'est la banque.

GARANTIE DU REDEVABLE (CONTRÔLE) : moyen de défense d'un droit, assurance fournie par l'administration douanière lors des contrôles, de se conformer à ses obligations et de respecter les droits et privilèges octroyés par la loi aux redevables.

GARANTIES DES CRÉANCES DOUANIÈRES : moyens juridiques offerts à la douane pour renforcer la sécurité de paiement de ses créances.

À ce titre, la marchandise est le gage du paiement des droits et taxes. En d'autres termes, elle est la garantie du paiement de la dette douanière ; d'où la formule courante "Pas de mainlevée des marchandises sans paiement des droits et taxes de douane".

Ensuite, le paiement des créances douanières (droits et taxes de douane) existantes ou à venir peut être remplacé par une caution ou par une consignation. Les crédits droits et taxes et d'enlèvement relèvent de cette sécurité.

GARDE À VUE : mesure grave prise dans le cadre d'une enquête préliminaire ou d'une instruction. Elle engendre la privation de la liberté d'un individu et consiste en un maintien dans un local de police ou de gendarmerie.

La décision de garder à vue peut être prise soit par un officier de police judiciaire(OPJ), soit par le procureur de la république(PR), soit par un juge d'instruction.

GARDE DES SCEAUX : officier auprès du Roi, dans la monarchie française, dont la fonction était de conserver les sceaux royaux qu'il devait apposer sur les différents actes royaux règlementaires et juridictionnels pour les authentifier et permettre leur exécution. Il portait le prestigieux nom de Chancelier.

G.A.T.T (General Agreement on Tariffs and Trade) : ou Accord général sur les Tarifs douaniers et le Commerce (AGTC). Accord signé à La Havane en 1947 pour :

- promouvoir la libéralisation du commerce international par l'abolition de tous les freins aux visées protectionnistes : barrières tarifaires, quantitatives…
- assurer la gestion du commerce international : définition et mise en œuvre des règles commerciales internationales.

Il a œuvré sous l'éclairage permanent de quatre principes de base :

- la non-discrimination entre les États : compte tenu des expériences antérieures dans le commerce international, le GATT avait imposé que tout État signataire soit lié par :
    - ✓ la clause de la nation la plus favorisée (NPF) : elle énonçait clairement l'extension à tous les autres États membres d'un avantage consenti par un État membre à un autre,
    - ✓ la règle de la réciprocité : un État peut réduire ses obstacles au commerce international si ses partenaires réduisent les leurs,
    - ✓ la règle de l'égalité de traitement : interdisant tout traitement discriminatoire entre les produits étrangers et les produits nationaux,
- l'abandon progressif des droits de douane,
- l'abolition des restrictions quantitatives ;
- l'interdiction du dumping, des subventions et aides à l'exportation.

Il autorise néanmoins quelques exceptions :

- la création des zones de libre-échange ou d'unions douanières ;
- la riposte anti dumping ;
- un traitement plus souple pour les pays en développement.

Il a connu 8 rounds ou cycles de négociations commerciales. Le dernier, l'Uruguay round, a débouché sur les Accords de Marrakech de 1994 qui créent l'OMC et la font entrer en vigueur le 1er janvier 1995.

G.A.T.S (General Agreement on Trade and Services) : Accord général sur le Commerce et les Services (AGCS).

Ensemble de règles multilatérales juridiquement contraignantes entrées en vigueur le 1er janvier 1994 pour régir le commerce international des services.

Cet accord contribue à l'essor commercial des services sous deux angles majeurs en ce qu'il :

- introduit la transparence et la prédictibilité aux règles applicables, et
- prône la promotion de la libération progressive dans ce domaine.

GENS DE MER : tout professionnel de la navigation maritime (capitaine, équipage) exerçant à bord d'un navire une activité liée à son exploitation : encadrement (capitaine en second, officiers et sous-officiers), service général (personnel hôtelier, médecins) service du pont (officier radio, maîtres, matelots, mousses...), service de la machine (mécaniciens, graisseurs, nettoyeurs, novices...).

GENS DE VOYAGE : personnes essentiellement nomades et dont le mode d'habitat est constitué de résidences mobiles (caravanes). V. Tsigane – Tzigane.

GÉOMATIQUE : géographie par l'informatique. Elle utilise une technologie de pointe pour collecter, analyser et diffuser des données géographiques. Elle pourrait très utilement contribuer à la surveillance des frontières en général ainsi que la lutte contre la contrebande et la défense de l'intégrité territoriale en particulier.

GÉOPOLITIQUE : étude des rivalités de pouvoirs rencontrées dans le contrôle des territoires et celui des populations entre les gouvernements, les mouvements politiques, les groupes armés.

GERBAGE (STACKING) : disposition en tas, en pile de conteneurs ou des colis les uns sur les autres.

GESTION COORDONNÉE DES FRONTIÈRES (GCF) en anglais COORDINATE BORDER MANAGEMENT (CBM) : concept promu par l'OMD qui prône la coordination des politiques, des programmes, des services et des personnels en vue de procéder à un traitement plus rapide, plus efficace et plus efficient des flux de marchandises et de voyageurs de la part des agences chargées du contrôle aux frontières. La GCF s'applique aussi bien au traitement des informations qu'à celui des marchandises.

Elle constitue en même temps un puissant outil de facilitation ainsi qu'une précieuse garantie de sécurité aux frontières. En effet, elle permet, entre autres, de limiter les délais d'attente, d'améliorer la qualité des prestations des services publics, l'attractivité et la compétitivité de l'économie et aide à cerner toute menace sécuritaire.

Elle peut se déployer entre deux administrations comme dans une seule administration des douanes. Elle peut revêtir la forme verticale ou horizontale. La forme horizontale de la GCF consiste à faire travailler ensemble les différents services locaux de divers ministères et organismes placés au même niveau exerçant des attributions de contrôle à la frontière. La forme verticale est plus technique. Elle consiste à regrouper les services par structure, les services centraux, les services déconcentrés du même ministère.

V. Guy Alain CHEPING SIMO : Impact des contrôles sur les échanges transfrontaliers : étude appliquée à la Région du Sud-ouest Cameroun, Mémoire inédit, ISREID, 2016, p.117.

GESTION DES RISQUES (DOUANIERS) : activités de coordination des actions mises en place pour orienter, analyser, contrôler et finalement maîtriser les risques planant sur un domaine donné, une activité donnée appliquée au domaine douanier. Elle vise notamment à :

- Anéantir ou minimiser l'impact de l'aléa,
- réduire l'incertitude planant sur l'activité,
- améliorer la compliance, la conformité.

V. Jean-Paul LOUISOT : Gestion des risques, 2e édition, Afnor Éditions 2014.

GIN : boisson spiritueuse au goût de genièvre dont les Hollandais et les Anglais revendiquent l'invention. Il est produit par distillation puis rectification du maïs, du seigle, de l'orge maltée, de la mélasse brute. Le double gin est obtenu après la deuxième distillation.

GIN FIZZ : breuvage composé de gin (ou une autre eau-de-vie), de jus de citron, un peu de sucre et de la glace.

GISCOURS (CHÂTEAU-) : vin fin parfumé et très apprécié pour ses qualités et propriétés gustatives. Sa renommée est mondiale.

« …l'un des troisièmes meilleurs crus du Médoc, selon la classification de 1855… » Alexis LICHINE : Encyclopédie des vins et des alcools de tous les pays, Bouquins Robert LAFFONT, 1980, p 415.

Les archives de ce domaine datent de 1552.

GLISSEMENT TARIFAIRE : fait d'utiliser une position de la nomenclature tarifaire douanière inadéquate, mais proche de la position correcte, en raison d'un avantage (fiscal, de régime douanier, de soustraction aux prohibitions...) dont voudrait bénéficier son utilisateur.

GLOBALISATION : américanisme créé dans les années 1980 décrivant un phénomène qui consiste à rendre global ce qui était local ; à répandre une idée, un concept à un groupe plus large et même à une dimension planétaire.

Elle se matérialise dans l'internationalisation incontournable des affaires, des transactions commerciales, financières... en vue de leur optimisation. C'est ainsi qu'elle recommande de parcourir le monde pour voir où les facteurs de production sont le mieux rémunérés.

Le langage courant tend à rendre synonymes globalisation et mondialisation. Pourtant, les analystes ne s'accordent pas sur la question.

Pour certains, la globalisation, terme généralement utilisé par les anglo-saxons, serait simplement la traduction en anglais de la mondialisation.

Pour d'autres, il y aurait des différences, car la mondialisation se réfère aux progrès scientifiques, technologiques accompagnant le libre-échange, la libre circulation des personnes, des marchandises, des idées, des capitaux.

La globalisation prône l'universalisation des enjeux en raison de l'interdépendance des sociétés aussi bien au niveau économique, politique et social. Elle préconise le multilatéralisme comme moyen pour relever ce défi.

V. Mondialisation

GLOCALISATION : Néologisme forgé au Japon à partir de « globalisation » et « localisation ». Elle se résume dans le slogan "Penser global, Agir local", pouvant se traduire dans l'économie mondialisée par un ajustement de l'offre en fonction de la clientèle (quantité, qualité...) pour éviter l'inondation des uns par les autres.

GRAND CRU : vignoble de qualité.

GRAND CRU CLASSE : distinction spéciale destinée aux meilleurs châteaux vinicoles de la Gironde (Bordeaux).

GRAND MARNIER : liqueur de la famille du Curaçao ayant le goût de l'orange, produite à base d'eau-de-vie de vin. Cette boisson est commercialisée sous deux formes : rouge pour la plus forte et jaune pour la plus douce.

V. Curaçao.

GRANDE-BRETAGNE :

La Grande-Bretagne se comprend dans un sens géographique. Elle représente l'île formée par l'Angleterre, le Pays de Galles et l'Écosse, trois des quatre nations qui forment le Royaume-Uni.

V. Royaume Uni et Angleterre

GRÉ À GRÉ : V. contrat, marché de gré à gré.

GREENPEACE : organisation citoyenne créée en 1971. Elle milite pour la construction d'un monde durable basé sur l'équité. Son combat a démarré par son rejet du nucléaire et la protection des océans. Puis il s'est étendu sur des thématiques très variées comme la protection des forêts, le changement climatique, la pollution, le plaidoyer contre les Organismes Génétiquement Modifiés (OGM), les pesticides… Ses campagnes (climat-énergie, océans, forêts…) déclenchent des mobilisations qui leur confèrent une audience voire un pouvoir certain.

GREFFIER : fonctionnaire de la justice assistant les magistrats.

GRÈVE DU ZÈLE : seule forme de protestation reconnue et/ou autorisée aux personnels douaniers dans certains pays, où ils sont soumis à un statut paramilitaire.

Cette forme de grève ne porte pas sur l'arrêt du travail. Elle consiste à continuer de travailler tout en appliquant à la lettre les prescriptions de la règlementation. Elle a pour effet de paralyser très vite la chaine de dédouanement.

GRÈVE PERLÉE : ralentissement concerté et collectif du travail

GRÈVE TOURNANTE : cessation du travail pendant une durée limitée affectant successivement les services d'une entreprise ou d'une organisation

GREVER : affecter d'une charge ; exemple : un immeuble grevé d'une hypothèque, une sûreté grève le bien sur lequel il porte.

GRIEF : reproche, motif de plainte, chef de redressement.

GROSSE : Copie du jugement rendu définitif et revêtue de la formule exécutoire.

GROUPAGE (CONSOLIDATION) : regroupement des marchandises provenant d'expéditeurs différents en direction de la même destination, pour en faire un seul lot qui sera logé dans un seul conteneur pour faciliter son transport dans la sécurité.

Il est recommandé pour les envois inférieurs au cubage d'un conteneur de 20'. Toutefois, la compagnie maritime peut décider de faire un groupage dit armement pour faciliter et accroître la sécurité de certains envois.

Le groupage peut concerner le fret aérien, maritime et terrestre (routier et ferroviaire).

GROUPEUR : personne physique ou morale qui fait profession habituelle dans l'activité du groupage.

GUERRE COMMERCIALE : situation conflictuelle mettant aux prises deux ou plusieurs entreprises ou même des États. Le conflit n'est pas armé au sens classique de la guerre. Le conflit se nourrit des mesures commerciales prises pour affaiblir ou anéantir les adversaires. Celles-ci peuvent également viser d'autres objectifs, à savoir les obliger à négocier en position de faiblesse.

GUERRE ÉCONOMIQUE : ce concept peut s'appréhender selon des approches variées. Elle se comprend dans les échanges internationaux comme un conflit ouvert entre deux économies. Ce conflit peut être armé ou moins violent : blocus… Le conflit peut également se manifester par une concurrence étouffante et des pratiques agressives non admises dans un environnement libéral : dumping, espionnage industriel…

GUICHET AUTOMATIQUE DE BANQUE(GAB) : appareil électronique généralement placé dans un lieu public permettant aux clients d'une banque d'effectuer des opérations sur leurs comptes au moyen d'une carte magnétique. C'est la différence avec le distributeur automatique de billets (DAB).

GUICHET UNIQUE DE DOUANE : structure de modernisation et de facilitation des formalités douanières et même parfois de transport qui peut revêtir soit la forme manuelle, physique, soit la forme électronique ou virtuelle.

Il vise le dépôt et le traitement des informations et documents (normalisés) en un seul lieu (d'entrée et de sortie) dans le cadre de l'accomplissement de toutes les formalités douanières exigibles pour les opérations d'importation (entrée) et d'exportation (sortie) des marchandises.

Il présente de nombreux avantages en ce qu'il permet de réduire considérablement le temps des formalités, surtout de gommer les coûts de portage du dossier et de limiter les pratiques défiant l'éthique.

GUICHET UNIQUE DES OPÉRATIONS DU COMMERCE EXTÉRIEUR (GUCE) : structure de facilitation des opérations du commerce extérieur au Port Autonome de Douala. Celle-ci rassemble sur le même site la majorité des acteurs intervenant dans le dédouanement des marchandises dans ce port.

H

HABILITATION : autorisation, permission, pouvoir accordé à une personne pour accomplir un acte. Elle est attribuée après reconnaissance d'une capacité, d'une compétence, d'un mérite.

H.A.D (Honoraires d'Agréé en Douane) : rémunération du Commissionnaire en Douane Agréé (CDA) pour sa prestation des services de dédouanement : codification – saisie, élaboration-rédaction de la déclaration, accomplissement des formalités, visite, paiements divers, portage de la déclaration suivis de la sortie/enlèvement jusqu'à la livraison, représentation du mandant. Ils sont fixés selon un barème publié par les pouvoirs publics au Cameroun. Il s'agit en fait des commissions.

HASCHICH : Stupéfiant provenant du chanvre indien.

HAUTE MER : partie de la mer située hors :

- de la zone économique exclusive (ZEE),
- des eaux territoriales ou mer territoriale,
- des eaux archipélagiques (appartenant à un État archipel).

Elle est comprise comme la propriété de personne (res nullius). Elle est également perçue par d'autres comme la propriété de tous (res communis) ou encore comme la propriété de personne à l'usage de tous (res nullius communis usus).

La souveraineté d'aucun État ne peut s'y exercer. La navigation maritime comme aérienne, la pêche ainsi que la pose des câbles et des pipe-lines sous-marins s'y effectuent librement. C'est dire que la haute mer ne peut être soumise à la compétence territoriale, à l'occupation ou même à l'appropriation d'aucun État.

HAVANE (LA) (CHARTE DE LA HAVANE) : ville cubaine où a été créé le GATT en 1947 ;

V. GATT

HAWB (HOUSE AIR WAY BILL) : Lettre de Transport aérien (LTA) fille ou secondaire née de l'éclatement d'une LTA-mère Master Air Way Bill (MAWB). Document émis par un groupeur.

HÉRITIER : personne qui succède à un défunt. Quand le défunt décède alors qu'il était poursuivi pour infraction douanière, la douane a la possibilité de se retourner contre sa succession, donc concrètement contre l'héritier (V. art 319, 360 CDC) V. TABLEAU DE CONCORDANCE

HEURES LÉGALES : heures de la journée pendant lesquelles les services douaniers peuvent exercer leurs missions. Elles sont variables. Au Cameroun, les services publics ouvrent leurs portes de lundi à vendredi de 7h30 à 15h30. Cependant, pour des besoins de lutte contre la fraude et la contrebande ainsi que des raisons de productivité de l'économie, les services douaniers dérogent. Ils travaillent pour certains H24/7. Pour d'autres, ils s'arriment au rythme des activités qu'ils ont la charge de faciliter...

V. art 60, 84par2, 93, 145 CDC V. TABLEAU DE CONCORDANCE

HINTERLAND : Mot allemand désignant l'arrière-pays. En zone CEMAC, le Tchad et la RCA se trouvent dans l'hinterland.

HOLDING : société dont l'objet est la gestion des participations financières qu'elle prend dans d'autres sociétés. On parle également de société de portefeuille. Ses actifs sont constitués en très grande partie ou en totalité de titres de participation et /ou de créances. L'objectif d'une holding est:

- de prendre des participations dans d'autres sociétés ou
- de prendre le maximum de participations dans d'autres sociétés pour en contrôler la direction et diriger les activités.

Les holdings sont utilisées pour constituer des trusts.

HOMOLOGATION : procédure visant à approuver, à confirmer, ou à enregistrer officiellement un prix, un score, une démarche par une autorité supérieure ou simplement habilitée. Validation.

HONORAIRES : rémunération versée généralement aux praticiens des professions libérales (exemple : Expert en Douane Agréé ,article 12 Acte 3/96 ou article 12 Règlement n°10/21)

Terme proche : V. Commissions

HORS LIEU : dans la profession bancaire, banque s'installant loin dans un territoire insulaire ou dans un grand port où elle bénéficiera d'avantages particuliers.

Terme proche : off shore.

HOTLINE : Centre d'appel téléphonique.

HOUSE TO HOUSE (de bout en bout) : De porte à porte, de domicile à domicile. Modalité qui permet de prendre en charge et d'expédier les conteneurs FCL – FCL.

HUB (AÉROPORTUAIRE OU PORTUAIRE) : plateforme de groupage/dégroupage, de rassemblement d'un très grand nombre de colis où s'effectuent les opérations de tri et d'orientation de ceux-ci. Il fait gagner en temps et en rentabilité.

Il y a quelques années, FEDEX traitait 1000 tonnes de fret chaque soir à partir de son hub de Roissy.

HUIS CLOS : procédure judiciaire spéciale permettant au tribunal de traiter un dossier en dehors de la présence du public, pourtant habituellement admise.

HUISSIER DE JUSTICE : officier ministériel nommé par les pouvoirs publics.

Il est chargé notamment :

- de la signification des actes de procédures (assignation...),
- de l'exécution des décisions de justice et autres titres exécutoires (saisies, expulsions…),
- du recouvrement des créances,
- de procéder à la vente aux enchères publiques (VEP),
- d'effectuer des constats sur demande des tribunaux ou des particuliers.

« Les agents des douanes peuvent faire en matière de douane tous exploits et autres actes de justice que les huissiers ont coutume de faire ; ils peuvent toutefois se servir d'un huissier que bon leur semblera, notamment pour les ventes d'objets saisis, confisqués ou abandonnés » article 347 CDC V. TABLEAU DE CONCORDANCE.

HYDROMEL : boisson d'un aspect clair et doré, produite à base de miel fermenté. Il titre 8% en volume alcoométrique. Il peut être distillé et devient l'eau-de-vie de miel.

HYPOTHÈQUE : sûreté donnée par un débiteur sur son immeuble en vue d'assurer un créancier du règlement de sa dette.

Droit réel que détient l'administration des douanes sur les immeubles lui permettant de les faire saisir pour se payer sur le prix de leur vente. Elle peut être conventionnelle, légale ou judiciaire.

L'administration des douanes bénéficie des privilèges suivants : privilège, préférence, hypothèque sur les immeubles (art 358 et autres CDC) : V. TABLEAU DE CONCORDANCE

- d'une hypothèque légale sur les immeubles des redevables débiteurs des douanes.
- d'une hypothèque judiciaire découlant des contraintes douanières
- d'une hypothèque conventionnelle découlant des transactions douanières.

I

IATA (International Air Transport Association) ou ASSOCIATION INTERNATIONALE DU TRANSPORT AÉRIEN (AITA) : association professionnelle des compagnies de transport aérien, créée en 1919. Elle regroupe pas moins de 273 compagnies aériennes opérant dans 130 pays. Son siège est fixé à Montréal. Ses objectifs majeurs, entre autres :

- coopérer pleinement avec l'OACI
- promouvoir le développement d'un transport aérien protégé par des mesures de sécurité et de sûreté, toujours plus régulier et économique, et respectant l'environnement pour le bénéfice de tous les peuples du monde entier.
- accroître le développement du commerce par la voie aérienne.

IBAN (International Banking Account Number) : identifiant normalisé d'un compte permettant de reconnaitre son titulaire dans le réseau bancaire mondial. Il est indispensable pour les opérations du commerce extérieur.

ICC (International Chamber of Commerce) ou CCI (Chambre de Commerce Internationale). Le sigle en anglais est préférable pour éviter des confusions.

V. International Chamber of Commerce.

ICC (INTERNATIONAL CHAMBER OF COMMERCE OF PARIS) en français **CHAMBRE DE COMMERCE INTERNATIONALE DE PARIS (CCI)** : Le sigle en anglais est préférable pour éviter des confusions. Son siège est à Paris.

Organisation mise sur pied en 1919 par un groupe d'entrepreneurs avec pour ambition de représenter le secteur des affaires partout où besoin se ferait sentir. Ils partagent la ferme conviction selon laquelle le secteur privé est mieux outillé pour déterminer les normes mondiales qui lui seront applicables. Ils se faisaient appeler les « marchands de la paix » parce qu'ils estimaient que leur action permettrait de garantir la paix, la prospérité et les opportunités pour tous.

En 1923, elle met sur pied la Cour internationale d'arbitrage. En 1933, elle publie les premières règles relatives à la pratique du crédit documentaire qui s'appliquent jusqu'à présent sous la forme des Règles et pratiques uniformes UCP 600 largement utilisées dans la finance internationale. Le crédit documentaire se pose comme le socle de la vente internationale des marchandises.

En 1936, elle publie la première édition des incoterms comportant seulement 6 termes de vente. En 1944, elle a représenté le monde des affaires à la conférence de Bretton Woods qui adopta les nouvelles règles du système commercial international. En 1977, elle a été la première organisation du monde des affaires à publier des règles de lutte contre la corruption.

Elle représente et défend les intérêts des entreprises dans les sphères de décision les plus élevées : ONU, OMC, G20… Elle œuvre dans le secteur de la formation juridique et commerciale et se classe comme éditeur leader dans l'industrie d'outils pratiques pour les affaires internationales, la banque et l'arbitrage. Elle participe à la définition des règles et mécanismes pour la bonne conduite des échanges. Elle est la représentante institutionnelle de plus de 45 (quarante-cinq) millions d'organisations (PME, associations professionnelles, chambres de commerce locales…) dans plus d'une centaine de pays.

IDE : V. Investissement Direct Étranger.

IDH (INDICE DE DÉVELOPPEMENT HUMAIN) : créé en 1990 par le Programme des Nations Unies pour le Développement (PNUD). Sur une échelle de 0 à 10, il sert à établir un classement de pays. Il associe les critères suivants :

- le niveau de vie : PIB par habitant,
- la santé : espérance de vie,
- l'éducation : taux d'alphabétisation des adultes plus taux brut de scolarisation.

IGP : V. Indication Géographique Protégée.

ILLÉGAL : contraire à la loi.

ILLÉGITIME : contraire au droit naturel, à la morale, à l'équité.

ILLICITE : contraire aux mœurs, à l'ordre établi, à l'ordre public.

ILLIQUIDE : dépourvue de liquidités, parlant d'une banque.

IMITATION (ILLICITE) : reproduction illicite, non autorisée, sans authenticité d'une œuvre, privilège de juridiction, contrefaçon.

Immunité parlementaire, immunité diplomatique : Convention de Vienne de 1961 ambassadeurs, membres étrangers de certains organismes internationaux officiels.

IMMOBILISATION : biens de toute nature acquis ou créés par l'entreprise pour être utilisés de façon durable dans le cadre de son activité : terrains, bâtiments, outillages, brevet…

Les immobilisations peuvent être corporelles : terrains, constructions, outillages, matériels de transport, mobiliers…

Elles peuvent également être incorporelles : brevets, fonds de commerce…

IMMUNITÉ : art 276 CDC V. TABLEAU DE CONCORDANCE privilège de juridiction, prérogative conférant l'inviolabilité judiciaire.

IMPORTATEUR : personne physique ou morale qui a pour occupation habituelle et professionnelle, l'importation de marchandises.

IMPORTATION : introduction d'une marchandise dans un pays ou dans un territoire douanier. Il n'y a pas d'importation au sein d'un même territoire douanier, mais d'acquisition. L'entrée de biens ou de services dans la CEMAC, en provenance d'une zone franche installée dans le territoire douanier, est assimilée à une importation.

Par extension : achat de marchandises à des agents économiques résidant à l'étranger en vue de les faire acheminer dans le territoire douanier où réside l'acheteur.

Termes proches : importation illicite : entrée frauduleuse d'une marchandise dans un territoire douanier ou dans un pays; pays d'importation : pays destinataire de la marchandise achetée à l'étranger.

IMPORT-SUBSTITUTION : doctrine et pratique recommandant de ne pas entreprendre l'importation des marchandises pouvant être produites localement. Elle encourage de transformer plus localement et d'importer moins. Elle vise à promouvoir l'industrialisation.

IMPOSITION : de manière générale, prélèvement, contribution, impôt, taxe.

IMPOSITION : Liquidation.

IMPOSITION (PROCESSUS D') : il comporte trois étapes majeures :

- l'évaluation de la matière taxable ou la détermination de l'assiette,
- la liquidation des droits et taxes ou le calcul de leur montant exact,
- le recouvrement.

IMPÔT : prélèvement pécuniaire obligatoire et sans contrepartie directe effectué par l'État en vertu de ses prérogatives de puissance publique afin d'assurer le financement des dépenses publiques de l'État et ses démembrements.

Impôt douanier : impôt calculé et recouvré par les services douaniers.

Impôt de quotité –Impôt de répartition :

L'impôt de quotité est calculé par l'application d'un taux proportionnel à une base imposable. L'impôt douanier est en très grande partie un impôt de quotité.

L'impôt de répartition découle du partage d'un montant global de l'impôt déjà connu entre les contribuables auxquels il va s'appliquer.

Impôts directs – impôts indirects : l'impôt direct s'entend de toute imposition nominative, personnalisée qui vise un contribuable ou un type de contribuable donné et qui prend en considération sa **capacité**, sa faculté contributive. C'est le contribuable qui subit le poids, l'impact, la charge de l'impôt dont il est tenu de verser le montant au préposé ou au service de l'État chargé de le percevoir.

L'impôt indirect s'applique généralement sur des objets ou des services rendus. Il ne tient pas compte de la faculté contributive. Ainsi des consommateurs aux revenus faibles paieront les mêmes impôts indirects pour des produits de première nécessité que ceux qui sont mieux lotis.

L'impôt indirect est payé au préposé ou au service de l'État chargé de le percevoir par un redevable. Mais en définitive, c'est le consommateur final qui en subit la charge. L'impôt douanier est un impôt indirect.

Impôts spécifiques et impôts ad valorem :

L'impôt spécifique est calculé en prenant en considération la nature de la marchandise : sa longueur, son poids, son volume, son volume alcoométrique... On parle en droit douanier d'unité complémentaire (UC).

L'impôt ad valorem s'applique à la valeur de la matière taxable qui est sa base d'imposition. Il est plus flexible et son utilisation est très répandue.

Toutefois, il faut noter que ces deux techniques sont simultanément utilisées dans la plupart des douanes contemporaines.

Impôts réels – impôts personnels

L'impôt réel est calculé sur une chose, un bien. Tandis que l'impôt personnel vise une personne, un contribuable. C'était le cas de l'impôt de capitation dans la Rome antique ou de l'impôt forfaitaire anciennement pratiqué au Cameroun. L'impôt douanier est un impôt réel.

IN LIMINE LITIS : « au début du procès », avant tout débat au fond. C'est le moment où les exceptions doivent être soulevées, car ultérieurement, elles ne seront plus admises.

INAO (INSTITUT NATIONAL DES APPELLATIONS D'ORIGINE) : organisation française chargée de défendre et de promouvoir les appellations d'origine contrôlée (AOC) et les indications géographiques protégées (IGP) en France, en Europe et à l'étranger.

INCAPACITÉ (JURIDIQUE) : inaptitude d'une personne à pouvoir bénéficier de certains droits ou à les exercer. Incapacité d'exercice, de jouissance ou de contracter. Elle est constatée par un acte juridique.

INCARCÉRATION : emprisonnement.

INCESSIBILITÉ : caractère de ce qui ne peut être transmis à une autre personne. Une déclaration d'importation, un agrément d'importateur, de CDA, n'est pas cessible.

INCITATION (FISCALE-DOUANIERE) : moyen juridique utilisé par les pouvoirs publics pour accélérer, orienter et déterminer les choix de certains investisseurs et d'autres acteurs économiques vers les domaines que l'État entend promouvoir.

Elle peut prendre l'aspect d'une taxation réduite, d'une exonération totale ou partielle des droits et taxes de douane sur une durée plus ou moins longue, d'un octroi de fonds ou d'autres avantages.

Le problème que posent les incitations fiscalo-douanières est celui de l'évaluation de leur efficacité économique face aux recettes non encaissées qu'elles engendrent.

INCOMPATIBILITÉ : caractère de ce qui ne s'accorde pas avec une autre chose, de ce qui n'autorise pas l'association avec une autre chose.

C'est également le cas d'obstacles ne permettant pas l'exercice d'une profession, l'obtention d'un agrément… L'art 13 de l'Acte 3/96-UDEAC-1496-CD-57 du 1er juillet 1996 révisé par le Règlement n°10/21-CEMAC-UEAC-CM-36 du 8 février 2021 portant statut des Experts en Douane Agréés en zone CEMAC prévoit une incompatibilité avec la profession de Commissionnaire en Douane Agréé (CDA).

INCOTERMS : ce terme provient en 1953 d'une contraction d'**In**ternational **Co**mmercial **Terms**. On pourrait le traduire littéralement par Termes du Commerce International. Mais on parle davantage des Conditions Internationales de Vente (CIV). Ils sont symbolisés par trois lettres. Sans être obligatoires, force est de constater qu'ils sont devenus des éléments essentiels et quasi incontournables du contrat commercial international. En effet, cette codification reconnue sur le plan international harmonise les termes des contrats de vente internationale des marchandises.

En 1812, des précisions sur les conditions de vente apparaissaient dans le transport maritime et des voies navigables : FOB (Franco à Bord, Free on Board).

En 1936 s'ouvre la période moderne des termes du commerce international. L'ICC (International Chamber of Commerce) élabore des solutions pour faciliter la détermination des obligations des parties à l'occasion des expéditions internationales.

Les incoterms ne traitent pas le transfert de propriété. Ils remplissent une triple fonction :

- la définition des obligations (frais, documents…) du vendeur et de l'acheteur dans le cadre du contrat commercial international ;
- la définition du lieu de transfert des risques et

- la détermination des obligations de livraison et de délai qui incombent au vendeur.

C'est dire que leur champ de compétences porte essentiellement sur le transfert des risques (et pas de propriété), le lieu, les frais ou charges et les formalités administratives : obtention des certificats ..., le transport, la livraison, l'assurance, l'emballage, la manutention des marchandises.

Conçus pour refléter les pratiques commerciales internationales, en raison de l'évolution des moyens et techniques de transport, de manutention, des nouvelles technologies de l'information, les incoterms sont périodiquement mis à jour par la ICC qui les a créés. Les Incoterms ont ainsi été revisités en 1953, 1967, 1976, 1980, 1990, 2000, 2010 et 2020.

Les incoterms se répartissent de nos jours ainsi qu'il suit :

- Incoterms des transports maritimes et fluviaux

FAS : Free Alongside Ship... named port of shipment (franco le long du navire...port d'embarquement convenu). Le vendeur remet la marchandise à un transporteur principal désigné par l'acheteur.

FOB : Free on Board... named Port of shipment (chargé à bord...port d'embarquement convenu). Le vendeur remet la marchandise à un transporteur principal désigné par l'acheteur.

CFR : Cost and Freight... named port of destination (coût et fret...port de destination convenu). Le vendeur a la charge de conclure le contrat de transport sans devoir répondre des risques de perte ainsi que des dommages qui surviendraient à la marchandise.

CIF : Cost Insurance and Freight... named Port of destination (coût, assurance et fret...port de destination convenu).). Le vendeur a la charge de conclure le contrat de transport avec l'assurance sans devoir répondre des risques de perte ainsi que des dommages qui surviendraient à la marchandise.

- Incoterms des transports multimodaux

EXW : Ex Works... named place (à l'usine... lieu convenu). Le vendeur met la marchandise à la disposition de l'acheteur à l'usine selon l'arrangement convenu. L'implication du vendeur est minimale tandis que celle de l'acheteur est maximale. Il constitue un grand risque pour les primo importateurs.

FCA : Free Carrier… named place (franco transporteur…lieu convenu). Le vendeur remet la marchandise à un transporteur principal désigné par l'acheteur.

CPT : Carriage Paid To… named port of destination (port payé jusqu'à…port de destination convenu). Le vendeur a la charge de conclure le contrat de transport sans devoir répondre des risques de perte ainsi que des dommages qui surviendraient à la marchandise.

CIP : Carriage and Insurance Paid to… named place of destination (port et assurance payés…port de destination convenu).). Le vendeur a la charge de conclure le contrat de transport et l'assurance (une assurance tous risques est préférable à celle dite FAP sauf) sans devoir répondre des risques de perte ainsi que des dommages qui surviendraient à la marchandise. Le lieu d'arrivée est reconnu des parties comme lieu de transfert des frais. Mais l'ICC recommande de très bien spécifier le lieu où doit s'opérer le transfert de risque, car le risque de perte ou de dommage est transféré à l'acheteur dès que le vendeur remet la marchandise au transporteur indépendant.

DAP : Delivered At Place… named port of destination (rendu au… lieu de destination convenu). Le vendeur supporte les coûts et risques suscités par l'acheminement de la marchandise jusqu'à la destination convenue. La marchandise est remise à l'acheteur au point de livraison convenu sur le moyen de transport donc sans être déchargée.

DPU : Delivered at Place Unpaid…named place of destination (rendu droits non acquittés au lieu de destination convenu).). Le vendeur supporte les coûts et risques suscités par l'acheminement de la marchandise jusqu'à la destination convenue. Le DPU remplace l'incoterm DAT. Il a les mêmes règles que le DAP, à la différence que la marchandise est remise à l'acheteur au point de livraison convenu, déchargée du moyen de transport. Il est le seul dit « déchargé » des incoterms 2020.

DDP : Delivered Duty Paid… named place of destination (rendu droits acquittés…lieu de destination convenu). Le vendeur supporte les coûts et risques suscités par l'acheminement de la marchandise jusqu'à la destination convenue. En plus, il doit assurer le dédouanement ainsi que le paiement de tous les frais jusqu'à la livraison à l'acheteur. L'engagement du vendeur est maximal et l'acheteur n'attend que la livraison.

INCU (INTERNATIONAL NETWORK OF CUSTOMS UNIVERSITIES) : réseau des universités dispensant des enseignements de niveau supérieur et faisant de la recherche scientifique sur la matière douanière. Il est créé en 2005 et son siège est fixé à l'Université de Canberra en Australie.

Son objet est de fournir un corps de connaissances globales sur la douane à l'OMD ou à toute organisation du secteur public ou privé. Il se présente comme une ressource pédagogique de référence aux étudiants soucieux d'améliorer et d'approfondir leurs connaissances en matière de douane, de gestion, de logistique et des échanges internationaux.

L'INCU, organisation de notoriété mondiale, dispense des programmes répondant aux normes professionnelles PICARD (NPP) et approuvées par l'OMD. Il compte une centaine d'universités affiliées disséminées à travers le monde. V. www.incu.org

INCULPATION : mise en examen.

INDEXATION : technique consistant à relier un revenu sollicité sur un indice comme référence : par exemple au lieu de fixer un revenu : 10000/mois, vous choisissez une rémunération de 10 francs par litre de produit vendu... Ainsi ce revenu est indexé à la vente.

INDICATEUR DE PAUVRETÉ HUMAINE : V. IPH.

INDICATION DE PROVENANCE : mention apposée sur un produit pour renseigner sur son origine géographique (pays, région, localité, site) évocatrice des conditions particulières et favorables de ce lieu.

En cas de mentions trompeuses, bien que la notion ne donne pas lieu à une protection particulière, son auteur engage sa responsabilité.

Il est à noter que cette notion n'est à confondre ni avec l'origine ni avec la provenance considérée sous leur acception douanière.

INDICATION GÉOGRAPHIQUE : lieu géographique renseignant sur l'origine d'un produit. En droit français, cette notion renferme des variantes : l'appellation d'origine (AO) et l'appellation d'origine contrôlée (AOC).

"Constitue une appellation d'origine (AO), la dénomination d'un pays, d'une région, d'une localité, servant à désigner un produit qui y est originaire et dont la qualité ou les caractères sont dus au milieu géographique, comprenant des facteurs naturels et des facteurs humains" / Art L 721-1 CPI et L 115-1 Code de la consommation.

"Peuvent bénéficier d'une appellation d'origine contrôlée (AOC), les produits agricoles, forestiers ou alimentaires et les produits de la mer bruts ou transformés qui remplissent les conditions fixées par la disposition de l'Art 115-1 du Code de la consommation, possèdent une notoriété dûment établie et dont la production est soumise à des procédures comportant une habilitation des opérateurs, un contrôle de production et un contrôle des produits."

À ces deux types d'appellations se rapportent des types différents de produits : l'AOC s'appliquera aux produits agroalimentaires, et l'AO aux produits non alimentaires en raison du fait que le terroir n'exerce sur eux aucune influence décisive.

INDICATION GÉOGRAPHIQUE PROTÉGÉE (IGP) : sigle européen qui reproduit le modèle des appellations d'origine contrôlée (AOC) françaises.

Elle établit un lien entre un produit et un terroir, un site géographique, un point géographique généralement réputé pour ses qualités. Par contre, elle ne constitue ni une norme de qualité ni une garantie de la qualité.

INDICE BOURSIER : indicateur permettant d'apprécier ou de déterminer la performance d'un marché. Il est représentatif d'un marché (exemple le CAC 40 qui représente les 40 plus grandes capitalisations françaises) ou d'un secteur d'activités (l'automobile, par exemple).

INDICE DE DÉVELOPPEMENT HUMAIN : V. IDH.

INDU (RÉPÉTITION DE L'INDU) : remboursement des sommes indûment liquidées et acquittées par les redevables / art 139 CDC.

INFRA PETITA : c'est-à-dire en deçà de la demande.

Terme opposé : Ultra petita c'est-à-dire au-delà de la demande.

INFRACTION DOUANIÈRE :

"L'infraction douanière s'entend de toute violation ou tentative de violation de la législation douanière.

2. Sauf dispositions contraires du présent code, les infractions douanières sont établies indépendamment de tout élément intentionnel / Art 359 CDC" V. TABLEAU DE CONCORDANCE

L'infraction douanière est par conséquent constituée d'un élément légal et d'un élément matériel. En CEMAC, elle se présente sous la forme de contraventions ou de délits. Il n'existe pas de crime dans le contentieux douanier.

Elle peut être complexe ou simple, continue ou instantanée, d'omission ou d'action, de commission ou de résultat, flagrante ou putative, impossible ou manquée, formelle ou matérielle...

V. Convention de Nairobi, Annexe H.2 de la Convention de Kyoto de 1974 et Annexe spécifique H, Chapitre1 de la CKR.

INFRACTION PÉNALE : violation de la loi(répartie en contravention, délits et crimes) punie par des peines: amendes, prison... Ces infractions sont classées par ordre de gravité croissant : contraventions, délits et crimes. Elles peuvent figurer dans le casier judiciaire. Elles sont jugées par les juridictions répressives.

INGÉNIERIE (ACTIVITÉS D') : activités ayant pour finalité la conception des ouvrages et/ou des équipements techniques et industriels, la mise sur pied et la coordination de tels projets, le contrôle et la réalisation de tels projets, la mise en service d'un ouvrage ou d'un ensemble d'ouvrages.

INITIE : toute personne pouvant obtenir de par sa position professionnelle des informations privilégiées sur une société et/ou susceptible d'influencer l'évolution du cours d'une valeur mobilière cotée en bourse.

Cette personne a l'information bien avant le public qui effectue des opérations en bourse. En plus, elle va l'exploiter pour son compte personnel, pour commettre un délit d'initié. Cette expression relève initialement du langage des marchés boursiers.

Les initiés peuvent être le Président du Conseil d'Administration (CA), les administrateurs, les membres du directoire ou du conseil de surveillance, les comptables, les conseils de sociétés, les juristes d'entreprises...

INJURES : outrages verbaux, expressions outrageantes. Parlant des agents des douanes, le CDC rappelle qu'il est spécialement interdit à toute personne physique ou morale, civile ou militaire :

De les injurier, de les maltraiter, ou de les troubler dans l'exercice de leurs fonctions..." / Art 62 CDC. V. TABLEAU DE CONCORDANCE

INQUISITOIRE (procédure) : procédure judiciaire dans laquelle le rôle du juge est très dominant par rapport à celui des parties.

Terme opposé : accusatoire (procédure).

INSCRIPTION DE FAUX :(art 310, 313, 315, 339 CDC V. TABLEAU DE CONCORDANCE

Procédure judiciaire spécifique prévue pour démontrer qu'un acte authentique est faux. C'est la procédure qui permet de contester la véracité, l'exactitude des procès-verbaux de douane.

"Les procès-verbaux de douane rédigés par deux agents de douane font foi jusqu'à inscription de faux des constatations matérielles qu'ils relatent" art 310 al_1 V. TABLEAU DE CONCORDANCE

"Celui qui veut s'inscrire en faux contre un procès-verbal est tenu d'en faire déclaration par écrit, en personne ou par un fondé de pouvoir spécial passé devant notaire, au plus tard à l'audience indiquée par la sommation de comparaitre devant le tribunal qui doit connaitre l'infraction" art 313 al_1 V. TABLEAU DE CONCORDANCE

"Dans le cas d'une inscription de faux contre un procès-verbal constatant la fraude, si l'inscription est faite dans le délai et suivant la forme prescrite par l'article précédent et en supposant que les moyens de faux s'ils étaient prouvés, détruisent l'existence de la fraude à l'égard de l'inscrivant, le Procureur de la République fait les diligences convenables pour y statuer sans délai" art 314 al_1. V. TABLEAU DE CONCORDANCE

INSPECTION (douanière) : Visite, contrôle, vérification.

Termes proches : inspection avant embarquement : pratique conventionnelle entre une société d'inspection et un acteur du commerce extérieur national ou même un État pour qu'elle procède au contrôle des marchandises à importer avant leur embarquement dans le moyen de transport et dans certaines conditions, en quantité, en qualité, en valeur…

INSTITUT D'ÉMISSION: Banque centrale émettant la monnaie.

INSTRUMENT DE PAIEMENT : techniques, outils utilisés pour donner un ordre de paiement en vue de faire circuler la monnaie.

Sont des instruments de paiement : des chèques, des cartes bancaires, des virements, des prélèvements.

INSTRUMENTS FINANCIERS : ensemble de techniques utilisées pour qu'un client d'une banque puisse bénéficier des prestations de service d'une autre banque dont il n'est pas client, à laquelle il n'appartient pas. L'interbancaire facilite la circulation des instruments de paiement entre banques.

INTÉGRATION ÉCONOMIQUE : accord économique commercial entre États d'une communauté qui a évolué au point d'atteindre le stade d'un marché unique, d'un marché commun dans lequel les États ont unifié leur politique économique, sociale et monétaire ainsi que les structures qui les gèrent.

L'Union Européenne (UE) apparait comme l'emblème de l'intégration économique régionale dans le monde.

INTELLIGENCE ARTIFICIELLE : terme anthropomorphique ; processus par lequel des machines imitent l'intelligence humaine à travers la création d'algorithmes et leur exécution en vue de fournir des solutions proches ou semblables à celles produites directement par l'intelligence humaine.

INTELLIGENCE ÉCONOMIQUE : « ensemble des actions de recherche, de traitement, de diffusion et de protection de l'information utile aux différents acteurs économiques… » définition proposée par un groupe de travail créé en 1994 par le Commissariat général au Plan et dirigé par Henri Martre, La Documentation française, 1994. Ce groupe de travail avait la mission d'éclairer les acteurs sociaux sur l'enjeu de l' « intelligence économique ».

INTELLIGENCE ÉCONOMIQUE : veille commerciale menée dans la perspective de rechercher et de traiter l'information globale utile aux opérateurs économiques pris par secteur ou collectivement dans un État.

Il s'agit d'un processus de maîtrise de l'information stratégique et technique vitale pour les acteurs économiques. Celui-ci a pour objectif final de gommer les vulnérabilités et promouvoir l'optimisation des ressources de l'entreprise en vue d'atteindre des résultats probants.

INTERCULTUREL : caractère d'un groupe organisé de personnes provenant d'aires culturelles différentes et variées.

V. Management interculturel.

INTERDICTION BANCAIRE : sanction adoptée par la banque contre un client qui a émis un chèque alors que sa provision était insuffisante. Elle consiste en l'application à un tel client de la déchéance de son droit d'utiliser un chéquier.

INTERDICTION JUDICIAIRE : déchéance prononcée par le tribunal à l'encontre d'un auteur d'infraction de chèque sans provision, lui retirant le droit d'émettre les chèques pendant cinq (5) ans ou plus.

INTERDICTIONS FAITES AUX JUGES :(CDC Art 312.5 ; 325§2 ; 348 ; 351) V. TABLEAU DE CONCORDANCE: limitation drastique en matière du contentieux douanier répressif des pouvoirs habituellement reconnus aux juges.

"Les juges ne peuvent, à peine d'en répondre en leur propre et privé nom, modérer ni les droits ni les confiscations et amendes, non plus qu'en ordonner l'emploi au préjudice de l'administration" Art 348 al_1 V. TABLEAU DE CONCORDANCE

"Il leur est expressément défendu d'excuser les contrevenants sur… " Art 348 al_2 V. TABLEAU DE CONCORDANCE

"Les tribunaux ne peuvent admettre contre les procès-verbaux de douane d'autres nullités que celles résultant de l'omission des formalités prescrites par les Art 299§1, 300, 306 et 308 du CDC" V. TABLEAU DE CONCORDANCE

"Les juges ne peuvent sous quelque prétexte que ce soit, refuser le visa de toutes contraintes qui leur sont présentées, sous peine d'être, en leur propre et privé nom, responsables des objets pour lesquels elles sont décernées" Art 325al2. V. TABLEAU DE CONCORDANCE

"Les juges des tribunaux et leurs greffiers ne peuvent expédier des acquits de paiement ou à caution, congés, passavants, réceptions ou décharge des soumissions ni rendre aucun jugement pour tenir lieu des expéditions" Art 351 CDC. V. TABLEAU DE CONCORDANCE

INTERDIT BANCAIRE : client d'une banque frappé d'une interdiction bancaire. Cette déchéance peut provenir d'une décision de la banque ou de la justice.

INTÉRESSÉ À LA FRAUDE : notion spécifique au contentieux douanier répressif permettant d'établir la participation d'un individu à la perpétration d'un délit douanier.

Elle s'ajoute à celle de complicité prévue par le Code pénal / Art 386 CDC V. TABLEAU DE CONCORDANCE. Elle se rapporte à un délit : contrefaçon, contrebande, importation ou exportation sans déclaration.

Le CDC dans son article 387 al_2, dispose que : “sont réputés intéresser (à la fraude) : V. TABLEAU DE CONCORDANCE

Les entrepreneurs, membres d'entreprises, assureurs, assurés, bailleurs de fonds, propriétaires de marchandises et en général, ceux qui ont un intérêt direct à la fraude ;

Ceux qui ont coopéré d'une manière quelconque à un ensemble d'actes accomplis par un certain nombre d'individus agissant de concert, d'après un plan de fraude arrêté, pour assurer le résultat poursuivi en commun.

Ceux qui ont sciemment soit couvert les agissements des fraudeurs ou de tenter de leur procurer l'impunité, soit acheté, soit détenu, même en dehors du rayon, des marchandises provenant d'un délit de contrebande ou d'importation sans déclaration”

INTÉRÊTS : sommes versées au prêteur (celui qui octroie un prêt) par un emprunteur (celui qui bénéficie d'un emprunt), pour rémunérer le prêt consenti. Ils prennent plusieurs formes :

- **Intérêts conventionnels :** calculés sur un taux défini par les parties de façon consensuelle.
- **Intérêts à terme échu :** payables au remboursement de l'emprunt.
- **Intérêts composés ou capitalisés :** intérêts produisant eux-mêmes des intérêts.
- **Intérêts créditeurs :** payés par la banque au titulaire du compte.
- **Intérêts débiteurs :** payés par le titulaire du compte à la banque.
- **Intérêts précomptés :** payables au moment de la mise à disposition des fonds à l'emprunteur qui a bénéficié des fonds
- **Intérêts post comptés :** intérêts payables lors du remboursement des fonds.
- **Intérêts de retard :** art 137 CDC V. TABLEAU DE CONCORDANCE, payés quand l'échéance n'a pas été respectée;

c'est le prix du temps écoulé en sus du délai conclu. Ils se calculent au prorata temporis. Il n'est pas une sanction. Il peut s'accompagner d'une amende douanière lorsqu'il y a eu une inexécution partielle ou totale des engagements souscrits.

- **Intérêts de crédit :** art 137 CDC payés sur un crédit droit et taxe ou sur un crédit d'enlèvement octroyé par la douane.
- **Intérêts d'indemnité :** art 390 CDC V. TABLEAU DE CONCORDANCE, montant versé au propriétaire de marchandises qui est victime d'une saisie douanière non fondée. Son montant est égal à 1% de la valeur des marchandises pendant la durée de la retenue jusqu'à l'offre de remise des marchandises.

INTERJETER APPEL : faire appel de la décision d'un tribunal d'instance.

INTERMÉDIAIRE AGRÉÉ : pour la règlementation des changes de la CEMAC, il s'agit des établissements de crédit agréés, de l'administration des postes pouvant effectuer des règlements aussi bien en zone franc qu'en dehors, donc à l'étranger.

Il s'agit également des établissements de microfinance et des bureaux de change manuel agréés.

INTERMÉDIAIRE DU COMMERCE INTERNATIONAL : acteur agissant pour le déploiement du commerce international : il peut s'agir des importateurs/exportateurs, concessionnaires exclusifs, courtiers, négociants, bureaux d'achat…

INTERMÉDIATION FINANCIÈRE : terme bancaire qui désigne la capacitation, l'habilitation accordée à un établissement de crédit en vue de recueillir l'épargne et de la redistribuer sous forme de crédit.

INTERMODALITÉ : polyvalence de moyens de transport. Ceux-ci pouvant être compatibles les uns avec les autres. Un transport intermodal se réalise en utilisant plusieurs moyens de transport.

Le transport d'une marchandise à acheminer à l'étranger peut se réaliser par un camion pour le pré acheminement, un navire pour le transport principal et un avion ou un camion ou un train pour atteindre sa destination finale à l'étranger.

Le conteneur est un moyen de transport intermodal puisqu'il va toujours nécessiter le recours à un autre moyen de transport pour le déplacer.

INTERMODALITÉ : association de deux modes de transport.

V. Multimodalité

INTERNATIONAL STANDARD ORGANIZATION (ISO) : Organisation Internationale de la Norme.

Principal organisme de normalisation au plan mondial créé en 1957 et reconnu par l'ONU. Cette ONG est investie de la mission de promotion et du développement des normes internationales. Elle rassemble les représentants d'organismes nationaux de normalisation de 163 pays.

Les normes adoptées par l'ISO n'ont pas de formes contraignantes. Elles sont de simples recommandations, mais sont très respectées. Elles portent sur des domaines variés : devises, agriculture, management, mécanique, management du risque, assurance qualité…

INTEROPÉRABILITÉ : capacité pour des systèmes électroniques, informatiques ou téléphoniques mis en place par des opérateurs différents de se rendre compatibles pour effectuer des transferts de données pour un utilisateur final.

INTERRUPTION (DE LA PRESCRIPTION) : arrêt de la prescription par un fait prévu par la loi qui anéantit également la durée déjà écoulée.

L'interruption s'oppose à la suspension ; cette dernière n'agissant que temporairement sur le cours de la prescription.

INTRACOMMUNAUTAIRE : qui concerne les États membres d'une communauté entre eux ; qui est interne à une communauté.

Un achat communautaire est effectué par une entreprise d'un pays membre auprès d'une autre entreprise d'un autre pays membre d'une même union douanière ou d'une même communauté économique.

INTUITU PERSONAE : expression latine signifiant « eu égard à la personne », « en considération de la personne ». Elle exprime une sélection basée sur la personnalité de la personne choisie.

Elle est contraire au sens de "sans acception des personnes"

INVESTISSEMENT : acquisition des moyens de production ou d'un capital en vue de pouvoir les mettre en œuvre pour obtenir des revenus.

Il s'oppose à la consommation qui vise la satisfaction des besoins par l'utilisation, la destruction des biens et services.

Terme proche: Société d'investissement : institution financière dont l'occupation professionnelle habituelle est la gestion collective des placements de ses actionnaires.

INVESTISSEMENT À L'ÉTRANGER : aspect financier attaché à une implantation basée à l'étranger.

INVESTISSEMENT DIRECT ÉTRANGER (IDE) en anglais FOREIGN DIRECT INVESTISSEMENT (FDI) : montant d'argent investi dans un pays X en provenance de l'étranger ou du pays X vers l'étranger.

Selon la règlementation des changes, il s'agit d'une opération en capital consistant en la prise de participation par une personne vivant dans une économie donnée au capital d'une entreprise opérant dans une autre économie, pour en prendre le contrôle ou y avoir un intérêt durable. Il faudrait que la participation ou la détention des parts ou actions représente au moins 10%. En deçà de ce seuil, l'opération est assimilable à un simple emprunt ou prêt.

Art 3 de l'Instruction de la BEAC n°003/GR/2020 du 05 octobre 2020 précisant les conditions et modalité de réalisation des opérations relatives aux investissements directs et de portefeuille avec l'étranger « sont considérés comme des investissements directs :

- Les prises de participation ou souscriptions des montants représentant au moins 10% du capital de l'entreprise d'investissement ;
- Les acquisitions immobilières ;

Les investissements dans une entreprise sous contrôle ou sous influence indirecte de l'entreprise d'investissement, dans les entreprises apparentées ainsi que les dettes entre entreprises apparentées, à l'exception de celles entre les établissements de crédit »

Les apports de fonds bloqués ou permanents ou même les simples avances et crédits commerciaux sont assimilés à des investissements directs.

L'investissement direct se décline selon les cas en investissement direct de l'étranger (investissement direct provenant de l'étranger) et investissement direct à l'étranger (investissement direct effectué à l'étranger).

IPH (INDICATEUR DE PAUVRETÉ HUMAINE) : il est proposé par le Programme des Nations Unies pour le Développement (PNUD) en 1990 pour mesurer la pauvreté dans les pays en développement (PED) et dans les pays développés (PD).

Dans les PED, l'IPH repose sur :

- l'espérance de vie,
- le niveau d'éducation,
- les conditions de vie : accès à l'eau potable, aux services de santé et malnutrition des enfants de moins de cinq ans.

Dans les PD, l'IPH-2 mesure :

- l'exclusion sociale,
- l'espérance de vie,
- le niveau d'éducation et
- les conditions de vie.

V. Indicateur de Pauvreté Humaine

IRRECEVABILITÉ : caractère d'une demande ou d'une requête pour laquelle il est impossible de se prononcer sur le bien-fondé de l'objet parce qu'elle ne peut même pas être examinée en raison de la violation d'une règle, de l'absence d'une pièce, du non-respect d'un délai…

ISO: V. International Standard Organization

J

JAUGE : mesure du volume des capacités intérieures d'une cuve, d'un navire.

Capacité totale d'un navire exprimée en tonneaux. Un tonneau est équivalent à 2,88 m^3. Cette jauge peut être brute ou nette.

JAUGE BRUTE : mesure de toutes les capacités intérieures d'un navire, intégrant les espaces utilisables et inutilisables de celui-ci.

JAUGE NETTE : la jauge nette est le volume utile, elle mesure les seules capacités intérieures commercialement utilisables d'un navire. Elle est la capacité d'utilisation couramment considérée des navires.

Termes proches : jauger, jaugeage.

JID (JOURNÉE INTERNATIONALE DE LA DOUANE) : elle se tient tous les 26 janvier en commémoration de la session inaugurale du Conseil de Coopération Douanière (CCD), qui se tint le 26 janvier 1953 à Bruxelles. Le CCD est le précurseur direct de l'Organisation Mondiale des Douanes (OMD.

Placée sous le parrainage de l'OMD, cette journée offre l'occasion pour les administrations douanières de réfléchir sur les voies et moyens pour améliorer leurs activités en vue de la facilitation, de la sécurisation, de l'accroissement des échanges et partant de la prospérité des collectivités qu'elles servent.

Liste des thèmes abordés lors des JID depuis 2009 (et qui couvrent en

fait toute l'année) :

2024 : Pour une douane mobilisant ses partenaires historiques et nouveaux autour d'objectifs clairs

2023 : promouvoir le partage des connaissances et renforcer la fierté de

la profession douanière.

2022 : accélérations de la transformation numérique de la douane

2021: relance, renouveau, résilience

2020 : la durabilité au cœur de l'action douanière

2019 : des frontières SMART

2018 : un environnement commercial sûr

2017 : l'analyse des données

2016 : la douane numérique

2015 : la gestion coordonnée des frontières

2014 : la communication

2013 : l'innovation

2012 : la connectivité

2011 : la connaissance

2010 : le partenariat Douanes / Entreprises

2009 : l'environnement

JOINT-VENTURE: entreprise conjointement créée et exploitée par deux promoteurs de nationalités différentes et basée dans le pays d'origine de l'un d'eux.

Cette forme d'entreprise permet de mettre en commun les ressources, de faciliter son intégration locale, un gain de temps et d'expérience, de mutualiser et minimiser les risques et de partager les gains.

Lorsque certaines législations (notamment asiatiques) n'autorisent pas d'implantation commerciale directe pour les étrangers ou sont fort complexes (en raison des différences culturelles, commerciales), la joint-venture apparaît par sa prudence comme une solution efficace pour explorer de nouveaux marchés.

JOUR : espace de temps utilisé à l'exécution de certaines tâches.

Jour calendaire : Jours du calendrier, soit 365 jours/an, pour le banquier c'est 360 jours/an.

Jour de planche : V. Staries et surestaries.

Jour férié : jour durant lequel le travail est interrompu conformément aux textes, ou conventions.

Jour franc : jour entier de minuit à minuit. Dans un délai franc, le premier et le dernier jour ne sont pas comptés.

Jour de valeur : V. Date de valeur.

Jour ouvré : jour d'ouverture pour un travail normal. En France, on compte 250 jours/an.

Jour ouvrable : jour pendant lequel l'activité professionnelle se déroule normalement. Samedi est un jour ouvrable, mais pas nécessairement ouvré pour tous.

JOURNAL : livre comptable qui sert à enregistrer pour une entreprise, un organisme public, une association…les mouvements de valeur générés par les opérations de cette structure et selon leur ordre chronologique.

Termes proches : papier journal : type de papier léger destiné par sa texture, son grammage, ses propriétés… à l'industrie de l'imprimerie. Selon des conventions internationales, sa taxation est réduite, voire nulle.

JOURNAL D'ANNONCES LÉGALES : journal habilité à effectuer les publications obligatoires imposées par le droit commercial et qui nécessitent une publicité auprès d'un large public.

JOURNÉE INTERNATIONALE DE LA DOUANE : V. JID

JURIDICITÉ (PRINCIPE DE) : qualité de ce qui est conforme au droit en parlant notamment des actes administratifs.

V. Légalité

JURIDICTION ADMINISTRATIVE : juridiction qui a pour compétence de trancher les litiges qui opposent les particuliers à l'administration.

JURIDICTION DE L'ORDRE JUDICIAIRE : juridiction qui a pour compétence de trancher les litiges qui opposent les particuliers entre eux.

JURIDICTION PÉNALE (ou RÉPRESSIVE) : juridiction compétente pour juger les infractions pénales (contraventions, délits et crimes). Le tribunal de police et le tribunal correctionnel sont des juridictions pénales.

JURIDIQUE : qui se rapporte au droit

JURISPRUDENCE : ensemble des solutions apportées par les juges pour répondre aux questions de droit posées en interprétant la législation.

Seule la jurisprudence (pas la doctrine, fût-elle administrative) est habilitée à interpréter la loi pour en simplifier la compréhension et en faciliter l'application.

Les arrêts de la plus haute juridiction occupent une place de premier plan dans l'élaboration de la jurisprudence.

Le droit pétrolier est de construction essentiellement jurisprudentielle.

K

KENNEDY ROUND : cycle de négociations tenu à Genève de 1964 à 1967 : sur la demande des États-Unis, les négociations aboutissent à la réduction des droits de douane sur les produits industriels et agricoles à destination de la CEE.

KNOW HOW : savoir-faire, tour de main. Il est non brevetable.

KRACH : mot d'origine allemande ; chute brutale, effondrement des cours en bourse ; débâcle boursière.

KYOTO (Convention): Convention douanière sur la simplification et l'harmonisation des régimes douaniers adoptée par le CCD à Kyoto entrée en vigueur en 1974.

V. Convention de KYOTO

KYOTO REVISÉE (Convention): Convention douanière pour l'amendement de la simplification et l'harmonisation des régimes douaniers adoptée par l'OMD à Bruxelles en 1999 et entrée en vigueur en 2005.

V. Convention de KYOTO RÉVISÉE (CKR)

L

LABEL : marque distinctive attestant d'une qualité certaine et/ou de la conformité à une norme de fabrication d'un produit ou d'un service. Les conditions de bénéfice de cette qualité sont préalablement définies dans un cahier de charges.

Il existe une grande variété de labels : nationaux, régionaux, communautaires (AOP, IGP…), sectoriels, dédiés (Agriculture Biologique – certifié AB)... Made in Cameroon…

LAMANAGE : (laman vient du néerlandais lootsman qui veut dire pilote.)

Activités effectuées à partir du sol ferme qui concourent à la réalisation des opérations d'amarrage et de désamarrage à quai d'un navire.

LAMANEUR : marin spécialiste de la manutention portuaire réalisant des opérations d'amarrage et de désamarrage.

Sa maîtrise de la typicité des lieux lui donne de guider avec habileté les navires vers les quais, chenaux et ports.

LCL (Less than a Container Load): Cet acronyme fait savoir que les marchandises ont été rassemblées dans un conteneur plein par un groupeur. Celui-ci les a confiées au transporteur pour acheminement vers une destination où elles seront remises à différents destinataires.

Terme opposé : Full Container Load (FCL).

LEASING : terme anglo-saxon pour désigner le crédit – bail.

Location d'un bien à usage professionnel dans la perspective de le vendre au locataire à un prix préalablement convenu, au plus tard à l'échéance du contrat.

Ce mode de financement existe sur le plan international en ce sens que le bailleur et le locataire appartiennent à des ordres juridiques de pays différents et il peut prendre deux formes :

- Leasing à l'exportation ou leasing cross-border (transfrontalier) : l'acheteur est financé/fourni par une société de crédit-bail étrangère.

- Leasing domestique à l'étranger : une société financière crée à partir de ses capitaux une société de crédit-bail dans un pays étranger.

Le change tiré consiste en un achat ou en une vente d'effets de commerce ou de chèques libellés en devises.

Mais généralement, le créancier qui est payé dans un titre libellé en monnaie étrangère, le dépose à l'encaissement et le titre est traité par une opération de change scripturale.

Le change scriptural est réalisé par inscription de compte à compte de devises entre des parties au change dont la banque de l'une est située dans un pays donné et l'autre à l'étranger. Cette forme de change constitue l'écrasante majorité des transactions de change. « Le change manuel forme moins de 2% du marché des changes. » Claire Agnès GUETIN : l'essentiel de l'économie internationale, Ellipses, 2013, p.92.

Le change manuel consiste dans la conversion matérielle, concrète d'une monnaie dans une autre. Il se matérialise par la remise physique des billets de banque d'un pays X contre des billets de banque d'un pays Y. Exemple : on offre l'euro pour obtenir le yen.

Les opérations de change se composent des négociations au terme desquelles un opérateur économique cède des fonds évalués dans une monnaie donnée à un autre pour en acquérir simultanément la valeur correspondante selon un taux donné, dans une autre monnaie. Le changeur court un risque appelé risque de change.

Le risque de change encouru est accentué pour un pays, une entreprise, une banque dans une opération du commerce extérieur à cause de l'incertitude qui plane sur l'évolution future des cours des devises donc du taux de change.

LÉGAL : qui est prescrit par la loi (formalités légales), qui est conforme à la loi (moyens légaux), qui a valeur de loi (disposition légale), qui est établi ou défini par la loi.

Termes proches ou contraires :

Illégal : non conforme, contraire à la loi.

Extra légal : dérogatoire à la loi, mais sans être contraire à la loi.

Au Cameroun, la pratique douanière prévoit un travail extra légal (T.E.L). Il s'agit du travail officiel, reconnu en dehors des heures officielles d'ouverture des bureaux et/ou en dehors des lieux officiels d'exercice du travail administratif et technique des services douaniers.

LÉGALISER : rendre conforme aux exigences prescrites par la loi.

LÉGALISME : attachement étroit et même jusqu'à l'exagération à la lettre de la loi.

LÉGALISTE : personne attachée à l'application de la loi.

LÉGALITÉ : conformité à la loi.

LÉGALITÉ (PRINCIPE DE LA) : qualité de ce qui est en conformité avec la loi.

V. Juridicité

LÉGISLATIF : qui fait des lois, pouvoir législatif.

LÉGISLATION : ensemble des lois d'un pays : législation nationale, législation gabonaise…

Ensemble des lois sur une matière particulière : législation douanière, législation foncière…

LÉGISLATION DOUANIÈRE (assimilée à la règlementation douanière) **:** elle est vaste et porte également sur le cadre organique de la douane qui organise les services, fixe les attributions, les droits et obligations, les responsabilités des agents de douanes, des redevables...

Ensemble des nombreuses et variées prescriptions d'origine conventionnelle, communautaire, législative et règlementaire, concernant l'achat ou la vente, l'acheminement, l'importation, l'exportation, le dédouanement, le stockage, la transformation, la circulation des marchandises et des flux financiers, ainsi que les règles et concepts du contentieux répressif douanier, des voies de recours…

LÉGISLATION DOUANIÈRE (CUSTOMS LAW) : ensemble des prescriptions d'origine conventionnelle, législative et règlementaire dont la douane a la charge de l'application. Elle porte sur des thématiques très variées et le Code des Douanes la CEMAC ne suffit pas à les contenir toutes.

Elle porte notamment sur les divers régimes douaniers, l'évaluation, les attributions et compétences des services, les conditions à l'éligibilité aux régimes, les obligations des services douaniers et des usagers/ redevables,

les règles applicables au contentieux douanier et les voies de recours, les différentes procédures : de dédouanement, de paiement des droits et taxes de douanes, de remboursement des droits et taxes de douanes…

V. Annexe générale, Chapitre 2 de la CKR.

LÉGISTE : qui connaît ou qui s'intéresse à l'étude des lois : juriste, jurisconsulte, juriste-conseil.

Termes proches : médecin légiste : praticien chargé d'effectuer des expertises légales…

LÉGISTIQUE : Science de la législation. La législation doit être comprise dans un sens large qui englobe l'ensemble de textes à vocation normative. Cette science étudie les règles, les principes, les méthodes à mettre en œuvre en vue de concevoir, d'élaborer et de rédiger des textes de bonne facture, de portée nationale, régionale et internationale.

Mais il faut comprendre la législation dans un sens large qui engloberait l'ensemble de textes à vocation normative. Elle étudie les règles, les principes, les méthodes à mettre en œuvre en vue de concevoir, d'élaborer et de rédiger des textes de portée nationale, régionale et internationale.

Nul doute que la légistique participe de manière déterminante, décisive à la rationalisation de l'élaboration des textes de droit et partant à l'amélioration de la qualité desdits textes ainsi que l'amélioration de la qualité du droit en général.

LÉGITIME DÉFENSE : Art 65 CDC V. TABLEAU DE CONCORDANCE, droit reconnu aux agents de douanes de répondre à une attaque extérieure par l'usage des armes dont ils sont dotés par le service. Cette réponse ne doit pas être disproportionnée par rapport à l'agression. Elle peut être invoquée pour exonérer la responsabilité pénale et civile de l'agent comme de l'administration douanière.

LETTRE DE CRÉDIT STAND BY /STAND BY LETTER OF CREDIT (SBLC) : garantie bancaire déclenchée par un importateur auprès de sa banque (banque émettrice). Cette dernière s'engage auprès du vendeur par l'intermédiaire d'une banque (notificatrice) à payer la facture du client (l'importateur) au cas où celui-ci s'avèrerait défaillant dans l'exécution de ses obligations contractuelles.

Pour le faire, l'exportateur présentera au préalable des documents justifiant l'expédition des marchandises.

La LCSB ou SBLC n'est pas à proprement parler un instrument de paiement, mais une garantie, car sa vraie vocation est de ne pas se réaliser comme cela est le cas pour le crédit documentaire (qui doit être réalisé pour être utile).

LETTRE DE TRANSPORT AÉRIEN (LTA) ou **Air Way Bill – (AWB)** : principal document délivré par la compagnie aérienne dans le transport aérien des marchandises. La forme de la LTA n'est pas arrêtée par un texte, une convention. Mais celle que suggère la IATA et dénommée LTA universelle s'est imposée dans la quasi-totalité du transport aérien.

Lorsqu'une LTA porte le nom de la compagnie, la date et le numéro de vol, elle matérialise la prise en charge des marchandises, l'effectivité du transport et prouve le contrat de transport. Elle est systématiquement non négociable et ne peut se transmettre par endos.

Termes proches : Dans le groupage aérien on parlera de Master Air Way Bill (MAWB) pour désigner la LTA mère de laquelle dérive des LTA de groupage ou House Air Way Bill (HAWB) encore appelées dans certains bureaux de douanes LTA filles ou encore sous-LTA. Il convient de noter que les HAWB ne sont pas standardisées et leur forme peut changer d'un groupeur à l'autre.

V. Convention Internationale de Varsovie de 1929, entrée en vigueur le 13 février 1933, modifiée par le Protocole de La Haye du 28 septembre 1955, le Protocole de Guatemala City du 8 mars 1978 et par 4 protocoles signés à Montréal le 25 septembre 1975 ; la Convention de Montréal du 28 mai 1999 entrée en vigueur le 4 novembre 2003. International Air Transport Association (IATA) ; Association des Transporteurs Aériens de la zone Franc (ATAF). Dr KENGUEP Ebénézer : Droit des transports terrestres, aériens et maritimes, Éditions CRAF, 2010.

LETTRE DE VOITURE : document délivré dans le transport terrestre (routier et ferroviaire) pour servir de déclaration sommaire. Pour la voie terrestre, il joue le rôle du B/L en matière de transport maritime ou de la LTA en matière de transport aérien.

Elle rend compte d'un contrat de transport de marchandises (désignation, conditionnement/emballage, quantité...) entre un expéditeur à l'étranger, un transporteur et un destinataire au pays de destination.

Elle peut prendre la forme soit de la lettre de voiture CMR (Convention des Marchandises en transport Routier), soit de la lettre de voiture internationale (LVI) pour le transport ferroviaire.

LEX FORI : notion d'origine latine traduite en français par la loi du for. Cette notion est propre au droit international privé. La lex fori est la loi qui s'applique dans le territoire où est installé le tribunal saisi pour juger une affaire. Lorsqu'un juge national est saisi d'une affaire ayant un caractère international, il doit d'abord trouver la loi applicable. En passant par l'interprétation de la volonté des parties à travers le contrat, il peut choisir la "lex fori".

Si le litige est soumis à l'arbitrage, la juridiction arbitrale est chargée de trouver la loi applicable aussi appelée "loi de rattachement".

LEX LOCI (lire Lotchi) : Notion de droit international privé. C'est la loi du lieu où s'est produit un fait juridique.

LEX MERCATORIA : elle est très ancienne, elle est considérée comme l'ancêtre du contrat international. On l'appelle aussi "droit des marchands" ou "droit des praticiens". Ce droit est basé sur des usages commerciaux pratiqués et des principes admis et respectés se dégageant des sentences arbitrales prononcées à l'occasion des litiges entre commerçants.

LIASSE DOCUMENTAIRE : ensemble de documents nécessaires pour juger de l'effectivité et de la cohérence d'une opération import/export dans le cadre d'un paiement documentaire : remise documentaire, crédit documentaire.

Elle renferme :

Des documents commerciaux : facture commerciale, liste de colisage (packing list)

Des documents douaniers et fiscaux : déclaration d'exportation, DEB...

Des documents liés à la forme du paiement : ordre de virement, lettre de change, notification d'ouverture de crédit documentaire.

Des documents liés au transport de la marchandise : B/L, LTA, LVI – CMR, attestation d'assurance (certificat d'assurance et police d'assurance).

LIBÉRALISATION DES ÉCHANGES : mesures induisant plus de libéralisme dans les échanges commerciaux à travers des mesures de réduction ou de suppression des obstacles aux échanges : formalités, contingents…

LIBÉRATION DES ÉCHANGES : assouplissement des mesures de restriction quantitatives à l'importation comme à l'exportation.

LIBÉRATOIRE : caractère de ce qui permet d'éteindre une dette ou une obligation d'un débiteur.

Termes proches : pouvoir libératoire, cours libératoire (monnaie).

LIBRE CIRCULATION : caractéristique du marché commun. Le marché commun consacre la libre circulation des capitaux, des paiements, des biens, des services et des personnes. Pas d'obstacle dans la communauté, d'obstacle d'ordre quantitatif, fiscal, normatif…

LIBRE-ÉCHANGE : doctrine ou pratique préconisant des échanges de biens et des services en suspension ou avec suppression des droits et taxes de douanes et des restrictions quantitatives. Théoriciens : Adam SMITH (1723-1790)…

L'Accord de libre-échange (ALE) repose sur des négociations bilatérales ou multilatérales préalables entre les parties. Cet Accord vise à anéantir les barrières tarifaires (droit de douane), à supprimer les barrières non tarifaires, à protéger la propriété intellectuelle et industrielle, l'investissement, à favoriser une réciprocité d'accès aux marchés publics… Les ALE se sont multipliés de manière vertigineuse à travers la planète. Ce foisonnement des ALE laisse apparaître comme une similitude dans leur formulation, présentation. Pourtant, il n'en est rien. Les ALE sont loin d'être analogues. Il est fortement recommandé, surtout aux entreprises, d'éviter d'appliquer une interprétation par analogie dans les ALE. Elles doivent s'appliquer à dégager méticuleusement dans chacun d'eux les conditions à remplir pour bénéficier des avantages en général et de l'origine préférentielle singulièrement.

V. ZLECAf

LIBRE PRATIQUE (MISE EN) : régime douanier qui permet de garder la marchandise importée d'un pays tiers, sous sujétion douanière en même temps qu'il lui confère un statut communautaire pour bénéficier de la libre circulation à l'intérieur de la communauté. Il soumet la marchandise au paiement des droits de douane.

LICENCE : document délivré par une autorité à une personne physique ou morale en vue d'autoriser l'importation ou l'exportation des marchandises règlementées, sensibles, prohibées ou contingentées. On parlait de licence d'importation/d'exportation.

Depuis la libéralisation des échanges au Cameroun, le régime de l'autorisation/licence a cédé la place au régime de la déclaration et on parle de déclaration d'importation.

Termes proches :

Licence d'importation/d'exportation : permis d'importation/ d'exportation de marchandises soumises à des restrictions et délivré par une autorité compétente à un importateur/exportateur.

LICENCE (Donneur de) : le titulaire de droits de propriété intellectuelle sur son invention qui peut en céder temporairement l'exploitation à un tiers dénommé le licencié.

LICITE : autorisé par la loi : commerce licite.

Terme contraire : illicite : flux financiers illicites.

LIEU PUBLIC : lieu ouvert au public de manière permanente et inconditionnelle. Toutefois, quelques restrictions fixées occasionnellement peuvent être admises.

LIGNE RÉGULIÈRE : en matière de transport, liaison périodique et répétée assurée par un moyen de transport entre des aéroports, des ports, des villes, des destinations bien déterminées. Exemple : une compagnie aérienne qui dessert tel aéroport trois fois par semaine.

Parmi les lignes régulières, il convient de distinguer :

« - Les lignes directes : qui mettent en rapport deux zones économiques distinctes.

- Les lignes pendulaires : qui mettent en relation trois zones économiques situées dans trois continents différents

Les lignes « tour du monde » : qui assurent une rotation autour du globe en desservant toujours les mêmes ports dans le même ordre. » Patrick MIANI, Nadine VENTURELLI : transports logistique, Le Génie Editeur, 2021, p. 108.

Termes proches : grandes lignes : on parlera de grandes lignes dans le transport maritime, notamment pour désigner un axe reliant deux destinations éloignées.

LINER TERMS : conditions de lignes (portant sur le fret et les frais) fixées en fonction des usages en vigueur dans les ports. Ils s'attachent aux contrats de transport. Dès lors, il ne faudrait pas les confondre aux incoterms qui sont liés au contrat de vente.

LIQUIDATION COMMERCIALE : vente effectuée par une

LIQUIDATION D'OFFICE : imposition effectuée d'autorité par le service de Douane lorsqu'elle entend surmonter la défaillance ou la mauvaise foi d'un redevable qui ne fournit pas d'informations suffisantes.

LIQUIDATION DES DROITS ET TAXES DE DOUANE : calcul qui transforme la dette douanière en une créance certaine de l'administration, à percevoir. La liquidation des droits consiste à déterminer ou à calculer le montant exact des droits et taxes, par l'application du taux des droits sur la base taxable définie selon la loi. C'est la deuxième des trois étapes du processus d'imposition. La première étant la détermination de l'assiette ou de l'évaluation de la matière taxable et la troisième étant le recouvrement.

V. Annexe générale, Chapitre 4 de la CKR.

LIQUIDATION JUDICIAIRE : procédure décidée par un tribunal et appliquée à une entreprise en cessation de paiement.

Elle se concrétise par la réalisation de l'actif pour le règlement du passif afin de désintéresser les créanciers.

LIQUIDATION SUPPLÉMENTAIRE : complément, supplément, redressement apporté sur une imposition initiale, primitive. Elle peut intervenir dans le cadre d'un redressement ou d'une liquidation d'office.

LIQUIDE (CRÉANCE) : dette douanière dont le montant est déterminé.

Termes proches : banque liquide : disposant d'avoirs immédiatement disponibles.

Être liquide : avoir la capacité d'honorer sans condition et sans délai des engagements financiers.

LIQUIDITÉS : avoirs, moyens de paiement disponibles qui permettent d'honorer immédiatement des engagements financiers.

LIST (provenant de l'anglais) : liste, répertoire.

Check list : Liste d'instructions pouvant aider à l'apurement d'une série d'opérations

Black list : Liste noire

Short list : Liste très restreinte des candidats éligibles à une fonction

Packing list : Liste de colisage

LISTE DE COLISAGE (PACKING LIST) : document du commerce international établi principalement par l'exportateur et accessoirement par le chargeur (lorsqu'il est distinct de l'exportateur).

Elle est destinée à l'acheteur. Elle doit faire figurer le nom, les coordonnées : adresse, références fiscales, etc.

Elle doit préciser chaque colis identifié individuellement par son conditionnement, son emballage, sa marque, son numéro, son poids…, le nombre total des colis constituant la cargaison, le cubage, le poids brut, le poids net, les dimensions…

Cette liste est une pièce très importante de la liasse exigée pour les paiements documentaires : remise et crédit documentaires. Elle permet au destinataire d'identifier et de vérifier la conformité de la commande avec l'effectivité de l'envoi et la facture du vendeur.

LIVRAISON : remise d'une marchandise avec en même temps transfert au propriétaire, du pouvoir de disposer de biens expédiés (d'un État membre de la communauté vers un autre).

La livraison est simple lorsqu'elle se fait en une fois ; elle est multiple lorsqu'elle est fractionnée.

LIVRE DE COMMERCE : documents comptables dont la tenue est exigée par la loi. Les livres obligatoires sont :

- Le livre journal
- Le grand livre
- Le livre d'inventaire
- Le bilan

- Le compte des résultats
- L'annexe

LIVRE NUMÉRIQUE : livre publié sous la forme numérique. Son prix est inférieur à celui du livre publié sous une forme imprimée.

LIVRES INDISPONIBLES : selon la loi française, ce sont les livres publiés en France avant le 1er janvier 2001, et qui ne font plus l'objet de diffusion commerciale par un éditeur et ne sont plus publiés sous une forme imprimée ou numérique. Art L 134 – 1 et suivants du code de la propriété intellectuelle (CPI).

L'indisponibilité est due à une absence de diffusion commerciale, de publication sous la forme imprimée ou numérique.

La loi n° 2012–287 du 1er mars 2012 a créé un régime spécial afin de favoriser l'exploitation numérique des livres indisponibles.

LLOYD'S : en 1960 à Londres, des propriétaires de navires créèrent un club dans lequel ils s'engageaient à contribuer solidairement, mais chacun sur ses biens propres, au remboursement en cas de perte du navire d'un de leurs pairs.

Ils se réunissaient dans un café portant le nom du propriétaire : Lloyd's. Ils n'avaient sans doute pas imaginé que Lloyd's serait au 21e siècle la plus vieille et la plus célèbre compagnie d'assurance au monde.

LLOYD'S REGISTER OF SHIPPING : société de classification de navires et groupement des assureurs maritimes britanniques. Son origine remonte à 1760.

LOCK DOWN : décision des pouvoirs publics d'ordonner une fermeture des activités dans l'optique de sauvegarder l'ordre public

LOCK OUT : décision de l'employeur de fermer l'entreprise à la suite d'une grève.

LOGICIEL : dans la littérature douanière de la CEMAC, aucune convention communautaire ni loi nationale ne fournit une définition claire du logiciel. Le Code de la Propriété Intellectuelle de l'OAPI ne l'a pas défini.

Un arrêté français du 22 décembre 1981 sur l'enrichissement de la langue française fournit une définition des logiciels.

Ainsi les logiciels sont "l'ensemble de programmes, procédés et règles, ainsi que la documentation qui leur est éventuellement associée, relatif au fonctionnement d'un matériel de traitement de l'information".

Le terme "logiciel" est cité dans la directive européenne 91/250/CE du 14 mai 1991 concernant la protection juridique des programmes d'ordinateur. Elle prévoit qu'il peut englober des programmes.

Le logiciel représente un ensemble de composants immatériels utilisés par un ordinateur : système d'exploitation Windows, MAC, Androïd, Linux…

Le logiciel est un applicatif, un utilitaire qui fait exécuter par l'ordinateur plusieurs tâches déterminées : traitement de texte, tableur, traducteur, CAO, PAO, jeux vidéo...

En zone CEMAC, le dédouanement du logiciel n'est pas toujours aisé. Il était facile lorsqu'il prenait la forme d'un livre, d'une disquette ou d'un compact disk (CD). Mais il en va autrement lorsqu'il est acquis par téléchargement. En effet, la forme incorporelle que prend ainsi le logiciel, rend ardue et contestable, aussi bien pour les services douaniers que pour les redevables, la détermination de l'origine et tout classement tarifaire selon les principes fixés par la Convention sur le SH en vue de la désignation et la classification des marchandises. Ces difficultés réelles suscitent un questionnement légitime sur les fondements des modalités de taxation mises en œuvre dans certains pays de cette union douanière.

V. Marchandise

LOGICIEL EMBARQUE : ensemble des instructions et des structures de données intégrées dans un matériel informatique (hardware) quelconque (ordinateur, Smartphone, photocopieuse, appareil photo numérique…) afin d'assurer son fonctionnement.

LOGICIEL LIBRE : logiciel dont la licence (qui autorise l'utilisateur de l'étudier, de le modifier et même de le redistribuer) est accessible sans condition grâce à son code source qui est mis à la disposition du public.

LOGISTIQUE : concept très vaste. Celui-ci décrit un processus allant de la conception à la distribution finale d'un produit. Il englobe l'acquisition des matières premières, la fabrication, la gestion des matériaux sur les lieux de fabrication, la livraison dans les entrepôts, les lieux de tri, de manutention, de conditionnement, de distribution…

Ensemble des activités et des moyens matériels qui permettent le déplacement des marchandises à différents stades : fabrication, emballage, conditionnement, manutention, transport, dédouanement import/export, gestion des approvisionnements suivis des livraisons. La logistique peut être de distribution, de production, d'approvisionnement ou de valeur ajoutée.

Termes proches : Logisticien : Personne physique ou morale dont la spécialité réside dans la prestation des services logistiques. Il peut opérer en tant qu'entreprise de transport, intégrateur de services proposant une solution globale, messagerie express par l'envoi de petits colis.

LOGITHÈQUE : bibliothèque des logiciels.

LOI DE FINANCES : loi votée par le parlement qui fixe :

- des règles (financières, fiscales...) en vue de régir l'environnement économique
- les prévisions de recettes et de dépenses
- ainsi que la nature, le montant
- et l'affectation des ressources et des charges de l'État pour un exercice budgétaire (qui est aligné au Cameroun sur l'année civile).

Elle doit intervenir avant le début de l'exercice budgétaire.

LA LOI DE FINANCES RECTIFICATIVE : elle intervient en cours d'année, en fonction des circonstances, pour introduire des modifications à la loi des finances primitive, aussi appelée loi de finances initiale. Elle prend également le nom de collectif budgétaire.

LOI DE RÈGLEMENT : loi constatant la réalisation des résultats financiers de l'année budgétaire précédente.

L.O.L.F (Loi Organique relative aux Lois des Finances : 1er août 2001).

Elle constitue une véritable charte des finances de l'État, en France. En effet, elle définit les compétences et désigne des responsables qui assurent la gestion financière de l'État, et énonce les grands principes du droit budgétaire, ainsi que des règles de portée générale. Elle a consacré le principe de la sincérité budgétaire.

V. DIFFOUO Guy Innocent : Le principe de sincérité en droit public financier, thèse de Doctorat/PhD, Université de Douala, 2015.

LONG COURRIER : Aéronef, navire assurant une navigation au long cours.

LONG COURS : Navigation sur de longues distances.

LONG TERME : dans la terminologie bancaire, désigne une durée de temps comprise entre sept (7) et dix (10) ans pendant laquelle un crédit peut être octroyé pour l'acquisition des biens d'équipements lourds et des usines clés en main. Cette terminologie évoque le court terme et le moyen terme.

À plus de dix (10) ans, certains banquiers estimeraient "qu'on passerait du financement à l'aide au développement" !

LOUAGE (CONTRAT DE) : contrat par lequel une personne s'engage à fournir à une autre personne une prestation, contre paiement d'un loyer, un prix déterminé. Il se distingue du contrat de vente et influence l'application de la valeur transactionnelle.

LOYAUTÉ : bonne foi, dévouement, fidélité aux institutions.

LOYER : prix fixé à l'occasion d'un contrat de louage.

LTA : V. Lettre de transport aérien

LUSOPHONE : caractère de ce qui est lié à la culture et à la langue portugaise. Locuteur portugais. Le Portugal fut une province romaine dénommée la "Lusitanie" dont dérive lusophone. En 1996, le Portugal forme la communauté des pays lusophones regroupant l'Angola, le Brésil, le Cap Vert, la Guinée-Bissau, le Mozambique, Sao Tomé et Principe. Le Timor oriental est observateur.

L'Angola et Sao Tomé sont situés en Afrique Centrale et sont membres de la Communauté Économique des États de l'Afrique Centrale (CEEAC).

M

M.A.D (MAGASINS ET AIRES DE DÉDOUANEMENT) : Art 106-109 CDC V. TABLEAU DE CONCORDANCE

« Les terminaux à conteneurs et ports secs sous douane sont des magasins et aires de dédouanement (MAD)

Lieux agréés par la douane dans les ports et aéroports ou non loin pour stocker sous certaines conditions, des marchandises pondéreuses ou encombrantes.

Ils sont créés par l'autorisation du Directeur national des douanes, qui fixe également la durée maximale de séjour des marchandises ainsi que les obligations et responsabilités de l'exploitant. Celles-ci doivent faire l'objet d'un engagement cautionné de sa part.

M.A.D.E (MAGASIN ET AIRE DE DÉDOUANEMENT EXTÉRIEUR) :

Décret n°2016/5161/PM du 14 novembre 2016 au Cameroun précisant les modalités de mise en place et de développement des magasins et aires de dédouanement extérieur (M.A.D.E).

Selon l'article 2, il s'agit des lieux agréés par la douane, construits ou aménagés hors des enccintes portuaires ou aéroportuaires en vue du stockage des marchandises à mettre à la consommation. On les retrouve généralement dans des zones logistiques dédiées, notamment :

- les sites prédéterminés : en liaison avec le ministre en charge de l'aménagement du territoire, en liaison avec le ministre chargé des douanes et les collectivités territoriales décentralisées,
- les zones attenantes aux installations portuaires, aéroportuaires, routières et ferroviaires (art 7 du décret suscité).

L'aménagement et l'exploitation des M.A.D.E sont subordonnés à des autorisations distinctes accordées par le Directeur des douanes. Il peut procéder à la suspension et au retrait de l'autorisation d'exploitation.

Pour l'exploitation du M.A.D.E, il faut en plus de l'autorisation une soumission générale cautionnée de l'exploitant. L'autorisation d'exploitation détermine les conditions de fonctionnement du M.A.D.E et les charges de l'exploitant.

La soumission de l'exploitant contient l'engagement de transférer les marchandises sous sa responsabilité, de conserver les marchandises et de les représenter pour un dédouanement correct des marchandises ainsi que celui de s'acquitter des pénalités exigibles en cas d'infraction constatée.

"La durée maximale de séjour des marchandises dans les M.A.D.E est de ***trois mois***, à compter de la mise en dépôt." Art 20 Al_2, décret suscité.

« MADE IN CAMEROON » : expression couramment utilisée dans le monde des échanges de biens et services. Elle renvoie à une appellation indicatrice de qualité, une idée de marque visant à valoriser des biens manufacturés, assemblés, ouvrés, récoltés, montés, élevés…au Cameroun. Ce label, ce marqueur qui revendique une habileté, une originalité, une qualité certaine ne doit pas être systématiquement assimilé ni à une indication d'origine ni à une appellation d'origine, ni à une désignation d'origine au sens douanier et pouvant ouvrir droit au bénéfice d'avantage(s) préférentiel(s). Cette expression très en vogue depuis la promotion de la politique d'import-substitution au plan national.

MADE IN THE WORLD : expression provenant de l'OMC signifiant fabriqué dans le monde, en se fiant sur la délocalisation des industries et des usines. En effet de nos jours les processus industriels de production se sont fragmentés et internationalisés ; les produits « made in world » se sont multipliés.

V. Made in monde, les nouvelles frontières de l'économie mondiale, Suzanne BERGER, Nouveaux Horizons, 2006.

MAGISTRAT : fonctionnaire de l'administration de la justice travaillant dans les cours et tribunaux dont le rôle est :

- soit de requérir au nom de la société.
- soit de rendre la justice, de prononcer des jugements.

Ces deux fonctions correspondent aux deux statuts des magistrats dans les juridictions : le siège et le parquet.

Les magistrats du siège (magistrature assise : juge, président du tribunal) prononcent les jugements, rendent la justice.

Par contre, les magistrats formant le parquet ou ministère public (magistrature debout - procureur) requièrent la justice au nom de la société.

MAINLEVÉE (DOUANIÈRE) : acte juridique délivré par l'administration des douanes pour mettre fin aux effets d'une situation juridique (saisie…), d'un engagement (régime douanier…)

Son principal effet est de restaurer le bénéficiaire dans ses droits en la matière, avant la survenance de la situation ou de l'engagement.

MAINLEVÉE DE CAUTION DOUANIÈRE : acte juridique délivré par l'administration des douanes pour mettre fin aux engagements souscrits par une caution.

MAINLEVÉE DE MARCHANDISES : (Régimes douaniers) Art 181 CDCR ; Acte juridique délivré par l'administration des douanes, après vérification de l'accomplissement des formalités requises, autorisant l'importateur/l'exportateur ou son mandataire à procéder aux opérations d'enlèvement ou d'embarquement de ses marchandises pour la destination indiquée sur la déclaration en détail : entrepôt, transit, mise à la consommation, exportation simple…

Elle se matérialise par la signature de la D42 et l'apposition de la mention B.A.E (Bon A Enlever).

MAÎTRE D'ŒUVRE : personne chargée par le maître d'ouvrage d'exécuter des travaux.

MAÎTRE D'OUVRAGE : personne pour le compte de laquelle un maître d'œuvre réalise des travaux.

MAJEUR PROTÉGÉ : incapable majeur. Majeur qui ne peut accomplir lui-même ou seul les activités de la vie juridique à cause de l'altération de ses facultés mentales ou psychiques.

Il est exclu de la transaction douanière.

MAJOR : grandes compagnies industrielles.

MAJORITÉ : âge conférant à un individu la pleine capacité d'exercer lui-même tous ses droits, tous les actes de la vie civile et assumer ses responsabilités Code civil (Cc) Art 488. Contraire : minorité.

Termes proches : Majorité civile : pleine capacité civile (elle est de 21 ans au Cameroun)

Majorité pénale : elle est de 18 ans au Cameroun)

Majorité politique : droit de vote (elle est de 20 ans au Cameroun)

Majorité numérique : âge à partir duquel une personne peut choisir un opérateur pour bénéficier des prestations des services de l'internet.

MALL (à prononcer Moll) : centre commercial de très grande taille offrant une gamme très diversifiée de choix de produits aux consommateurs. Ce style a été inauguré aux États-Unis : Mall de Minneapolis. Douala Grand Mall est le plus grand, actuellement fonctionnel en Afrique centrale.

MANAGEMENT INTERCULTUREL : concept intervenant dans la gestion des ressources humaines (nationales ou internationales, ressortissant de différentes aires culturelles) avec pour objectifs majeurs de gommer l'impact négatif des différentes perceptions d'origine culturelle et de tirer de chaque culture ses meilleurs apports.

V. Emmanuel KAMDEM : management et interculturalité en Afrique. Expérience camerounaise (La culture et le management : un champ hétérogène et florissant), Presses de l'Université LAVAL. L'Harmattan, 2002, p.9.

MANDANT : personne qui donne mandat, au nom et pour le compte de laquelle agit le mandataire.

MANDAT (en matière contractuelle) : acte juridique par lequel une personne (mandant) demande à une autre personne (mandataire) de réaliser une opération en son nom et pour son compte. Le mandat est matérialisé par une procuration écrite.

MANDATAIRE : personne qui reçoit mandat pour agir au nom et pour compte du mandant.

MANIFESTE : "état général du chargement du navire" Art 79 CDC

De manière générale, document commercial délivré par le commandant de bord qui précise la liste des marchandises chargées à bord d'un navire ou d'un aéronef, mentionnant la dénomination commerciale de la marchandise, le nombre… les marques et numéros, la nature, le poids, le lieu de chargement et de destination, le nom de l'expéditeur et du destinataire, le conditionnement.

Le commandant du navire est appelé à dresser :

Le manifeste de cargaison (ou cargo manifest) reprenant toutes les marchandises constituant la cargaison d'un moyen de transport :

- le manifeste d'avitaillement ou des provisions
- le manifeste de pacotille pour les biens appartenant aux membres de l'équipage
- le manifeste passager : si le bateau transporte des passagers.

MANIPULATIONS : Art 106-199 CDC, art 123, 128, 184, 190, 195 CDC

Actions effectuées par des mains sur la disposition ou la présentation d'une marchandise dans un magasin ou une aire de dédouanement

Art 143 al1CDCR « opérations normalement requises pour conserver en l'état les marchandises placées en magasin ou sur les aires de dédouanement, faciliter leur enlèvement et acheminement ultérieur… » Elles doivent toujours être autorisées par la douane.

Elles peuvent viser l'emballage, le ré-emballage, le transport de la marchandise sur le lieu de la visite art 188 CDC V. TABLEAU DE CONCORDANCE

Elles ne doivent pas avoir vocation ou effet de modifier la présentation des marchandises art 123 CDC. V. TABLEAU DE CONCORDANCE

Les manipulations des marchandises et leur conditionnement en entrepôt public et privé sont fixés par Décision du Conseil des ministres de l'UEAC, art 184,190, 195 CDC. V. TABLEAU DE CONCORDANCE

MANUTENTION (Stevedoring, Handling) : opérations diverses effectuées en vue d'assurer la sécurité, le stockage ou le transport (déplacement/acheminement) des marchandises : allotissement, entreposage, palettisation/dépalettisation…

Elles concourent souvent au chargement/déchargement d'un moyen de transport.

MARC (en italien : grappa) : résidu issu de la pressurisation du raisin, de la pomme, du café…

Eau-de-vie obtenue par la distillation du marc de raisin. Aussi appelée en italien Grappa.

MARCHANDISAGE (Merchandising) : Fait d'apporter des agencements, des retouches à un produit pour améliorer sa commercialisation.

Le slogan du marchandising est : le bon produit au bon moment, au bon endroit, au bon prix et en quantité suffisante.

V. Merchandising

MARCHANDISATION : Transformation d'un produit, d'un service, d'une nature incorporelle en marchandise ; exemple : le savoir-faire, le savoir…

MARCHANDISE : notion très utilisée en douane, mais non clairement définie par un texte douanier dans la CEMAC, sans doute en raison de sa complexité et de sa subtilité. Elle est très souvent considérée comme tout bien pouvant faire l'objet d'un achat ou d'une vente. « Bien matériel, destiné à être revendu en l'état. » Pascal MADRY : Dictionnaire pratique du commerce, De Boeck, 2009, p.157.

Pour l'article 5 al 26 du Code des Douanes de la RD Congo, les marchandises s'entendent de : « toutes choses, sans exception, telles que matières brutes ou ouvrées, denrées, animaux, véhicules, instruments de paiement (monnaies métalliques ou fiduciaires), effets publics, titres de sociétés, originaires ou non de la République Démocratique du Congo, commerçables ou non, ayant ou non une valeur commerciale, soumises ou non aux droits et taxes à l'importation ou à l'exportation »

Sur un plan douanier stricto sensu, lorsqu'une marchandise prohibée est saisie sur un moyen de transport donné, il faut les séparer pour leur affecter les régimes douaniers qui conviennent. Le moyen de transport devient également une marchandise dont le régime doit être impérativement déterminé. (Régime douanier, Glossaire des termes douaniers p. 32)

Au regard de la Convention du Système Harmonisé (SH) de désignation et de codification des marchandises de l'OMD, le classement tarifaire des marchandises laisse apparaître une nécessaire référence à un aspect corporel de celles-ci. Le cas particulier du courant électrique dépourvu de consistance matérielle palpable, mais transporté par un support, nourrit souvent un débat très animé. Il est répertorié par le SH (Chapitre 26).

Mais en raison d'énormes enjeux fiscaux dans certains États, des glissements injustifiés et sélectifs sont effectués dans le classement des biens de nature incorporelle, en marge des règles imposées pour la désignation et la codification des marchandises par la Convention du SH.

C'est le cas de certains services et biens immatériels captés par la voie électronique, télématique ou satellitaire : les livres, les films, les logiciels et autres applications informatiques téléchargées…

Cette approche subjectiviste de la marchandise pourrait ouvrir la voie à une nouvelle perception et définition de la marchandise. Ainsi cette marchandisation de biens incorporels et services (tels que les télécommunications, les logiciels téléchargés, les transferts de données bancaires notamment, des statistiques, le savoir, la formation, les soins de santé…) fonderait alors leur assujettissement à l'obligation de la déclaration en détail et subséquemment au paiement des droits et taxes de douanes.

Ce qui ne va pas sans ébranler des piliers de la fiscalité de porte que sont la déclaration en détail, l'espèce tarifaire et l'origine. Pour faire prospérer cette nouvelle vision de la marchandise, il conviendrait de définir au préalable les formes de la déclaration et de la vérification des biens immatériels. Il semble également nécessaire de faire adopter au préalable par la Convention du SH de nouveaux principes de classement des marchandises (immatérielles) d'une part et procéder à l'élaboration de nouvelles règles en vue de la détermination de l'origine (de biens immatériels) d'autre part.

V. Logiciel

MARCHANDISE COMMUNAUTAIRE : Bien ayant son origine (douanière) dans une union douanière, une communauté économique remplissant une des conditions suivantes :

- entièrement obtenue dans le territoire douanier de la communauté (avec exclusivement des produits communautaires) sans apport de marchandises importées de pays tiers.
- importée d'un pays tiers et mise en libre pratique.
- obtenue dans le territoire douanier de la communauté à partir de la marchandise mise en libre pratique.

MARCHANDISE CONTENEURISÉE : marchandise chargée dans un conteneur.

MARCHANDISE CONVENTIONNELLE : marchandise diverse et non normalisée, non conteneurisée.

MARCHANDISE DE LA MÊME ESPÈCE OU DE LA MÊME NATURE : biens classés dans une gamme produite par une même branche de production ou un secteur particulier d'une branche de produits. Elles comprennent les marchandises identiques ou similaires.

MARCHANDISE EN LIBRE CIRCULATION : bien dont on peut disposer librement, qui peut circuler sans aucune restriction douanière. C'est le cas après la mise à la consommation.

V. Annexe spécifique B, Chapitres 1 et 2 de la CKR.

MARCHANDISE EN LIBRE PRATIQUE : bien ayant acquitté les droits de douane à l'exclusion des autres impositions.

MARCHANDISE EN RETOUR : bien réintroduit dans le territoire douanier après une exportation temporaire, avec exonération totale ou partielle des droits et taxes à l'importation.

MARCHANDISE ÉQUIVALENTE : bien identique dans l'espèce (même tarif douanier), les caractéristiques techniques avec un autre qui a été importé en vue d'une opération de perfectionnement.

MARCHANDISE EXPORTÉE SOUS RÉSERVE RETOUR : bien déclaré à l'exportation, mais devant revenir dans le territoire douanier. Elle devrait être soumise à une identification, une individualisation stricte afin de faciliter les vérifications de conformité lors de son retour dans le territoire douanier.

V. Annexe spécifique B, Chapitres 1 et 2 de la CKR.

MARCHANDISE FORTEMENT TAXÉE : bien dont la taxation globale est égale ou supérieure à 25 % de la valeur imposable, art 8 CDCR.

MARCHANDISE IDENTIQUE : bien qui est le même qu'un autre à tous égards, y compris les caractéristiques physiques, la qualité et la réputation. Des différences mineures d'aspect ne sauraient empêcher que ces marchandises soient considérées comme identiques. Art 28 CDCR

MARCHANDISE NON COMMUNAUTAIRE (OU TIERCE) : bien provenant d'un pays n'appartenant pas à la même union douanière ou à la même communauté économique que le pays d'importation : bien provenant d'un pays tiers.

MARCHANDISE PROHIBÉE : bien soumis à des restrictions particulières, à l'importation et/ou à l'exportation. Une marchandise prohibée n'est pas forcément une marchandise interdite d'entrée sur le territoire douanier.

MARCHANDISE SENSIBLE : bien très exposé à la fraude et la contrebande.

MARCHANDISE SIMILAIRE : bien qui, sans être pareil à tous égards avec un autre, présente des caractéristiques semblables et est composé de matières semblables, qui lui permettent de remplir les mêmes fonctions et les rendent commercialement interchangeables.

La qualité des marchandises, leur réputation et l'existence d'une marque de commerce ou de fabrique sont à prendre en considération pour déterminer si les marchandises sont similaires, art 28 al 2b.CDCR

MARCHANDISE SOUS-DOUANE : bien sous sujétion douanière, n'ayant pas encore acquis un régime définitif ou n'ayant pas encore acquitté les droits et taxes. Dès lors, elle se trouve placée sous une surveillance douanière particulière. Elle ne peut pas être manipulée et/ou enlevée sans accomplissement préalable de formalités appropriées auprès des services douaniers compétents.

MARCHANDISE TIERCE (OU NON COMMUNAUTAIRE) : bien non originaire de la communauté à laquelle appartient l'État d'importation ou non originaire d'un État ayant des liens conventionnels avec cette communauté.

MARCHANDISES (SOUMISES À RESTRICTIONS DE CIRCULATION) : biens circulant dans une même communauté, mais par dérogation au principe de la libre circulation des biens qui y règne, peuvent être soumis à des règles particulières en raison de leur nature, de leur importance pour la santé publique, l'ordre public, la sécurité publique, la propriété intellectuelle...

MARCHÉ : lieu ouvert ou couvert où se déroule généralement la rencontre de l'offre et la demande des biens, des services et des capitaux.

Avec l'évolution technologique, il peut prendre une forme virtuelle, immatérielle.

Contrat dont l'objet est la vente et/l'achat, le louage des marchandises, des services et des capitaux.

Opérations portant sur l'évolution de l'offre et de la demande dans un domaine d'activités donné : le marché monétaire, le marché africain de l'huile de palme ou sur un bien d'échange particulier : le marché de l'or, du cacao-café…

MARCHÉ À TERME :(forward market), marché où s'échangent les devises à un cours donné, mais pour une livraison fixée à une date ultérieure et déterminée.

Marché intéressant les acteurs du commerce extérieur qui veulent échapper aux fluctuations aléatoires des devises.

MARCHÉ AU COMPTANT (Spot) : marché virtuel de devises qui se réalise entre les acheteurs et les vendeurs communiquant par la voie téléphonique, le télex, l'internet. Les devises sont achetées ou vendues au comptant et les transferts / livraisons sont effectués immédiatement ou au plus tard, après deux jours ouvrés.

MARCHÉ COMMUN : espace géographique regroupant des États partageant une union douanière matérialisée par : l'élimination des droits de douane, la suppression des restrictions quantitatives et l'établissement d'une législation douanière et d'un Tarif Extérieur Commun (TEC) entre ses membres.

Le marché commun est une union douanière qui, en plus de la libre circulation des marchandises, pratique la libre circulation des personnes, des services et des capitaux entre ses membres.

Le modèle d'intégration économique (du plus simple au plus achevé) proposé par l'économiste hongrois BELA BALASSA se présente ainsi qu'il suit : zone de libre-échange, union douanière, marché commun, union économique, intégration économique.

V. Béla BALASSA, R.-D IRWIN: The theory of economic integration, Homewood, 1961.

MARCHÉ DE CAPITAUX : traditionnellement, il est divisé en deux branches : le marché monétaire et le marché financier. Le marché monétaire est le marché des capitaux à court terme. Le marché financier est le marché des capitaux à long terme. Cette distinction tend à s'estomper.

MARCHÉ DE GRÉ À GRÉ : commande dont les règles d'attribution sont fixées de manière consensuelle par les parties. Ce type est constitué de clauses dérogatoires des principes de la libre concurrence. Lorsqu'il est introduit dans la pratique des marchés publics, il suscite souvent de vives controverses de la part des exclus et du grand public.

MARCHÉ DES CHANGES (Forex : foreign Exchange Market) : espace financier virtuel et planétaire dans lequel s'échangent les devises convertibles 24h/24h. Chaque jour, on y échange plus de 2000 milliards de dollars US$.

Contrairement aux marchés boursiers, les marchés des changes n'ont pas une localisation géographique et transcendent toutes les frontières. Ce marché comporte trois catégories :

- Le marché à terme
- Le marché au comptant
- Le marché du dépôt aussi appelé le marché interbancaire où sont traitées les opérations en devises matérialisées par des emprunts et des prêts entre banques.

MARCHÉ DOMESTIQUE : marché national.

MARCHÉ FERMÉ : marché fermé aux importations

MARCHÉ GRIS : marché échappant au contrôle d'une entreprise à cause de l'existence d'un marché parallèle ou à cause de la contrefaçon.

MARCHÉ INTÉRIEUR : marché domestique, national ou communautaire (d'un produit, d'un pays ou d'une communauté).

MARCHÉ LIQUIDE : marché offrant une forte probabilité de trouver rapidement la contrepartie des offres à un cours raisonnable, par rapport au dernier cours coté de la valeur concernée.

MARCHÉ NOIR (BLACK MARKET) : commerce illicite et clandestin dans lequel sont commercialisés les produits illicites (armes, drogues, œuvres d'art…) ou des produits licites, fortement taxés, mais selon des procédures illégales. Les marchandises qui y circulent sont ravitaillées par la contrebande et la contrefaçon, bref le crime organisé.

MARCHÉ OBLIGATAIRE : marché des obligations. Il fait partie du marché financier.

MARCHÉ PUBLIC : contrat avec l'administration pour la fourniture des biens et services.

MARIN : homme de mer doté de connaissances des choses de la mer et de la marine. Il est recruté par un armateur en vue d'occuper à bord un emploi relatif à la conduite, au fonctionnement et à l'entretien du navire. Il peut exercer sa fonction dans un bâtiment de guerre, ou dans un navire de commerce, de plaisance ou de pêche. Il diffère du docker.

MARINE MARCHANDE : branche de l'administration des transports maritimes s'occupant des navires de commerce.

MARINE NATIONALE : branche de l'armée qui s'occupe de la défense du pays par voie maritime.

MARK : Unité monétaire de la République Fédérale d'Allemagne avant son adoption de l'euro.

MAROQUIN : cuir de chèvre tanné et teint qui était jadis préparé au Maroc.

MAROQUINERIE : fabrication des articles, objets et accessoires d'équipement à base de maroquin et puis par extension en cuir fin.

Terme proche : maroquinier : personne travaillant dans la maroquinerie.

MARQUAGE : procédé consistant à apposer des marques, estampilles ou étiquettes sur les marchandises. Il constitue une obligation faite aux chargeurs de porter des marques sur la marchandise afin de permettre au transporteur et au manutentionnaire de la reconnaître et de la déplacer dans les conditions optimales.

Ce marquage peut être adapté à la marchandise, au moyen de transport, au type de transport, il se concrétise par l'apposition de pictogrammes élaborés par l'ISO, des vignettes...

Marquage, estampillage, étiquetage en douane : procédé consistant à apposer des marques, estampilles ou étiquettes sur certaines marchandises. Il est souvent imposé par les pouvoirs publics pour les marchandises à importer /exporter afin de permettre aux services compétents (douanes, santé, commerce…) de la distinguer de celle charriée par la fraude, la contrebande et la contrefaçon.

V. Vignette.

MARQUE (Trade mark, brand) : la notion de marque a toujours existé dans les sociétés. Dans les sociétés anciennes, les éleveurs marquaient leurs bœufs au fer rouge pour facilement les identifier et le distinguer des autres.

Elle est un signe distinctif aidant à reconnaitre une marchandise au milieu de nombreuses autres concurrentes. Elle est susceptible d'influencer la pratique du commerce extérieur. Il existe une très grande variété de marques : marque protégée, marque expérientielle, marque enregistrée, marque déposée, marque suiveuse, marque mère, marque ligne, marque générique, marque institutionnelle…

La marque peut être :

- un signe, une représentation graphique (étoile…)
- un ensemble de signes lié à une marchandise, un service ou une entreprise,
- un patronyme : Citroën, Dassault, Mercedes, Renault, Michelin…
- un nom mythologique : AJAX…
- nom géographique : Vittel, Hollywood…
- un verbe : Voyager…
- une onomatopée : brunch...
- un acronyme, un sigle : ANOR…
- une date : 1664...

Trois types de marques sont couramment reconnus :

- La marque de commerce (marque de distributeur) : marque utilisée par le distributeur du produit qu'il commercialise.
- La marque de fabrique (marque de fabricant, de producteur) : marque directement apposée sur le produit par le fabricant ; que le produit soit fini ou qu'il soit un élément d'un produit composite.
- La marque de service : marque attachée, à la prestation d'un service. Pour être effective, celle-ci est souvent fixée sur des accessoires.

Conformément à l'article 27 al1, CDC ou 31al1c, CDCR, les redevances payées par un importateur à un titulaire de marque peuvent faire l'objet d'un ajustement de la valeur de la marchandise importée, sous certaines conditions.

MATELOT : Personnel navigant à bord d'un navire utilisé au service pont.

MATÉRIEL PROFESSIONNEL (PROFESSIONNAL ÉQUIPEMENT) : matériel nécessaire à l'exercice d'une profession. Équipement utilisé dans la profession d'une personne qui se déplace pour un pays d'accueil où il va justement pour y exercer cette profession.

V. Annexes A, B, et C de la Convention douanière relative à l'importation temporaire de matériel professionnel, Bruxelles, 1961 ; Annexe B.2. de la Convention d'Istanbul de 1990.

MATIÈRE CONSOMMABLE : V. Consommable

MATIÈRE PREMIÈRE : produit non transformé, à l'état naturel pouvant servir à fabriquer d'autres produits. Elle correspond au stade primaire de transformation.

« tout ingrédient, élément, intrant, matériau, composant, parties, etc., utilisés dans la fabrication d'un produit » article 9 al 2 de l'Annexe à l'Acte1/98-UDEAC-1505-CD-61 du 21 juillet 1998 portant modification des articles 9 et 10 DE l'Annexe à l'Acte n° 7/93-UDEAC-556-CD-SE1 du 21 juin 1993 portant révision du Tarif Extérieur Commun et fixant les conditions d'application du Tarif Préférentiel Généralisé.

MÉDICAMENT : « substance matérielle employée dans le traitement des maladies ou des blessures » d'après le Petit Larousse de la médecine, sous la direction du Pr André DOMART et du Dr Jacques BOURNEUF, Librairie Larousse, 1976, p. 483

Selon le code français de la santé publique art S111-1, on entend par médicament toute substance ou composition présentée comme possédant des propriétés curatives ou préventives à l'égard des maladies humaines ou animales, ainsi que toute substance ou composition pouvant être utilisée chez l'homme ou l'animal, ou pouvant leur être administrée, en vue d'établir un diagnostic médical, ou de restaurer, corriger, ou modifier leurs fonctions physiologiques en exerçant une action pharmacologique, immunologique ou métabolique.

Plusieurs types de médicaments sont fabriqués. « Le médicament simple s'utilise sans transformation préalable ; le médicament galénique résulte d'un mélange qui rend possible son administration (teinture de belladone) ; le médicament chimique résulte d'un mélange galénique de plusieurs substances chimiques ; le médicament officinal lui est inscrit au codex (laudanum) ; le médicament magistral est préparé au vu d'une ordonnance qui en prescrit la formule ; le médicament spécialisé ou spécialité pharmaceutique est préparé industriellement. » DOMART et Jacques BOURNEUF : le Petit Larousse de la médecine, sous la direction du Pr André DOMART et du Dr Jacques BOURNEUF, Librairie Larousse, 1976, p. 483.

Il convient de relever que de nombreux produits utilisés pour promouvoir les fonctions décrites ci-dessus ou vendus en pharmacie ne sont pas à considérer systématiquement comme des médicaments. Il en est ainsi notamment des produits utilisés pour la désinfection des locaux, pour la cosmétologie, pour les prothèses dentaires, pour les soins bucco-dentaires, dermatologiques…

MÉMOIRE : (Art 346 CDC) V. TABLEAU DE CONCORDANCE Conclusions, forme de la réponse déposée particulièrement par les parties devant la justice.

Termes proches : mémoire ampliatif : déposé par le demandeur ; mémoire en réplique ou en réponse déposé par le défenseur.

MER TERRITORIALE : espace maritime situé entre la haute mer et le territoire continental (i.e des lignes de base jusqu'à 12 miles marins) d'un État côtier qui y exerce sa souveraineté (Convention sur le droit de la mer).

MERCADO DEL SUR (MERCOSUR) en français **MARCHE COMMUN DU SUD :** organisation d'intégration régionale localisée en Amérique du Sud.

Date de création : 26 Mars 1991.

Membres : le Brésil, l'Argentine, le Paraguay et l'Uruguay, le Venezuela (suspendu 2017). Pays associés : le Chili, la Colombie, le Pérou, l'Équateur.

Objectifs : Ce regroupement vise notamment : la libre circulation des biens et des services par l'élimination des barrières (tarifaires ou non) entre les échanges commerciaux internes, l'adoption d'un tarif extérieur commun, la coordination des politiques économiques et l'harmonisation des législations nationales.

Population : 300 millions d'habitants.

Superficie : un peu plus de 14 millions de km^2.

MERCANTILISME : pensée économique ayant dominé l'Europe au cours du 17e siècle (XVI et XVII) estimant que la prospérité d'une nation est fondée sur l'accumulation des ressources, des métaux précieux, l'or et l'argent qui symbolisent la richesse et la puissance.

Colbert, ministre des Finances de Louis XIV en France a été un défenseur engagé.

Cette doctrine est axée sur le développement du commerce extérieur comme source de puissance d'un royaume. Elle soutient que c'est lui qui peut permettre d'attirer de l'or ou le retenir en appliquant le protectionnisme. Doté de cette richesse, le royaume pourra envisager la création d'une armée puissante.

MERCATIQUE : terme français ayant le même sens que marketing, mot anglais.

MERCHANDISING : (marchandisage) Technique de vente accordant une place de choix aux produits.

Le slogan du marchandising est : le bon produit au bon moment, au bon endroit, au bon prix et en quantité suffisante.

La distribution moderne en fait son cheval de bataille : elle optimise l'offre, simplifie les achats, développe le chiffre d'affaires et la production.

MERCHANT HAULAGE : le chargeur vient récupérer le conteneur dans l'aire de stockage de la compagnie maritime, pour l'empoter et le ramener au port de chargement. V. Guide Transporter, le guide de référence du transport, de la logistique et de la supply chain, Hors-série 2022des Éditions Classe Export n° ISSN 1254-1737p. 170.

V. Carrier haulage.

MERROUTAGE : transit effectué par des camions empruntant la voie maritime.

MESSAGERIE EXPRESS : solution logistique de transport généralement par voie aérienne et de distribution rapide d'envois, portant sur des colis de taille relativement petite.

MESURE ANTI DUMPING : instrument juridique de défense commerciale servant à lutter contre les pratiques déloyales du dumping. Des droits anti dumping peuvent être créés (art. 15 CDCR).

V. Défense commerciale

MESURE COMPENSATOIRE : instrument juridique de défense commerciale servant à lutter contre les pratiques déloyales engendrées par les subventions. Des droits compensateurs peuvent être créés (art. 15 CDCR).

V. Défense commerciale

MESURE CONSERVATOIRE : solution provisoire, mais nécessaire pour limiter les dégâts et en prévenir d'autres, nés d'une situation dont on ne maîtrise pas les effets.

MESURE DE DÉFENSE COMMERCIALE : instrument juridique employé par un État ou un groupe d'États pour protéger son économie, ses industries des pratiques commerciales déloyales au regard des accords de l'OMC en vigueur : dumping, subventions, importations massives en vue de déstabiliser une branche de production

L'OMC consacre trois mesures de défense commerciale : mesures anti dumping, mesures compensatoires et mesures de sauvegarde.

V. Défense commerciale.

MESURE DE SAUVEGARDE : instrument juridique de défense commerciale servant à préserver l'économie d'un État ou d'un groupe d'États contre la déstabilisation durable d'une branche de la production nationale ou régionale (art.14 CDCR)

V. Défense commerciale

MESURE PROVISOIRE : décision provisoire prise par une juridiction au cours d'un procès portant sur un aménagement de la condition d'une ou des parties.

MÉTIER : sous-spécialité d'une profession nécessitant des compétences et des habilitations spécifiques afin de mieux aborder certains aspects de ladite profession.

Dans la profession douanière, on pourrait envisager des métiers dans la surveillance douanière, le recouvrement, les enquêtes douanières, la législation et les régimes spéciaux douaniers, les OEA, l'AFE, la formation,...

METTRE SOUS SCELLES : Apposition de scellés, art 111 du CDCR

Pour la recherche et la constatation des infractions douanières...les Chefs de bureau de douane, les receveurs de douanes ainsi que les agents de la catégorie A et B peuvent procéder à l'apposition des scellés sur les marchandises, les moyens de transport, les documents, les avoirs, les objets et les bâtiments ayant servi ou susceptibles de servir à masquer directement ou indirectement la fraude.

Les scellés se composent d'un ruban de tissu ou d'un papier que l'on fixe par un cachet de cire frappé du sceau de l'État.

L'apposition des scellés indique :

- l'interdiction de toute utilisation, manipulation, destruction des produits saisis ou faisant l'objet d'une procédure administrative ou judiciaire en cours : drogue, fausse monnaie, faux médicaments, marchandise de contrebande, pièces à conviction, objets volés, contrefaits…
- l'interdiction d'accès, d'ouverture d'un appartement d'un immeuble, en vue de conserver des éléments de preuve, de sauvegarder des garanties en vue du paiement d'une créance…

Les bris de scellées sans autorisation sont sévèrement réprimées.

MIDDLE EAST AND NORTH AFRICA (MENA) en français MOYEN-ORIENT ET AFRIQUE DU NORD (MOAN)

Date de création : 1995

Membres : Algérie, Bahreïn, Djibouti, Égypte, Iran, Irak, Jordanie, Koweït, Liban, Libye, Maroc, Oman, Qatar, Arabie saoudite, Palestine, Soudan, Syrie, Tunisie, Émirats arabes unis, Yémen.

Objectif : Ce regroupement promeut l'intégration économique à travers des politiques de développement des infrastructures, de diversification des économies, d'accroissement de la productivité et de l'inclusion des femmes et des jeunes dans le circuit économique.

Population : environ 578 millions.

MIEUX-DISANT : se dit de l'offre la plus avantageuse pour l'adjudicateur à l'occasion de la clôture du dépouillement d'un appel d'offres ayant préalablement défini ses critères d'appréciation qui évoquent des considérations d'ordre qualitatif.

V. Moins disant

MILE OU MILLE MARIN ou NAUTIQUE : unité de mesure anglaise correspondant à une distance de 1852 mètres linéaires, utilisée dans la navigation aérienne et maritime.

MILLÉSIME : année de la vendange dont est issu un vin. Elle figure pratiquement sur toutes les bouteilles de vin.

MINÉRALIER : navire cargo transporteur du vrac, spécialisé dans les minerais, les grains.

MINIMUM DE PERCEPTION : technique de taxation spécifique consistant à taxer les marchandises autrement que par un prélèvement assis sur une proportion de la valeur. Elle peut se fonder sur une quantité, un nombre, un volume,

Les pouvoirs publics par réalisme fiscal peuvent ainsi fixer au titre du paiement d'un impôt, un montant plancher lié à une quantité, un nombre, un volume, une espèce tarifaire...

Il est incompatible avec la mise en œuvre de la valeur transactionnelle définie par l'Accord de Marrakech sur l'évaluation en douane des marchandises importées.

MINISTÈRE D'AVOCAT : assistance d'un justiciable par un avocat. Devant le tribunal de grande instance (TGI), le ministère d'avocat est obligatoire au Cameroun.

MINISTÈRE PUBLIC : ensemble des magistrats chargés de défendre les intérêts de la société en demandant l'application de la loi. Il est représenté au tribunal par le procureur de la République.

MINORITÉ : Situation d'une personne physique n'ayant pas atteint l'âge de la majorité.

V. Majorité

MINUTE : Original d'un acte authentique.

MISE À FOB : coût(s) à intégrer dans le prix de la marchandise provenant des charges nées de l'enlèvement de la marchandise à l'usine jusqu'au chargement à bord du navire. Il comprend le préacheminement de l'usine au port, le dédouanement export, les transferts, les passages en magasin, les différents suivis au port…

MISE À LA CONSOMMATION (CLEARANCE FOR HOME USE) : régime douanier qui permet de dégager des obligations douanières et de mettre en libre circulation sur le marché intérieur, une marchandise importée par l'accomplissement de toutes les formalités nécessaires : déclaration en détail, paiement des droits et taxe de douane, obtention de la mainlevée et enlèvement.

V. Annexe B.1 de la Convention de Kyoto de 1974 et dans l'Annexe spécifique B, Chapitre 1 de la CKR.

MISE À PRIX : premier prix affecté à une marchandise vendue aux enchères

MISE EN BOUTEILLE À LA PROPRIÉTÉ : V. Mise en bouteille au domaine.

MISE EN BOUTEILLE AU CHÂTEAU : Formule du bordelais pour exprimer le fait que le vin est embouteillé par le propriétaire de la vigne indiquée. Cette indication vise à fournir avant tout, une garantie d'authenticité.

MISE EN BOUTEILLE AU DOMAINE : Indication faisant savoir que le propriétaire du vignoble assure personnellement une totale maîtrise de la production de son vin : culture, récolte, transformation, commercialisation…elle exprime la garantie de l'authenticité du produit final. Elle équivaut aux expressions : Mise du domaine, Mise au domaine, Mise du propriétaire, Mise en Bouteille par le Propriétaire, Mise à la Propriété.

MISE EN DEMEURE : Acte juridique émis par un créancier qui constate le retard de son débiteur dans l'exécution de son obligation et lui fait une sommation de la réaliser ou de l'accomplir. Art 1139 Cc.

Elle vaut commandement et prépare le terrain au recouvrement forcé.

Elle se traduit par une lettre de l'administration douanière au redevable qui s'est abstenu de solder une dette douanière. Elle déclenche :

- le décompte des intérêts de retard,
- la fixation de l'amende sanctionnant un défaut ou un retard,
- la majoration possible des droits primitifs,
- la taxation d'office.

MISE EN JEU DE LA CAUTION DOUANIÈRE : demande par laquelle l'administration douanière sollicite le paiement des droits et taxes par une banque à partir de la garantie déposée dans ses livres à cette fin.

MISE EN L'ÉTAT (D'UNE AFFAIRE) : Phase située en début de procédure devant une juridiction au cours de laquelle l'affaire est mise prête à être jugée.

MISE EN LIBRE PRATIQUE (MLP) : régime de dédouanement qui consiste dans l'application des diverses mesures (tarifaires, règlementaires, communautaires) ainsi que le paiement des droits de douane, à des marchandises tierces importées dans le territoire douanier.

Ce régime de dédouanement confère le caractère communautaire aux marchandises ainsi dédouanées et par voie de conséquence autorise leur libre circulation au sein de la communauté, mais sans pouvoir être commercialisées.

MISE EN RECOUVREMENT : opération constatant la créance de l'administration par un document, l'avis de mise en recouvrement (AMR) qui indique le montant et la source du paiement exigé du contribuable/redevable.

M.I.S.T : acronyme mis au point (comme BRIC, par Jim O'NEIL, célèbre économiste) dans l'environnement des affaires internationales pour désigner un groupe de pays dits émergents au début du 20e siècle : Mexique, Indonésie, South Korea et Turquie. Il s'agissait alors d'un nouveau groupe de pays dont les potentialités laissaient envisager qu'ils pourront conquérir, dans une perspective relativement peu lointaine, une place plus importante au sein de l'économie mondiale.

MISTELLE : boisson alcoolique obtenue par addition de l'alcool au jus de raisin avant la fermentation. Ainsi la présence de cet alcool stoppe la fermentation et le sucre naturel reste dans le moût. Ce breuvage est très utile dans la fabrication des apéritifs et des vermouths.

V. Vermouth

MOBILISATION DES CRÉANCES DOUANIÈRES : production effective des recettes douanières allant de l'émission théorique sur le papier à la mise en caisse concrète. Action de faire passer les créances douanières, de simples chiffres en ressources concrètes disponibles dans les caisses.

MOCI : (Moniteur du **C**ommerce **I**nternational) : revue française hebdomadaire spécialisée dans le commerce international.

V. www.moci.com.

MODALITÉS DE PAIEMENT : solution retenue en vue de procéder

MODE DE PAIEMENT : V. moyens de paiement.

MODE DE TRANSPORT : voie par laquelle le transport est réalisé : terre, mer, fer, air, fleuve. Il se distingue du moyen de transport qui concerne le matériel servant au déplacement de la marchandise : bateau, train, avion, pipeline, conteneur.

MOELLEUX : qualité d'un vin (pas forcément sucré) doux et fruité, surtout appliqué aux vins blancs (Sauternes).

MOINS DISANT : (stricto sensu) expression servant à désigner l'offre jugée la moins coûteuse pour l'adjudicateur, parmi toutes les offres dépouillées dans le cadre d'un appel d'offres.

V. Mieux disant.

MOINS-VALUE : perte de valeur d'un bien.

MONBAZILLAC : vin blanc et doux, moelleux très apprécié pour les desserts, produit dans la région de Bergerac, en France.

MONDIALISATION : terme cité pour la première fois en 1959 dans le journal The Economist. Depuis lors, il a suscité beaucoup d'affrontements, d'analyses, de débats, de polémiques à travers le monde en raison des conceptions et réalités plurielles qu'il charrie. Il fait l'objet d'études multidisciplinaires : économiques, sociales, culturelles, juridiques, politiques...

Mouvement global et planétaire sur fond de libéralisme, d'échange de biens, de services, de capitaux, de connaissances, entre cultures provoquant des chocs, changements et adaptations souvent non prévisibles. Ce phénomène complexe révèle le fait que le monde est plus que jamais une entité interdépendante, d'où l'expression « village planétaire ».

V. Globalisation.

MONÉTIQUE : ensemble des moyens de paiement gérés par une solution informatique, électronique ou télématique : carte de paiement, carte prépayée, porte-monnaie électronique…

MONNAIE ÉLECTRONIQUE : monnaie stockée sur un support électronique : carte prépayée, téléphone mobile…

MONOPOLE : situation d'un marché dominé par un seul vendeur. La concurrence n'existe pas dans l'offre.

MONOPSONE : situation d'un marché dominé par un seul acheteur. La concurrence n'existe pas dans la demande.

MORATOIRE : (De Moratorium) acte juridique par lequel l'État (le Trésor) suspend l'application d'un délai, d'une procédure de poursuite d'un paiement pour accorder un nouveau délai à son débiteur.

MOTIFS (DE DROIT) : argument fourni par le juge pour appuyer sa décision.

MOTIVATION (D'UN ACTE) : justification d'un acte avec des arguments de droit et/ou de fait. L'exigence de motivation constitue une garantie de bonne fin, de bonne administration pour le justiciable comme pour l'administré.

Elle participe de la bonne application du principe du droit à un procès équitable auquel sont soumises toutes les juridictions, étatiques et arbitrales.

Certains actes administratifs doivent être motivés conformément à certaines obligations imposées par la loi.

Il s'agit particulièrement des décisions individuelles défavorables qui :

- restreignent l'exercice des libertés publiques,
- constituent des mesures de police,
- infligent une sanction,
- refusent une autorisation ou un avantage.

MOÛT DE RAISIN : du latin mustum. Jus de raisin non fermenté.

MOUVEMENT DE MARCHANDISES : écriture d'entrée et de sortie des marchandises dans les comptes de la comptabilité-matière de l'entreprise soumise à un régime douanier autre que la mise à la consommation et l'exportation.

Déplacement d'une marchandise d'un magasin vers un autre

Il est différent de la marchandise en mouvement, qui désigne la marchandise en circulation.

MOYEN DE PAIEMENT : stricto sensu, on pourrait entendre ce qui est utilisé pour payer une dette : la monnaie qui peut prendre des formes diverses : fiduciaire, scripturale, électronique.

Il se caractérise par sa rapidité, son faible coût et sa sûreté indiscutable.

Il se distingue de l'instrument de paiement qui désigne un outil ou un procédé par lequel un ordre de paiement est donné pour faire circuler la monnaie.

Le moyen de paiement emblématique du commerce international est le crédit documentaire.

MOYEN DE PREUVE : Art 310, 311, 314, 317, 329, 352 V. TABLEAU DE CONCORDANCE

Art 317 CDC tous les délits et contraventions prévus par les lois et règlements des douanes peuvent être poursuivis et prouvés par toutes les voies du droit.

L'art 310 CDC fait des procès-verbaux de douane (PVD) des moyens de preuve :

- preuve faisant foi jusqu'à inscription de faux pour les PVD rédigés par deux agents pour des constatations matérielles qu'ils relatent.
- preuve faisant foi jusqu'à preuve contraire dans le cas où le PVD est rédigé par un seul agent de douane, art 311 CDC
- preuve faisant foi jusqu'à preuve contraire de l'exactitude et de la sincérité des aveux et déclarations que le PVD rapporte.

La preuve contraire doit être administrée au moyen des documents de date certaine antérieure à celle de l'enquête, dans le cas d'un contrôle d'écritures.

Art 352 dans toute action sur saisie, c'est le saisi qui prouve sa non culpabilité. Fardeau de la preuve inversée.

MOYEN DE TRANSPORT : matériel servant à déplacer la marchandise : bateau, train, camion, avion, conteneur, drone…

MOYEN DE TRANSPORT À USAGE PRIVÉ :

Article 1 du Règlement n°11/19-UEAC-010A-CM-34 du 18 décembre 2019 portant sur les facilités douanières en faveur des voyageurs en zone CEMAC : « les véhicules routiers et les remorques, bateaux et aéronefs, ainsi que leurs pièces de rechange, leurs accessoires et équipements normaux importés par le voyageur exclusivement pour son usage personnel, à l'exclusion de tout transport de personnes à titre onéreux et du transport industriel ou commercial de marchandises à titre onéreux ou pas. »

V. Effets personnels, Voyageur.

MOYENS (DE DROIT) : raisons fournies par les parties, arguments fondés sur le droit et/ou sur les faits invoqués par les parties pour soutenir et défendre leurs prétentions.

MULTICULTURALISME : situation des groupes humains multiples qui coexistent au sein d'une même société avec leurs particularités culturelles : leurs ethnies, leurs croyances religieuses, leurs langues, leurs traditions, leurs folklores...

V. Emmanuel KAMDEM : management et interculturalité en Afrique. Expérience camerounaise, Presses de l'Université LAVAL. L'Harmattan, 2002.

MULTILATÉRALISME : modalité de gestion des relations internationales qui se traduit par la coopération entre trois États au moins, offrant l'opportunité aux parties de collaborer avec l'ensemble des partenaires.

Il se démarque du bilatéralisme qui met en présence deux États et s'oppose à l'unilatéralisme où un seul État manifeste sa volonté avec le risque de prendre exclusivement en compte ses seuls intérêts.

MULTIMÉDIA (ŒUVRE) : œuvre utilisant plusieurs médias pour s'exprimer : écrits, sons, images fixes ou animées.

MULTIMODALITÉ : combinaison de transports de marchandises qui utilise au moins deux modes différents de transport, dont le transport maritime. On parle aussi de transport polyvalent.

Le conteneur est le moyen emblématique de transport multimodal.

MULTINATIONALE (SOCIÉTÉ) : société industrielle, commerciale ou financière déployant ses activités dans plusieurs États en même temps. Elle est généralement structurée en une société mère et des filiales.

Ce groupe constitue en droit douanier, les personnes réputées liées, prévues par l'art 21 al 4 V. TABLEAU DE CONCORDANCE « des personnes ne sont réputées liées que :

- Si l'une fait partie de la direction ou du conseil d'administration de l'autre et réciproquement.
- Si elles ont juridiquement la qualité d'associés.
- Si l'une est l'employeuse de l'autre.

- Si une personne quelconque possède, contrôle, ou détient directement ou indirectement 5 % ou plus des actions ou parts émises avec droit de vote de l'une et de l'autre.
- Si l'une d'elles contrôle l'autre directement ou indirectement.
- Si toutes les deux sont directement ou indirectement contrôlées par une tierce personne.
- Si directement ou indirectement, ensemble, elles contrôlent une tierce personne ou
- Si elles sont membres de la même famille. Art 24 al4. V. TABLEAU DE CONCORDANCE

L'article 24 alinéa 5 précise que : « les personnes qui sont associées en affaires entre elles du fait que l'une est l'agent, le distributeur ou le concessionnaire, exclusif de l'autre, quelle que soit la désignation employée seront réputées être liées si elles répondent à l'un des critères énoncés au paragraphe 4 ci-dessus. »

Cette notion de personnes liées exerce une très grande influence sur l'évaluation des marchandises en douane et peut conduire à l'application des prix de transfert et non la valeur transactionnelle.

La multinationale peut être horizontale ou verticale.

Elle est horizontale lorsqu'elle opte pour la fabrication du même produit dans différents pays.

Par contre, elle est verticale lorsqu'elle répartit la fabrication de ses composants dans différents pays pour pouvoir bénéficier des avantages qu'offre chacun d'eux.

MULTIPLICATEUR DU COMMERCE EXTÉRIEUR (EFFET) : conséquence mécanique de l'augmentation du revenu national lorsque les exportations augmentent.

MUTUALISATION (DES INFORMATIONS, DES RISQUES) : gestion en commun, partage d'informations, des techniques… en vue de minimiser les obstacles et maximiser les avantages.

N

NAFTA (NORTH AMERICAN FREE TRADE AGREEMENT) : V. ALENA.

NANTISSEMENT : sûreté portant sur de biens incorporels, présents ou à venir en garantie de l'exécution d'une obligation. Art 2355.

NASDAQ (NATIONAL ASSOCIATION OF SECURITIES DEALERS AUTOMATED QUOTATION) : acronyme créé en 1971. Il est considéré comme le plus grand marché électronique d'actions du monde. Il cote des valeurs variées : banque, distribution, transport, industrie…

Mais la prédominance des valeurs liées aux nouvelles technologies (technologie de l'information, biotechnologie…) fait dire que le NASDAQ représente le secteur de la haute technologie, renfermant un fort potentiel de croissance.

Le NASDAQ est l'indice boursier qui mesure la performance du marché d'actions NASDAQ.

NATION LA PLUS FAVORISÉE (CLAUSE DE LA) CNPF : régime (initié par le GATT reconduit par l'OMC) dont le but est de lutter contre les obstacles à la libéralisation du commerce international.

Cette clause impose à des parties à un contrat qui se sont octroyées des avantages, des privilèges ou des facilités sur un produit ou sur une destination, de les étendre sans condition aux autres parties signataires de la Charte ou de l'Accord.

Les tempéraments admis au traitement de la nation la plus favorisée par l'OMC sont le système de préférence généralisé et l'intégration économique : la zone de libre-échange, l'union douanière…

NATIONALISATION : décision de l'État de s'octroyer la propriété ou le contrôle d'un moyen de production, d'une entreprise, ou l'exercice d'une activité de production, de prestation de services.

Opération ne concernant pas les personnes.

NATURALISATION : octroi de la nationalité d'un pays donné par ses autorités compétentes à une personne qui en a fait préalablement la demande.

Opération ne concernant que les personnes.

NAUFRAGE : accident de navigation d'un navire qui peut causer sa perte totale ou partielle ainsi que celle de sa cargaison, de son équipage ou de ses passagers.

Terme proche : naufragé : personne victime d'un naufrage.

NAUTIQUE : caractère de ce qui se rapporte à la technique de navigation en mer.

NAVAL : qui concerne les bateaux.

Terme proche : chantier naval

NAVIGABILITÉ : état d'un plan d'eau susceptible de s'offrir à la navigation.

Capacité reconnue à un navire de pouvoir naviguer (certificat de navigabilité).

NAVIGATION : circulation dans les airs et sur les eaux.

NAVIGATION AÉRIENNE : navigation dans les airs.

V. **A**gence pour la **SEC**urité de la **N**avigation **A**érienne en Afrique et à Madagascar. (ASECNA)

NAVIGATION AU LONG COURS : Navigation sur des longues distances.

NAVIGATION CÔTIÈRE : Cabotage national et international.

NAVIGATION INTÉRIEURE : Circulation sur des eaux intérieures.

NAVIGATION MARITIME : circulation en mer, dans les ports ou rades, sur les étangs salés, dans les estuaires (Douala est un port d'estuaire)

Le code communautaire de la marine marchande de la CEMAC classe la navigation maritime en 6 genres :

- la navigation de commerce : inclut le cabotage (national et international) et la navigation au long cours. Elle concerne le transport des marchandises et des personnes.

- la navigation de servitude : effectuée par des navires affectés à un service public, exemple : les bâtiments de guerre.
- la navigation de pêche, dédiée à la capture, à l'élevage des animaux marins et à l'exploitation des ressources halieutiques.
- la navigation auxiliaire relative au pilotage, au remorquage, au chalandage, au dragage, au sondage ou à la recherche scientifique en mer.
- la navigation de circulation relative à l'exploitation des propriétés agricoles ou industrielles riveraines ou des parcelles concédées sur le domaine public maritime.
- la navigation de plaisance pour la pratique du sport ou du loisir.

NAVIRE : engin flottant doté ou non de propulsion mécanique, quelle que soit sa forme, son tonnage affecté à la navigation maritime.

Le navire citerne transporte directement des produits à l'état liquide.

Le navire à conteneurs ou porte-conteneurs est chargé du transport des conteneurs.

Le navire de tramping transporte les marchandises en vrac.

Le navire de ligne fréquente des itinéraires prédéterminés avec un plan préétabli de rotation, en vue du transport des marchandises et/ ou des passagers.

Le navire LoLo (Lift-on Lift-off) : navire généralement utilisé pour le transport des conteneurs. La manutention y est verticale.

Le navire RoRo (Roll in - Roll off) : navire roulier dont les opérations de chargement et de déchargement se font par roulage : les camions passent du quai à la soute du navire.

Le navire à passagers ou paquebot : transporte plus de douze passagers ; le paquebot transporte prioritairement les passagers.

Le navire cargo : transporte prioritairement les marchandises.

NÉGOCE : commerce.

Terme proche : négociant : commerçant.

NÉGOCE INTERNATIONAL : activité commerciale effectuée par un négociant consistant en l'achat d'un produit en vue de sa revente et procurant un bénéfice.

Il peut s'exercer sous trois possibilités :

- le négociant international est un exportateur qui achète un produit local pour le vendre à l'étranger.
- le négociant international est un importateur qui achète un produit à l'étranger pour le revendre sur le territoire national.
- le négociant international est un opérateur d'un pays donné qui achète un produit à l'étranger pour le revendre dans un autre pays ou sera effectuée l'importation. Il est l'acteur clé d'un commerce triangulaire.

NÉGOCIABILITÉ (du B/L) : qualité d'un titre de transport maritime transmissible. Possibilité de définir les conditions de transfert de propriété des marchandises inscrites sur un connaissement. Ainsi, un connaissement pourrait bien passer de main en main, dans le cadre de sa négociabilité. Celui qui vend le connaissement vend la marchandise.

Dans le cadre d'un crédit documentaire, le connaissement est adressé à la banque et la marchandise destinée à un acheteur donné. Ce dernier doit négocier avec la banque, à savoir remplir toutes les conditions fixées par le vendeur pour que le B/L lui soit endossé et qu'il puisse prendre possession de la marchandise.

Terme proche : Connaissement non négociable : qui ne peut être cédé, qui ne peut passer de main en main. Le B/L nominatif est non négociable, il appartient exclusivement à la personne désignée. La lettre de transport aérien est non négociable.

V. Cessibilité.

NÉGOCIATIONS COMMERCIALES : (GATT- OMC)

V. Rounds – cycles.

NEW YORK STOCK EXCHANGE (NYSE) : aussi appelée Wall Street,

elle est la bourse de référence aux États-Unis. Le 17 mai 1792, vingt-quatre agents de change signent l'accord de Button Wood.

Button Wood tree est le platane (une variété d'arbres) d'Amérique sous lequel ils se réunissaient habituellement. Cet arbre occupait la place actuelle (au 68, Wall Street) où est bâti le NYSE couramment appelé Wall Street.

Elle traite une grande partie des transactions boursières et rassemble la majorité des sociétés américaines. De nombreux indices boursiers se partagent le marché boursier américain. NYSE, AMEX, NASDAQ, NIKKEI, DOW JONES...

NŒUD : unité de mesure de la vitesse d'un navire, exprimée en mille marin/nautique. Un nœud = un mille marin/heure or un mille marin = 1852 m ; un nœud = 1,852 km/heure)

NOLIS : fret

NOLISSEMENT : affrètement.

NOM :(patronyme), appellation servant à désigner une personne physique pour permettre son identification sociale.

Le nom doit être disponible et conforme à l'ordre public.

NOM COMMERCIAL : dénomination commerciale, désignation qui permet à une personne physique ou morale d'exploiter un fonds de commerce. Il peut être un nom de famille, un pseudonyme, un nom de fantaisie...

Une entreprise est désignée par son nom commercial qui remplit deux fonctions : l'identification et la distinction. Il préserve l'entreprise du risque de confusion avec les concurrents.

Le nom de domaine est l'adresse qui permet d'accéder à un site web. C'est un signe distinctif ayant un caractère international pouvant être constitué de lettres et de chiffres permettant d'identifier un site internet.

L'ICANN (INTERNET CORPORATION FOR ASSIGNED NAMES AND NUMBERS) administre les noms de domaine sur le plan international et concède des délégations à des organismes régionaux : exemple l'AFNIC en France (Association française pour le nommage internet et coopération) pour gérer le "fr ".

NOMENCLATURE COMBINÉE (NC) : appellation du système de désignation et de codification des marchandises utilisé dans l'Union Européenne (U.E). Celui-ci se compose de huit chiffres dont les six premiers sont ceux du Système Harmonisé (SH) entré en vigueur le

1er janvier 1988. C'est en fait le Tarif des douanes de l'UE. Comme tout Tarif de douane, il fonde la détermination des droits de douane applicables aux marchandises. La NC est révisable au 1er janvier chaque année.

V. Taric.

NOMENCLATURE TARIFAIRE DOUANIÈRE en anglais (TARIFF NOMENCLATURE) : code de classification méthodique des marchandises en circulation dans le commerce international.

L'OMD a mis à la disposition de ses membres une nomenclature regroupant des milliers de familles de marchandises à travers des sections, des chapitres, des subdivisions ainsi que des Règles Générales d'Interprétation (RGI) qui rendent leur application harmonieuse. De nos jours, cette nomenclature sert de base à de très nombreux pays pour une mise en œuvre de la fiscalité douanière. Cette nomenclature a évolué au fil des années.

En 1890, l'Union Internationale pour la publication des tarifs douaniers a créé le Bureau International des Tarifs dont les travaux vont inspirer les pionniers de l'ère moderne.

En 1955, le Conseil de Coopération Douanière (CCD) met sur pied la Nomenclature Tarifaire de Bruxelles (NTB) qui classe les marchandises prioritairement en fonction des matières qui les composent. La NTB sera retouchée en 1965 et en 1972.

En 1974, la NTB devient la NCCD (Nomenclature du Conseil de Coopération Douanière). Elle connaitra une modification en 1978. En 1988, elle sera remplacée par le Système Harmonisé de désignation et de codification des marchandises qui reste en vigueur à nos jours. Il s'accompagne des Notes Explicatives du Système Harmonisé (NESH) pour des éclairages qu'exige la spécialité de nombreux types de marchandises.

L'UE a créé une Nomenclature Combinée inspirée par la SH de l'OMD accompagnée de ses propres notes explicatives (NENC) qui compte 21 sections et 99 chapitres.

La CEMAC dispose d'une nomenclature élaborée sur la base du SH de l'OMD reposant sur 21 sections et 97 chapitres. Elle n'est pas accompagnée de Notes Explicatives.

D'autres systèmes de classification de marchandises ont existé : Ex Arancetario de la Communidad Andina.

NON BIS IN IDEM (EN DOUANE) : formule latine importée en matière douanière pour indiquer qu'une société contrôlée par la douane au titre d'un exercice donné sur un objet donné ne peut faire l'objet d'un nouveau contrôle sur le même exercice et sur le même objet, sauf quelques exceptions dûment motivées et prévues par la loi.

NON LIEU : décision d'une juridiction d'instruction d'interrompre ou d'abandonner une procédure d'instruction et de ne pas transmettre l'affaire à la juridiction de jugement compétente.

NON REPRÉSENTATION DES MARCHANDISES : infraction douanière assimilable à la contrebande. Elle est établie après la disparition des marchandises soumises à la surveillance particulière des services douaniers.

Cette infraction est constatée quand ont disparu :

- des marchandises en attente d'affectation d'un régime douanier,
- des marchandises soumises à un régime suspensif
- des marchandises qui figurent sur la déclaration sommaire (manifeste…) et ne font finalement pas l'objet de déclaration en détail.

NON RÉSIDENT : personne habitant un État où elle n'a pas sa principale occupation professionnelle ou son principal établissement. Cette notion est très utilisée aussi bien en fiscalité nationale et internationale que dans le contrôle des changes.

NON RÉTROACTIVITÉ DES LOIS (PRINCIPE DE) : principe de droit voulant que la loi dispose pour l'avenir. Elle ne doit pas s'appliquer à des situations antérieures à son existence sauf dans quelques exceptions.

NORMALISATION : ensemble des activités techniques (de mesurage des poids, longueurs, densités, résistances…) qui aboutissent à l'élaboration des cadres de pratiques, des procédures, des renseignements pour apprécier, définir les règles d'emploi des produits pour les rendre compatibles ou interopérables avec d'autres et composer un corpus des normes.

NORME : spécification érigée en exigence technique de qualité fixée par les consommateurs ou par les pouvoirs publics pour rehausser la réponse à un besoin. Les normes sont fixées aussi bien au niveau local, national qu'international. Les normes élaborées par l'ISO sont très variées et largement diffusées.

La recherche des normes applicables à un produit donné, ou à un marché constitue une priorité pour tout acteur du commerce extérieur.

NORME SAFE (LE CADRE DE) : Norme spécifique mise en place par l'Organisation Mondiale des Douanes(OMD) en juin 2005.

Il s'inscrit dans le prolongement des réflexions et outils créés dans l'environnement économique international ayant suivi les attentats du 11 septembre 2001 aux États-Unis sur l'avenir des échanges internationaux.

En vue de sécuriser la chaine logistique et de faciliter les échanges commerciaux internationaux, L'OMD a fourni une réponse technique très appréciable : le cadre des normes SAFE qui repose sur 4 piliers hiérarchisés :

- harmonisation des renseignements préalables de la déclaration de chargement, par voie électronique de préférence.
- application d'un système de gestion des risques, afin d'utiliser et de coordonner les renseignements préalables.
- inspection des envois à haut risque avant embarquement par un matériel de détection non intrusif.
- définition des avantages à offrir aux entreprises partenaires, qui respectent les normes minimales en matière de sécurité de la chaine logistique.

NOTAIRE : officier public et officier ministériel désigné par les pouvoirs publics. Son activité consiste essentiellement à authentifier des actes et à conseiller les particuliers dans la gestion des actes de leur situation civile, commerciale…

NOTARIAL : Qui appartient au notariat, qui relève du notariat, exemple : obligations notariales.

NOTARIE : qui est passé devant notaire, acte notarié.

Les procès-verbaux de douanes (constat et saisie) procédant à des constatations matérielles selon le formalisme imposé par la loi sont juridiquement assimilables à des actes notariés puisqu'ils possèdent la même force probante et ne peuvent être attaqués que par la procédure d'inscription de faux. V. articles 314 et 315 CDC. V. TABLEAU DE CONCORDANCE

NOTATION : appréciation portée sur un produit, une entreprise ou un pays par une agence de notation aussi appelée agence de rating. Cette appréciation peut être exprimée en lettres, en chiffres ou combinée (chiffres et lettres donc alpha numérique).

AAA (triple A) est considérée comme la meilleure notation, la plus élevée. Elle indique le plus faible niveau de risque que peut encourir un investisseur.

NOTE DE COLISAGE : Document synthétisant les informations figurant sur la liste de colisage. Elle peut être admise dans un crédit documentaire en lieu et place de liste de colisage.

NOTIFICATION : formalité consistant à porter une information (particulièrement un constat, une décision de justice) à la connaissance d'une partie concernée.

Voie par laquelle les membres de l'OMC précisent au Conseil du commerce les changements apportés aux mesures.

La notification est d'une importance capitale en matière de transport maritime. Le B/L porte une mention NOTIFY…qui traduit l'obligation pour le transporteur d'avertir le destinataire des marchandises de leur arrivée au port.

Ce qui permettrait d'éviter une immobilisation longue du navire et vise un enlèvement sans retard des marchandises.

NOTIFY (ADRESS): mention indiquant sur un document de transport, l'adresse de la personne (physique ou morale) à prévenir lorsque les marchandises arrivent.

NOUVEAU MONDE (VINS) : expression désignant dans le domaine des vins, les pays s'étant illustrés, depuis une période assez récente, dans la production et surtout l'exportation des vins : Nouvelle-Zélande, Australie, États-Unis, Chili, Afrique du Sud, Argentine.

NULLITÉ : sanction prononcée par la juridiction compétente pouvant frapper un acte ou une procédure n'ayant pas respecté les conditions de forme ou de fond exigées pour sa validité CDC 298, 299 à 306, 308 et 312. V. TABLEAU DE CONCORDANCE

La nullité anéantit rétroactivement l'acte juridique attaqué et fait considérer que l'acte irrégulier n'a jamais existé. Elle est relative ou absolue.

La nullité relative sanctionne le non-respect d'une règle protégeant une procédure. Alors que la nullité absolue vise l'acte fait en violation d'une disposition d'ordre public.

NUMÉRAIRE : monnaie ayant cours légal, espèces sonnantes et trébuchantes (billets de banque et pièces métalliques).

NUMÉRO D'IDENTIFIANT UNIQUE (NIU) : Numéro d'identifiant fiscal attribué par l'administration fiscale du Cameroun à chaque résident selon une procédure spécifique.

NUMÉRO SIREN : V. SIREN

NUMÉRO SIRET : V. SIRET

O

OACI (ORGANISATION DE L'AVIATION CIVILE INTERNATIONALE) : instance mondiale créée en 1944 pour réguler la navigation et l'exploitation commerciale des aéronefs dans le transport aérien : sécurité, nuisances… Elle regroupe 185 États. Son siège est fixé à Ottawa.

OAPI : (ORGANISATION AFRICAINE DE LA PROPRIÉTÉ INTELLECTUELLE) Créée le 2 mars 1977 par la Convention de Bangui. Son siège est à Yaoundé.

Cette convention de Bangui est synonyme du Code de propriété intellectuelle (CPI) des pays membres de l'OAPI.

L'OAPI naît des cendres de l'OAMPI (Office Africain et Malgache de Propriété Intellectuelle) créé le 13 septembre 1962 et qui prenait le relais de l'INPI (Institut National de la Propriété Intellectuelle) de la France qui avait assuré jusque-là la protection de la propriété intellectuelle dans les pays francophones d'Afrique.

Trois missions sont dévolues à l'OAPI :

- Délivrer les titres de propriété intellectuelle dans son territoire de compétence.
- Informer, diffuser les documents liés aux inventions.
- Promouvoir le développement de la propriété industrielle et la protection des inventions.

L'OAPI est gérée par un Directeur général, un conseil d'administration de six membres et une commission chargée de recours composée de 3 magistrats titulaires et 3 suppléants.

16 États subsahariens et les Comores composent l'OAPI, il s'agit du :

Bénin, Burkina-Faso, Cameroun, Centrafrique, Congo, Côte d'Ivoire, Gabon, Guinée, Guinée-Bissau, Guinée Équatoriale, Mali, Mauritanie, Niger, Sénégal, Tchad, Togo et Union des Comores.

OBJET SOCIAL : Activités pour lesquelles la société a vu le jour. Activités au centre de l'existence d'une société donnée (Cc art 1835).

OBLIGATAIRE : Titulaire d'une obligation émise par une société ou une collectivité publique dûment autorisée.

Terme proche : emprunt obligataire : Moyen de financement par l'émission des obligations.

OBLIGATION : Titre négociable émis par une société ou une collectivité publique dans le cadre d'un emprunt. Il est représentatif de la créance.

Lien juridique découlant de la relation entre un débiteur (qui doit exécuter un engagement) et un créancier (auprès de qui l'engagement doit être exécuté).

Termes proches : principal obligé ou principal débiteur.

OBLIGATION CAUTIONNÉE (DOUANIÈRE) : Titre souscrit par un redevable auprès d'une banque au profit de l'administration des douanes ou à son ordre dans lequel l'usager énonce son engagement de payer une dette douanière dans certaines conditions.

OBLIGATION DÉCLARATIVE (DOUANIÈRE) : obligation incombant au voyageur, à l'importateur, à l'exportateur... de se rendre auprès des services compétents de douanes pour y déclarer les biens, les devises qu'il détient au moment de franchir le cordon douanier. Cette obligation repose sur un fondement juridique : convention, loi...

Dans la mesure où l'impôt douanier est portable, il repose sur la déclaration du redevable. Le système du dédouanement est déclaratif donc fondé sur l'obligation déclarative et le redevable en est le débiteur. Dès lors, l'esquiver ou refuser de l'exécuter constitue une infraction. L'administration des douanes, conformément à la loi, peut alors procéder à une déclaration d'office à l'encontre du redevable et appliquer les sévères sanctions prévues à cet effet.

OBLIGATION DE DICRETION PROFESSIONNELLE : engagement qui impose à un employé le devoir de ne pas communiquer hors de son service des informations dont il a pu avoir connaissance dans l'exercice de ses fonctions.

OBLIGATION DE MOYENS : engagement d'après lequel un débiteur promet d'exécuter son engagement en mettant en œuvre toutes les mesures de prudence, tous les moyens appropriés et de réaliser toutes les diligences nécessaires sans pouvoir ni devoir garantir un résultat. Exemple : défense des droits d'un usager contrôlé par l'administration fiscale ou traîné en justice ; des soins administrés à un malade...

Seules les preuves de la négligence de la part du débiteur de l'obligation peuvent permettre d'engager sa responsabilité.

Elle s'impose aux professions libérales : Experts en Douane Agréés (EDA), Avocats, Médecins…

OBLIGATION DE RÉSULTATS : engagement contractuel par lequel le débiteur de l'obligation s'engage vis-à-vis du créancier, à fournir un résultat précis : enlèvement et livraison d'une marchandise en douane par un CDA. Il s'agit d'une obligation déterminée. La responsabilité contractuelle du débiteur est dégagée lorsque le résultat prévu au contrat est atteint. *A contrario*, celle-ci peut être engagée lorsque le résultat contractuel escompté n'est pas obtenu.

OBLIGATION IN SOLIDUM : Notion créée par la jurisprudence. Obligation pour laquelle plusieurs débiteurs sont tenus chacun pour la totalité de la dette à l'égard du même créancier sans qu'il y ait eu convention entre eux.

OBLIGATION SOLIDAIRE : engagement comportant plusieurs débiteurs et dont chaque débiteur répond de la totalité de ses dettes. De même, chaque créancier peut réclamer la totalité de la créance au débiteur.

La solidarité rend co-responsable, et résulte d'une loi ou d'une convention. Elle est définie par les articles 1197 à 1216 Code civil.

La solidarité est passive ou active.

Quand elle est passive, le créancier peut demander l'intégralité du paiement de la dette à l'un quelconque des débiteurs sans dépasser le montant de la dette.

Quand elle est active, il y a solidarité entre les coauteurs. La jurisprudence qui est à l'origine de l'obligation in solidum crée aussi une solidarité entre coauteurs d'un délit civil.

OBSTACLES NON TARIFAIRES : Barrières d'origine non tarifaire qui entravent l'accès aux marchés : contingents, prohibitions et règlementations diverses.

OBSTACLES TECHNIQUES AU COMMERCE (OTC) : normes, règlements et procédures techniques créés pour déterminer, en vue de sa commercialisation, les caractéristiques d'un produit : son dimensionnement, sa forme, ses fonctions, ses performances, son conditionnement...

De prime abord, leurs objectifs sont nobles et légitimes : veiller sur la santé des populations, la protection des consommateurs... Mais ces normes et règlements et procédures peuvent également servir à limiter l'accès aux marchés et réduire ou anéantir la concurrence étrangère sur le marché local. Elles deviennent alors des OTC.

O.C.D.E : (ORGANISATION DE COOPÉRATION ET DE DÉVELOPPEMENT ÉCONOMIQUE) en anglais **O.E.C.D: (ORGANIZATION FOR ECONOMIC COOPERATION AND DEVELOPMENT)**

Organisation internationale créée en 1961 regroupant les 30 pays les plus industrialisés. Son siège est à Paris. Elle a succédé à l'OECE (Organisation Européenne de Coopération Économique) créée en 1948 pour gérer l'aide américaine, le plan Marshall.

Pour devenir l'OCDE, l'OECE s'est ouverte à d'autres pays hors de l'Europe : États-Unis, Canada, Japon, Australie, Nouvelle-Zélande.

Elle s'attèle à rassembler les statistiques variées sur les pays développés et à promouvoir les politiques qui améliorent le bien-être économique et social à travers le monde.

Elle aide les gouvernements dans quatre directions :

- Restaurer la confiance en améliorant les règlementations et la gouvernance.
- Assainir les finances publiques pour relever la croissance.
- Stimuler de nouvelles sources de croissance par l'innovation, des stratégies de « croissance verte »...
- Acquérir des compétences nécessaires pour un travail productif futur.

OCTROI DE MER : taxe créée le 1er mars 1819 et perçue par l'administration douanière au profit des communes dans les départements français d'outre-mer (DOM).

Les différentes évolutions de « l'octroi aux portes de mer » ont abouti à sa prorogation jusqu'en 2020.

OEA : V. Opérateur Économique Agréé

OEB : Office Européen des Brevets.

ŒNOLOGIE : du grec oînos (vin) et logos (science) ; science dont l'objet est l'étude et la connaissance des vins : culture de la vigne : sol, humidité… vendange : récoltes… fabrication du vin, élevage, conditionnement, dégustation/consommation, commercialisation. Terme proche : œnologue : spécialiste de la science des vins.

ŒUVRE : la jurisprudence permet de la percevoir comme une création de l'esprit.

L'article 2 de la convention de Berne donne une longue liste des œuvres littéraires et artistiques. Il s'agit notamment des créations littéraires, des chorégraphies, de la photographie, des œuvres musicales, cinématographiques audiovisuelles, multimédias.

- **Œuvre anonyme** : L'auteur choisit de ne pas révéler son identité ;
- **œuvre audiovisuelle** : alliant deux genres, audio (son) et visuel (image). Exemple : cinématographie ;
- **œuvre de collaboration** : réunissant plusieurs auteurs participant à l'œuvre ;
- **œuvre multimédia** : écrits, sons, images fixes, images animées : exemple jeu vidéo, page web, encyclopédie ;
- **œuvre orpheline** : dont le titulaire des droits ne peut être identifié ou retrouvé malgré des recherches acharnées ;
- **œuvre plurale** : réalisée de manière collective ;
- **œuvre posthume** : divulguée après la mort de l'auteur.

OFF SHORE : expression anglo-saxonne signifiant littéralement au large, outre-mer, ou plus généralement en dehors des côtes, vers le large. Sa portée est vaste. Son sens varie selon les domaines, notamment pétrolier, bancaire et fiscal.

En matière pétrolière, cette notion renvoie aux opérations de prospection et/ou d'exploitation qui se déroulent en mer, sous la mer.

Par extension, dans le domaine bancaire, elle désigne les activités qui se déroulent à l'étranger loin du lieu d'implantation habituelle d'une entreprise.

En matière fiscale, une société offshore est une entité juridique créée et installée dans un pays étranger par des non-résidents pour bénéficier des avantages qu'il offre aux investisseurs à travers des mesures, notamment une application rigoureuse du secret bancaire et une faible fiscalité. De tels États et territoires sont aussi appelés des paradis fiscaux.

V. Hors lieu, outsourcing.

OFFICE EUROPEEN DE LUTTE ANTI-FRAUDE (OLAF) : créé en 1999. Il a pour mission :

- la protection des intérêts financiers de l'UE à travers des enquêtes sur la fraude, la corruption et toute autre activité illégale ;
- la recherche des dysfonctionnements pouvant donner lieu à des poursuites ;
- la participation à l'élaboration et la mise en œuvre de la règlementation et des politiques.

Dans ce cadre, l'OLAF peut mener des contrôles auprès des États, des organes de la Commission de l'UE, leurs personnels et les opérateurs économiques installés dans les États membres et dans les États Associés en étroite collaboration avec les autorités compétentes.

O.I.E : Office International des Epizooties.

OIT : Organisation Internationale du Travail

O.G.M (ORGANISME GÉNÉTIQUEMENT MODIFIÉ) : produit, organisme dont le patrimoine génétique originel a été transformé par des moyens artificiels.

L'utilisation de moyens artificiels expose à des risques divers : sanitaire, environnemental… De nombreuses organisations militantes combattent leur utilisation dans l'alimentation humaine, au nom de la sécurité alimentaire des populations.

V. Biotechnologie.

OLAF : V. Office Européen de Lutte Anti-Fraude

OLÉODUC : pipeline servant à acheminer le pétrole d'un point de production à un autre point d'acheminement, de transport ou de transformation.

OLIGOPOLE : situation d'un marché sur lequel la concurrence est imparfaite du côté de l'offre à cause d'un nombre très limité des vendeurs.

OLIGOPSONE : état d'un marché sur lequel la concurrence est imparfaite du côté de la demande à cause d'un nombre très limité d'acheteurs.

OMI : V. Organisation Maritime Internationale.

OMISSION : acte par lequel la douane s'abstient d'agir ou n'agit pas dans un délai que lui impose la législation douanière. art. 358 al1

V. Annexe générale, Chapitre de la CKR.

ONE STOP SHOP : guichet unique.

ONE TO ONE : formule de micro marketing dit également marketing personnalisé ou individualisé. Elle se matérialise par la vente directe du producteur au consommateur final. Cette forme de marketing impose d'étudier au préalable les besoins du consommateur avant de l'aborder.

ONG (ORGANISATION NON GOUVERNEMENTALE) : Cette expression est apparue dans les années 1946. Il s'agit d'une association de personnes à but non lucratif ayant un objectif économique, social, éducatif, culturel... Elle peut être une association, une mutuelle, une coopérative, une congrégation religieuse...

Elle ne bénéficie pas automatiquement de franchise ni d'exonération totale ou partielle des droits et taxes en douane.

OPAEP : V. ORGANISATION DES PAYS ARABES EXPORTATEURS DE PÉTROLE (OPAEP

OPEN TOP (Conteneur) : conteneur à toit ouvrant pour faciliter le chargement par le dessus de certaines marchandises qui n'auraient pas pu entrer dans un conteneur dry ordinaire. C'est le cas des marchandises hautes

OPEP : V. ORGANISATION DES PAYS EXPORTATEURS DE PÉTROLE (OPEP)

OPÉRATEUR DU COMMERCE EXTÉRIEUR : terme générique servant à désigner les différents intervenants qui participent à la réalisation des échanges entre les pays, entre les économies.

Ces opérateurs interviennent dans des secteurs variés, mais complémentaires : juristes, économistes, statisticiens, importateurs, exportateurs : professionnels ou occasionnels, commissionnaires en douane agréés, banques, professions maritimes et para maritimes, transporteurs routiers, ferroviaires, centrales d'achat, négociants, courtiers divers...

OPERATEUR ECONOMIQUE AGREE (O.E.A) en anglais AUTHORIZED ECONOMIC OPERATOR (AEO) : l'acronyme anglais est plus couramment utilisé.

Statut accordé par l'administration des douanes après audit aux entreprises qui entendent développer leurs activités de commerce extérieur dans une chaîne logistique internationale sécurisée.

Celles-ci peuvent être des industriels, des importateurs, des exportateurs, des agents en douane, des transporteurs, des groupeurs, des exploitants d'entrepôt, des intermédiaires, des distributeurs, des transitaires, des exploitants de port ou d'aéroports ou de terminaux, des opérateurs de transport intégré… Il s'agit en principe d'une entreprise qui participe au déploiement international des marchandises à quelque titre que ce soit, mais qui a été préalablement reconnue par l'administration des douanes du pays où elle entend opérer.

En CEMAC, trois options du statut d'O.E.A comportant des avantages spécifiques, s'offrent au requérant : art 76-77 CDCR

- Le statut d'OEA pour les simplifications douanières : il donne droit au bénéfice d'au moins trois des sept mesures suivantes :
  a) un allègement des contrôles documentaires ;
  b) un faible taux d'inspections matérielles et d'examens ;
  c) une mainlevée rapide ;
  d) le paiement différé des droits, taxes, redevances, et impositions ;
  e) l'utilisation de garanties globales ou de garanties réduites ;
  f) une déclaration en douane unique pour toutes les importations ou exportations pendant une période donnée ;
  g) le dédouanement des marchandises dans les locaux de l'opérateur agréé ou dans un autre lieu agréé par les douanes.

- Le statut d'OEA pour la sécurité et la sûreté : il donne également droit aux avantages ci-dessus cités et offre en plus la possibilité de conclure des accords de reconnaissance mutuelle d'OEA avec des pays hors CEMAC.
- Le cumul des deux statuts AEO : octroyant tous les avantages concédés aux deux précédents statuts.

Les conditions exigées pour le bénéfice du statut d'OEA montrent que les douanes souhaitent créer un partenariat avec les opérateurs. Ce qui permettrait à la fois de sécuriser les échanges du commerce extérieur et de les accroître par des mesures de facilitation.

V. Cadre des normes SAFE de l'OMD.

OPÉRATION DE CRÉDIT : acte par lequel une banque ou un établissement de crédit met des fonds à la disposition d'une personne physique ou morale contre une rémunération.

Elle peut dans certains cas prendre seulement un engagement par signature pour servir d'aval, de caution ou de garantie.

Le crédit-bail est assimilé à une opération de crédit.

OPÉRATIONS COURANTES : : expression utilisée dans certaines règlementations des changes étrangères pour désigner la même réalité que celle de « transactions courantes », employée dans la Règlementation des changes en vigueur dans la zone CEMAC (Règlement n° 02/18/CEMAC/CM article 53 à 96). « les opérations courantes recouvrent tous les mouvements financiers…, qui, à l'opposé des mouvements de capitaux, traduisent des opérations de caractère instantané et en général irréversible. Il s'agit principalement des transferts correspondant aux paiements de marchandises (importations et exportations) et des services, et aux opérations à titre gratuit. » Thierry JACOMET, Edouard DIDIER : Les relations financières avec l'étranger, le contrôle des changes, 4e édition, Gide Loyrette Nouel, éditeurs, 1988, p.175.

OPÉRATIONS DE BANQUE : elles sont constituées par :

- La réception des fonds en provenance du public
- L'octroi des crédits
- La gestion des moyens de paiement
- La mise à disposition des fonds destinés à la clientèle

OPÉRATIONS DE CHANGE : elles sont constituées par :

- Le change à terme
- Le change au comptant
- Le change scriptural

- Le change manuel

OPÉRATIONS DE COUVERTURE : (hedging) opération financière que réalise un créancier en vue de se prémunir de la variation d'un cours d'actif : devises, titres, marchandises.

OPÉRATIONS DE PERFECTIONNEMENT : elles sont constituées par :

- L'ouvraison des marchandises n'excluant pas leur montage, assemblage, adaptation à d'autres marchandises.
- La réparation des marchandises qui n'exclut pas leur mise au point et leur remise en état.

OPPOSITION AUX FONCTIONS : infraction spécifique au droit douanier art55, 62, 399, 426, 76, 393, 80, 81, 82, 83, 88, 91, 146, 426 V. TABLEAU DE CONCORDANCE.

L'article 62 CDC V. TABLEAU DE CONCORDANCE dispose que les agents de douanes sont sous la sauvegarde spéciale de la loi. Il est spécialement interdit à toute personne physique ou morale, civile ou militaire :

- de les injurier, de les maltraiter ou
- de les troubler dans l'exercice de leurs fonctions
- de s'opposer à cet exercice.

Il s'agit d'actes, d'omissions, de paroles, des injures, des troubles, des actes de maltraitance, des injures, des agressions verbales et toute forme d'hostilités physiques, psychologiques pouvant créer une entrave, un retard, un frein dans l'activité officielle et régulière d'un agent de douanes. La liste n'est pas exhaustive.

D'autres manifestations de cette infraction pourraient se reconnaître à travers :

- le refus d'un propriétaire riverain de la zone terrestre du rayon des douanes de laisser passer les agents des douanes ;
- Le refus de communication des documents prévus à l'article76 V. TABLEAU DE CONCORDANCE
- Le refus pour tout conducteur d'un moyen de transport (voie terrestre, maritime ou aérienne) d'obtempérer aux injonctions et signaux d'arrêt des agents de douane.

- Le refus pour tout commandant d'aéronef ou de navire de déposer dans les 24h le manifeste ou toute autre forme de déclaration sommaire.
- Le refus pour tout conducteur des marchandises par voie terrestre de remettre, dès son arrivée au bureau de douane, une feuille de route ou tout autre document au titre de déclaration sommaire.
- le refus d'une visite d'un moyen de transport, d'une visite de marchandises en magasin, transportées, détenues ou d'une visite domiciliaire,
- le refus d'assister à la rédaction du procès-verbal constatant une saisie de marchandises dans un domicile par l'officier municipal, l'officier de police judiciaire (OPJ), le représentant de l'autorité régionale ou locale ou le chef du village en vertu de l'article 75. V. TABLEAU DE CONCORDANCE

Cette infraction est distincte des autres pouvant être poursuivies, jugées et punies conformément au droit commun comme les délits d'injures, voie de fait, rébellion...

Elle est sanctionnée par une amende douanière individuelle variable de 500.000 à 2.000.000 FCFA. Cette sanction est différente et indépendante de l'amende qui peut conclure une transaction douanière issue d'un contrôle.

OPTIMISATION FISCALE : procédé qui consiste pour un redevable à minimiser la charge fiscale qu'il doit supporter en utilisant des dispositions de la loi qui lui sont avantageuses, sans la violer.

ORDRE : dans le langage commercial, il équivaut à un mandat donné à un intermédiaire d'exécuter ou de déclencher l'exécution d'un acte, d'une procédure pour le compte du mandant : ordre d'acheter ou de vendre un instrument financier.

ORDRE DE RECETTES : document qui matérialise la liquidation d'une recette, d'une créance de l'État en vue d'effectuer son recouvrement.

ORDRE DE JURIDICTION : regroupement des juridictions de la même nature : ordre judiciaire, ordre administratif.

À partir de l'Édit de Saint Germain-en-Laye du 21 février 1641, sous Louis XIII, la justice française se répartit en deux ordres de juridiction : judiciaire et administratif.

- Les juridictions de l'ordre judiciaire : elles sont réparties entre les juridictions civiles qui connaissent des litiges entre personnes physiques et/ou morales et les juridictions pénales ou répressives qui connaissent des infractions pénales.
- Les juridictions de l'ordre administratif qui examinent les plaintes formulées contre l'État et d'autres entités publiques.

La douane peut être mise en cause par ses usagers-redevables devant ces deux ordres de juridictions, selon les cas.

ORDRE DE TRANSIT : ordre donné par un client à un CDA pour accomplir les formalités de dédouanement, d'enlèvement et de livraison de sa marchandise.

ORDRE PROFESSIONNEL : organisme à caractère corporatif regroupant obligatoirement tous les membres de certaines professions libérales (médecins, avocats, expert en douane agréé, architecte, expert-comptable, conseils fiscaux...) Il se distingue du syndicat dont l'adhésion est libre. En outre, ce dernier défend ses membres alors que l'ordre défend la profession.

Il est une personne morale de droit privé investie d'une mission de service public. Doté de la personnalité juridique, il exerce sous la tutelle de l'État, une triple fonction administrative, juridictionnelle et arbitrale.

ORGANE DE RÈGLEMENT DE DIFFÉRENDS (ORD) : organisme interne à l'OMC dont le rôle est de régler les différends commerciaux pouvant survenir entre États membres. Le différend résulte très souvent des mesures de politique commerciale qu'un membre prend en violation d'un accord de l'OMC ou qui ne prend pas en compte ses obligations vis-à-vis des autres membres.

ORGANISATION DES PAYS ARABES EXPORTATEURS DE PÉTROLE (OPAEP) en anglais **: ORGANIZATION OF ARAB PETROLEUN EXPORTING COUNTRIES (OAPEC)** : créée en 1968. Ses objectifs : coordonner et unifier les politiques en matière de production et de prix de pétrole, des pays membres.

ORGANISATION DES PAYS EXPORTATEURS DE PÉTROLE (OPEP) en anglais **: ORGANIZATION OF PETROLEUM EXPORTING COUNTRIES (OPEC)** : organisation intergouvernementale créée en 1960 lors de la conférence de Bagdad. Son siège était à Genève avant d'être déplacé en 1965 à Vienne. Elle regroupe 13 membres.

En tant que cartel de producteurs de pétrole, l'OPEP œuvre pour la régulation de la production et du prix du pétrole.

Termes proches : NOPEP, pays exportateurs de pétrole non membre de l'OPEP constitué en groupe dans les années 1970 (Royaume-Uni, Mexique, Égypte)

ORGANISATION MARITIME INTERNATIONALE (OMI) : organisation internationale créée sous l'égide de l'ONU en 1948 et entrée effectivement en activité en 1958. Son siège est à Londres. Elle regroupe 174 États membres et 3 membres associés. Elle est dirigée par un Secrétaire général (dont le mandat dure 4 ans) et un Conseil de 32 membres (dont le mandat dure 2 ans).

« L'OMI a quatre objectifs :

- Instituer entre les gouvernements un système de collaboration relatif aux questions concernant la navigation commerciale internationale ;
- Encourager l'abandon des mesures discriminatoires, en vue de mettre les ressources des services maritimes à la disposition du commerce mondial sans discrimination ;
- Encourager l'adoption des normes en matière de sécurité maritime ;
- Prévenir la pollution du milieu marin par les navires et les installations en mer. » V. Patrick MIANI, Nadine VENTURELLI : transports logistique, Le Génie Editeur, 2021, p133.

Ses missions consistent notamment à :

- favoriser le développement des échanges par la voie maritime,
- édicter les normes pour réguler le trafic par la voie maritime : Convention FAL, forme des manifestes cargo…

ORGANISATION MONDIALE DU COMMERCE (OMC) en anglais : **WORLD TRADE ORGANIZATION (W.T.O) :** organisation internationale créée par les Accords de Marrakech en 1994 et qui est effectivement entrée en service le 1er janvier 1995. Son siège est à Genève et elle regroupe 156 États.

Dans le prolongement du GATT, l'OMC a pour but de favoriser :

- la libéralisation des échanges internationaux (Accord sur l'évaluation des marchandises importées en douane, Accord sur la Facilitation des Échanges)
- le développement commercial par des négociations commerciales multilatérales,
- le suivi des politiques commerciales de ses membres,
- la coopération avec d'autres organisations internationales pouvant aider à l'évolution des politiques commerciales et
- le règlement des conflits commerciaux entre les États membres par l'ORD.

ORGANISATION MONDIALE DE DOUANE (O.M.D) en anglais **WORLD CUSTOMS ORGANIZATION (W.C.O) :** organisation intergouvernementale spécialisée traitant exclusivement des questions techniques de douane.

Elle compte 179 membres (dont l'UE) et représente 98 % du commerce international. Son siège est à Bruxelles.

La Convention de BRUXELLES du 15 décembre 1950 crée le Conseil de Coopération Douanière (CCD), mais ce dernier entrera effectivement en vigueur en 1952. En 1994, pour mieux assumer sa vocation mondiale, il adopte l'appellation Organisation Mondiale de Douane (OMD).

Son rôle est d'apporter son concours aux administrations des douanes des pays membres pour améliorer leur efficacité : à travers la facilitation des échanges, le recouvrement des recettes, la protection des communautés, des unions douanières.

L'OMD se fixe entre autres objectifs :

- d'harmoniser et de simplifier les règlements douaniers,
- d'accroître les moyens de lutte contre la fraude,
- de développer la coopération avec diverses organisations et l'assistance technique entre les États membres.

L'OMD a produit de nombreuses études ainsi que de nombreux instruments juridiques ou techniques destinés à faciliter une application efficace de la législation douanière : notamment sur la valeur en douane, l'origine… Trois exemples emblématiques : le Système Harmonisé (SH), la CKR et le cadre des normes SAFE.

La Convention Internationale sur le Système Harmonisé (SH) de désignation et de codification des marchandises a été signée le 14 juin 1984. Elle entrera effectivement en vigueur le 1er janvier 1988. Elle a mis sur pied la nomenclature douanière selon une méthode mondialement admise et permettant le classement des marchandises.

La Convention de Kyoto Révisée (CKR) provient de la Convention de Kyoto (CK) signée en 1974 portant sur la simplification et l'harmonisation des régimes douaniers. Cette convention sera révisée en 1999 et entrera en vigueur en 2005. La CKR vise l'amélioration des pratiques douanières et recommande vivement la simplification et la réduction des procédures. Elle a inspiré le statut de l'OEA, le cadre de norme SAFE.

V. norme SAFE

ORGANISATION MONDIALE DE LA PROPRIÉTÉ INTELLECTUELLE (OMPI) en anglais **WORLD INTELLECTUAL PROPERTY ORGANIZATION (WIPO)** : organisation spécialisée de l'ONU, créée en 1967, basée à Genève et regroupant 185 États membres.

Elle assure la protection de la propriété intellectuelle dans le monde à travers l'application des conventions internationales y afférentes (dont particulièrement le traité PCT et 23 traités internationaux).

ORGANISMES DE NORMALISATION :

ISO : International Standard Organisation

UIT : Union Internationale des Télécommunications

CEI : Commission Électronique Internationale

CODEX ALIMENTARIUS V. Codex Alimentarius

ETSI : European Telecommunications Standards Institute

AFNOR : Association Française de Normalisation (France)

ANOR : Agence des Normes et de la Qualité (Cameroun)

ANSI: American National Standards Institute (USA)

BSI: British Standards Institution (G.B)

DIN : Deutsches Institut für Normung (Allemagne)

ORIGINAL : document initial, primitif qui porte la signature de l'autorité qui l'a délivré ou des parties qui l'ont convenu. Il peut faire l'objet d'une copie légalisée.

ORIGINE DES MARCHANDISES : concept utilisé en douane et à l'OMC pour la mise en œuvre des prohibitions. Il se distingue de la provenance.

Elle est le lieu géographique (pays, région, communauté) où une marchandise est fabriquée ou produite. Celle-ci peut y être entièrement obtenue ou y avoir subi la dernière transformation ou une ouvraison substantielle.

Quand un produit est entièrement fabriqué dans un pays, la notion d'origine est simple à mettre en œuvre. Mais de nos jours, les processus industriels de production se sont fragmentés et même internationalisés ; les produits « made in world » selon l'expression de l'OMC, se sont multipliés. (Made in monde, les nouvelles frontières de l'économie mondiale, Suzanne BERGER, Nouveaux Horizons, 2006.)

Pour déterminer l'origine d'un produit, malgré la diversité de ses composantes, il revient à la douane d'appliquer les règles spécifiques d'origine.

ORIGINE PRÉFÉRENTIELLE : cette expression s'applique aux produits qui bénéficient d'un privilège fondé sur l'origine à travers une réduction ou une suppression des droits et taxes de douane. Elle découle d'un accord ou du système de préférences généralisées (SPG). L'origine préférentielle est prouvée par un certificat d'origine.

ORIGINE NON PRÉFÉRENTIELLE : cette expression s'applique aux produits non couverts par un accord préférentiel leur conférant un avantage au moment du franchissement du cordon douanier dans un pays ou dans une union douanière donnée.

OUT SOURCING : (anglicisme signifiant sous-traitance) externalisation d'une activité pour permettre à cette entreprise de se concentrer sur son cœur de métier.

Réalisation d'une activité de l'entreprise par un service souvent spécialisé, mais extérieur à l'entreprise. Service externalisé.

OUVRAISON : travail supplémentaire qui s'ajoute à d'autres efforts fournis en vue de la mise en service d'un produit.

Transformation pouvant intervenir à divers niveaux dans la fabrication d'un produit.

Pour que l'ouvraison soit déterminante pour conférer l'origine à un produit, les accords préférentiels exigent généralement qu'elle soit substantielle et économiquement justifiée.

OXFAM (OXford committee for relief FAMine) : OXFAM œuvre dans l'humanitaire depuis 1942 en Grande-Bretagne.

OXFAM INTERNATIONAL : organisation ayant vu le jour en 1995. Elle est organisée en une confédération de dix-sept organisations non gouvernementales indépendantes pour interpeller les gouvernants sur des questions politiques, économiques et humanitaires et lutter contre les inégalités à travers le monde.

P

PACKING LIST/ V. liste de colisage

PAGODE : Procédure **A**utomatisée de **G**estion des **O**pérations de **D**édouanement et du commerce **E**xtérieur.

Première application informatique de dédouanement utilisée par les douanes camerounaises du 1er juillet 1984 au 31 décembre 2006.

La deuxième était SYDONIA (Système de dédouanement automatisé) du 1er janvier 2007 au 28 février 2020.

La troisième est CAMCIS (CAMeroon Customs Information System), mise conditions surÉMERGENTS en service depuis avril 2020.

PAIEMENT : acte juridique par lequel une personne se libère d'une dette. Le paiement produit un effet libératoire. Il diffère du règlement.

L'obligation juridique du paiement incombe à un acheteur dans le cadre d'un contrat de vente de marchandises ou de prestation de services. La contrepartie de cette obligation est la livraison imposée au vendeur.

Il peut prendre plusieurs formes :

- **paiement à terme :** exécution de la prestation due par le débiteur à une date convenue qui est postérieure à la date de la vente.
- **paiement comptant ou à vue** : forme de paiement caractérisée par l'immédiateté et l'intégralité du montant à verser dictées par les conditions de vente : à la réception de la facture, au vu des documents, par exemple.
- **paiement électronique :** forme de paiement utilisant, même partiellement, la voie électronique et qui permet de verser le montant dû dans un compte en le créditant.
- **paiement de l'indu (ou répétition de l'indu)** : le paiement sujet à répétition mérite d'être l'objet de remboursement, de restitution, car il a été payé sans cause, sans être dû.

PAIR : alter ego, personne de même rang, appartenant au même niveau social, exerçant la même fonction ou la même profession.
Collègue, confrère.

PALAN : appareil de levage des bateaux constitué de poulies et de cordage servant à charger et décharger les marchandises.

Terme proche : enlèvement sous-palan

PALETTE : dispositif constitué d'un plateau en planches légères, utilisé pour porter, charger, décharger des marchandises et faciliter leur manutention par chariot élévateur à fourches.

Selon la norme ISO elle mesure 1000mm x1200mm et selon la norme européenne, 800mm x1200mm.

V. Annexe B.3 de la Convention d'Istanbul de 1990.

PALPATION : V. Fouille à corps.

PAPIER JOURNAL : papier spécifique destiné à l'industrie de l'imprimerie pour servir de support des journaux.

PAPIER MONNAIE : papier servant de support à l'impression de la monnaie et portant des spécifications qui le particularisent : représentations, portraits, valeur faciale, sécurités...

PAQUEBOT : navire spécialement aménagé et équipé pour le transport des personnes.

PAR DEVANT : devant, en présence de... Exemple : vente par devant notaire : devant le notaire.

PARADIS FISCAUX (en anglais : tax heaven) encore appelés « refuges fiscaux » : Ils sont apparus dès le 19e siècle aux États-Unis. Il n'existe pas de définition ni de jurisprudence précisant clairement les contours de cette notion.

Cependant, l'OCDE a forgé 4 faisceaux de critères pour les caractériser :

- impôts inexistants ou insignifiants,
- absence de transparence sur le régime fiscal,
- protection légale empêchant l'échange des informations avec d'autres États
- admission des sociétés-écrans exerçant manifestement des activités fictives.

Ces critères ne sont pas cumulatifs, mais la présence de deux et plus peut suffire pour reconnaitre le paradis fiscal.

On pourrait considérer comme paradis fiscaux, les États et territoires dont le système fiscal repose sur un très faible niveau d'imposition, une absence de contrôle de changes et une opacité entretenue sur les informations à caractère financier due à un respect strict du secret bancaire. On peut citer en Europe : le Luxembourg, la Suisse, le Liechtenstein et hors d'Europe : les Bermudes, la Barbade, les Iles Caïmans.

Les paradis fiscaux sont utilisés pour attirer des capitaux certes, mais également à des fins d'évasion et/ou de fraude fiscale.

Le G8 en a identifié 42 à travers la planète et les répartit en trois catégories :

- Les pays coopératifs avec les institutions internationales,
- Les pays moyennement coopératifs,
- Les pays non coopératifs.

Depuis 2009, le G20 plus l'UE et les USA renforcent la lutte contre les paradis fiscaux.

Au Cameroun, l'administration fiscale a dressé une liste de pays considérés comme des paradis fiscaux.

PARAPHARMACIE : activité consistant à commercialiser divers articles cosmétiques, de soins de la peau, des cheveux, d'hygiène corporelle des personnes, des matériels à usage médical, des produits diététiques composés d'alicaments et de compléments alimentaires. Ils ne sont pas à confondre avec les médicaments.

V. Droguerie, drugstore.

PARAPHE OU PARAFE : signature abrégée, réduite, qui peut se limiter à des signes brefs. Il est apposé sur des documents pour renforcer leur authenticité.

PARFUM : substance odoriférante d'origine naturelle ou synthétique.

PARFUMERIE : industrie ou commerce des parfums et des produits de beauté.

PARITAIRE (COMMISSION) : art 130 al d4 CDC « le litige est porté à l'arbitrage de la commission paritaire ». Cette commission était dite paritaire en ce sens que pour garantir l'objectivité, elle rassemblait un nombre égal des représentants des parties aux litiges dont les intérêts étaient divergents : l'administration des douanes d'une part et le secteur privé d'autre part.

Cette Commission était traduite dans les faits au Cameroun par le Comité d'Appel. La mise en service du CDCR, le 1er janvier 2022, n'a pas reconduit ce dispositif dédié à l'arbitrage des litiges douaniers. Il lui a été préféré la Commission Indépendante de Règlement des Litiges Douaniers (CIRLD). Celle-ci n'est plus une commission paritaire.

PARITÉ : équivalence établie entre les cours de deux devises par un taux de change qui peut être fixe ou variable. Taux de change officiel d'une monnaie pour acquérir une autre. La parité peut être fixe (CFA et l'euro) ou variable (CFA et le dollar).

PARTIE : cocontractant dans un contrat, protagoniste dans une procédure.

Terme opposé : tiers.

PARTIE CIVILE : partie au procès qui s'estime victime et réclame devant une juridiction, la réparation du préjudice que l'infraction commise par l'autre partie lui a causé.

PASSAGER : toute personne transportée à bord d'un navire ou en vertu d'un contrat de transport. (Code communautaire de la marine marchande de la CEMAC).

Terme proche : passager clandestin : Toute personne trouvée en mer à bord d'un navire et ne figurant pas sur le rôle d'équipage dudit navire, dépourvue de titre de transport et n'ayant pas été recueillie à la suite d'une opération d'assistance ou de tout autre motif légitime.

PASSAVANT : art 282 à 289 CDC/343-348 CDCR-350

Titre délivré par un bureau des douanes pour attester de la circulation régulière des marchandises visées dans la zone terrestre du rayon des douanes. Ce document est descriptif et doit mentionner les marchandises concernées, leur destination, l'itinéraire à emprunter et le délai accordé au transport.

« La forme des passavants, les énonciations qu'ils doivent contenir, les conditions de leur délivrance et leur emploi sont déterminées par décision du Président de la Commission de la CEMAC » art348al3 CDCR.

PASSER OUTRE (P.O.) : décision de nature non transactionnelle, mais unilatérale d'un responsable douanier visant à clôturer un litige résultant de la constatation d'une infraction qui ne comporte aucune pénalité ou aucune gravité. Elle doit pouvoir se justifier auprès de la hiérarchie

PASSIBLE : punissable, caractère de ce qui encourt une peine, de ce qui expose à une sanction, de ce qui est susceptible d'être puni.

Exemple : délit passible d'un emprisonnement allant de 6 mois à 3 ans ; le meurtre est passible de la peine de mort.

PASSIF : ensemble des dettes d'une personne physique ou morale.

PASTIS : Boisson alcoolique parfumée à base de plantes et herbes : réglisse, anis… Au contact de l'eau avec laquelle il est généralement mélangé, le pastis affiche une apparence nuageuse et laiteuse. Il passe pour être l'apéritif préféré des Marseillais. Exemples célèbres : Berger, Pernod, Ricard.

PAYS D'EUROPE CENTRALE ET ORIENTALE (PECO) :

Membres : Bulgarie, Croatie, Estonie, Hongrie, Lettonie, Lituanie, Pologne, Roumanie, Slovénie, Slovaquie, République tchèque.

PAYS D'IMPORTATION : pays dans lequel se trouve l'importateur qui a commandé des marchandises et où celles-ci seront livrées et payées. Il n'est pas toujours facile à déterminer dans le cadre du négoce international et précisément dans le cas d'une transaction triangulaire : le négociant commande une marchandise auprès d'un fournisseur. Ce dernier la livre dans un pays différent de celui du négociant qui la paie avec des fonds provenant d'une économie différente de celle qui réceptionne la marchandise.

PAYS D'ORIGINE : pays, groupe de pays ou territoire dans lesquels des marchandises ont été récoltées, élevées, produites, ou fabriquées selon les critères définis par les prescriptions relatives à la détermination de l'origine en vigueur.

V. Annexe D.1. de la CK de 1974 et Annexe spécifique K, Chapitre 1 de la CKR.

PAYS EN DÉVELOPPEMENT (PED) : chronologiquement, cette notion arrive à la suite de celle de « pays en voie de développement". Les deux peignent la même réalité et n'ont pas une définition péremptoire.

Les pays en développement (PED) présentent les caractéristiques communes suivantes :

-avoir de faibles revenus,

-absence ou faible développement industriel,

-insuffisance de la production agricole,

-inadéquation entre la rapidité de la croissance démographique et l'augmentation de son revenu national

-faible IDH (entre 0.5 et 0.798 contre 0.8 et 0.9 dans les pays développés)

-enclenchement du processus du développement pour améliorer leurs conditions sur EMERGENTS le plan économique et social.

PAYS ÉMERGENTS : concept né avec le développement des marchés boursiers dans les pays en voie de développement. Leurs contours ne sont pas clairement définis.

La première utilisation de cette expression est attribuée à l'économiste néerlandais Van AGTMAEL en 1981 alors en service à la SFI. Il entendait désigner ainsi ceux des pays en voie de développement qui se démarquaient du sous-développement, aux yeux des investisseurs.

La démarcation portait sur les caractères communs suivants :

-IDH et PIB certes inférieurs aux pays développés (PD), mais supérieurs aux autres pays en voie de développement (PVD)

-Croissance économique forte

-Croissante part prise dans l'économie mondiale.

-Pays concernés : Argentine, Bangladesh, Chili, Corée du Sud, Égypte, Hongrie, Indonésie, Iran, Malaisie, Mexique, Nigéria, Pakistan, Philippines, Pologne, Singapour, Thaïlande, Turquie, Ukraine, Vietnam.

PAYS LES MOINS AVANCÉS (PMA) : L'ONU par le Conseil Économique et Social a créé la catégorie des PMA en 1971 pour désigner les pays les moins développés du groupe des PVD-PED. On en dénombrait 25.

Elle s'était fondée sur 3 repères :

- Le revenu par habitant : évaluation par le PIB sur 3 ans,

- Le retard dans le développement : santé, scolarité et nutrition,
- La vulnérabilité de l'économie : instabilité, niveau faible de production/exportation et manque de diversification de la production.

Le Botswana quitte ce groupe en 1974. Le Cap Vert en 2007 et les Maldives en 2011. En 2011, la catégorie des PMA enregistre 48 États, dont 33 en Afrique, 09 en Asie, 05 dans le Pacifique et 01 dans les Antilles.

30 PMA ont adhéré à l'OMC. Ils bénéficient du système de préférences généralisées (SPG), franchise des droits sans restriction.

Certains pays développés (Japon, U.E, Canada, Norvège, Suisse, Nouvelle-Zélande et USA) leur offrent des régimes plus favorables que le SPG.

PAYS TIERS : pays ne faisant pas partie d'une communauté économique, d'une union douanière, d'une zone de libre-échange ou ne lui étant pas associé.

PCT: Patent Cooperation Treaty

PECAE : Programme d'Évaluation de la Conformité Avant Embarquement. Il est mis en place par les services publics au Cameroun pour assurer le contrôle et le respect des normes et de la qualité.

PÊCHE MARITIME : activité de capture du poisson et autres espèces animales vivant dans les eaux maritimes, territoriales. Elle exclut la haute mer et les espèces sous-marines.

PÉCUNIAIRE : qui a un rapport avec l'argent : sanction pécuniaire.

PEER TO PEER (P2P) : traduit en français par Pair à Pair. Possibilité offerte aux membres d'un même réseau d'échanger des données en ligne.

Elle repose sur deux actes distincts :

Le téléchargement, acte de reproduction qui doit être autorisé par un ayant droit et la mise à disposition.

PEINE : châtiment, punition infligée à l'auteur d'une infraction, à celui qui enfreint un règlement ou une loi ; sanction pénale infligée par une juridiction en application de la loi à celui qui a commis une infraction.

Selon de nombreux critères, on distingue de nombreuses peines :

- **Peine de police :** sanction de la contravention.
- **Peine correctionnelle** : sanction du délit.
- **Peine criminelle :** sanction du crime.
- **Peine principale :** sanction en droite ligne d'une infraction Art 395 à 414 CDC. V. TABLEAU DE CONCORDANCE
- **Peine secondaire :** sanction s'ajoutant à la peine principale. Elle peut être complémentaire ou accessoire.
- **Peine complémentaire :** peine prononcée par le juge en addition à la peine principale art 415 à 424 CDC V. TABLEAU DE CONCORDANCE : astreinte, peine privative de droits : inéligibilité dans les chambres de commerce exclues du bénéfice d'un régime suspensif ; confiscation.
- **Peine afflictive et infamante :** infamante : bannissement et dégradation civique ; afflictive : réclusion, détention.
- **Peine accessoire :** sanction s'ajoutant automatiquement à la peine principale sans même que le juge ait à la prononcer.
- **Peine alternative ou peine de substitution** : autre sanction prévue par la loi pour la même infraction, donnant la possibilité au juge de choisir une des deux peines légalement encourues.
- **Peine pécuniaire (peine d'amende) :** sanction fixée en unités monétaires, payable en argent.
- **Peine privative de liberté** : emprisonnement, réclusion.
- **Peine restrictive de liberté :** interdiction de séjour ; interdiction de quitter le territoire,...
- **Peine privative de droit :** art417 CDC V. TABLEAU DE CONCORDANCE retrait du droit d'être électeur et éligible aux chambres de commerce ou au sein des tribunaux de commerce ; retrait du permis de conduire, d'exercer une profession...

Termes proches : pénaliser, dépénaliser, pénalité, pénologie, nullum crimen, nulla poena sine lege : il n'y a pas de crime, pas de peine sans loi. Cette locution latine exprime le principe fondamental de la légalité des délits et des peines.

PELLETERIE : (du latin pellis et de l'ancien français pel pour peau) activité consistant à travailler des peaux pour en faire des fourrures. Chapitre 43 SH

Terme proche : pelletier : personne qui exerce cette activité ou qui commercialise les fourrures.

PÉNALITÉ (DOUANIÈRE) : sanction pécuniaire prévue par la loi et appliquée par l'administration douanière.

Sanction pécuniaire prévue par la loi et infligée au redevable par un responsable douanier compétent pour non-respect d'une ou de plusieurs obligations douanières : dépôt tardif de déclaration sommaire, en détail ; elle est fixée d'autorité par la douane. Elle se distingue de l'amende issue de la transaction douanière.

PENDANT(E) : en cours, non soldé : affaire pendante devant une cour, un tribunal.

PÉNICHE : navire à fond plat utilisé dans le trafic fluvial pour le transport de marchandises pondéreuses.

PÉREMPTION (DATE DE) : se traduit par la mention : À consommer avant le…, en anglais : BB : Best Befor ; délai au-delà duquel la qualité saine d'un produit perd sa garantie et sa consommation n'est plus recommandée.

Elle est particulièrement exigée pour les produits alimentaires par les règlementations de la consommation et de la protection des consommateurs. Elle est très utile dans le commerce extérieur pour apprécier la valeur, les délais…

Terme proche : périmé. Ne pas confondre avec préemption, prescription et forclusion.

PERFECTIONNEMENT(DOUANE) : au plan douanier, il s'entend dans le sens de la transformation, par le passage à une étape d'amélioration, d'assemblage, d'incorporation, d'ouvraison, de mise à neuf, de mise en état, de réparation.

Il s'inscrit dans les régimes douaniers de transformation. Le perfectionnement est soit actif soit passif.

PERFECTIONNEMENT ACTIF : inward process

« Régime douanier qui permet de recevoir dans un territoire douanier en suspension des droits et des taxes d'importation, certaines marchandises destinées à subir une transformation, une ouvraison, une réparation et à être ultérieurement exportées »

Ce régime est bénéfique au développement économique, national ou continental parce qu'il accroît l'activité des entreprises basées dans le pays ou dans le territoire douanier.

V. Annexe spécifique F, Chapitre 1 de la CKR.

PERFECTIONEMENT PASSIF : « …régime douanier qui permet d'exporter temporairement des marchandises qui se trouvent en libre circulation dans le territoire douanier, en vue de leur faire subir à l'étranger une transformation, une ouvraison ou une réparation et de les réimporter ensuite en exonération totale ou partielle des droits et taxes à l'importation. »

Ce régime est profitable à l'activité économique en ce qu'il permet aux entreprises de bénéficier des savoir-faire, d'autres entreprises étrangères.

L'identification des marchandises à exporter est d'une importance capitale pour anéantir toute velléité de substitution.

V. Annexe spécifique F, Chapitre 2 de la CKR.

PERFORMANCES (ASPECTS ÉCONOMIQUES) : résultats remarquables, possibilités optimales mesurées. En fonction des objectifs préalablement assignés à une économie (lutte contre les inégalités, le chômage, la préservation du capital environnemental, le développement de l'éducation…), les performances se mesurent à travers une gamme variée et diversifiée d'indicateurs statistiques : taux d'inflation, de chômage, d'alphabétisation…

Le produit intérieur brut (PIB) est un indicateur de performance très couramment utilisé pour la mesure de la performance productive d'une économie.

PERSONALITÉ JURIDIQUE : aptitude pour une personne d'avoir des droits et des obligations qu'elle peut exercer. Elle est accordée aussi bien aux personnes physiques qu'aux personnes morales.

PERSONNE : notion englobant la personne physique et la personne morale.

V. Annexe générale, Chapitre 2 de la CKR.

PERSONNE MORALE : regroupement de personnes physiques ou de biens auquel la loi confère la personnalité juridique. Cette dernière est distincte de celle des individus qui se sont associés. Exemple : syndicat, association, congrégation religieuse -Églises, État, sociétés publiques ou commerciales…

Dotées de la personnalité juridique, ces entités ont le droit de porter un nom, d'avoir un domicile, d'ester en justice pour défendre leurs intérêts ou se défendre…

PERQUISITION : recherche opérée dans le cadre d'une enquête policière ou d'une instruction pénale, à travers une fouille matérielle d'un local public, privé ou professionnel d'un prévenu pour trouver des documents ou tout autre moyen de preuve utile à une enquête ou à une instruction. Elle est ordonnée par le tribunal.

Elle est différente de la visite domiciliaire (art104 CDCR) que peuvent effectuer des agents de douanes. Les formalités de mise en œuvre de cette dernière sont très allégées. La recherche des marchandises de fraude et de contrebande en est la raison d'être.

V. Visite douanière domiciliaire.

PHARMACIE : (**OFFICINE DE**) établissement ayant pour activité commerciale de préparer et de commercialiser en vente assistée les médicaments, les produits pharmaceutiques et de cosmétologie. Il développe souvent une activité complémentaire de parapharmacie. L'exploitation convenable d'une pharmacie exige la direction d'un haut diplômé de pharmacie autorisé par le Conseil de l'Ordre des Pharmaciens.

V. Parapharmacie

PHONOGRAMME : une séquence de son ; cette désignation est « indépendante de l'existence d'un support tangible » Cass 1ére civ, 11 septembre 2013, LEPI nov 2013 N° 138 obs D. Lefranc.

Support fixant la séquence.

Terme proche : phonogramme de commerce : destiné au commerce

PHYTOSANITAIRE (CONTRÔLE) : relatif à la protection et à la santé des végétaux.

PICARD (PARTENERSHIP IN CUSTOMS ACADEMIC RESEARCH AND DEVELOPPEMENT) en français partenariat avec les universités pour la recherche et le développement en matière douanière

Dénomination de la conférence annuelle que l'Organisation Mondiale des Douanes (OMD) organise avec le monde de la recherche universitaire pour faire le point sur l'état d'avancement de la recherche universitaire en matière douanière : La toute première Conférence PICARD s'est tenue du

1er au 3 mars 2006 à Bruxelles. Depuis lors, elle est annuelle et itinérante : ex 2012 à Marrakech(Maroc), 2013 à Saint-Pétersbourg (Fédération de Russie) 2014 à Puebla(Mexique), 2015 à Baku(Azerbaïdjan), 2016 à Manille(Philippines), 2017 à Hammamet(Tunisie), 2019 à Skopje(Macédoine du Nord). De 2020 à 2022, la Conférence PICARD de l'OMD a eu lieu à partir de Bruxelles en visioconférence, à cause de la pandémie de la Covid 19.

Les exigences de la mondialisation et de la modernisation ont confirmé les objectifs de la création de cette Conférence à savoir : accroître le professionnalisme de la douane et soumettre la matière douanière à la recherche universitaire, gage d'améliorations et d'innovations. En effet, il est largement démontré que pour relever les défis qui s'imposent aux douanes modernes, ses cadres doivent disposer d'une très bonne compréhension de l'environnement politique, économique, commercial international.

Il fallait dès le départ concevoir les contenus, les techniques de formation, les modalités pour la reconnaissance de ces types de connaissances bien appropriées, agréer des universités qui acceptaient de s'inscrire dans cette démarche…

L'International Network of Customs Universities (INCU) a coopéré avec l'OMD pour produire des Normes Professionnelles PICARD (NPP) en vue de normaliser le système de formation/évaluation, de procéder à la reconnaissance des formations douanières universitaires.

Prennent part à ces assises de haute facture : les donateurs, les praticiens de la douane et les hommes et femmes de sciences de spécialités variées : douane, géographie, chimie, informatique, robotique, histoire, mathématique, sociologie, droit, psychologie…

PICHET : petit récipient originellement en bois, en terre, en grès utilisé pour servir à table le vin ou le cidre. De nos jours, il est fabriqué couramment en verre.

PICTOGRAMME (ISO de manutention) : dessin, logo, symbole, mot porté(s) sur un emballage de manière à le(s) rendre aisément lisibles pour expliquer comment effectuer sa manipulation en toute sécurité.

PIÈCES DÉTACHÉES OU DE RECHANGE (en anglais **SPARE PARTS**) : elles sont opposées aux marchandises présentées dans leur unité, dans leur globalité.

La notion de « pièces détachées » renvoie aux parties présentées individuellement. Ces parties représentent l'unité démontée. Au moment du dédouanement elles peuvent faire l'objet d'une application de la technique de la côte mal taillée.

V. Côte mal taillée

PIÈCES JOINTES : documents exigés pour l'accompagnement d'un dossier à soumettre au traitement des services douaniers.

PIEDS (Feet en anglais) : unité de mesure /de longueur anglaise : 1 pied =1foot =12pouces = 12inches soit 0,3048 mètre. L'ISO utilise cette unité de mesure pour classer les conteneurs : conteneurs de 20pieds (correspondent à 6,096m) et de 40pieds (correspondent à 12,192m).

PILOTAGE (MARITIME) : activité de la navigation maritime consistant à guider les navires à l'entrée et à la sortie des ports par des chenaux d'accès et des passes.

Terme proche : pilote.

PIPELINE : canalisation utilisée pour le transport des produits pétroliers, pulvérulents et des gaz ; exemple : pipeline du pétrole tchadien allant de DOBA à KRIBI au Cameroun.

PIRATERIE (D'ŒUVRE DE L'ESPRIT) : exploitation et reproduction sans autorisation d'une œuvre protégée.

PIRATERIE AÉRIENNE : tout acte de détournement d'avion.

PIRATERIE MARITIME : tout acte illicite de violence, de détention, de déprédation commis contre un autre navire par des passagers d'un navire ou même l'équipage d'un navire à des fins privées.

PIROGUE : embarcation exotique faite généralement en bois, mue à l'aide d'une pagaie, du voile ou d'un moteur hors-bord.

PLAFOND TARRIFAIRE : valeur ou quantité au préalable autorisée à l'importation ou l'exportation des marchandises données en vue de bénéficier d'une réduction des droits de douane normalement applicables au cours d'une période donnée.

Après son épuisement, l'octroi de la réduction tarifaire est interrompu jusqu'à la fin de la période initialement fixée.

PLAGIAT : notion non définie par la loi et couramment utilisée dans le sens de l'utilisation sans autorisation préalable du créateur d'une œuvre préexistante ; il s'assimile généralement à la contrefaçon.

Le juge sanctionne cette pratique illégitime-illicite dès lors que la reprise porte sur la forme protégée et non sur l'idée.

Terme proche : plagiaire.

PLAIDOIRIE : exposé oral, présentation orale des prétentions et arguments par les avocats de chaque partie devant une juridiction.

PLAIGNANT : demandeur dans un procès devant une juridiction

PLAINTE : acte juridique par lequel une personne s'estimant victime d'une infraction expose les faits à une autorité chargée de la police judiciaire ou de la justice.

Elle peut être simple ou avec constitution d'une partie civile. Cette dernière contient également une demande de dommages et intérêts au titre de réparation du préjudice subi à la suite d'un délit ou d'un crime.

PLATEAU CONTINENTAL : défini par l'article 5 al34 Code des Douanes de la RD Congo comme « les fonds marins et leur sous-sol au-delà de la mer territoriale, sur toute l'étendue du prolongement naturel du territoire terrestre jusqu'au rebord externe de la marge continentale, ou jusqu'à 200 milles marins des lignes de base à partir desquelles est mesurée la largeur de la mer territoriale, lorsque le rebord externe de la marge continentale se trouve à une distance inférieure ; la marge continentale étant le prolongement immergé de la masse terrestre. »

Il désigne selon la Convention de Genève du 29 avril 1958 :

a) le lit de la mer et les sous-sols des régions sous-marines adjacentes aux côtes, mais situées en dehors de la mer territoriale, jusqu'à une profondeur de 200 mètres ou, au-delà de cette limite, jusqu'au point où la profondeur des eaux surjacentes permet l'exploitation des ressources naturelles desdites régions ;

b) le lit de la mer et le sous-sol des régions sous-marines analogues qui sont adjacentes aux côtés des îles.

Son régime juridique douanier est spécifique. Les produits extraits du plateau continental sont considérés comme extraits d'une partie du territoire douanier. Sont exemptés des droits et taxes à l'importation, les matériels industriels, ainsi que les produits nécessaires à leur fonctionnement et à leur entretien, affectés, sur le plateau continental, à la recherche et à l'exploitation des hydrocarbures et d'autres substances minérales et organiques figurant sur une liste préalablement établie par les autorités.

PLATEFORME LOGISTIQUE : regroupement géographique, sur au moins un terminal, de différents acteurs intervenant dans le traitement administratif, technique… des marchandises importées, à importer et/ou à exporter en provenance ou à destination de nombreux fournisseurs et destinataires. Ceux qui la composent sont notamment des commissionnaires de transport, des importateurs et des exportateurs, des commissionnaires en Douane Agréés, des exploitants de services auxiliaires : entreposage, magasinage, entretien, réparation... Son objectif est d'optimiser la gestion des flux logistiques.

PLUS-VALUE : gain, augmentation de la valeur d'un bien.

PNB : Produit National Brut

POLICE : ensemble des règles qui permettent aux autorités de maintenir l'ordre public. Ce dernier est constitué par la sécurité, la tranquillité et la salubrité publiques.

POLICE ADMINISTRATIVE : elle a pour mission de maintenir l'ordre public. Elle est exercée généralement par les autorités administratives dans le cadre de la prévention des troubles à l'ordre public.

POLICE D'ASSURANCE : contrat conclu entre une compagnie d'assurance et un assuré. Dans l'assurance transport, on peut distinguer quatre types de contrats : -la police au voyage -la police à alimenter –la police d'abonnement et -la police tiers chargeur.

POLICE JUDICIAIRE (PJ) : elle a pour mission de rechercher et de constater les infractions à la loi pénale, d'en rassembler les preuves et d'en rechercher les auteurs. Sa mission est répressive. Elle est composée entre autres des officiers et des agents de police judiciaire. Le Procureur de la République en est le chef.

L'administration douanière exerce une mission de police judiciaire par ses agents qui sont des officiers de police judiciaire (OPJ) à compétence spéciale.

POLITIQUE COMMERCIALE : (d'un État ou d'un groupe d'États) ensemble d'orientations, de mesures tarifaires et non tarifaires prises par cet État ou ce groupe d'États dans le but de matérialiser, de concrétiser les opérations d'échange de biens et services avec les pays tiers. Ses effets escomptés sont généralement orientés vers le producteur, le consommateur, les recettes budgétaires, le bien-être de la société globale…

Elle utilise pour s'exprimer : le moyen le plus simple, les droits de douane. D'autres moyens plus subtils et complexes sont utilisés : subventions à l'exportation, quotas d'importation, restrictions volontaires aux exportations, la règle du contenu local, les crédits subventionnés aux exportations, les barrières administratives…

POLLUTION MARINE : déversement volontaire ou pas, direct ou indirect dans la mer, les eaux intérieures et les zones côtières, de substances nuisibles à la vie (humaine, animale et végétale.) Elle est à combattre énergiquement, car elle dévaste de nombreuses ressources biologiques, altère la qualité de l'eau, détruit la santé et met en péril l'équilibre de l'environnement.

PONTÉE : ensemble des marchandises placées sur le pont supérieur du navire.

PORT : lieu situé au bord de la mer ou d'un fleuve et aménagé en vue de l'embarquement ou du débarquement des passagers et/ou des marchandises.

De nos jours, la spécialisation des ports est dictée par de nombreux facteurs : pré ou post transport, moyens de manutention, la nature des cargaisons…

De plus, la massification des flux de marchandises échangées à travers le monde suggère des aménagements conséquents pour recevoir des navires de plus en plus gros et longs. En effet, les maxi-porte-conteneurs modernes dépassent 300 mètres de long, 45 mètres de large et tendent vers 15 mètres de tirant d'eau.

Il convient d'aménager des espaces appropriés et prévoir des portiques en nombre suffisant pour répondre aux exigences du commerce. Il va sans dire que la satisfaction de ces contraintes contribue à améliorer sensiblement la qualité de la desserte des ports.

Termes proches : port de départ, port de destination, port d'embarquement, port de déchargement, article 17, 73, 84,406 et 410 CDC V. TABLEAU DE CONCORDANCE

PORT D'ATTACHE : port abritant le service de la marine marchande qui a immatriculé un navire.

PORT DOUANIER : article 81 et 89 CDC V. TABLEAU DE CONCORDANCE port disposant d'un bureau de douane équipé et doté de services compétents pour recevoir et traiter le fret international.

PORT FRANC : zone déterminée placée hors des impositions douanières : les marchandises peuvent y être déchargées, traitées et réexportées sans paiement des droits et des taxes.

La pratique du port franc peut inciter les entreprises à l'investissement.

PORT SEC : zone loin de l'eau, mais en liaison commerciale avec un port maritime, placée sous la surveillance de la douane où sont stockées des marchandises et pouvant donner lieu à des opérations douanières. Sa création vise à désengorger les ports maritimes.

PORTAGE SALARIAL : mécanisme consistant à mettre à disposition contre rémunération d'une PME ou d'un professionnel libéral exerçant à l'étranger, son réseau commercial pour encaisser en toute quiétude ses honoraires.

L'entreprise porteuse joue un rôle de conseil auprès de l'entreprise portée ou du professionnel porté.

Exemple : un expert en douane agrée camerounais effectue une prestation de services intellectuels en Norvège. Ses honoraires doivent être payés en couronnes norvégiennes dans un compte bancaire ouvert dans ce pays. Mais il n'a pas de compte. Il peut avoir recours à une société de portage salarial pour recevoir son paiement.

PORTEFEUILLE : ensemble des clients collaborant avec une entreprise ou un professionnel libéral.

PORTE-MONNAIE ÉLECTRONIQUE : carte magnétique prépayée servant à stocker de la monnaie.

PORTEUR (D'UN TITRE) : détenteur d'un titre : effet de commerce, chèque, valeur mobilière, B/L...

Termes proches : porteur légitime, diligent, négligent.

PORTIQUE À CONTENEUR : équipement portuaire permettant le chargement et le déchargement rapides des conteneurs des navires. Il est fort utile dans la politique d'accroissement du trafic d'un port.

POSITION DOMINANTE : (ABUS DE) : comportement illégitime d'une entreprise ou d'un groupe d'entreprises qui va conquérir la plus grande partie d'un marché pour restreindre ou supprimer le jeu de la concurrence.

POSITION ET SOUS-POSITION TARIFAIRE : désignation d'une marchandise par la nomenclature permettant le classement des marchandises. Chaque position (ou sous-position) du SH est accompagnée d'un code composé de chiffres et qui est très utile pour l'élaboration comme pour le contrôle de la déclaration en douane.

POST ACHEMINEMENT (POST TRANSPORT) : partie du transport situé entre le transport principal et le point de destination des marchandises dans le pays d'importation.

POURSUITE : action du ministère public en vue d'obtenir la répression d'une infraction.

Article 320 CDC V. TABLEAU DE CONCORDANCE : le Procureur de la République ou le magistrat qui en remplit les fonctions est tenu de faire d'office toutes les poursuites nécessaires pour découvrir les entrepreneurs, les assureurs et, généralement, tous les intéressés à la contrebande.

Terme proche : receveur poursuivant : responsable en douane chargé de l'exercice et du suivi des poursuites engagées à la suite d'un contentieux douanier.

POURVOI EN CASSATION : voie de recours qui permet à une partie à un procès de saisir la Cour de cassation pour lui exposer sa demande aux fins d'infirmation ou de confirmation d'une décision de justice rendue en appel.

POUVOIR DISCRÉTIONNAIRE : prérogative qui accorde une marge d'appréciation à son titulaire dans l'exercice de sa compétence et dans l'intérêt général. Il ne rime pas avec pouvoir arbitraire. Ce pouvoir est au centre de la mise en œuvre de la transaction douanière par les responsables douaniers. (article 327 et 328 CDC) V. TABLEAU DE CONCORDANCE

Il s'oppose au pouvoir lié.

POUVOIR LIBÉRATOIRE (d'une monnaie) : propriété d'une monnaie permettant à tout débiteur de se dégager d'une dette auprès de tout créancier sans que ce dernier ne puisse s'opposer.

Les monnaies ayant un cours légal ont un pouvoir libératoire.

POUVOIR LIE (COMPÉTENCE LIÉE) : compétence prédéterminée d'une personne et qui ne lui laisse aucune marge d'appréciation, mais l'oblige à agir dans un sens défini d'avance.

POUVOIRS : prérogatives accordées par une personne à une autre pour agir pour compte et sur ordre de la première, dans le cadre d'un mandat ou d'une procuration.

PRATIQUE DU CONTRADICTOIRE (EN DOUANE) : celle-ci implique qu'une partie dans une procédure contentieuse ou précontentieuse ne peut être sanctionnée sans avoir été entendue au préalable.

Elle est diversement mise en œuvre au sein de l'administration des douanes camerounaises. Certains l'appliquent seulement à la phase ultime du contrôle a posteriori. D'autres préfèrent avoir recours au contradictoire à chaque fois qu'apparaît un malentendu entre l'équipe de contrôle et l'entité contrôlée.

Pourtant, pour être efficace et efficiente, cette pratique gagnerait à être appliquée à tous les niveaux de vérification lorsque des constatations, contradictions ou contestations émergent au cours d'un contrôle a posteriori. Ainsi, elle présente l'avantage d'aboutir à des clôtures assez rapides des contrôles.

V. Débat contradictoire et droits de la défense

PRATIQUES ANTI-CONCURRENTIELLES : usages, agissements contraires aux règles professionnelles (formelles ou non écrites) relatives à la saine compétition que se livrent les acteurs d'un secteur donné. Leur but est de détourner les consommateurs d'un bien ou d'un service au profit des auteurs de ces manœuvres.

PRÉ ACHEMINEMENT : (pré-transport) partie du transport qui précède le transport principal et se situe précisément entre le lieu de livraison de la marchandise (usine, siège de la société exportatrice…) et le transport principal.

Il est vivement recommandé de le faire couvrir par une assurance et de choisir un incoterm qui le place à la charge du vendeur. Le pré acheminement est difficile à gérer depuis l'étranger.

Terme opposé : post acheminement

PRÉEMPTION (DROIT DE) : prérogative accordée à une personne, d'être prioritaire sur l'acquisition d'un bien ou d'un droit. Elle peut être d'origine légale ou conventionnelle. L'État a un droit de préemption sur les autres créanciers d'un débiteur.

Terme proche : bien préempté.

PRÉFÉRENCE : Avantage dérogatoire du régime de droit commun accordé à une personne, à un État. Cette notion bien que s'opposant au principe de la libéralisation du commerce international est admise par l'OMC qui prévoit le régime de l'origine préférentielle.

PRÉJUDICE : dommage, tort, atteinte au droit d'autrui.

Une formule est d'utilisation courante : sans préjudice de… Elle signifie : sans exclure la possibilité de... ; sans renoncer à...

Terme proche : préjudiciable : qui peut causer du tort, nuisible.

PRÉMÉDITATION : intention de réaliser un projet, de commettre un crime ou un délit. Elle constitue une circonstance aggravante de la peine encourue.

En douane, elle n'est pas prise en considération dans la constitution de l'infraction. Par contre sa présence ou son absence, peut aider le responsable douanier à conclure une transaction équitable.

PREMIER DEGRÉ (JURIDICTION DE) : ou juridiction d'instance : première juridiction intervenant dans le jugement d'une affaire. Au Cameroun, il s'agit du tribunal de premier degré, de première ou de grande instance.

PREMIER PRÉSIDENT : magistrat qui est à la tête de Cour de cassation (de la Cour Suprême au Cameroun) ou d'une Cour d'appel.

PREMIER RESSORT (JUGEMENT DE) : les tribunaux de premier degré jugent en premier ressort et leurs jugements sont susceptibles d'appel.

Les juridictions d'appel connaissent des affaires de deuxième degré et jugent en deuxième ressort. Il n'y a pas de troisième ressort.

La Cour Suprême juge en dernier ressort.

PREMIUM : produit de la première qualité. Qualité premium.

PRESCRIPTION : période de temps fixée après laquelle un droit se crée ou se perd. Elle peut donc être acquisitive ou extinctive. Au terme de ladite période, on ne peut plus soit contester la propriété d'un possesseur, soit poursuivre l'exécution d'une obligation, soit poursuivre la répression d'une infraction.

Termes proches ou contraires : se prescrire par 10 ans : s'éteindre après 10 ans ; prescrite : période prescrite pour un contrôle.

Prescriptible : qui peut se prescrire, qui est susceptible de prescription ; imprescriptible : insusceptible de prescription.

PRESCRIPTION DES INFRACTIONS DOUANIÈRES : cf prescription de l'action publique en matière des délits de droit commun, article 329 CDC V. TABLEAU DE CONCORDANCE

PRESCRIPTION DOUANIÈRE : Art 275 ; 329 à333 V. TABLEAU DE CONCORDANCE : période après laquelle une restitution de droits et de marchandises n'est plus recevable contre l'administration douanière. De même au terme de cette période, une demande de paiement de droits de la part de l'administration des douanes contre le redevable n'est plus recevable. Elle est en principe triennale et dure de trois ans. Cette prescription est extinctive ou libératoire.

Toutefois, la prescription peut être prorogée « lorsqu'il y a avant les termes prévus, contrainte décernée et signifiée, demande formée en justice, condamnation, promesse, convention ou obligation particulière et spéciale relative à l'objet qui est répété » art 333 al1CDC. V. TABLEAU DE CONCORDANCE

Elle est également prorogée « lorsque c'est par un acte frauduleux du redevable que l'administration a ignoré l'existence du fait générateur de son droit et n'a pas pu exercer l'action qui lui complétait pour en suivre l'exécution » art333 al2. CDC V. TABLEAU DE CONCORDANCE

Dans ces deux cas, la prescription devient trentenaire.

En matière pénale, il faut distinguer la prescription de l'action publique de celle de la peine.

L'action publique se prescrit par un an pour la contravention ; 3 ans pour les délits, 10 ans pour les crimes (à l'exception des crimes contre l'humanité)

Les peines prononcées pour un crime, un délit et une contravention se prescrivent à compter de la date de condamnation

En matière de recouvrement de droits et taxes, la prescription de la dette douanière est triennale.

PRESCRIRE : ordonner, commander, imposer.

PRÉSENTATION DES MARCHANDISES À LA DOUANE : étape très importante dans la prise en charge douanière de la marchandise. Elle consiste à soumettre la marchandise aux autorités douanières qui procèdent à son premier examen sommaire : sur son état physique, sa quantité, son conditionnement, son nombre, sa conformité à la déclaration sommaire…

PRÉSOMPTION : déduction faite à partir d'indices, d'apparences.

Déduction dégagée à partir d'un fait connu pour établir la preuve du fait inconnu (Cc art 1349).

Le droit douanier a prévu de nombreuses présomptions de responsabilité pénale.

Elles sont simples ou irréfragables.

PRÉSOMPTION D'INNONCENCE : elle est un principe général de justice pénale. Elle veut que toute personne faisant l'objet de poursuite soit considérée comme innocente tant qu'elle n'est pas encore déclarée coupable par la juridiction compétente.

Il revient à la partie poursuivante : le ministère public et/ou la partie civile, de fournir la preuve d'infraction et de la culpabilité

Le droit douanier de la CEMAC dispose autrement : « dans toute action sur saisie, les preuves de non contravention sont à la charge du saisi. » art 352 CDC V. TABLEAU DE CONCORDANCE

PRÉSOMPTION DE FAIT : elle est une présomption simple proposée par le plaideur au juge, pour appuyer ses prétentions. Elle est soumise à l'appréciation souveraine du juge.

PRÉSOMPTION IRRÉFRAGABLE : Une présomption irréfragable est absolue. Aucune preuve n'est admise pour la démonter. Exemple : la vérité attachée à la chose jugée : ce qui a été jugé définitivement ne peut être remis en cause même s'il y a la preuve de l'inexactitude du jugement.

PRÉSOMPTION LÉGALE : présomption établie par une loi ou un traité. Dans ce cas, la loi ou le traité suffit pour donner la qualification de certains faits en les faisant considérer comme déjà prouvés. Exemple : la présomption de paternité pater is est (Cc art 312)

PRÉSOMPTION SIMPLE : elle peut être remise en cause par la preuve du contraire.

PRESTATION DE SERMENT : audience de la juridiction compétente au cours de laquelle une personne s'engage à exercer sa profession avec probité, loyauté, responsabilité… conformément aux lois et règlements en vigueur.

Elle est obligatoire pour les agents de douane de tout grade (art 63 CDC) V. TABLEAU DE CONCORDANCE ; elle donne lieu à la délivrance d'une commission d'emploi, qui fournit la preuve de l'enregistrement de leur serment. Ils sont tenus de les exhiber à la première réquisition.

La prestation de serment est également exigée pour l'exercice de certaines professions administratives (magistrature, gestion de l'état civil,…) ou libérales (conseils fiscaux, experts divers, avocats…)

PRÊTE-NOM : (art 1596 et 911 Cc) personne, physique ou morale, qui intervient officiellement dans une opération, une transaction pour cacher la véritable identité de son commettant.

Terme proche : société-écran dans les paradis fiscaux et surtout en matière de blanchiment de capitaux.

PRÉTOIRE : la barre ; la salle d'audience d'une juridiction

PRÉTORIEN : jurisprudentiel ;

Terme proche : création prétorienne : principe prétorien

PREUVE : moyen utilisé pour établir la réalité, la véracité d'un fait ou d'un acte juridique. « L'objet de la preuve est l'acte ou le fait juridique à prouver » Benoît MASCAGNI, Lise RUPEL : économie et droit, Nathan Technique, 1998, p.48.

La loi prévoit différents procédés de preuve **:** l'écrit (l'acte authentique, l'acte sous seing privé), le témoignage, la présomption (simple et irréfragable), l'aveu.

V. Présomption

PREUVE (EN DOUANE) : les articles 310, 311, 314, 317,329et 352 CDC. V. TABLEAU DE CONCORDANCE : moyen utilisé pour établir la réalité, la véracité d'un fait ou d'un acte juridique en douane. Elle est fournie dans l'optique de pouvoir être déférée en justice. Deux raisons au moins militent en faveur de cette dernière thèse. Tout d'abord parce que le redevable est libre de contester les constatations des services douaniers. Ensuite, l'agent verbalisateur agit en tant qu'officier de police judiciaire à compétence spéciale dont les actes sont susceptibles de contrôle par les autorités judiciaires.

La preuve en douane s'aligne par conséquent sur la preuve en justice. Le terme « preuve » est polysémique. Il peut renvoyer à une opération, à un moyen ou même à un résultat. L'opération de la preuve consiste à faire la preuve. Le moyen de la preuve consiste à fournir des éléments établissant la véracité d'un fait, d'un acte juridique. Le résultat de la preuve est produit par la décision du juge qui admet qu'un fait est prouvé.

L'art 317 du CDC V. TABLEAU DE CONCORDANCE dispose que « tous délits et toutes contraventions prévus par les lois et règlements sur les douanes peuvent être poursuivis et prouvés par toutes les voies de droit… » Ainsi aucune partie à un litige douanier (administration comme entité contrôlée) n'est dispensée a priori de la production de preuve pour étayer son accusation ou sa défense.

Il semble utile de rappeler que l'administration de la preuve se décline sous deux modes en droit de la preuve : « celui de la preuve légale et celui de la preuve morale. » V. Augustin AYNES, Xavier VUITTON : Droit de la preuve, principes et mise en œuvre processuelle, 2é Édition, Lexis Nexis, 2017, p. 93.

L'article 317 du CDC poursuit : « À cet effet, il peut être valablement fait état, à titre de preuve, des renseignements, des certificats, procès-verbaux et autres documents fournis ou établis par les autorités des pays étrangers. » Cet article établit ainsi la liberté de la preuve en droit pénal douanier de la CEMAC. En plus d'admettre les preuves par toutes les voies de droit, le droit pénal douanier de la CEMAC autorise l'utilisation des documents provenant de l'étranger.

La notion de preuve libre s'inscrit le cadre de la preuve morale qui admet tous les modes de preuve. Celle-ci s'oppose au système des preuves légales très répandu sous l'empire du droit médiéval « dans lequel les preuves recevables et la valeur que le juge devait leur accorder étaient fixées par la loi. » V. Etienne VERGES, Géraldine VIAL et Olivier LECLERC : Droit de la preuve, Thémis droit PUF, 2015, p.67.

« En matière d'infraction constatée par procès-verbal de constat à la suite d'un contrôle d'écritures, la preuve contraire ne peut être rapportée qu'au moyen de documents de date certaine antérieure à celle de l'enquête effectuée par les agents verbalisateurs. » Article 311al2

L'exigence d'une preuve objective est ainsi posée dans les trois séries de cas suivants intervenant couramment en douanes :

- Preuve contraire exigée :
  - contre le procès-verbal de douanes (PVD) ne rapportant pas des constatations matérielles ;
  - contre le procès-verbal de douanes (PVD) rédigé par un seul agent de douane et
  - contre le procès-verbal de douanes (PVD) relatant l'exactitude et la sincérité des aveux et déclarations.
- Preuve pour la procédure d'inscription de faux.
- Preuves in fine pour toutes les constructions intellectuelles qui sous-tendent des chefs de redressement.

Dès lors, chaque chef de redressement relevé par les verbalisateurs ainsi que la réponse de la défense doivent être soutenus par un argumentaire et des preuves solides.

La preuve peut être portée sur le fait ou sur le droit. La charge de la preuve incombe à celui qui accuse (Douane et usager/redevable). Toutefois, le droit douanier de la CEMAC a prévu le renversement du fardeau de la preuve dans certains cas (usager/redevable exclusivement.)

C'est ainsi que « dans toute action sur saisie, les preuves de non contravention sont à la charge du saisi » article 352 CDC. Il convient de bien noter que ce renversement du fardeau de la preuve ne vaut que dans des actions sur saisie. Il n'englobe donc pas toutes les constatations et autres incriminations issues des contrôles d'écritures…

L'exigence des preuves aux parties met en exergue la nécessité de bien documenter, de bien prouver les prétentions défendues par les uns et les autres, car le dossier pourrait être soumis à l'appréciation d'une juridiction qui ne manquera pas de les exiger.

La preuve peut être donnée par écrit, par déclaration des parties (aveu, serment), des tiers ainsi que des professionnels spécialisés (huissiers, enquêteurs privés) ou encore par expertise.

V. Subrogation art 359 CDC V. TABLEAU DE CONCORDANCE

PREUVE TESTIMONAIALE : Preuve rapportée par le moyen du témoignage, d'un témoin.

En procédure civile le témoignage peut être recueilli par écrit art 204 Cc.

PREUVE INDICIAIRE : preuve fournie par des indices.

PREUVE INTRINSÈQUE : preuve directement tirée du contenu d'un acte.

PREUVE LÉGALE : système dans lequel les éléments à fournir et la valeur à leur attribuer par le juge sont préalablement fixés par la loi. Le juge ne dispose pas de pouvoir d'appréciation.

PREUVE LIBRE : système dans lequel les éléments à fournir et la valeur à leur attribuer ne sont pas préalablement fixés par la loi. Le justiciable a le choix de ses moyens de preuve. Ici, le juge dispose d'un vaste pouvoir d'appréciation.

PREUVE LITTÉRALE : preuve fournie par le moyen d'un écrit, d'un document : acte authentique ou sous seing privé.

PREUVE PAR TEMOINGNAGE : preuve testimoniale

PRÉVENU : justiciable sur lequel pèsent des soupçons d'infraction pénale qui comparait ou va comparaitre devant une juridiction répressive pour un délit et/ou pour une contravention.

Terme proche : V. accusé. CDCR art 360

PRIME D'ASSURANCE : montant à verser à la compagnie d'assurance afin de déclencher l'effectivité du contrat d'assurance pour bénéficier des effets juridiques attachés à la protection offerte.

PRIMO EXPORTATEUR/IMPORTATEUR : exportateur / importateur à ses débuts ou à sa première opération.

PRINCIPAL OBLIGE (en douane) : personne sur laquelle repose l'obligation de payer la dette douanière.

PRINCIPE DE LA JURIDICITÉ (OU DE LA LÉGALITÉ) DES ACTES ADMINISTRATIFS : il signifie que les actes des autorités publiques doivent respecter le droit et se conformer aux normes qui leur sont supérieures.

PRINCIPE DE LA LÉGALITÉ DES DÉLITS ET DES PEINES : Principe instauré pour lutter contre l'arbitraire de l'Ancien Régime en France. Il figure dans l'article 8 de la Déclaration des Droits de l'Homme et du Citoyen du 26 août 1789 et repris par le Code pénal camerounais.

Il signifie simplement qu'il ne peut pas y avoir d'infraction ni de sanction s'il n'existe au préalable un texte légal les prévoyant.

PRINCIPE DU CONTRADICTOIRE (principe de contradiction) : il est valable devant toutes les juridictions. Il repose sur deux règles :

- nul ne doit être jugé sans avoir été entendu sur les faits qui lui sont reprochés.
- Les parties doivent recevoir et fournir dans un délai raisonnable leurs prétentions, moyens et pièces afin d'argumenter sur ce qui est reproché ainsi que présenter une défense.

Ce principe du contradictoire, appliqué en douane, implique qu'une partie dans une procédure contentieuse ou précontentieuse doit bénéficier des deux règles énoncées ci-haut.

V. Débat contradictoire et droits de la défense.

PRINCIPE DU DOUBLE DEGRÉ DE JURIDICTION : signifie que le plaideur qui n'a pas obtenu gain de cause dans un premier jugement a la possibilité de demander à une juridiction supérieure de juger la même affaire : la juridiction d'appel ou juridiction de second degré.

PRINCIPES GÉNÉRAUX DE DROIT : règles de droit ne figurant ni dans des textes de loi, ni dans des conventions, mais consacrées par le juge (administratif et/ ou le juge judiciaire) et s'imposant à l'ensemble des utilisateurs du droit.

Ils sont très nombreux. Quelques exemples de ces principes : non rétroactivité des actes administratifs -liberté de conscience -liberté de commerce et d'industrie -égalité devant l'impôt et les charges publiques - respect des droits de la défense.

PRISE EN CHARGE DOUANIÈRE : opérations matérielles de conduite, de reconnaissance, de présentation, d'écorage et d'enregistrement en douanes des marchandises devant faire l'objet des formalités d'exportation ou d'importation.

PRIVILÈGE DU TRÉSOR : droit, avantage d'être payé avant les autres créanciers. Il est accordé à l'État (notamment au Trésor public) et ses démembrements.

V. Préemption

PRIVILÈGES DIPLOMATIQUES : avantages accordés aux personnels diplomatiques et assimilés par la Convention de Vienne du 18 avril 1961, entrée en vigueur le 24 avril 1964.

PRIX : contrepartie de la marchandise, valeur marchande d'un bien exprimée en unités monétaires.

PRIX DE TRANSFERT : notion assez floue encore peu ou mal définie, mais très utilisée par la fiscalité directe et de porte.

Il peut être considéré comme le prix fixé à l'occasion de transactions au sein d'un groupe multinational, entre une maison mère et sa filiale.

La particularité du prix de transfert est de pouvoir défier les principes, pratiques et règles du marché, à cause du contrôle exercé par une société sur une autre ou encore parce que les deux entités sont liées au sens de l'article 24 et 4 du CDC. V. TABLEAU DE CONCORDANCE

Ainsi, ces prix pourraient déroger aux préceptes de détermination de la valeur imposable des marchandises importées définies par l'article 23 CDC V. TABLEAU DE CONCORDANCE sur la valeur transactionnelle, la base première pour la détermination de la valeur en douane.

Le prix de la transaction peut subir l'influence de la politique commerciale, financière, fiscale du groupe au nom d'une optimisation fiscale. Dès lors, il doit faire l'objet d'un ajustement en douane.

PROCÉDURE : selon l'étymologie, il signifie "marche à suivre". Ensemble de formalités à accomplir pour soumettre une demande en justice, pour obtenir un document administratif, pour dédouaner unc marchandise...

Termes proches : procédural : relatif à la procédure ; procédurier : chicanier, qui aime et/ou maîtrise la procédure, qui aime la chicane judiciaire.

PROCÉDURE CONTENTIEUSE DOUANIÈRE : ensemble des formalités observées de la constatation de l'infraction douanière à la répression. Elle démarre véritablement par la signification des constatations de violation de la loi douanière. Elle se poursuit par l'utilisation des voies de recours et la voie judiciaire pour trancher ce litige douanier. Le contentieux douanier peut se limiter dans les bureaux de douanes quand la voie transactionnelle est appliquée. Mais il peut également se dérouler devant les tribunaux. La voie du règlement administratif des litiges douaniers est économiquement la moins coûteuse et la moins chronophage aussi bien pour les services douaniers que pour ses usagers/redevables. C'est pourquoi elle est très largement sollicitée.

PROCÉDURE DE DÉDOUANEMENT : ensemble des formalités douanières à accomplir, de la prise en charge des marchandises à leur enlèvement en vue de leur entrée ou de leur sortie du territoire douanier.

La procédure de dédouanement met en action de nombreux protagonistes : services de douanes (brigades et bureaux), transporteurs (nationaux et internationaux), consignataire, acconier, banquier, commissionnaire en douane agréé (CDA)… C'est la raison pour laquelle sa maîtrise en vue de la réduction du temps de passage des marchandises au port n'est pas aisée.

PROCÈS : litige porté devant une juridiction.

Termes proches : -processivité : propension à intenter des procès. V. quérulence.

- processif : qualificatif attribué à un individu aimant intenter des procès et les prolonger. V Quérulent.
- processuel : relatif au procès ; droit processuel : droit relatif au procès sur toutes ses formes : pénale, civile, administrative, disciplinaire.
- processualiste : juriste spécialiste du droit processuel.

PROCÈS-VERBAL DE DOUANE (PVD) : art 308,310, 311 298-316 CDC V. TABLEAU DE CONCORDANCE

Écrit par lequel des agents de douanes dûment habilités consignent dans des formes légales des faits constatés ainsi que des actes auxquels ils ont procédé. Il constitue un acte de procédure majeur dans la procédure douanière.

Les autres écrits utilisés par d'autres administrations (autorité administrative, police et gendarmerie…) constater des saisies douanières ne sont pas des procès-verbaux de douane. (art 298 al1b) V. TABLEAU DE CONCORDANCE.

Le procès-verbal de douane (PVD) est le mode normal de constatation des infractions aux règlements de la douane et à la législation qu'elle a la charge d'appliquer. Sa rédaction soumise à un formalisme exigeant, produit des effets juridiques spécifiques.

Les procès-verbaux de douane (PVD) rédigés par deux agents de douanes font foi jusqu'à inscription de faux des constatations matérielles qu'ils relatent (art 310 CDC). V. TABLEAU DE CONCORDANCE « Par contre, ils font foi que jusqu'à preuve contraire de l'exactitude et de la sincérité des aveux et des déclarations qu'ils rapportent. »

L'article 311 V. TABLEAU DE CONCORDANCE dispose que « les PVD rédigés par un seul agent font foi jusqu'à preuve contraire. »

Contrairement aux actes de constatation d'infractions rédigés par des agents d'autres administrations dans l'exercice de leur mission de police judiciaire (PJ), la foi légale attachée à un procès-verbal de douane (PVD) rédigé par deux agents de douanes portant sur des constatations matérielles est assimilable à celle d'un acte notarié.

Ainsi pour le remettre en cause, il faut recourir à la procédure d'inscription de faux telle qu'elle est prescrite par les art 313 à 316 CDC. V. TABLEAU DE CONCORDANCE. Par contre « ils ne font foi que jusqu'à preuve contraire de l'exactitude lorsqu'il est rédigé par un seul agent de douanes ou lorsqu'il est rédigé par deux agents de l'exactitude et de la sincérité des aveux et des déclarations qu'ils rapportent. » art 311al1. V. TABLEAU DE CONCORDANCE

L'art 316 al1 V. TABLEAU DE CONCORDANCE précise que les PVD, lorsqu'ils font foi jusqu'à inscription de faux valent titre pour obtenir conformément au droit commun l'autorisation de prendre toute mesure conservatoire à l'encontre des personnes pénalement ou civilement responsables à l'effet de garantir les créances douanières de toute nature résultant desdits procès-verbaux.

Le PVD est le moyen concourant à la recherche et à la constatation de la fraude et de la contrebande. Il sert de moyen de constatation et de preuve de faits et d'actes juridiques dans les procédures administratives et juridictionnelles.

Le PVD se décline soit sous la forme d'un procès-verbal de saisie soit sous la forme d'un procès-verbal de constat. C'est dire que toutes les déclinaisons de PVD se rattachent systématiquement à l'un ou l'autre type. Le CDCR ne reconnaît pas d'autres types de procès-verbaux de douane : exemple le procès-verbal simplifié.

Le procès-verbal de constat (PVC) sert à consigner : les résultats des contrôles opérés dans les conditions de l'article 76 CDC, V. TABLEAU DE CONCORDANCE les enquêtes, les interrogatoires, les auditions, la saisie de documents lors d'un contrôle.

Le procès-verbal de saisie (PVS) : sert à consigner les saisies douanières et d'autres infractions flagrantes : par exemple : l'apposition de scellés, les diverses manifestations de l'opposition aux fonctions : injures, violences, voie de fait…

PROCURATION : acte juridique conférant une capacité de représentation assortie d'une faculté à son titulaire. Elle diffère du mandat en ce que ce dernier est plus impératif et le mandataire se voit imposer une obligation d'exécuter.

Elle est d'utilisation courante dans les procédures douanières. En effet, les services douaniers exigent que les intervenants soient reconnus et missionnés par les entreprises qui sont leurs commettants, eu égard aux enjeux souvent consistants des opérations qu'ils suivent.

PRODUCTEUR : au sens de la propriété intellectuelle : créateur de base de données de phonogrammes, de vidéogrammes, d'œuvres audiovisuelles…

PRODUCTION NATIONALE : ensemble des biens et services produits par l'économie nationale pendant une durée généralement d'un an, à l'exclusion des services des administrations nationales.

PRODUCTIVITÉ : Rapport entre une quantité de biens donnés et un ou plusieurs facteurs (énergie, travail, capital, matière première) nécessaires pour cette production.

Elle permet de trouver combien d'unités produites correspondent à telle quantité ou telle valeur de facteurs de production.

PRODUIT COMPENSATEUR : produit qui a été exporté ou importé temporairement auquel une valeur certaine a été ajoutée après la transformation, la réparation, la finition, l'ouvraison. Selon les cas, il doit être exporté ou importé conformément à la loi.

« …produit résultant de la transformation, de l'ouvraison ou de la réparation des marchandises pour lesquelles l'utilisation du régime du perfectionnement actif a été autorisée » art 259 CDCR

V. Annexes E.6. et E.8. de la CK de 1974 et Annexe spécifique B, Chapitre 2 et Annexe spécifique F, Chapitres 1 et 2 de la CKR

PRODUIT DANGEREUX : marchandise, substance dont la consommation, le stockage, le transport, l'utilisation expose à un risque sanitaire, sécuritaire, environnemental… pour les personnes, pour d'autres biens, pour la société.

Il porte généralement une indication de classement issue d'une norme ONU-ISO et/ou un pictogramme indiquant la nature du danger, du risque.

PRODUIT DE GRANDE CONSOMMATION : Marchandise vendue en grandes quantités, marchandise se caractérisant par une fréquence d'achat et un volume très élevé.

PRODUIT DE LUXE : marchandise de qualité, fabriquée sur la base d'un savoir-faire artisanal bien maîtrisé et non vulgarisé. Elle est souvent fabriquée en petites quantités et vendue à des prix très élevés. Celle-ci n'est pas indispensable à la vie, mais contribuerait à rendre cette dernière très agréable en élevant son confort. Les produits de luxe se retrouvent dans des domaines variés, mais sont très frappants notamment dans ceux de : l'horlogerie, l'automobile, l'art de la table, la maroquinerie, la parfumerie, les vins et spiritueux, l'ébénisterie, l'ameublement, la peinture.

PRODUIT DE SECONDE MAIN : marchandise d'occasion.

PRODUIT DE SUBSTITUTION : bien de remplacement d'un autre.

V. Import substitution

PRODUIT DU CRU : conformément à l'article 10 paragraphe 2 de l'Acte7/93-UDEAC-556-CD-SE1 du 21 juin 1993 portant révision du TEC et fixant les modalités d'application du Tarif Préférentiel Généralisé, constituent des produits du cru :

a) les produits minéraux extraits de son sol ou de ses fonds marins ;

b) les produits du règne végétal qui y sont récoltés ;

c) les volailles qui y sont nées et élevées ;

d) les animaux qui y sont nés et élevés ;

e) les produits et sous-produits obtenus à partir d'animaux visés aux alinéas c) et d) ci-dessus ;

f) les produits de la chasse et de la pêche qui y sont pratiquées ;

g) les produits de la pêche maritime et autres produits extraits de la mer, des cours d'eau et des lacs, dans les États membres par les navires immatriculés ou enregistrés dans un État ou par les navires ayant passé une convention avec cet État membre ;

h) les articles de l'artisanat local obtenus exclusivement à partir des produits visés aux alinéas a), b), c) et d du présent paragraphe

i) les produits fabriqués dans une entreprise dont la gestion ou la direction est assurée par un ou plusieurs ressortissants d'un ou plusieurs États membres en utilisant exclusivement les produits mentionnés à l'alinéa f).

PRODUIT ÉCOLOGIQUE : produit vert, bien écoproduit i.e fabriqué à partir de matières premières propres (recyclables ou biodégradables) ou renouvelables (ni fossiles ni minérales.) L'objectif recherché étant de minimiser l'impact de la transformation sur l'environnement.

PRODUIT FINI : produit dont la transformation est achevée. Elle lui confère toutes ses propriétés pour être mise à la disposition des consommateurs.

L'article 9 al 3 de l'Annexe à l'Acte1/98-UDEAC-1505-CD-61 du 21 juillet1998 portant modification des articles 9 et 10 DE l'Annexe à l'Acte n° 7/93-UDEAC-556-CD-SE1 du 21 juin 1993 portant révision du Tarif Extérieur Commun et fixant les conditions d'application du Tarif Préférentiel Généralisé définit le produit fini comme « produit résultant d'une fabrication ou obtenu tel quel, même s'il est destiné à être utilisé ultérieurement au cours d'une autre opération de fabrication. »

PRODUIT INTÉRIEUR BRUT (PIB/habitant) : traduit en anglais par **Gross Domestic Product (GDP)** : il mesure la production des agents économiques opérant dans un pays donné, quelle que soit leur nationalité. Somme des valeurs ajoutées au cours d'une période donnée, réalisées sur le sol national plus la TVA et les droits de douane grevant les produits. C'est la mesure officielle de la croissance d'un pays sur une année.

PRODUIT MANUFACTURE (PRODUIT INDUSTRIEL FINI) : « tout produit qui, après la transformation, fabrication ou ouvraison, est prêt à être distribué pour la consommation finale. » Circulaire n° 056/MINFI/DGD du 30 janvier 2020 précisant les modalités d'application des dispositions douanières de la loi n° 2019/023 du 24 décembre 2019 portant loi de finances de la République du Cameroun pour l'exercice 2020 LF *2020*

PRODUIT NATIONAL BRUT : agrégat correspondant à la somme du PIB et du solde des transferts de revenus avec l'extérieur.

Il mesure la production des agents économiques nationaux se trouvant dans le pays et à l'étranger.

PRODUIT SEMI FINI : produit dont la transformation n'est pas achevée pour lui conférer toutes ses propriétés afin d'être mise à la disposition des consommateurs ;

« produits partiellement élaborés, ayant subi une autre ouvraison, conditionnés et parvenus à l'un des stades de leur fabrication, et qui sont destinés à entrer dans une nouvelle phase du processus de transformation des produits manufacturés. » art 1al1er, Circulaire n° 056/MINFI/DGD du 30 janvier 2020 précisant les modalités d'application des dispositions douanières de la loi n° 2019/023 du 24 décembre 2019 portant loi de finances de la République du Cameroun pour l'exercice 2020 LF 2020.

V. Circulaire n° 00008349/C/MINFI du 30 décembre 2019 portant instructions relatives à l'exécution des lois de finances, au suivi et au contrôle de l'exécution du budget de l'État et des autres entités publiques pour l'exercice 2020.

PRODUITS D'AVITAILLEMENT : biens fournis pour ravitailler les aéronefs, les navires, les trains destinés à la consommation ou à la vente aux membres de l'équipage et aux passagers à bord.

V. Annexe spécifique J, Chapitre 4 de la CKR.

PRODUITS DE BASE : biens à l'état primaire (café, coton, bauxite…)

PRODUITS DE PREMIÈRE NÉCESSITÉ : Produit d'intérêt vital pour vivre décemment : se nourrir, se laver, se vêtir, se soigner, se loger, s'instruire, se divertir… Le manque ou l'insuffisance pourrait créer ou installer des déséquilibres susceptibles de perturber le bon fonctionnement de la société ou d'une partie de la société.

PRODUITS PHARMACEUTIQUES : Biens issus de l'industrie pharmaceutique. Tous les produits pharmaceutiques ne sont pas des médicaments.

PRODUITS PROHIBES : marchandises soumises à une ou plusieurs restrictions : contingentement, interdictions, exigence d'autorisations administratives, respect des normes, accomplissement des formalités particulières…

V. Prohibition

PRODUITS RESTANTS : issus du régime du perfectionnement douanier, produits qui n'ont pu ou ne peuvent être utilisés.

PRODUITS SEMI-CONDUCTEURS (chips en anglais) : les semi-conducteurs sont des puces électroniques. Celles-ci sont indispensables à la fabrication et au fonctionnement de très nombreuses machines : ordinateurs, appareils vidéos, ménagers, audio, robots industriels, véhicules, avions, téléphones…

Ces puces sont porteuses de majeurs enjeux économiques, industriels ainsi que de propriété intellectuelle.

PRODUITS TROPICAUX : produits agricoles et autres produits définis par l'Uruguay Round. Il s'agit notamment :

- des boissons à base des produits tropicaux
- de certaines graines oléagineuses
- de certaines huiles végétales et leurs produits
- de certains fruits à coque d'origine tropicale
- de certains végétaux, épices, fleurs,
- du riz, tabac, matière à tresser
- des racines tropicales, bois tropicaux
- du caoutchouc, jute et fibres dures.

PROFESSION LIBÉRALE : corps de métier rassemblant des professionnels qui exercent de manière indépendante et sous leur responsabilité une activité nécessitant des connaissances et compétences professionnelles du plus haut niveau.

Elle est généralement coiffée par un ordre qui veille au respect de l'éthique et de la déontologie professionnelle dans l'intérêt du public, sous la tutelle des pouvoirs publics.

PROFESSION RÈGLEMENTÉE : activité professionnelle portant sur des domaines variés dont l'exercice est soumis à l'accomplissement préalable de formalités imposées par des textes conventionnels, législatifs ou règlementaires.

PROFESSION RÈGLEMENTÉE : activité ou ensemble d'activités dont l'accès, l'exercice ou une des modalités d'exercice est subordonnée, directement ou pas, à des conditions prédéterminées par des textes d'origine législative, règlementaire ou administrative. Toutes les professions règlementées ne sont pas forcément des professions libérales.

PROFITABILITÉ : capacité d'une entreprise à être rentable, à générer plus de ressources, de recettes que de charges, des dépenses. Cette notion sert à mesurer l'opportunité et la rentabilité commerciale d'un investissement.

PROGICIEL : (néologisme formé de produit et logiciel) programme informatique. Le progiciel est un ensemble de programmes conçus pour être fournis à plusieurs utilisateurs en vue d'une même application ou d'une même fonction. Le progiciel est un logiciel spécifique. Il peut être simple ou complexe. Le progiciel est conçu pour répondre à **l'ensemble des besoins** des utilisateurs (même de métiers différents) exerçant dans la même activité (santé ; éducation ; restauration). Tout ceci en une seule et même application. Il est réalisé sur la base d'un cahier de charges aux fins de répondre aux besoins spécifiques déterminés par l'utilisateur.

PROGRAMME INFORMATIQUE : V. logiciel

PROGRESSIVITÉ DE L'IMPÔT : caractère d'un impôt qui s'accroît selon des facteurs précis qui en déterminent la progression.

Terme contraire : impôt dégressif, impôt qui diminue selon des caractères définis.

PROHIBITION : art 14, 50 à 52 ; 77, 412, 15 CDC V. TABLEAU DE CONCORDANCE

La prohibition est toute mesure qui peut porter interdiction, restriction des conditions de droit commun ou encore qui peut fixer des formalités particulières pour l'exportation ou l'importation des marchandises. Elle prend son origine dans les conventions, la loi et les règlements. Elle peut être absolue (et prend la forme d'une interdiction sans assouplissement possible) ou relative (et prend la forme d'une restriction, d'une conditionnalité pouvant être remplie à travers une formalité ou une procédure à accomplir au préalable.

Sont considérées comme prohibées toutes les marchandises dont l'importation ou l'exportation est interdite à quelque titre que ce soit (absolu ou non) ou soumises à des restrictions, des règles de quantité, de conditionnement ou à des formalités particulières.

PROJET DE LOI : texte proposé par le gouvernement en vue d'être adopté et transformé en loi par le parlement.

PROMULGATION DA LA LOI : acte juridique pris par le Président de la République pour rendre la loi qui a été adoptée par le parlement, applicable par tous sur toute l'étendue du territoire national. La promulgation ne concerne que la loi. Cette attribution est une compétence exclusive du Président de la République.

Elle diffère de la publication qui est le fait de porter un acte conventionnel, légal ou règlementaire à la connaissance du public en utilisant un support de communication.

PRONONCE D'UN JUGEMENT : lecture de la décision par le juge

PROPENSION À IMPORTER : indicateur du commerce extérieur permettant d'apprécier la part des importations par rapport à la production nationale.

PROPORTIONNALITÉ DE L'IMPÔT : caractère d'un impôt calculé sur base de son indexation, à un rapport de grandeur, d'un facteur donné. La proportionnalité de l'impôt émet une image de répartition équitable de l'impôt.

PROPOSITION DE LOI : texte déposé au parlement par des parlementaires en vue d'être adopté et transformé en loi.

PROPRIÉTÉ CORPORELLE : droit conférant à son titulaire un monopole d'exploitation d'un bien matériel : voiture, ordinateur…

PROPRIÉTÉ INCORPORELLE : droit conférant à son titulaire un monopole d'exploitation d'un bien immatériel : clientèle, droit de créance, droits de brevet…

PROPRIÉTÉ INDUSTRIELLE : branche de la propriété intellectuelle qui s'occupe :

- Du droit applicable aux dessins et modèles.
- Du droit applicable aux brevets, produits semi-conducteurs, obtentions végétales.
- Du droit applicable aux marques de fabrique, de commerce, de service.
- De l'extension du droit applicable sur les indications géographiques, l'enseigne, le nom commercial, la dénomination sociale, le nom de domaine.
- De la répression de la contrefaçon et de la concurrence déloyale.

PROPRIÉTÉ INTELLECTUELLE : expression relativement récente pour désigner l'ensemble des droits portant sur un objet immatériel et protégeant la création et l'innovation. Elle est différente de la propriété incorporelle. Elle préserve l'ensemble des droits reconnus au créateur d'une œuvre de l'esprit. Elle regroupe la propriété littéraire et artistique ainsi que la propriété industrielle.

Le droit douanier de la CEMAC assure la protection de la propriété intellectuelle. CDCR…

PROPRIÉTÉ LITTÉRAIRE ET ARTISTIQUE : elle assure la protection du droit d'auteur, des droits voisins, des droits des producteurs de bases de données, des logiciels. Cette branche du droit de la propriété intellectuelle ne concerne plus seulement les créations littéraires et artistiques, il faut y ranger également les créations techniques et utilitaires qui ne peuvent être brevetées.

PRORATA TEMPORIS : expression latine signifiant « en proportion du temps. » Un intérêt est calculé prorata temporis lorsqu'il se calcule en fonction du temps.

PROROGATION : prolongation d'une durée.

Prorogation de délai déchéance : action de repousser une date limite, de la reporter à une date ultérieure, de renvoyer un délai à plus tard.

PROSCRIRE : interdire, prohiber.

PROTECTION COMMUNAUTAIRE DES DONNÉES GÉOGRAPHIQUES :

L'U.E assure la protection des produits agricoles et des denrées alimentaires par deux procédés :

- Les appellations d'origine protégée(AOP)
- Les indications géographiques protégées(IGP)

Pour mentionner le lieu d'origine et bénéficier des effets de son indication, il faut se soumettre au respect scrupuleux des prescriptions du cahier de charge préalablement défini.

Le droit douanier de la CEMAC assure la protection des marques et des indications d'origine. L'art 56 al1 CDCR prohibe à l'entrée comme à la sortie du territoire douanier et exclut des régimes douaniers et de la circulation, tous les produits étrangers, naturels ou fabriqués comportant une marque de fabrique ou de commerce trompeuse, un nom, un signe ou une indication quelconque qui indique un État membre comme en étant le pays producteur ou le pays originaire.

L'alinéa 2 énonce une prohibition pour les produits étrangers fabriqués ou naturels, obtenus dans une localité de même nom qu'une localité d'un État membre. Alors le produit en question doit indiquer le nom de la localité, le pays d'origine et la mention « IMPORTE » en caractères manifestement apparents.

L'article 57CDCR martèle la prohibition et l'exclusion des régimes douaniers et de la circulation qui pèsent sur tous les produits étrangers qui ne satisfont pas aux obligations imposées en matière d'indication d'origine et d'appellation géographiques par la législation en vigueur.

PROTECTIONNISME : doctrine, politique économique appliquée par un État visant à limiter ou à empêcher l'entrée sur le territoire national, de produits et capitaux provenant de l'étranger. Il se manifeste généralement sous trois formes :

- Droits de douane élevés qui frappent les produits étrangers à leur importation. Le but étant de les rendre inaccessibles aux éventuels consommateurs, à cause de leurs prix très élevés
- Fixation des quotas à l'importation.
- Prise de mesures administratives ayant pour but de rendre l'importation de certains produits difficile, voire impossible. On parle alors du protectionnisme gris ou administratif.

Le protectionnisme se manifeste par la mise en œuvre de mesures restrictives, tarifaires et non tarifaires en vue de pénaliser et ainsi de décourager ou d'annuler la concurrence étrangère d'une part et de favoriser les produits nationaux d'autre part.

Théoriciens : Frédéric LIST (1789-1846),…

Jadis, le protectionnisme se caractérisait par une augmentation fulgurante des droits de douane. Mais sous la pression du GATT puis de l'OMC, cette pratique a fortement diminué.

Il reste pratiqué de nos jours sous des formes camouflées, mais très pernicieuses à travers des normes de qualité des produits, des procédures et formalités complexes à accomplir.

PROVENANCE (DE LA MARCHANDISE) : il n'est pas à confondre avec l'origine de la marchandise.

Selon l'art 26 CDCR V. TABLEAU DE CONCORDANCE : « le pays de provenance est celui d'où la marchandise a été importée en droiture »

Il s'agit en fait du dernier pays à partir duquel la marchandise a été acheminée en droite ligne vers le territoire douanier d'importation.

La provenance n'est pas prise en considération dans l'octroi d'une origine préférentielle.

PTNC (Pays et Territoires Non Coopératifs) : États et territoires résistants et réticents à la collaboration en matière de lutte contre le blanchiment et le financement du terrorisme.

P to P (particular to particular) : formule de vente entre particuliers

PUBLICITÉ : art7, 58, 59 CDC V. TABLEAU DE CONCORDANCE : mode de communication d'informations destinées au public, aux entreprises, aux individus. Le droit douanier de la CEMAC accorde une place de choix à l'affichage pour assurer la publicité de nombreux actes importants.

Deux illustrations :

- Lorsque le bureau est situé à l'intérieur du rayon des douanes, la décision qui prescrit sa création ou sa suppression doit être affichée, à la diligence de l'autorité régionale, dans la commune où se trouve le bureau et dans les localités limitrophes, art 58al2CDC V. TABLEAU DE CONCORDANCE
- L'art 302 al2 : « lorsque le prévenu est absent (à la rédaction du PVD), la copie est affichée dans les vingt-quatre heures à la porte extérieure du bureau ou du poste de douanes, soit à la mairie, soit au siège du chef de la circonscription administrative du lieu de rédaction du procès-verbal s'il n'existe dans ce lieu ni bureau de poste ni bureau de douane. »

PUBLICITÉ DES DÉBATS : ce principe du droit français implique que l'accès libre aux salles d'audience est reconnu au public. La possibilité pour la presse de rendre compte des débats découle de ce principe.

Terme contraire : V. Huis-clos.

PURGE :dans le langage de la banque, elle désigne une procédure qui permet de libérer un bien d'une charge ou un immeuble d'une hypothèque..

Q

QUAI : plate-forme aménagée pour le chargement et le déchargement des marchandises situées le long d'une voie ouverte à la circulation routière, ferroviaire, maritime, fluviale… Cette zone facilite la réception du moyen de transport et permet un déploiement relativement aisé de la manutention, du stockage.

QUALIFICATION (DES INFRACTIONS) : art 360 al2 CDCR « la qualification de l'infraction consiste à rattacher cette infraction à une ou plusieurs dispositions du Code des Douanes. C'est elle qui est mentionnée sur le procès-verbal des douanes ».

En somme, c'est le passage du fait au droit. Elle consiste à subsumer une situation, un fait i.e. à faire rentrer une situation, un fait spécifique dans une catégorie juridique plus vaste.

QUALITÉ : aptitude qui confère à une personne l'habilitation à agir, à exercer un droit, à poser une action. Ainsi on pourrait agir en qualité de médecin, de parent, de créancier privilégié, de préfet ou d'OPJ…

Propriété révélant la valeur d'une marchandise et pouvant être attestée par un certificat ou même un organisme (ISO, ANOR, AFNOR…) Elle est une notion relative qui se mesure toujours en référence à un prix, une norme, une technologie ou une période…

QUANTUM : quantité d'une peine, d'une amende.

QUART MONDE : néologisme créé en 1969 par l'Abbé WREZINSKI pour désigner les pays les plus pauvres au sein des pays du tiers monde. La notion de Pays les Moins Avancés (PMA) lancée par les Nations Unies en 1971 se rapproche beaucoup du quart monde.

Il est également utilisé pour indiquer la frange de la population qui vit sous le seuil de pauvreté dans un pays riche.

QUÉRABLE : caractère d'une dette que le créancier doit déclarer au domicile du débiteur. La dette douanière n'est pas quérable, mais portable.

Terme opposé : portable. La dette douanière est portable parce que le débiteur a le devoir de la déposer au domicile du créancier. En d'autres termes, le redevable vient déclarer sa marchandise et régler la dette douanière auprès de la douane.

QUÉRULENCE : trouble de la personnalité affectant un sujet qui se manifeste par de nombreuses revendications dues à un sentiment de persécution et de lésion dans ses droits.

Au niveau processuel, la quérulence se traduit par la propension à multiplier les procès à l'infini contre un maximum d'opérateurs et pour des motifs variés et souvent sans grande consistance.

QUESTION PRÉJUDICIELLE : point de droit soulevé par une partie devant une juridiction et qui doit préalablement être tranchée pour permettre à la juridiction saisie de statuer sur le fond du litige. La première juridiction est donc appelée à surseoir à statuer jusqu'à la réponse de la juridiction sollicitée.

Si cette dernière relève d'un autre ordre de juridiction, on parle de question préjudicielle générale. Par contre, si elle relève du même ordre de juridiction, on parle de question préjudicielle spéciale.

QUITTANCE : art 134 al 2 CDC « les agents chargés de la perception des droits et taxes sont tenues d'en donner quittance. »

Document délivré par le créancier qui reconnait le paiement effectué par son débiteur, pour se décharger de sa créance.

V. Code civil art 1250 al 2, 1256,1908

QUITUS : acte juridique par lequel une autorité qualifiée (publique ou privée) reconnait la bonne gestion financière d'un responsable (souvent un comptable) et libère ainsi sa responsabilité pécuniaire personnelle soit au terme d'une période donnée préalablement fixée, soit au terme des fonctions de celui-ci.

QUOTA : terme d'origine anglaise servant à indiquer une limite, un seuil à ne pas franchir. Les membres de l'OPEP, le puissant cartel pétrolier y ont souvent recours pour influencer les cours du prix de l'or noir.

Il peut également désigner un contingent représentant un instrument non tarifaire utilisé comme un outil du protectionnisme.

QUOTITÉ (De l'impôt) : taux de l'impôt.

L'impôt de quotité s'oppose à l'impôt de répartition. Il se caractérise par son mode de calcul basé sur un taux à appliquer sur la matière imposable

R

RABAIS : pratique commerciale autorisée consistant en une diminution exceptionnelle du prix initial d'une marchandise en réponse à la perte d'une partie de sa qualité. Il se calcule sur le montant hors taxe.

L'article 23 du CDCR admet le principe d'une diminution du prix d'une marchandise liée à une dégradation de la qualité de celle-ci.

RADIATION (DU TABLEAU DE L'ORDRE) :

Sanction disciplinaire prise par un ordre professionnel à l'encontre d'un membre d'une profession libérale (avocat, médecin, conseil fiscal…) qui a enfreint des obligations professionnelles. Elle correspond au retrait du droit de continuer à exercer ladite profession.

RAISON SOCIALE : Dénomination d'une société, appellation d'une société, d'une entreprise. Elle peut différer du nom qu'affiche l'enseigne.

RAPATRIEMENT DES CAPITAUX : retour dans le pays d'exportation et particulièrement dans les comptes de l'entreprise exportatrice, des ressources financières issues d'une vente à l'exportation des marchandises.

RAPPORTER UNE DÉCISION, UN ACTE : rétracter, retirer, annuler, avec effet rétroactif une décision, un acte.

RAPPORTER UNE PREUVE : administrer, produire, fournir la preuve des faits allégués, présenter des éléments établissant le bien-fondé d'une prétention, d'un droit ou d'une revendication.

RATING :(notation) terme d'origine anglo-saxonne pour désigner la notation ; moyen juridique par lequel une agence de rating (une agence de notation) exprime son appréciation sur la qualité d'un titre, d'une économie, d'un pays.

RAYON DES DOUANES : art 54, 55, 56, 67, 75,282 à 290, 72,80 CDC V. TABLEAU DE CONCORDANCE

« Sur le plan historique…le rayon des douanes est officiellement introduit dans le langage douanier au Cameroun en 1944, à la faveur d'un arrêté signé en date du 11 octobre ». Claude Henri BELLA

AMBATINDA : L'école du chef de brigade des douanes camerounaises, L'Harmattan, 2018, p.97

Ce texte, qui délimitait alors le rayon des douanes, avait pour souci « de rentabiliser et de rendre performante la recherche à la circulation ou à domicile des marchandises introduites en fraude dans le Territoire… » David TSUANYO : L'institution douanière au Cameroun : 1860-1960, Saagraph, 2006, p.160

Espace, localisé autour des frontières maritimes et terrestres, dans lequel la surveillance douanière est renforcée et se matérialise par des contrôles plus nombreux et plus exigeants.

ART 54 CDC « une zone de surveillance spéciale est organisée le long des frontières terrestres et maritimes. »

« Le rayon des douanes comprend une zone maritime et une zone terrestre » art 55 alinéa 1. L'alinéa 2 indique que « la zone maritime est comprise entre le littoral et une limite extérieure située en mer à douze (12) miles marins mesurés à partir des lignes de base de la mer territoriale. »

La zone terrestre du rayon des douanes s'étend : «

a) Sur les frontières maritimes, entre le littoral et une ligne tracée à 60 km en deçà du rivage de la mer et des rives des fleuves, rivières et canaux affluant à la mer jusqu'au dernier bureau de douane situé en amont, ainsi qu'un rayon de 60km autour dudit bureau.
b) Sur les frontières de terre entre les limites du territoire douanier et une ligne tracée à 60km en deçà ».

RÉALISATION D'UNE CAUTION DOUANIÈRE : transformation des engagements ou des garanties contenues dans le contrat de cautionnement en en instruments monétaires et plus précisément en espèces sonnantes et trébuchantes.

RECETTE DES DOUANES : unité de douane ayant pour attribution principale d'assurer le recouvrement des recettes douanières. Au Cameroun, elles sont réparties en trois catégories. Il s'agit par ordre décroissant des recettes régionales, de première et de deuxième classe.

RECETTES DOUANIÈRES (toujours au pluriel) : montant des droits et taxes de douanes perçus, pris globalement (aussi bien à l'exportation qu'à l'importation des marchandises) pour une période donnée et pour toutes les unités.

RECEVABILITÉ : caractère de ce qui est recevable, de ce qui remplit toutes les conditions prévues par la loi et/ou le règlement pour être admis à l'étude devant les services de l'administration ou de tout autre organisme.

Une demande recevable est une demande qui peut être examinée. La recevabilité conduit à l'enregistrement de la déclaration et l'irrecevabilité au rejet.

Selon l'art 160 al 3 CDCR « ...sont considérées comme irrecevables, les déclarations irrégulières dans la forme ou qui ne sont pas accompagnées des documents dont la production est obligatoire »

Cet article en évoquant les sources d'irrecevabilité précise a contrario la notion de recevabilité.

Terme contraire : irrecevable : caractère d'un dossier qui ne peut être examiné, car ne remplissant pas les conditions exigées par la loi.

RECEVEUR DE DOUANES : comptable public chargé du recouvrement des recettes douanières. Il est en principe le poursuivant dans les saisies effectuées dans son territoire de recouvrement.

RECHERCHE–DEVELOPPEMENT (R-D, R&D) : services dédiés à la recherche, existant dans les entreprises multinationales ou dans des entreprises de pointe pour concevoir des innovations susceptibles de doper la production industrielle. Le secteur pharmaceutique connait un développement prodigieux du service R&D pour s'adapter à la concurrence et à l'environnement particulier du médicament (recherches longues et coûteuses, production...)

RÉCIDIVÉ : fait de commettre une nouvelle fois une infraction qui avait déjà donné lieu à la sanction ou à la condamnation d'une même personne. Elle doit être prise en considération dans la conclusion des transactions douanières pour insister sur la dimension punitive de l'amende douanière ou pour rejeter la demande de transaction.

RECOLLEMENT : vérification contradictoire des objets saisis.

Vérification par l'huissier de justice de l'inventaire de biens saisis, préalablement à leur mise en vente.

RECOMMANDATION(AVIS) : texte émis par un organisme national, communautaire ou international n'ayant aucune force contraignante, aucune portée obligatoire. Elle exprime en fait une opinion et peut formuler une orientation, une suggestion.

RECOURS (EN MATIÈRE DOUANIÈRE) : Requête par laquelle une personne qui s'estime lésée par une décision ou une omission d'un responsable administratif se plaint auprès de celui-ci ou de son supérieur hiérarchique.

V. Annexe H.1. de la CK de 1974 Et de l'Annexe générale, Chapitre 10 de la CKR.

RECOURS DE PLEIN CONTENTIEUX : recours introduit devant le tribunal administratif demandant l'indemnisation par l'administration d'un préjudice subi à cause d'une action posée par celle-ci.

RECOURS DOUANIER : art 358 CDCR alinéa1 "Toute personne directement concernée par une décision ou une omission de la douane dispose d'un droit de recours." Ce recours se démarque des recours classiques du contentieux administratif.

Après une décision ou une omission de la douane, la personne directement concernée est informée et dans un délai de 15 jours, elle peut demander à la douane les raisons ayant motivé ladite décision ou omission.

Elle dispose de quatre niveaux de recours : conformément à l'Art 358 CDCR

Premier niveau de recours : le Directeur général des Douanes.

Deuxième niveau : la Commission Indépendante de règlement des litiges douaniers(CIRLD)

Troisième niveau : la Commission de la CEMAC.

Quatrième niveau : les autorités judiciaires nationales.

L'introduction d'un recours douanier à partir du niveau de la Commission de la CEMAC n'est pas suspensive de l'exécution de la décision querellée. En outre, le respect de l'ordre ci-dessus énuméré du déroulement du droit de recours est impératif et obligatoire art (358 alinéa 8 et 9 CDCR).

RECOURS GRACIEUX : demande d'un contribuable, formulée à l'administration fiscale en vue d'obtenir, de bénéficier d'une mesure de bienveillance/de clémence.

RECOURS GRACIEUX PRÉALABLE : requête adressée à un responsable administratif douanier qui a signé un acte administratif litigieux en vue d'obtenir l'annulation ou le retrait dudit acte. Il est non contentieux, mais précontentieux.

RECOURS HIÉRACHIQUE : requête adressée à l'autorité hiérarchiquement supérieure au responsable administratif qui a pris une décision administrative en vue de l'annulation de celle-ci ou de l'octroi d'une réparation financière. Il est non contentieux, mais précontentieux.

RECOURS POUR EXCÈS DE POUVOIR : recours introduit devant un tribunal administratif pour demander l'annulation d'un acte, motif pris d'une illégalité, d'un vice de forme, de l'incompétence, du détournement de pouvoirs ou de l'erreur de droit ou de fait.

RECOUVREMENT : paiement de l'impôt. Le recouvrement constitue en matière de fiscalité, la troisième et la dernière phase du processus de l'établissement de l'impôt après la détermination de l'assiette et la liquidation.

L'art 175 al1 CDCR précise que « les droits et taxes liquidés par l'administration des douanes sont payables au comptant par le propriétaire des marchandises ou son mandataire, par tous moyens de paiement, y compris les paiements électroniques. »

Toutefois, au-dessus d'un montant fixé par le ministre des Finances de chaque État membre, le paiement électronique devient obligatoire.

En zone CEMAC, le recouvrement des droits et taxes comme leur prise en charge sont soumis aux règles posées par l'Acte 16/65-UDEAC-17 du 14 Décembre1965 du Conseil des Chefs d'État de l'UDEAC ainsi que celles de la comptabilité publique en vigueur dans chaque État, à la condition de ne pas être contraires aux premières citées.

Le paiement en nature comme la compensation ne sont pas admis en CEMAC. En matière de fiscalité indirecte, le paiement au comptant est le mode le plus courant : le paiement est quasiment simultané avec la détermination de l'assiette et la liquidation.

Le recouvrement oblige d'opérer le distinguo entre le redevable, l'assujetti et le contribuable. Le redevable est la personne au niveau de laquelle l'impôt doit être perçu. Le contribuable est une personne qui supporte le poids de l'impôt au final de manière effective.

REÇU : document écrit établi par un créancier pour attester de la remise d'une chose ou d'une somme d'argent par son débiteur.

RÉCURSOIRE : V. Action récursoire

RED LABEL : étiquette rouge collée sur les marchandises pour indiquer qu'elles sont dangereuses et doivent soit être classées dans le transport maritime sur le pont, soit être chargées dans des navires spéciaux, mieux équipés pour les recevoir.

Par contre, en matière alimentaire, le label rouge atteste de la qualité d'un produit : volailles, viandes, pâtes…

REDEVABLE : personne qui a légalement la charge de payer un impôt, un droit, une taxe qu'elle va répercuter systématiquement sur une autre personne. (La personne qui importe ou exporte est le redevable et pas le contribuable)

V. Contribuable et usager.

REDEVANCE :(art 31 al 1c CDCR) : royalties ; prix à payer périodiquement pour l'utilisation, l'exploitation, la concession provisoire d'un droit portant sur la propriété intellectuelle : licences, marques, dessins, savoir-faire. Contrepartie à payer, prix rémunérant un service rendu. La jurisprudence exige une équivalence entre la redevance et la valeur du service rendu. L'AFE, à travers son article 6, maintient cette exigence d'équivalence entre la redevance et la valeur du service rendu.

V. Michel BOUVIER : Introduction au droit fiscal général et à la théorie de l'impôt, 3e édition, LGDJ, 2000, p. 23.

REDRESSEMENT (DOUANIER) : art 177 al 4 CDCR : rectification à la hausse des droits et taxes survenant généralement après une vérification physique ou documentaire des éléments de la déclaration en détail ou d'un contrôle douanier ayant permis de détecter une inexactitude, une insuffisance, une mauvaise application de la législation.

Termes proches : chef de redressement : motif du redressement.

REDRESSEMENT JUDICIAIRE : procédure ouverte par le tribunal et appliquée à une personne morale de droit privé qui est arrivée en cessation de paiement.

Il vise à apurer le passif de l'entreprise en vue de permettre la poursuite des activités de celle-ci.

RÉDUCTION D'IMPÔTS : au sens large, tout allègement d'impôt : dégrèvement, crédit d'impôt... Au sens étroit, plus couramment utilisée, l'expression représente une diminution de l'impôt calculé. La réduction d'impôt ne crée pas une créance comme le crédit d'impôt. Elle génère une dépense fiscale.

RÉDUCTION DES DROITS : diminution des droits et taxes décidée par l'administration des douanes pour tenir compte d'un préjudice subi par le redevable sur sa marchandise.

RÉDUCTION DU PRIX : diminution du prix d'une marchandise pour des raisons diverses. Elle pourrait influencer la détermination de la valeur en douane des marchandises.

RE ÉCHELONNEMENT D'UNE DETTE : prolongation de la durée de remboursement d'une dette par un créancier, généralement à la suite d'une demande du débiteur.

REEFER : conteneur frigorifique.

RÉEXPORTATION : exportation hors du territoire douanier des marchandises préalablement importées et placées dans un régime douanier.

RÉFACTION (SUR LE PRIX) : réduction du prix (de la base imposable) quand la marchandise est livrée à l'arrivée non conforme par rapport aux clauses contractuelles de départ. (art. 23 CDCR.)

RÉFÉRENCEMENT : inscription auprès d'une ou de plusieurs des centrales d'achats ou de très grandes sociétés de distribution, sur une liste de produits ou de sociétés de distribution, de production.

Il offre à celui qui inscrit son produit ou sa société sur cette liste, l'opportunité de bien et vite se faire connaitre par une clientèle étendue et très extensible avec l'internet, à l'ère de la mondialisation.

RÉFÉRÉ : procédure judiciaire qui vise à obtenir dans des délais les plus courts possibles, une décision provisoire sous le sceau de l'urgence, dans l'optique de sauvegarder un intérêt ou de prévenir un dommage grave.

Elle est parallèle à la procédure conduisant au jugement de l'affaire au fond, en raison du temps que cette dernière pourrait prendre.

RÉGIME DOUANIER : statut juridique attribué à la marchandise au moment de l'élaboration de la déclaration en détail, à la suite d'une importation ou d'une exportation.

Les régimes douaniers sont variés. Nous les rassemblerons selon le CDCR en deux catégories simples : les régimes dits définitifs et non définitifs.

- Les régimes dits définitifs regroupent ceux qui permettent à leurs bénéficiaires de réaliser des opérations de dédouanement et de solder la dette douanière pour pouvoir disposer librement de la marchandise i.e. sans aucun engagement supplémentaire vis-à-vis de la douane. Il s'agit de la mise à la consommation et de l'exportation simple, avec paiement ou exonération totale ou partielle des droits et taxes.
- Les régimes non définitifs sont ceux pour lesquels pèse toujours la sujétion douanière sur les marchandises parce que la dette douanière a été simplement suspendue, mais pas soldée. Les marchandises de cette catégorie sont dans un statut intermédiaire en attendant de recevoir un statut définitif.

Il s'agit de régimes économiques et suspensifs portant sur :

- la circulation des marchandises : le transit communautaire, international, le transbordement, le cabotage ;
- l'utilisation : admission temporaire, importation et exportation temporaire ;
- le stockage : entrepôt public, privé et spécial ;
- la transformation : perfectionnement actif, passif, rembours,
- la transformation des marchandises destinées à la mise à la consommation et
- la zone franche.

RÉGIMES DOUANIERS ÉCONOMIQUES : statuts juridiques douaniers favorisant certaines activités de négoce international ou d'industrie sur le territoire douanier

Les régimes suspensifs présentent la capacité de produire un effet d'accélération sur l'activité économique d'un pays soit en créant des activités connexes supplémentaires (le négoce international), soit en mettant les marchandises issues de ces régimes dans des conditions plus favorables pour affronter la concurrence étrangère.

Les régimes économiques regroupent :

- Le régime permettant le stockage : l'entrepôt
- Le régime permettant la transformation : le perfectionnement

- Le régime lié à l'utilisation : l'admission temporaire

À des fins de facilitation et en vue de tirer profit des échanges internationaux et valoriser certains produits, la Douane peut accorder aux opérateurs des régimes économiques d'utilisation.

RÉGIMES DOUANIERS SUSPENSIFS : à des fins de facilitation des échanges, les régimes suspensifs permettent de suspendre, à l'importation et à l'exportation, le paiement des droits et taxes et l'application des mesures de contrôle du commerce extérieur

Ils regroupent les régimes de circulation des marchandises : transit communautaire, transit international, transbordement, cabotage.

REGISTRE DE COMMERCE (au Cameroun RCCM : Registre de Commerce et du Crédit Mobilier) : répertoire des entreprises (commerçant, société, GIE) officiellement enregistrées auprès du greffe du Tribunal de Première Instance (TPI), du Tribunal du Commerce ou du Tribunal de Grande Instance (TGI). Il affecte un identifiant à chaque entreprise inscrite dans son système.

Il déclenche la publicité des inscriptions dans les journaux d'annonces légales pour l'information du grand public.

REGISTRES DOUANIERS : livres ouverts dans les services douaniers pour enregistrer de nombreuses informations sur leur fonctionnement et sur leurs activités ainsi que les mouvements de marchandises et de leurs propriétaires/détenteurs.

L'avènement de l'informatique les a relégués au second plan sans pour autant les supprimer. En effet, en raison du nombre élevé des unités non encore équipées d'outils informatiques, des dysfonctionnements dus à la rareté et/ou à l'instabilité de l'énergie, les registres douaniers continuent d'occuper une place non négligeable dans les administrations des douanes de la CEMAC. Il s'agit notamment du :

- **Registre d'ordres :** ils sont tenus dans les unités de surveillance douanière (unité d'active) au jour le jour, et servent à mettre à la disposition des agents, des indications provenant de la hiérarchie en vue de l'orientation et de la bonne exécution des missions qui leur sont assignées.
- **Registre spécial de dépôt :** (art 270 et 273 CDC) V. TABLEAU DE CONCORDANCE livre ouvert pour prendre en charge les marchandises constituées en dépôt. « Sont constituées d'office en dépôt par le service des douanes a) les marchandises, qui à

l'importation n'ont pas été déclarées en détail dans le délai légal ; b) les marchandises qui restent en Douane pour un autre motif »

- **Registre de liquidation (M9-M42)** : (Art 134 CDC) livre où sont enregistrées toutes les déclarations liquidées. Il offre la possibilité de sommer lès liquidations journalières pour avoir le total des émissions budgétaires chaque jour.
- **Registre de paiement :**(Art 175 al$_3$) livre où sont enregistrés tous les paiements des déclarations liquidées offrant la possibilité de le sommer chaque jour pour avoir le total des encaissements par jour. Ils doivent être informatisés !
- **Registre des recettes :**(art 331-364 CDC) : livre enregistrant les recettes de l'unité. Ils ne doivent en aucun cas être mis sous scellé. L'action des douanes est déchargée envers les redevables d'avoir à représenter les registres de recettes 3 ans après chaque année expirée.

RÈGLEMENT : exécution matérielle de l'obligation de paiement. Le règlement international d'une transaction commerciale s'effectue d'une part entre le résident installé dans le pays de la banque et d'autre part entre un non résident.

Texte émanant du pouvoir exécutif pris pour mettre en application la loi : décret, arrêté présidentiel, ministériel, préfectoral et municipal…

Acte normatif pris par le Conseil des ministres de la CEMAC : « Les règlements sont obligatoires dans tous leurs éléments et directement applicables dans tout État membre. » art. 3al$_3$ CDCR

Termes proches : règlementation ; règlementaire : dérivé du règlement, relatif au règlement.

V. NGUEPDJOP TOUKAM Vincent : L'application du droit douanier en zone CEMAC : le cas du Cameroun, thèse de Doctorat/PhD, Université de Douala, 2022.

RÈGLEMENT ADMINISTRATIF D'UNE INFRACTION DOUANIÈRE (ADMINISTRATIVE SETTLEMENT OF A CUSTOMS OFFENCE) : désigne la procédure qui permet légalement à la douane d'un pays de trouver une solution pour conclure administrativement la constatation d'une infraction douanière. Ainsi elle pourrait mettre en œuvre la transaction douanière (la notion de transaction douanière en zone CEMAC, Guy Alain CHEPING SIMO, Mémoire DESS, 2002, Université de Douala).

V. Annexe H.2. de la CK de 1974 et Annexe spécifique H, Chapitre1 de la CKR et V. Transaction douanière.

RÈGLE NON BIS IN IDEM : formule d'origine latine qui trouve à s'appliquer en douane, notamment dans le domaine des contrôles douaniers.

Ainsi, une entité ayant fait l'objet d'un contrôle douanier, au titre d'un exercice donné, ne peut être à nouveau contrôlée pour le même exercice et le même objet. Cependant, ce principe peut être atténué dans des conditions préalablement fixées.

RÈGLES D'ORIGINE (RULES OF ORIGIN) : dispositions spécifiques de source conventionnelle ou légale conçues pour déterminer l'origine des marchandises.

V. AnnexeD.1. de la CK de 1974 et de l'Annexe spécifique K, Chapitre 1 de la CKR.

RÈGLES de ROTTERDAM : convention adoptée par l'Assemblée Générale de l'ONU le 11 décembre 2008 qui détermine les droits et obligations des chargeurs et transporteurs, destinataires dans un contrat de porte à porte, comportant une étape maritime.

RÈGLES ET USANCES UNIFORMES (R.U.U) : ensemble des mécanismes et principes mis en service par la ICC de Paris relatifs à l'utilisation optimale des techniques bancaires au service du commerce international. Elles concernent notamment les INCOTERMS et le CREDOC. À ce jour, le Credoc demeure un précieux moyen de paiement et comporte le meilleur système de garantie au service du commerce international.

Elles sont utilisées par les banques et les commerçants de plus de 175 pays. Depuis le 1er juillet 2007, c'est les RUU600- UCP (Uniform Custom and Practices) qui sont en vigueur.

RÈGLES GÉNÉRALES POUR L'INTERPRÉTATION DU SYSTÈME HARMONISE (RGI) : principes énoncés par la Convention du Système Harmonisé pour déterminer le classement des marchandises dans la nomenclature tarifaire des marchandises du SH.

RÉGLISSE : plante de la famille des Fabacées utilisée à des fins médicinales : pour son action anti inflammatoire cutanée, anti infectieuse (système digestif), immunostimulante, décongestionnante (système respiratoire), cicatrisante, antalgique,…

Elle sert également comme édulcorant naturel dans l'industrie alimentaire : fabrication des bonbons, confiserie, tisanes,...

RÉGULARISATION : Mise à jour, mise en conformité avec la règle, la norme en vigueur.

RÉIMPORTATION : importation à nouveau dans un territoire douanier des marchandises préalablement exportées de ce même territoire.

RELAXE : décision d'un tribunal correctionnel ou de police déclarant un prévenu non coupable. Sur le plan de la procédure criminelle, elle est comparable à l'acquittement prononcé par le TGI qui reconnaît la non culpabilité d'un accusé.

Elle peut être pure et simple, lorsque le juge ne trouve aucun grief à reprocher à un prévenu ou lorsqu'il ne trouve aucune raison de condamner le prévenu.

Elle peut se faire également au bénéfice du doute lorsqu'un doute continue de planer sur la culpabilité du prévenu alors que les éléments à charge retenus contre lui sont insuffisants pour permettre de le condamner.

RELEVAGE : activité menée dans une enceinte portuaire consistant à charger ou décharger des marchandises dans les camions ou les wagons de trains à partir des magasins cales ou des terre-pleins.

RELÈVE D'IDENTITÉ BANCAIRE : (RIB) : adresse bancaire du titulaire d'un compte qui permet de l'identifier. Son utilité dans les transactions du commerce extérieur avec d'autres banques n'est plus à démontrer.

Cette adresse comprend : nom, prénom ou raison sociale, code de la banque, de l'agence d'ouverture du compte, code guichet, numéro de compte et clé RIB.

RELOCALISATION (OPPOSE DE DÉLOCALISATION) : au sens strict, rapatriement d'une unité de production dans le pays initial qui l'abritait avant sa délocalisation.

V. délocalisation.

REMBOURS : régime douanier économique

« ...qui permet, lors de l'exportation des marchandises d'obtenir le remboursement total ou partiel des droits de taxes qui ont frappé soit ces marchandises, soit les produits contenus dans les marchandises exportées ou consommées au cours de leur production » art 304 CDCR

Ce régime est également appelé drawback, en anglais.

Le terme « rembours » représente « le montant des droits et taxes à l'importation remboursé en application du régime du rembours>> art 305 CDCR.

REMBOURSEMENT DES DROITS ET TAXES (REPAYMENT en anglais) : restitution des droits et taxes acquittés sur une marchandise. Elle peut être totale ou partielle.

L'art 179 du CDCR précise que « les redevables qui ont acquitté indûment les droits liquidés par le service de douane peuvent en obtenir le remboursement dans la limite de la prescription prévue par l'art 396… »

Pour prétendre au remboursement, il faut que l'indue perception ait pour cause l'erreur de l'administration » art 179 CDCR.

Selon le CDCR, l'action en répétition de l'indu ne peut être exercée que par la personne qui a effectué le paiement ou celle au nom de qui il a été fait.

Le remboursement de droits et taxes en zone CEMAC se fige sur l'erreur de l'administration en tant que seule source. Pourtant, il pourrait également être accordé pour des marchandises exportées ou importées :

- reconnues défectueuses
- non conformes à la commande et renvoyées au(x) fournisseur(s)
- non conformes aux caractéristiques et renvoyées au(x) fournisseur(s).

L'art 98 du Code des Douanes de l'UEMOA affirme que " les droits et taxes perçues par l'autorité chargée du recouvrement peuvent être remboursés :

- en cas de renvoi de la marchandise au fournisseur,
- lorsqu'elles sont avariées, altérées ou non conformes aux commandes,
- en cas d'erreur de liquidation
- pour des marchandises ayant fait l'objet de déclaration anticipée et non acheminées à destination".

V. Répétition de l'indu

V. AnnexeF.6. de la CK de 1974 et Annexe générale, Chapitre 2 de la CKR.

REMISE (COMMERCIALE) : réduction pratiquée par le vendeur sur le prix de vente au regard : de la qualité du client, du niveau commercial, de la régularité, du moyen de paiement…

REMISE DE DETTE : facilité accordée par le créancier à son débiteur pouvant aller d'une réduction de la dette à son annulation complète.

REMISE DE DROITS ET TAXES A L'IMPORTATION : ce terme est utilisé lorsque les droits à l'importation ne sont pas encore payés alors qu'il y a une raison de ne pas les payer.

V. AnnexeF.6. de la CK de 1974.

REMORQUAGE (portuaire) : activité menée dans un port consistant à faire déplacer par un navire spécialisé un plus grand navire jusqu'à son poste à quai ou du poste à quai à son départ parce que ce dernier n'y parviendrait pas tout seul.

RENSEIGNEMENT CONTRAIGNANT : aussi appelé décision anticipée ; information technique et fiable, car officiellement fournie par l'administration des douanes aux redevables et sur leur demande, sur l'origine, l'espèce ou la valeur des marchandises.

Selon l'OMD, l'expression décision anticipée en matière de classement, d'origine ou d'évaluation désigne une décision officielle écrite par une autorité douanière compétente fournissant une appréciation au demandeur, préalablement à une importation ou une exportation et pour une période donnée. Elle porte soit :

- sur le classement d'une marchandise dans la nomenclature tarifaire du pays ou du territoire douanier concerné,
- sur l'origine d'une marchandise ou
- sur la détermination de la valeur en douane.

Cette information est opposable à l'administration des douanes pendant la durée de temps préalablement fixée par la loi ou l'administration de douane et durant laquelle son bénéficiaire est mis à l'abri des contestations et du contentieux.

Le renseignement contraignant offre une sécurité juridique incontestable au bénéficiaire de la décision.

RENSEIGNEMENT CONTRAIGNANT EN MATIÈRE D'ÉVALUATION (RCE) : décision prise par les autorités douanières compétentes d'un pays ou d'un territoire douanier en vue de déterminer la valeur en douane des marchandises. Sa validité au Cameroun est de un an.

En considérant les difficultés rencontrées par les opérateurs du commerce extérieur au Cameroun, nul doute qu'il serait dans une échéance relativement proche la forme de décision anticipée la plus sollicitée.

RENSEIGNEMENT CONTRAIGNANT SUR L'ORIGINE (RCO) : décision délivrée par les autorités douanières compétentes d'un pays déterminant l'origine d'une marchandise à produire ou déjà produite, à créer, à importer ou à exporter.

Cette prise de position officielle de l'administration douanière qui doit se conformer aux règles et techniques fixées par les Accords internationaux (OMC, OMD…), rassure les redevables, facilite et accélère l'accomplissement des formalités de dédouanement.

Elle est valable trois ans (en France, au Cameroun), conformément à l'art 2 al(H) de l'Accord de l'OMC sur les règles d'origine.

RENSEIGNEMENT TARIFAIRE CONTRAIGNANT(RTC) : décision délivrée par les autorités douanières compétentes d'un pays ou d'un territoire douanier en vue de classer une marchandise dans la nomenclature tarifaire en vigueur.

La position tarifaire est très importante pour déterminer les droits et taxes à payer et déclencher l'application des différentes mesures commerciales et des prohibitions.

C'est la forme de décision anticipée la plus couramment sollicitée en France. Sa validité est de six ans en France ; un an au Cameroun.

RENSEIGNEMENTS COMMERCIAUX : informations variées non confidentielles portant sur des entreprises (leur secteur d'activité) sur les produits (leur production, leur commercialisation) et détenues par des organismes publics et privés qui peuvent être communiquées au public.

RENVOI : décision d'un juge, d'une juridiction soit de transmettre une affaire à une autre juridiction, soit de reporter la tenue de l'audience à une date ultérieure.

RÉPARTITION (IMPÔT DE RÉPARTITION) : système s'opposant à l'impôt de quotité.

Dans ce système, le montant total que doit produire l'impôt est préalablement fixé. Ensuite, l'autorité chargée de collecter ledit produit procède à sa répartition entre les différents contribuables.

Ce système est difficilement applicable en douane.

RÉPÉTITION DE L'INDU : remboursement des droits non dus, acquittés sans fondement légal.

V. Remboursement de droits et taxes

REPORT D'ÉCHÉANCE : prorogation d'une échéance, décision de repousser la date d'échéance d'un engagement, d'une obligation.

REPOS COMPENSATEUR : période de congé, d'interruption légale de travail, accordé aux personnels douaniers d'active qui effectuent des services d'astreinte. Il est d'usage courant dans les corps militaires et paramilitaires.

RÉPRÉHENSIBLE : condamnable, réprimable.

REPRÉSENTATION EN DOUANE : notion introduite par l'article 74 du CDCR. Il s'agit d'une faculté ouverte aux entreprises pour désigner des mandataires ayant la responsabilité d'agir en leur nom et pour leur compte vis-à-vis de l'administration douanière. Le représentant doit être dûment habilité par son commettant, son mandant.

Le représentant doit être établi sur le territoire douanier de la CEMAC, article 74al2.

Le Code des Douanes de l'Union (Européenne) (CDU) a supprimé le Commissionnaire en Douane Agréé (CDA) et l'a remplacé par le Représentant en Douane Enregistré (RDE). Le RDE est la personne physique ou morale mandatée pour accomplir pour autrui les formalités douanières en vue du franchissement de la frontière en conformité avec la règlementation en vigueur. Il agit selon un mandat qui peut être direct (au nom et pour le compte d'autrui) ou indirect (pour le compte de son client, mais en accomplissant les opérations en son nom propre). Dans le cas du mandat direct, la dette douanière est due par l'importateur tandis que le mandat indirect implique une solidarité de cette dette entre le mandant et son mandataire.

Il joue un rôle d'intermédiaire entre son client et les autorités douanières.

Le CDCR a validé les deux professions, mais tarde à fournir des précisions sur la représentation en douane.

REPRISE (DROIT DE) : droit reconnu à l'administration douanière d'effectuer des contrôles dans la période non prescrite et de procéder au recouvrement des droits et taxes.

Prérogative par laquelle l'administration des douanes peut, par le moyen du contrôle, établir une imposition (primitive ou supplémentaire) en vue de corriger des insuffisances relevées dans les déclarations.

REQUÊTE : document rédigé par un usager pour formuler une demande en justice ou devant une administration.

Terme proche : requérant(e) : auteur de la demande

RÉQUISITION (ADMINISTRATIVE) : décision par laquelle l'administration contraint un particulier, une entreprise à lui céder un bien ou à fournir une prestation de service.

RÉQUISITIONS (TOUJOURS AU PLURIEL) : observations du ministère public dans une procédure judiciaire.

Elles expriment son point de vue et sa proposition en vue de l'orientation de la suite de l'affaire à travers une qualification et une sanction.

Terme proche : le réquisitoire.

RES PUBLICA : la chose publique, la république.

RESCISION (ACTION EN) : procédure intentée devant une juridiction pour déboucher sur le redressement ou l'annulation d'un acte juridique : par exemple un contrat. En tant que contrat, la transaction douanière définitive ne peut être redressée ou annulée que par une action en rescision. La rescision se fonde sur la lésion intervenue lors de la conclusion de la transaction douanière.

RESCRIT (FISCAL) : inspiré de la pratique anglo-saxonne du ruling, il permet aux autorités fiscales compétentes de fournir, sous certaines conditions, des consultations officielles à des contribuables. Il se rapproche de la décision anticipée ou des renseignements contraignants en douanes utilisés dans les services douaniers.

Le rescrit fiscal consiste pour un contribuable ou pour un investisseur (potentiel contribuable), à formuler une demande écrite (appuyée de tous les éléments d'appréciation utiles) à l'administration fiscale pour que celle-ci prenne formellement position préalablement à la réalisation d'une entreprise, sur une procédure existante, sur une question relative à l'application de la loi, sur les interprétations officielles de l'administration se rapportant à son activité.

La réponse de celle-ci est fiable. Elle confère à son bénéficiaire la garantie qu'elle ne pourra pas ultérieurement remettre en cause la situation fiscale qui lui avait été présentée, ou appliquer la procédure de l'abus de droit pendant une durée qu'elle fixe.

RÉSEAU DOUANIER DE LUTTE CONTRE LA FRAUDE en anglais **CUSTOMS ENFORCEMENT NETWORK (CEN)**

Réseau douanier mondial de lutte contre la fraude conçu et piloté par l'OMD, mis en œuvre par la voie de l'internet.

Il recueille de très nombreuses et variées données non normatives, relatives aux pratiques de fraude en tout genre et aux mesures qui sont prises pour lutter contre cette fraude, en provenance des pays du monde entier.

Il sert ainsi de répertoire des informations concernant la lutte contre la fraude douanière et la contrebande au plan mondial.

V. C.E.N

RÉSERVE FÉDÉRALE AMÉRICAINE : Banque centrale américaine.

RÉSERVES (DOUANIÈRES) : elles émergent généralement lors des vérifications douanières : contrôles immédiats, différés et a posteriori. Elles sont formulées par des redevables faisant l'objet de ces contrôles.

Elles consistent en des observations faisant écho à des constatations des services douaniers susceptibles de déboucher sur un contentieux douanier. Insérées dans des procès-verbaux de douanes qui établissent des constatations, elles peuvent soit constituer des réponses, soit contenir des réponses de fait ou de droit aux griefs relevés.

Sur un autre plan, la pratique des réserves est courante en matière d'opérations du commerce extérieur : assurances, transport... C'est ainsi qu'il arrive que le destinataire, le réceptionnaire ou le transporteur des marchandises constate des anomalies, des avaries sur celle-ci. Il est obligé de porter des réserves à l'effet d'atténuer ou d'exonérer sa responsabilité dans la procédure de réclamation qui va être déclenchée par le propriétaire des marchandises.

RÉSERVES (TRANSPORT) : constatations lors de la prise en charge, portant sur des déficits ainsi que des avaries. Elles visent la détermination ultérieure des responsabilités ou des exonérations de responsabilités.

RÉSERVES DE CHANGE : moyens en or et en devises dont disposent la banque centrale et l'État pour pouvoir faire face à leurs engagements dans les relations financières avec l'étranger.

RÉSIDENT : notion fiscale couramment utilisée par la règlementation des changes.

Personne physique dont la résidence principale ou habituelle dans un pays ou un territoire douanier (CEMAC) est supérieure à 6 mois ou à183 jours dans une année fiscale. Les personnes morales reçoivent comme résidence, le pays où elles sont immatriculées. Le résident est pris en compte dans les calculs de la balance des paiements.

La qualité de résident est indépendante de la nationalité. Le résident peut être un national ou un étranger à ce pays ou à ce territoire douanier. Le résident étranger est une personne physique résidente, mais ayant une nationalité autre que celle du pays d'implantation ou des pays constituant le territoire douanier d'implantation.

Les non-résidents sont constitués de ceux qui n'ont pas le lieu de leur principale implantation dans le pays ou le territoire douanier, même s'ils en possèdent la nationalité ou l'appartenance.

Cette notion pourrait être importante en douane pour l'examen des avantages douaniers : franchises, exonérations, admission temporaire…

RÉSILIATION (DE CONTRAT) : Annulation d'un contrat pour l'avenir, sans effet rétroactif.

RÉSOLUTION (DE CONTRAT) : sanction qui anéantit rétroactivement un contrat synallagmatique. C'est le cas dans une transaction douanière provisoire qui contient toujours une clause résolutoire. L'autorité déléguant ses pouvoirs peut mettre un terme à une transaction provisoire.

Terme proche : résolutoire (clause)

RESSOURCES DULÇAQUICOLES : richesses vivantes d'origine animale et végétale issues des milieux d'eau douce.

RESSOURCE NATURELLE : richesse provenant d'une source naturelle (sol, sous-sol, air, mer…) dont dispose un pays : uranium, cuivre, pétrole, gaz…

RESSOURCES FINANCIÈRES : moyens financiers.

RESSOURCES HALIEUTIQUES : richesses vivantes d'origine animale et végétale issues des milieux aquatiques marins ou dulçaquicoles (eau douce) exploitées par la pêche ou l'aquaculture.

RESSOURCES HUMAINES : personnes dotées de compétences pour traduire dans la réalité l'objet d'une organisation, d'une entreprise.

RESTITUTION (À L'EXPORTATION) : montant d'argent versé aux exportateurs à l'occasion de l'exportation de certains produits agricoles d'origine communautaire ou en libre pratique vers des pays tiers.

RESTRICTIONS DOUANIÈRES : Limitations prises par un État ou par une communauté et dont la mise en œuvre incombe aux services douaniers. Elles prennent diverses formes : interdictions, restrictions.

Restriction de circulation de marchandises : limitation imposée sur la mobilité de certaines marchandises communautaires dans les échanges intracommunautaires en raison de leur caractère sensible en considérant l'ordre public, la santé publique, la propriété intellectuelle…

Restriction de marchandises : limitation imposée pour l'exportation et l'importation de certaines marchandises ; exemple : approbation préalable d'une demande ; présentation préalable d'un permis…

Restriction quantitative : le principe de la libre circulation affirmé avec force par l'OMC n'autorise pas de restriction quantitative sauf pour des motifs de santé publique, de moralité publique, d'ordre public, de protection de la santé humaine, de la préservation des végétaux, de la protection des trésors culturels et de la propriété intellectuelle.

RETENUE DOUANIÈRE : art .109 CDCR, mesure administrative de placement sous surveillance étroite dans les services de douanes, si nécessaire dans des locaux gardés (mis à disposition par la police) visant une personne en cas de flagrant délit passible de peine d'emprisonnement. Elle se distingue de la garde à vue.

Elle s'achève en principe par une remise de l'intéressé au parquet.

Sa durée normale est de 24 heures, mais elle peut être prolongée à 48 heures sur autorisation du Procureur de la République et si les nécessités de l'enquête douanière le justifient.

RETENUE DOUANIÈRE DE MARCHANDISES CONTREFAISANTES : art 61 al4 CDCR mesure de surveillance particulière de la marchandise contrefaisante pouvant être déclenchée soit d'office par la douane soit à la suite d'une demande d'intervention du titulaire des droits.

Termes proches : rétention ; rétenteur : celui qui exerce le droit de rétention.

RETENUE DOUANIÈRE DE MARCHANDISES CONTREFAISANTES : art 61 al4 CDCR mesure de surveillance particulière de la marchandise contrefaisante pouvant être déclenchée soit d'office par la douane soit à la suite d'une demande d'intervention du titulaire des droits.

Termes proches : rétention ; rétenteur : celui qui exerce le droit de rétention.

RETENUE PRÉVENTIVE DES OBJETS AFFECTÉS À LA SÛRETÉ DES PÉNALITÉS : art 357 CDC V. TABLEAU DE CONCORDANCE mesure administrative prise à la suite d'une infraction douanière flagrante portant rétention du moyen de transport et des marchandises litigieuses qui ne sont pas susceptibles de confiscation.

Elle dure jusqu'à ce que le litige soit réglé ou qu'une caution ou une consignation du montant des pénalités soit déposée.

RETRAIT D'UN ACTE : annulation d'un acte administratif par son auteur avec un effet rétroactif. Exemple : retrait d'une autorisation.

RÉTROACTIF : caractère de ce qui produit des effets dans le passé. La non rétroactivité de la loi pénale a acquis de nos jours une valeur constitutionnelle.

Termes proches : rétroaction, rétroagir, rétroactivité.

REVIREMENT DE JURISPRUDENCE : par rapport à un point de droit donné, il y a revirement de jurisprudence lorsque le juge proclame un nouveau principe de solution, opposé à celui-ci qui existait jusque-là.

RGI : V. Règles Générales pour l'Interprétation du Système Harmonisé

RIB : V. Relevé d'identité Bancaire

RISQUE : « impact de l'incertitude sur les objectifs » norme ISO 31000 : 2010 in Jean-Paul LOUISOT : Gestion des risques, 2e édition, Afnor Éditions 2014, p.5.

Utilisé dans le monde professionnel et surtout dans le domaine des entreprises, il peut renvoyer à plusieurs acceptions : incertitude ; péril ; aléa ; vulnérabilité ; menace ; débouché défavorable d'une action ou d'une activité. Ce dernier est assimilé à une menace. Lorsque ce débouché est favorable, on parle alors d'opportunité.

On parle du risque pur lorsque la survenance d'un évènement aléatoire produit une perte pour l'entreprise. Par contre, quand un évènement peut entraîner soit une perte, soit un gain, on parlera de risques spéculatifs. Enfin, on parlera des risques mixtes lorsque leurs caractéristiques pourront être rangées dans les deux catégories.

Le risque assurable est « un risque pour lequel il existe un marché d'assurances, c'est-à-dire une offre (par des assureurs) et une demande (par des souscripteurs) in Jean-Paul LOUISOT : Gestion des risques, 2e édition, Afnor Éditions 2014, p.7.

V. Jean-Paul LOUISOT : Gestion des risques, 2e édition, Afnor Éditions 2014.

RISQUE : évènement futur et incertain, indépendant de la volonté de différents protagonistes du commerce pouvant mettre en péril l'existence d'une personne, d'une entreprise, affecter l'activité de tout agent économique ou même le déroulement d'une transaction commerciale.

Pour affronter les risques, il est judicieux de concevoir des outils facilitant leur analyse en vue de bâtir une politique permettant de les maîtriser et de les gérer. Il existe une typologie variée des risques.

Termes proches : Analyse des risques ; gestion des risques.

RISQUE COMMERCIAL : aléa entourant une transaction commerciale : le vendeur court un risque de non solvabilité ou de non-paiement de sa créance financière ou bien des retards de paiement. L'acheteur court le risque de non livraison ou de livraison de marchandises non conformes ou même avariées.

Pour se prémunir contre le risque d'insolvabilité, il faut choisir un instrument de paiement approprié.

RISQUE DE CHANGE : aléa né de la situation des cours du change pendant les délais contractuels de paiement convenus par les parties pour des opérations d'exportation et d'importation. On parle également du risque de transaction.

Des variations du cours du change peuvent affecter la compétitivité des produits et des entreprises. On parle alors du risque de perte de compétitivité.

On peut l'éviter en prenant une assurance contre le risque de change.

RISQUE DE CHANGE : incertitude planant sur la valeur d'une monnaie en raison des variations que pourrait connaître ultérieurement son taux de conversion.

RISQUE DE CRÉDIT : aléa exposant un établissement de crédit qui a consenti un crédit, à ne pas rentrer dans ses fonds.

RISQUE DOUANIER : pour la douane, aléa pouvant affecter le bon fonctionnement des services douaniers à la suite :

- d'une détention ou d'une circulation sans titre régulier des marchandises,
- d'une interprétation erronée de la législation douanière et/ou
- de l'application partielle ou de la non application de la législation dont l'administration des douanes a la charge de la mise en œuvre.

Pour les opérateurs du commerce extérieur, aléa pouvant affecter plus ou moins profondément et/ou durablement le bon fonctionnement de l'entreprise ou de l'organisation à la suite :

- d'une détention ou d'une circulation sans titre régulier des marchandises,
- d'une interprétation erronée ou approximative de la législation douanière et/ou
- de l'application partielle ou de la non application de la législation dont l'administration des douanes a la charge de la mise en œuvre.

RISQUE OPÉRATIONNEL : aléa pouvant ralentir ou bloquer le système de fonctionnement d'une entreprise : panne du système d'information, malversation financière, grève lourde… il est inhérent à toutes les formes d'organisations.

RISQUE PAYS : cette notion apparait après la nationalisation du Canal de Suez par Nasser dans les années 1956.

Il se rapporte à l'environnement général qui entoure la société globale : corruption, instabilité politique, maladies endémiques…

C'est un risque que mesurent particulièrement les organismes et agences de notation. Celles-ci expriment leur évaluation, soit par des lettres ABCD (COFACE), soit par des chiffres : de 1 à 7(OCDE) ou parfois avec des codes alphanumériques.

V. Agence de notation.

RISQUE POLITIQUE : aléa reposant sur l'ensemble des décisions, des évènements d'ordre politique, administratif, judiciaire au plan national, régional ou international qui peuvent impacter des transactions et relations commerciales et entrainer des pertes commerciales ou bouleverser l'existence d'une entreprise.

RISQUE SYSTÉMIQUE : aléa partant d'une unité, mais pouvant gagner tout le système.

RISQUES CRIMINELS (EN ENTREPRISE) : menaces malveillantes orientées vers l'entreprise : autour de son organisation, son personnel, sa réputation, sa notoriété, ses biens, ses droits de propriété intellectuelle…

- Ils se concrétisent à travers différents actes tels que :
- Les vols de brevets, vandalisme, sabotages et attaques des installations diverses : laboratoires, bureaux…
- Les kidnappings, prise d'otage, séquestration, violences sur les salariés
- Les atteintes à la réputation (qui est un puissant actif de l'entreprise constituant parfois l'essentiel de sa valeur.)
- Escroquerie économique et financière : falsification des données et cartes bancaires…
- La contrefaçon et le piratage,
- La corruption
- Les fuites d'informations
- Les attaques terroristes,
- La cybercriminalité et les vols d'identité
- La délinquance environnementale : l'écomafia, l'archéomafia, la zoomafia.

V. Alain JUILLET, Olivier HASSID, Mathieu PELLERIN : Gérer les risques criminels en entreprise, de Boeck professionnals, 2012.

RISTOURNE (Discount, Rebate) : réduction par le vendeur au profit d'un client, du prix d'une marchandise vendue. Elle est calculée sur l'ensemble des achats effectués pendant une année.

RIVERAIN : personne qui habite le long d'une route, d'une forêt, d'une voie, d'un rivage ou d'une rive, le long de la zone terrestre du rayon des douanes.

Art55 alinéa 3 CDC V. TABLEAU DE CONCORDANCE « les propriétaires riverains ne peuvent élever aucun obstacle au libre parcours des bords de la mer ou des fleuves et rivières pour la surveillance de la douane. »

En outre « le fait pour les riverains d'élever un obstacle ou de refuser de laisser passer les agents de douanes constitue une opposition à l'exercice des fonctions de ces agents. »

Les riverains de la zone terrestre de rayon des douanes sont soumis à des obligations douanières permanentes.

RO RO (roll-on/roll-off) : technique de chargement des navires basé sur la manutention horizontale différente de la manutention verticale développée par le système des portiques. Elle consiste à charger des navires rouliers par des camions.

Elle présente l'avantage majeur de pouvoir charger des navires même en l'absence d'équipements portuaires adéquats.

Navire utilisant cette technique de chargement/déchargement.

ROUBLE : unité monétaire de la Russie.

ROUND : cycle de négociation commerciale du GATT et de l'OMC ; exemple : Kennedy Round, Uruguay Round.

V. Cycle de négociation commerciale

ROUTE LÉGALE (DOUANIÈRE) : voie désignée par les autorités douanières d'un pays ou d'un territoire douanier en vue de l'acheminement des marchandises qui feront l'objet d'un suivi douanier étroit : exportation, importation, transit. Les voies offertes au choix des autorités sont nombreuses : voie ferrée, voie routière terrestre, voie d'air, voie d'eau, pipeline… La route légale s'impose aux opérateurs économiques, sauf dérogation expresse de l'autorité douanière.

ROYALTIES : sommes versées par une personne à une autre en rémunération de l'exploitation pour une période donnée d'un droit protégé par la propriété intellectuelle : une licence, un brevet, une marque, un modèle, une enseigne, un savoir-faire….

Somme payée à des sociétés de crédit–bail ou de leasing pour l'utilisation des biens en location-vente.

V. Redevances.

ROYAUME-UNI : Si Londres est la capitale de l'Angleterre, elle est aussi la capitale du Royaume-Uni. Ainsi, le Royaume-Uni désigne l'ensemble des quatre États qui le composent. Le Royaume-Uni est formé de quatre nations : l'Angleterre, l'Écosse, le Pays de Galles et l'Irlande du Nord. On parle en réalité de Royaume-Uni, de Grande-Bretagne et d'Irlande du Nord. Chaque composante du Royaume a sa capitale. La capitale de l'Angleterre est Londres. La capitale de l'Écosse s'appelle Édimbourg, celle du pays de Galles, Cardiff et celle de l'Irlande du Nord, Belfast. Ne pas la confondre avec l'Irlande, qui est un pays différent, une république parlementaire avec son propre drapeau. Sa capitale est Dublin.

Les citoyens du Royaume-Uni (anglais, écossais, gallois et nord-irlandais) sont tous Britanniques et possèdent le même passeport.

V. Angleterre et Grande-Bretagne

RSE : Responsabilité Sociétale des Entreprises ou Responsabilité Sociale des Entreprises.

La Commission Européenne la définit comme « l'intégration volontaire par les entreprises des préoccupations sociales et environnementales à leurs activités commerciales et leurs relations avec les parties prenantes. » C'est dire que la RSE est **la** concrétisation de l'engagement des entreprises aux enjeux du développement durable. Elle recommande aux entreprises le recours aux règles et méthodes permettant de sauvegarder un équilibre permanent entre la rentabilité et le développement le plus harmonieux possible, la société prise dans toutes ses composantes.

La norme ISO 26000, standard international, articule la RSE autour de sept axes majeurs :

1. la gouvernance de l'organisation
2. les droits de l'homme

3. les relations et conditions de travail

4. l'environnement

5. la loyauté des pratiques

6. les questions relatives aux consommateurs

7. les communautés et le développement local

RUPTURE DE CHARGE : transfert d'une marchandise d'un moyen de transport à un autre. Changement d'un mode de transport pour un autre.

Cette opération constitue un moment délicat pendant lequel surviennent beaucoup d'incidents, d'accidents et d'avaries et par conséquent beaucoup de dommages. Le conteneur connaît un taux de sinistre très faible.

RUPTURE DE LA CHAINE DE FROID : Fait de dégager un produit d'un milieu froid maintenu à une température donnée pour l'introduire dans un autre milieu ayant une température moins favorable que le premier milieu, en vue de sa conservation.

RUPTURE DE SCELLEMENT, DE SCELLES : destruction des plombs, des scellements ou des scellés fixés pour sécuriser des marchandises ou pour restreindre leur accès. Infraction sévèrement réprimée par l'art 466 CDCR.

S

SACHANT : personne interviewée pendant la réalisation d'une expertise, connaisseur, expert, mais pas savant.

V. sapiteur

SAISI : débiteur faisant l'objet d'une procédure de saisie.

SAISIE : procédure mise en œuvre par un huissier de justice qui permet à un créancier (saisissant) de mettre sous-main de justice les biens de son débiteur (saisi) en vue d'obtenir soit le paiement forcé de sa créance soit la conservation du bien en attendant l'issue d'une procédure judiciaire.

La saisie est une voie d'exécution : elle existe sous de nombreuses formes aux conditions et effets différents : certaines tendent à rendre indisponibles au profit du créancier des biens du débiteur et d'autres à faire vendre des biens du débiteur pour que le créancier se paie sur le prix.

SAISIE-ARRÊT : procédure qui permet à un créancier (le saisissant) de bloquer à son profit les sommes dues par une tierce personne (tiers saisi) à son débiteur (le saisi) dans le but de se faire payer sur lesdites sommes, à concurrence de son dû. Elle n'existe plus au Cameroun.

V. Saisie vente.

SAISIE À TIERS DÉTENTEUR : « Toute personne dépositaire, détentrice ou débitrice de sommes appartenant ou devant revenir à un redevable des droits et taxes de douane, des amendes prononcées ou des intérêts de retard et autres frais accessoires au recouvrement dont le recouvrement est garanti par le privilège du Trésor est tenue, sur demande qui lui en est faite sous forme de saisie à tiers détenteur, notifiée par le Directeur général des Douanes ou le Chef de Secteur compétent, de verser en lieu et place de ce redevable, les fonds qu'elle détient ou qu'elle doit à ce dernier, à concurrence des impositions dues. » Il convient de préciser que « la saisie à tiers détenteur ne peut être émise pour des créances qui font l'objet d'un contentieux pendant, à moins qu'une décision avec effet non suspensif ait déjà été rendue. » Circulaire n° 004/MINFI/DGD du 04 janvier 2018 précisant les modalités d'application de certaines dispositions de la loi n° 2017/021 du 20 décembre 2017 portant loi de finances de la République du Cameroun pour l'exercice 2018, p.21.

SAISIE ATTRIBUTION : elle a remplacé la saisie-arrêt (depuis le 1er janvier 1993 en France).

Elle offre à tout créancier muni d'un titre exécutoire constatant une créance exigible et liquide, la possibilité de faire saisir les sommes d'un tiers dues à son débiteur.

S'il n'a pas un titre exécutoire, il pourra passer par une saisie conservatoire pour rendre le solde du compte indisponible en attendant l'obtention du titre.

V. Avis à tiers détenteur (ATD)

SAISIE CONSERVATOIRE (en attendant l'exécution d'une obligation) : procédure qui permet de mettre sous-main de justice certains biens immobiliers corporels ou incorporels du débiteur et de les rendre ainsi indisponibles.

SAISIE CONTREFAÇON : procédure déclenchée par le titulaire lésé d'un droit protégé par la propriété intellectuelle (propriété littéraire, artistique ou industrielle) en vue :

- soit de faire constater la contrefaçon dont il se prétend victime (saisie descriptive),
- soit de faire saisir (et mettre de côté) les produits prétendus contrefaits (saisie réelle).

SAISIE DOUANIÈRE : elle diffère des autres formes de saisie. Elle ne nécessite pas de titre exécutoire préalable.

Elle est une prise de possession forcée, physique ou juridique des documents et/ou des marchandises par l'administration des douanes pour les rendre indisponibles, à la suite d'une violation d'une prohibition, de l'utilisation d'un faux, d'un acte de contrebande et/ou de contrefaçon.

Art 355 CDC « les objets saisis ou confisqués ne peuvent être revendiqués par les propriétaires. » V. TABLEAU DE CONCORDANCE

Les marchandises saisies ou à saisir doivent être passibles de confiscation. Les documents sont saisis en vue d'une utilisation future en tant que preuve.

Cette mesure a un caractère purement conservatoire pour ce qui concerne les marchandises. Elle permet de garder provisoirement ces marchandises qui pourront finalement :

- soit être confisquées au profit de l'État pour une aliénation prévue par la loi,
- soit être restituées au propriétaire après accomplissement des formalités prévues dans ces cas, notamment le paiement des droits et taxes éludés et les amendes y afférentes.

Termes proches et contraires : saisissant, saisissable, insaisissable, insaisissabilité.

SAISIE IMMOBILIÈRE : procédure qui permet à un créancier muni d'un titre exécutoire de faire mettre sous-main de justice un immeuble de son débiteur en vue de se faire payer sur le prix de la vente.

SAISIE MOBILIÈRE : expression générique pour désigner les saisies pratiquées sur un meuble (corporel ou incorporel). Elles peuvent avoir un caractère exécutoire ou conservatoire.

SAISINE : acte procédural qui permet à un justiciable de porter un litige devant une juridiction, de saisir la justice : la saisie d'un tribunal, d'un juge d'instruction.

SAISISANT (EN DOUANE) : agent qui effectue matériellement la saisie de la marchandise. Dans les services de contrôle a posteriori où il n'y a pas de marchandise à saisir physiquement, le saisissant est compris comme celui qui a effectivement détecté la fraude ou a pris une part importante et active (donc perceptible et évaluable) dans la recherche et la constatation de la fraude au cours d'un contrôle. Le fait de figurer dans l'équipe de mission ne suffit pas à conférer la qualité de saisissant, en matière de contentieux douanier répressif.

SALLE FORTE : salle fortifiée servant à conserver des fonds, à stocker des documents importants, des armes.

SALON : évènement commercial consistant en une exposition reposant sur une thématique : salon de l'agriculture, de l'automobile, des technologies, du matériel médical, du vin... Il est généralement organisé par des sociétés opérant dans le domaine et il vise à une cible spécifique composée essentiellement de professionnels et/ou des spécialistes.

C'est en cela que le salon diffère de la foire et de l'exposition-vente.

Exemple : il se tient au mois de février, depuis des années à ANGERS en France, le salon du végétal auquel prend part un demi-millier d'exposants originaires de nombreux pays. Il est centré sur quatre grandes catégories de visiteurs :

- les producteurs,
- la distribution spécialisée : jardinerie, fleuristes, grainetiers et grossistes,
- la distribution moderne : la grande distribution et les centrales d'achat,
- les services espaces verts et acheteurs de grands jardins publics et privés.

SAPITEUR : sachant, connaisseur ; il représente l'homme de l'art qui est sollicité pour donner un avis éclairé sur un sujet technique et particulièrement dans le secteur du bâtiment et de la Sécurité sociale. V. Sachant

SAUMURE : préparation faite d'eau salée utilisée dans les cuisines et l'industrie alimentaire. Elle permet la conservation des aliments : olives, viandes,…

SAUVEGARDE (MESURES DE) : Disposition prise par un ÉTAT ou une communauté en vue d'assurer sa défense commerciale en cas d'agression économique. Elle n'est pas de nature fiscale, mais commerciale. Elle se matérialise souvent par les barrières protectionnistes : interdictions, restrictions... Art 11, 12, 13,14 et15 CDC V. TABLEAU DE CONCORDANCE : clause prévue dans les Accords de l'OMC. Le CDC prévoit l'application des dispositions pour lutter contre les obstacles, entraves et libérer le commerce.

Elle peut être mise en œuvre par un État ou une union douanière qui se donne les moyens de lutter contre un phénomène économique qui met en péril son existence.

SAV : V. Service Après-Vente

SAVOIR–FAIRE (KNOW HOW) : tour de main ; touche particulière apportée par un créateur à la réalisation d'une œuvre ou d'un ouvrage. Il peut être exploité par son auteur ou cédé à un tiers en totale propriété ou en jouissance.

Il est protégé par le droit d'auteur.

SBAM(Salut-Bonjour-Aurevoir-Merci) : acronyme constituant une formule facile à retenir du marketing opérationnel et visant à développer des relations avec la clientèle, particulièrement dans le commerce extérieur.

SBF : V. Clause Sauf Bonne Fin.

SBLC: Stand By Letter of Credit.

SCELLEMENT DOUANIER (CUSTOMS SEAL) : dispositif apposé par les services douaniers dans le cadre de la mise en œuvre de certains régimes douaniers dont particulièrement le transit des marchandises conteneurisées. Il peut prendre la forme d'un plomb ou d'un cachet, art 466 alinéa e) CDCR.

Ce dispositif présente la garantie de ne pouvoir être utilisé qu'une seule fois. En outre, il porte un numéro de série unique. Le scellement apposé au départ doit être retrouvé intact à l'arrivée. Son altération ou sa rupture est constitutive d'une contravention douanière de troisième classe, CDCR art 466.

Il sert non seulement à identifier la marchandise, mais surtout à prévenir ou à révéler toute atteinte à l'intégrité des moyens de transport (conteneur, compartiment de chargement des moyens de transport : wagon, cales…) ou des emballages sur lesquels ils sont installés.

SCELLES (SEAL) : art 11 CDCR /364 CDC dispositif symbolique servant à rendre un bien, un document, une marchandise indisponible et à le mettre sous-main de justice.

Dans le transport international, pièce de métal ou d'autre matière comportant généralement un numéro de série unique permettant de sécuriser, mais surtout d'authentifier et de protéger l'intégrité des marchandises transportées. Il est très pratique dans le transport par conteneur.

V. Recommandation du Conseil concernant les systèmes de scellements douaniers utilisés dans les transports internationaux de marchandises, 1968.

SCHENGEN (ACCORD DE L'ESPACE) : Accord signé le 14 juin 1985 complété par la Convention d'application du 19 juin 1990 et instaurant un régime de libre circulation des personnes pour les citoyens des États signataires ou même des pays tiers.

V. Espace SCHENGEN

SCRIPTURAL : caractère de ce qui est fait par une écriture ; change scriptural, titre scriptural ; monnaie scripturale, qui est autre que les billets de banque et des pièces de monnaie.

SCM : V. Supply chain management

SECOND : second original : duplicata

Commandant en second d'une unité d'active : adjoint au commandant.

SECONDE MAIN : exprime un deuxième usage, une marchandise d'occasion, préalablement utilisée.

SECRET BANCAIRE : information confidentielle sur la situation des activités et comptes d'un client, détenue par un établissement bancaire dont la teneur ne doit pas être révélée à une tierce personne sauf à certaines autorités (justice, administration fiscale…) et sous certaines conditions.

Ces informations sont confidentielles lorsqu'elles portent sur des renseignements précis : montant d'un virement reçu, montant exact d'un crédit...

Elles sont non confidentielles lorsqu'elles sont d'ordre général, non ciblées : exemple : X client n'a pas de crédit dans nos livres ou n'a pas d'impayés à ce jour, X est très prudent…

SECRET DE FABRIQUE : procédé de transformation, de fabrication d'un bien, d'une marchandise comportant une originalité dont la teneur va rester cachée par son auteur ou par l'entreprise.

SECRET FISCAL : obligation qui incombe à un agent de l'administration fiscale ou douanière lui imposant de ne pas révéler des informations sur la situation des entreprises et leurs dirigeants qu'il a reçues dans le cadre et/ou à l'occasion de l'exercice de ses fonctions.

SECRET PROFESSIONNEL : obligation qui incombe à un travailleur, indépendant ou non, de garder confidentielles des informations dont il a eu connaissance dans le cadre de son travail ou à l'occasion de l'exercice de sa profession ou en raison de sa fonction. Il n'est pas opposable à certaines autorités (administration fiscale, justice…) sous certaines conditions.

SECTEUR D'ACTIVITÉS : branche d'activité ; activité principale dans laquelle exercent de nombreuses entreprises : secteur agricole, de l'élevage, du transport, de l'aviculture…

SECTION : subdivision retenue par le SH, la nomenclature douanière de désignation et de classification des marchandises, regroupant plusieurs chapitres.

Le SH comporte 21 sections selon une logique propre à cette convention : allant des marchandises du secteur primaire à celles très raffinées dont l'appréciation et le classement exigent beaucoup de compétences intellectuelles et professionnelles.

SÉCURITÉ (EN ENTREPRISE) : d'origine latine securitas. Garantie en vue d'assurer le bon déroulement technique d'une activité, protection des biens de l'entreprise contre certains aléas, risques ou même des accidents. Fonction très développée en entreprise depuis les années 1980.

V. Sûreté.

SÉCURITÉ ALIMENTAIRE : assurance offerte par les aliments vendus sur le marché et qui respectent des normes sanitaires, phytosanitaires nationales et internationales afin de préserver la santé des consommateurs.

Elle est promue aussi bien par les services publics que par les associations de protection des consommateurs.

SÉJOUR (DURÉE DE SÉJOUR DES MARCHANDISES) : durée accordée par la loi pour bénéficier d'un régime douanier : par exemple, l'entrepôt privé est accordé pour une durée de deux ans.

SEING (à lire comme sain/sein) signature.

Blanc-seing : carte blanche, chèque en blanc, mains libres, feu vert.

Contreseing : deuxième signature souvent nécessaire pour la validité de certains documents.

Sous seing privé (acte) : acte élaboré entre des parties, en dehors de la présence d'une autorité publique.

SELLERIE : activité consistant dans la fabrication ou le commerce des selles, des harnais, des coussins et autres garnitures pour s'asseoir sur une monture, dans une voiture… SH Chapitre 42

Terme proche : sellier : celui qui exerce cette activité.

SENTENCE ARBITRALE : verdict rendu par un arbitre ou un tribunal arbitral.

SERMENT : déclaration solennelle engageant celui qui la prononce à dire la vérité, à garantir la sincérité, à servir le malade, l'usager… avec abnégation, probité, dévouement...

Il peut revêtir différentes formes et produit des effets juridiques.

SERVICE APRÈS VENTE (SAV) : service de maintenance, d'entretien. Phase déterminante dans le processus de vente, de nos jours. Les entreprises lui accordent beaucoup d'importance en vue de fidéliser et d'accroître leur clientèle.

Il englobe de nombreuses opérations qui se situent après la vente, mais qui sont nécessaires à la pose, la maintenance, l'entretien, la réparation d'une machine.

De plus en plus, les acheteurs d'équipements importants semblent apprécier la qualité de ceux-ci à la valeur que le vendeur attache à son service après-vente.

SERVICES : prestations prenant une forme immatérielle en vue de la satisfaction de besoins individuels ou collectifs.

V. Accord général sur les services de l'OMC

SH : V. Système Harmonisé et de désignation et de codification des marchandises.

SH : Système Harmonisé.

V. Système Harmonisé de désignation et de codification des marchandises.

SHERRY : V. Xérès

SHIPCHANDLER : Anglicisme désignant un opérateur économique établi avec l'autorisation de la douane, dans un port et qui a pour profession habituelle de ravitailler les navires en produits alimentaires, en cordage, en carburant, en consommables…

SHIPPER : terme du transport maritime qui désigne le chargeur de la marchandise au point de départ, celui qui remet la marchandise au responsable de la prise en charge à bord du bateau (et plus généralement du moyen de transport). Il peut être différent de l'exportateur réel.

SHIPPING : terme d'origine anglaise qui renvoie à la profession de l'armateur.

SIÈGE SOCIAL : adresse du lieu d'implantation de la direction générale d'une société. Celle-ci est systématiquement indiquée dans les statuts.

SIGNATURE (MANUSCRITE) : mention manuscrite marquant la reconnaissance et l'approbation d'un document par son signataire.

On parle de signature admise pour désigner la signature habilitée,

Termes proches : signataire : celui qui appose sa signature.

Signataire apparent : dans le langage bancaire, c'est une personne dont la signature est imitée.

SIGNATURE ÉLECTRONIQUE (DÉMATERIALISEE) mention attestant la reconnaissance et l'approbation apposées sur un document par la voie électronique. Elle est soumise à un processus méticuleux de validation.

SIGNIFICATION : formalité par laquelle un huissier de justice sur l'initiative d'une partie notifie une décision de justice à l'autre partie.

SINCÉRITÉ (EXIGENCE DE) : elle n'est pas une notion purement juridique. Cette exigence du droit public financier provient des normes comptables et du droit des sociétés.

Cette sincérité s'appuie sur des connaissances techniques variées, des informations, des précisions, la clarté du législateur.

V. NDIFOUO Guy Innocent : Le principe de sincérité en droit public financier, thèse de Doctorat/Ph. D. Université de Douala 2015

SINE DIE : expression latine qui signifie sans fixer le jour : sans date déterminée ; ultérieurement.

Terme opposé : à une date précise.

SINE QUA NON : Expression latine qui signifie littéralement : sans quoi. Elle marque le caractère incontournable d'une condition, une nécessité sans laquelle une chose ne peut se réaliser.

SINISTRE : Événement généralement aléatoire ayant causé une perte matérielle, un dommage.

SIREN (SYSTÈME D'IDENTIFICATION DU RÉPERTOIRE DES ENTREPRISES) : numéro d'identifiant unique de chaque entreprise en France. Il se compose de 9 chiffres.

SIRET (SYSTÈME D'IDENTIFICATION DU RÉPERTOIRE DES ÉTABLISSEMENTS) : numéro permettant d'identifier chaque établissement, en France. Il se compose de 14 chiffres.

SLOT : espace utilisé pour placer un conteneur dans un navire porte-conteneurs.

Termes proches : Accord de partage de slots : convention par laquelle deux armateurs, transporteurs maritimes s'entendent pour s'attribuer mutuellement des slots dans leurs navires.

Cette pratique permet aux compagnies de proposer à leur clientèle plus de dessertes avec des rotations plus régulières. Elle pourrait accroître leurs responsabilités en douane au regard de la législation en matière de prohibitions notamment.

SOCIÉTÉ FINANCIÈRE INTERNATIONALE (SFI), en anglais **INTERNATIONAL FINANCE COOPERATION (IFC) :** Filiale de la BIRD (Banque Internationale de Reconstruction et du Développement) créée pour permettre au groupe Banque Mondiale de financer des entreprises privées dans les pays sous-développés.

Elle complète l'action de la BIRD en favorisant les investissements privés dans les pays développés.

La SFI compte 162 pays membres.

Son slogan : « réduire la pauvreté et améliorer la qualité de la vie »

SOCIÉTÉ HOLDING ou SOCIÉTÉ DE PORTE FEUILLE-HOLDING : Société n'exerçant aucune activité commerciale ou industrielle. Son but est d'acquérir les actions d'autres sociétés afin de prendre le contrôle de leurs activités.

SOCIÉTÉ MULTINATIONALE : groupe d'entreprises dotées de capitaux importants et installées dans plusieurs pays, mais ayant une direction unique.

SOCIÉTÉ DE JOINT-VENTURE : société de capital-risque dont l'objectif est de prendre des participations en capital dans les sociétés (en cours de création ou récemment créées) qui présentent un risque.

SOLDE : en marketing, technique commerciale de vente règlementée (variable selon les pays) dont le rôle et de désengorger les commerces tout en continuant de respecter le jeu de la concurrence. Elles couvrent généralement des périodes de l'année ainsi que des durées préalablement définies et sont soumises au double étiquetage…

Dans le domaine bancaire, le solde est ce qui se dégage quand on rapproche la situation de départ d'un compte et sa situation à un autre moment donné ou bien entre le débit et le crédit d'un compte à deux moments différents.

SOLDE COMMERCIAL : Indicateur du commerce international servant à mesurer la compétitivité économique d'un pays

Formule : Solde commercial =exportation – importation

V. déficit commercial

SOLIDARITÉ : propriété d'une obligation qui comporte en même temps deux créanciers ou deux débiteurs. Elle peut être active ou passive. Elle découle d'une stipulation expresse.

Art 394 CDC V. TABLEAU DE CONCORDANCE « les propriétaires des marchandises de fraude, ceux qui sont chargés de les importer ou de l'exporter, les intéressés à la fraude, les complices, les adhérents sont tous solidaires et contraignables par corps pour le paiement de l'amende, des sommes tenant lieu de confiscation et de dépens. »

Elle doit être prévue par la loi ; elle n'est pas décidée spontanément et unilatéralement par les agents de l'administration douanière.

V. Articles 1197 à 1216 du Code civil.

SOLIDARITÉ ACTIVE : qualité d'une créance qui met un obstacle à sa division. La solidarité entre créanciers d'un même débiteur donne la faculté à chacun des créanciers, à l'égard du même débiteur, de pouvoir réclamer à celui-ci le paiement intégral de ce qu'il doit à tous.

SOLIDARITÉ PASSIVE : qualité d'une dette qui met un obstacle à sa division. La solidarité entre débiteurs d'un même créancier donne la faculté au titulaire d'une créance à l'égard de plusieurs débiteurs de pouvoir en réclamer le paiement de l'intégralité de la dette à un, quelconque, de ses débiteurs.

SOLVABILITÉ : capacité à disposer de fonds suffisants pour pouvoir honorer ses engagements et payer ses dettes.

V. Soutenabilité

SOMMATION (D'HUISSIER) : acte juridique exprimant une injonction, un commandement.

SOMMIER (DE RÉGIME SUSPENSIF) : registre ou fichier informatique tracé pour suivre la prise en charge, l'évolution et l'apurement des marchandises placées dans lesdits régimes (entrepôt, transi…).

TCHAPA TCHOUAWOU : Vade-mecum du Chef de Bureau, du Chef de Secteur des Douanes, Alpha Print, 2003, p.62.

SOULEVER (UNE EXCEPTION) relever une anomalie, un incident ne permettant pas de poursuivre la procédure devant une juridiction.

SOUMISSION : engagement qu'une personne souscrit auprès de la douane pour accomplir un acte.

SOUMISSION CAUTIONNÉE : engagement souscrit par un redevable auprès de l'administration douanière et cautionné par une banque de premier ordre.

SOUMISSION CONTENTIEUSE : engagement souscrit par un redevable auprès de l'administration douanière et cautionné par un établissement de crédit de premier ordre garantissant ainsi le paiement des sommes dues si le litige qui les opposait venait à être tranché en faveur de l'administration.

Le dépôt de cette soumission contentieuse vise l'enlèvement des marchandises avant l'aboutissement d'un contentieux douanier déclenché, mais encore en cours de traitement.

SOUMISSIONNAIRE : personne ayant fait acte de candidature à un appel d'offres.

En douane : personne ayant souscrit généralement un engagement et particulièrement une soumission cautionnée.

SOURÇAGE (SOURÇING) : activité consistant à faciliter par l'internet, à travers de robustes bases de données, l'établissement des relations commerciales entre acteurs du commerce international : importateurs, exportateurs, fabricants étrangers…

Ainsi, ils pourraient nouer entre eux des relations d'affaires fructueuses et bénéfiques, en trouvant les meilleurs rapports qualité-prix à travers le monde, en s'informant en temps réel sur les innovations technologiques et scientifiques.

SOUS PALAN : Technique de manutention verticale utilisée par les navires pour charger et décharger des marchandises.

À l'arrivée du navire, le destinataire de la marchandise doit la récupérer à l'aplomb des crochets des palans le long du bord. On parle d'enlèvement sous palan, une facilité douanière.

Le bénéfice de ce précieux instrument de facilitation en douane génère un important gain de temps pour le redevable. La douane le subordonne généralement à des garanties juridiques à fournir préalablement par le bénéficiaire. Ce qui vise à décourager toute utilisation abusive.

SOUTE : espace aménagé dans un moyen de transport pour y classer ou recevoir des bagages.

Terme proche : bagage de soute.

SOUTENABILITÉ DE LA DETTE : notion aux contours imprécis ; qualité d'une dette qu'un État est capable de rembourser dans les conditions qui lui sont supportables au regard notamment du rapprochement du taux de croissance d'une part et du taux d'intérêt payé sur la dette d'autre part...

Cette notion se démarque de la solvabilité qui est essentiellement appliquée pour les entités privées.

V. solvabilité

SPG (SYSTÈME PRÉFÉRENTIEL GÉNÉRALISÉ) : V. Système de Préférences Généralisées.

STARIES (jours de planche) : Nombre de jours convenus, accordés par le fréteur à l'affréteur dans le contrat d'affrètement au voyage pour procéder au chargement des marchandises dans un navire.

Le dépassement de ce délai est soumis au paiement des pénalités, les surestaries. De même, lorsque le chargement s'achève plus tôt, l'affréteur doit recevoir une indemnité correspondant au temps non utilisé.

V. Surestaries

START UP : (à prononcer comme star top) entreprise débutante dans l'économie numérique.

STATISTIQUES DU COMMERCE EXTÉRIEUR : données retraçant les flux des échanges entre un pays et d'autres entités extérieures.

STEVEDORE : acconier ; terme anglais désignant une entreprise de manutention dans les ports de l'Atlantique, de la Manche et de la Mer du nord.

STIPULATION : clause figurant dans un contrat.

STOCK EXCHANGE : bourse de valeurs mobilières : ex Douala Stock Exchange.

STOCKAGE SOUS DOUANE : terme générique utilisé pour désigner les deux principales formes de stockage de marchandises sous la surveillance étroite de la douane. Il s'agit du stockage sous le régime douanier de l'entrepôt : public, privé, spécial et le stockage en magasin cale, magasin et aire de dédouanement (MAD) ou en magasin et aire de dédouanement extérieur (MADE).

STUPÉFIANT(S) : substance vénéneuse, psychotrope dont la consommation incontrôlée et le trafic sont punis par la loi : morphine, pavot, cannabis ; ...

SUBORNATION DE TÉMOIN : agissement illégal consistant à user des promesses, des présents, des pressions, des menaces, des voies de fait, des manœuvres diverses pour amener un témoin appelé à comparaitre dans une affaire en justice :

- soit à mentir par une déposition mensongère, une déclaration inventée et non fondée sur la vérité,
- soit à s'abstenir ou même à refuser de témoigner.

Cette manœuvre sévèrement sanctionnée constitue une entrave à la justice.

Termes proches : suborné ; suborneur.

SUBROGATION (DU C.D.A) : art 359 du CDC /art 425 du CDCR action par laquelle un C.D.A se substitue provisoirement à l'administration des douanes pour bénéficier du privilège de la douane dans ses modalités de recouvrement pour rentrer en possession des montants qu'il a acquittés au titre des droits, taxes ou amendes de douane pour le compte d'un tiers.

SUBROGATION DOUANIÈRE : mécanisme qui permet à un Commissionnaire en Douane Agréé (CDA), un commissionnaire des transports, un transporteur ou à un établissement de crédit de payer les droits, taxes ou amendes en douane pour le compte d'un redevable. Le payeur est autorisé par la loi à se substituer à la douane et à recourir aux privilèges reconnus à celle-ci pour se faire rembourser.

Art 359 al 1, CDC « les commissionnaires en douane agréés (CDA),les commissionnaires de transport, les transporteurs et les établissements bancaires qui ont acquitté pour un tiers de droits, taxes ou amendes de douane sont subrogés au privilège de la douane, quelles que soient les modalités de recouvrement observées par eux à l'égard de ce tiers. »

al 2 « toutefois, cette subrogation ne peut être en aucun cas opposée aux administrations des États membres. »

La subrogation peut être conventionnelle ou légale.

Termes proches : subroger : remplacer par subrogation,

subrogatif-subrogatoire : qui découle, provient d'une subrogation,

Subrogateur : créancier subrogé contre son débiteur,

Subrogeant : qui remplace par subrogation.

SUBVENTION À L'EXPORTATION : aide, versement en nature direct ou indirect, toute autre forme de soutien accordé localement par les pouvoirs publics d'un pays à des entreprises, à des producteurs ou même à une branche d'activité, de production pour affronter les marchés internationaux.

Jusqu'au cycle d'Uruguay (Round), les subventions à l'exportation étaient permises. Mais elles ont engendré des conflits et l'OMC les a règlementées.

SUBVENTIONS ET MESURES COMPENSATOIRES (Accord SMC) : L'Accord sur les subventions et les mesures conservatoires (SMC) fixe le cadre d'utilisation des mesures compensatoires pour lutter contre les produits importés subventionnés, source de menace pour l'économie nationale.

SUCCOMBER (DANS UN PROCES) : perdre le procès ; la partie qui succombe dans un procès est la partie qui perd le procès.

SUCCURSALE : structure commerciale déconcentrée dépourvue de personnalité morale distincte de celle de la société mère. Elle jouit d'une autonomie de gestion minimale.

Elle précède souvent la création d'une filiale. La loi exige dans l'OHADA à la maison-mère de procéder à la création d'une filiale après 3 ans.

SUI GENERIS : expression latine qui signifie « de son propre groupe » « d'un genre en soi » ou encore spécial, unique en son genre.

Elle est utilisée pour indiquer qu'une situation juridique, un acte, une institution, une organisation est spécifique, unique en son genre, ne se rattache pas à une catégorie juridique existante.

SUPPLY CHAIN MANAGEMENT (SCM) : GESTION DE LA CHAINE LOGISTIQUE (GCL) peut être considérée comme sa traduction en français. Le terme anglo-saxon résume un concept très vaste. Il peut se définir comme « l'ensemble des ressources, moyens, méthodes, outils et techniques destinés à piloter le plus efficacement possible la chaîne d'approvisionnement depuis le premier fournisseur jusqu'au client final. » Alain FERNADEZ.

La gestion de la chaine logistique peut également être comprise comme la gestion de l'ensemble des facteurs qui concourent à piloter avec le plus d'efficacité possible la chaine globale : de l'approvisionnement à la livraison d'un produit ou d'un service du fournisseur au consommateur final (en passant par le stockage, l'information, les transactions financières.) Ces facteurs englobent les moyens, les méthodes, les ressources, les outils et les techniques.

Le sigle SCM peut aussi désigner les nombreux logiciels qui facilitent la gestion quotidienne de la chaîne.

Le concept de supply chain management n'induit pas seulement une idée de gestion technique, de pilotage, mais davantage de coopération étroite entre les différents acteurs pour pouvoir parvenir à une maîtrise optimale des coûts et de la qualité. Ainsi il devient relativement aisé d'anticiper et de livrer le juste produit, à temps et où il faut.

SUPRANATIONALE : caractère de ce qui est situé au-dessus des institutions nationales. Le droit douanier de la CEMAC est un droit supra national au sein de la CEMAC.

SURESTARIES (DEMURRAGE) : pénalités supportées par l'affréteur lorsqu'il a débordé les jours de planche (ou staries) prévus par le contrat d'affrètement pour les opérations de chargement ou de déchargement du navire.

V. staries.

SÛRETÉ : garantie présentée par un débiteur à un créancier, sur décision de justice ou de source conventionnelle, pour l'assurer du recouvrement de sa créance.

SÛRETÉ (EN ENTREPRISE) : garantie, protection du patrimoine, du personnel des menaces criminelles et actes malveillants. Il s'agit d'évènements dont la survenance est liée à une intentionnalité manifeste de nuire. V. Sécurité.

Termes proches : sûreté portuaire et aéroportuaire.

V. Alain JUILLET, Olivier HASSID, Mathieu PELLERIN : Gérer les risques criminels en entreprise, de Boeck professionnals, 2012.

SURSEOIR : suspendre, différer, ajourner une décision, une action.

SURSIS : action de surseoir. Temps durant lequel on sursoit.

SURSIS (CONDAMNATION AVEC) : condamnation qui ne sera pas exécutée ; elle sera suspendue pendant la durée du sursis.

Mais pendant que le sursis court encore s'il arrive que le condamné commette un nouveau crime ou délit, le sursis sera suspendu et se transformera en peine prononcée pour la première condamnation puis la deuxième condamnation viendra s'ajouter.

Le CDC n'a pas prévu de sursis pour les délits douaniers. Donc, il l'a exclu. Par conséquent, les juges ne peuvent l'accorder.

SURSIS A EXÉCUTION : suspension de l'application d'une action, d'unc procédure.

SURSIS A STATUER : possibilité offerte ou imposée au juge par la loi, de suspendre le cours d'une instance en attendant une décision intermédiaire ou la réalisation d'une action ou d'un évènement.

Le sursis ne peut pas aboutir au dessaisissement du juge à l'expiration du délai de l'instance.

SURVEILLANCE DOUANIÈRE : contrôle mené par les autorités douanières, notamment par le corps d'active des douanes, en vue de s'assurer du respect de la règlementation. Elle est particulièrement renfoncée dans le rayon des douanes.

S.W.I.F.T (Society for World Interbank Financial Telecommunication) : réseau de messagerie électronique efficace et très rapide, utilisé par les banques pour envoyer et recevoir **en temps réel** des informations et instructions standardisées pour les paiements à l'international (mais pas des sommes). En 2014, 5,6 milliards de messages avaient été envoyés à travers SWIFT.

Le code SWIFT d'une banque est son code d'identification internationale alors que le code IBAN permet de repérer le compte bancaire d'une personne, d'un client.

Le système SPFS développé par la Banque centrale de Russie est un système de transferts de messages financiers comparable au SWIFT.

SYDONIA : **Sy**stème **D**oua**NI**er **A**utomatisé, créé par la CNUCED à l'origine comme logiciel statistique s'est imposé comme une application informatique pour la gestion automatique des opérations de dédouanement des marchandises. Son objectif général était de moderniser la douane pour favoriser le développement du commerce. Ses objectifs spécifiques sont entre autres d'assurer la fluidité du commerce licite, d'automatiser le calcul des droits et taxes, d'accroître l'efficacité des contrôles douaniers, la perception et la sécurisation des recettes douanières, l'application uniforme de la règlementation douanière. Elle s'est implantée dans 85 pays et traduite en 19 langues pour son utilisation.

Elle a servi aux douanes camerounaises du 01/01/2007 au 28/02/2020.

À compter du 1er avril 2020, elle a été remplacée au Cameroun par une autre application d'origine sud-coréenne dénommée CAMCIS (Cameroon customs information system.)

SYNALLAGMATIQUE (CONTRAT) : contrat dont les obligations sont réciproques et interdépendantes : exemples : la vente, le bail....

Il s'oppose au contrat unilatéral où une seule personne est obligée : exemple : le cautionnement, le prêt.

SYSTÈME DE PRÉFÉRENCES GÉNÉRALISÉES ou SYSTÈME PRÉFÉRENTIEL GÉNÉRALISÉ (SPG) en anglais **GENERALIZED SYSTEM OF PREFERENCES (GSP)**

Régime de concessions offertes unilatéralement par certains pays industrialisés (Australie, Bulgarie, Canada, États-Unis, Japon, Norvège, Nouvelle-Zélande, Suisse) et l'UE à des pays en développement.

En 1968, la CNUCED recommande la création d'un système de préférences généralisées tarifaire où les pays industrialisés accorderaient des préférences commerciales à tous les pays en développement : la suspension des droits de douane ou l'application de droits de douane réduits aux produits originaires des pays les plus pauvres. Les critères d'octroi du SPG aux pays varient selon les États qui accordent cette facilité : USA, UE...

C'est une dérogation majeure au principe de la clause de la nation la plus favorisée (du GATT puis de L'OMC), pour contribuer au développement des pays les plus pauvres.

SYSTÈME DE PRÉFÉRENCES GÉNÉRALISÉES (SPG) : version : CEE/ UE

En 1971, la Communauté Economique Européenne (CEE qui deviendra Union Européenne UE) met en place un instrument nouveau de politique commerciale : le **SPG** qui lui permet d'accorder aux pays bénéficiaires un accès en franchise des droits ou une réduction des droits aux produits importés dans son territoire douanier.

Elle propose trois régimes dans le SPG :

- le régime général qui concerne 176 pays et 6300 lignes tarifaires qui bénéficient soit d'une réduction des droits soit d'une franchise de droits à l'importation de ces marchandises sur le territoire douanier de l'UE.
- le régime SPG plus : l'UE accorde des bénéfices supplémentaires aux pays les plus vulnérables ayant ratifié et mis effectivement en œuvre des conventions essentielles dans les domaines du droit du travail, des droits de l'Homme, de l'environnement et de la bonne gouvernance.
- le régime PMA (Pays les Moins Avancés) aussi appelée initiative « tout sauf les armes » : admet en franchise des droits, tous les produits (sans quotas ni taxes) à l'exception des armes et des munitions à destination du territoire douanier de l'UE.

Il existe des régimes spéciaux comme le Régime spécial d'encouragement au développement durable et à la bonne gouvernance.

SYSTEME HARMONISE DE DÉSIGNATION ET DE CODIFICATION DES MARCHANDISES (SH) : convention internationale initiée par l'OMD.

Le SH définit une nomenclature à 06 chiffres pour classer des marchandises à des fins douanières ainsi que des Règles Générales d'Interprétation (RGI) et des notes pour expliquer le classement (NESH). Il est entré en vigueur le 01/01/1988.

L'OMD : procède à des retouches périodiques (tous les 05 ans) pour tenir compte des innovations technologiques et scientifiques et pour intégrer des modifications d'origines diverses. La plus récente est entrée en vigueur le 1er janvier 2022.

Le SH a inspiré les nomenclatures douanières de nombreux pays et de nombreuses communautés économiques et douanières.

Le Tarif de douane national publié par un pays membre d'une union douanière ou d'une union douanière ne doit pas fournir à cet État membre un prétexte pour violer les classements du SH et/ou les taux du TEC énoncés par le Tarif de douane communautaire.

SYSTÈME MONÉTAIRE INTERNATIONAL : ensemble des conventions, règles et institutions qui permettent le déroulement harmonieux des échanges internationaux.

T

TANKER : Navire citerne spécialisé dans le transport du pétrole.

Terme proche : mot anglais *tank* qui signifie réservoir

TARE (D'UN CONTENEUR) : poids du conteneur vide. Il varie selon les modèles et les tailles.

Un conteneur standard de 20' (pieds) a une tare de 2T500. Celui de 40' (pieds) a une tare de 4T500.

Un conteneur standard de 20' aura une charge utile de 18 tonnes chargeables sur 10 palettes. Elle sera de 23 à 25 tonnes chargeables sur 20 palettes, pour un conteneur de 40'.

TARIC : Tarif des douanes de l'Union Européenne (U.E) composé de 10 chiffres. Il est une partie de la Nomenclature Combinée (NC) constituée de huit chiffres. Son rôle est de déterminer le taux du droit de douane et la règlementation applicables à une marchandise lors de l'importation d'un produit d'un pays tiers (i.e. non membre de l'UE.)

V. Nomenclature Combinée (N.C.)

TARIF : en matière douanière, ce terme revêt généralement un double sens :

1) Nomenclature des marchandises
2) **T**aux du droit de douane à l'importation : « À l'importation, le tarif des douanes est constitué du droit de douane. » article 6 CDCR

L'acronyme GATT en donne une idée : General Agreement on Tariffs and Trade ; « tariffs » renvoie au taux du droit de douane.

Le droit de douane constitue la base d'appréciation des tarifs douaniers. Les tarifs sont dits élevés lorsque le droit de douane l'est également.

Dans la CEMAC, le droit de douane est déterminé en fonction de l'affectation de la marchandise à l'une des quatre catégories prévues à cet effet. : 5, 10, 20 et 30 %.

V. Catégories tarifaires

TARIF DE DOUANE : nomenclature servant au classement des marchandises. La meilleure illustration des temps modernes en est le Système Harmonisé de désignation et de codification des marchandises (SH). Il est utilisé par une très large majorité des États au monde.

D'après le SH, les marchandises sont répertoriées selon une certaine logique (type, caractéristiques extérieures, fonctionnelles, la composition…), des Règles Générales d'Interprétation (RGI) et des Notes Explicatives du Système Harmonisé (NESH).

Le SH est subdivisé en sections, chapitres, positions et sous-positions.

Chaque territoire douanier utilise un Tarif de douane applicable pour les besoins de son commerce extérieur.

Les tarifs de douane en service dans différents pays et territoires douaniers à travers le monde sont très largement inspirés par le SH.

Le Tarif de douane juxtapose généralement une désignation de la marchandise et une indication du taux des droits et taxes pour chaque sous-position tarifaire. Ces deux attributs font de lui un précieux instrument de collecte des statistiques du commerce extérieur.

Le Tarif de douane national publié par un pays membre d'une union douanière ou d'une union économique ne doit pas fournir à cet État membre un prétexte pour violer les classements du SH et/ou les taux du TEC énoncés par le Tarif de douane communautaire.

TARIF EXTÉRIEUR COMMUN (TEC) : dans une union douanière ou une communauté économique, il est l'équivalent du droit de douane ou du droit d'entrée. Dans un État non membre d'une union douanière ou d'une communauté économique, celui-ci peut fixer librement son taux. Mais il en va autrement dans une communauté.

La fixation de son taux est du ressort de la communauté ou de l'union. Dans la CEMAC, cette compétence est attribuée au Conseil des ministres de l'UEAC.

L'art 10 du CDCR précise que « le pouvoir de légiférer en matière de droit et taxe à l'importation est exercé par le Conseil des ministres de l'UEAC. » Ainsi le taux de TEC adopté s'impose et s'applique rigoureusement à l'ensemble des membres.

Toute modification unilatérale du TEC par un État membre constitue une violation grave de la législation communautaire.

V. Droit de Douane

TARIF PRÉFÉRENTIEL (TP) : taux nul, bas ou normal s'appliquant aux échanges de marchandises couvertes par un document attestant de leur origine, entre États constituant une zone de libre-échange, une union douanière ou une communauté économique.

TARIF PRÉFÉRENTIEL GÉNÉRALISÉ (TPG) : institué par l'Acte n° 7/93-UDEAC-556-CD-SE1 du 21 juin 1993. Taxe à laquelle sont soumis les produits fabriqués et commercialisés dans les pays membres d'une même une zone communautaire donnée. Son taux est relativement faible, ce qui oriente la consommation vers les produits communautaires et participe ainsi à la promotion des échanges intracommunautaires.

Ce taux indexé au droit de douane ne dépasse guère 20 % du TEC figurant dans le Tarif des douanes pratiqué à l'occasion de l'importation des produits semblables en provenance des pays tiers.

TAUX DE COUVERTURE EXPORTATION/IMPORTATION : Rapport des exportations sur les importations. Ce ratio pourrait s'appliquer à certains produits ciblés.

Cet indicateur permet d'apprécier le niveau d'indépendance économique d'un pays.

TAXATION D'OFFICE : mode de taxation reconnue à l'administration douanière en vue d'effectuer d'autorité des impositions unilatérales basées sur ses seules informations en lieu et place des déclarations des redevables. Elle intervient généralement en cas de mauvaise foi ou de défaillance du redevable. Elle se concrétise par une liquidation d'office.

TAXE : somme perçue à l'occasion de la fourniture d'un service. Elle est une rétribution. Elle comporte une dimension rétributive. Elle diffère essentiellement de l'impôt en ce que ce dernier est perçu sans contrepartie. Il est une contribution. Sa dimension contributive est indéniable. Leur régime juridique diffère. Mais couramment, les deux termes sont utilisés sans différenciation. Ce qui crée une ambiguïté.

V. Michel BOUVIER : Introduction au droit fiscal général et à la théorie de l'impôt 3e édition, LGDJ, 2000, p. 23.

TAXE (DE DOUANE–TAXE DOUANIÈRE) : terme générique qui désigne toutes les impositions obligatoires exigibles par les services douaniers. Elles sont nombreuses et varient d'un pays à l'autre.

Mais stricto sensu, le droit de douane est la taxe de douane par excellence et doit être séparé des autres taxes que l'administration douanière pourrait être amenée à recouvrer.

TAXE AD VALOREM : taxe calculée sur une proportion de la valeur ; ici la taxation est réalisée par l'application d'un pourcentage sur la valeur en douane de la marchandise.

TAXE COMMUNAUTAIRE D'INTÉGRATION (TCI) : taxe d'affectation créée au Cameroun par la loi de Finances 2003 ; prélèvement à effectuer par chaque État membre sur les importations pour alimenter le Fonds de Développement (de la CEMAC) qui a pour mission de financer les projets intégrateurs et compenser les pertes de recettes.

V. Contribution Communautaire d'Intégration (CCI) et Contribution d'Intégration Africaine (CIA)

TAXE D'EFFET ÉQUIVALENT : cette notion intervient généralement dans les zones de libre-échange, les communautés économiques et les unions douanières. En effet, les membres ont conventionnellement adopté la suppression de l'imposition des marchandises faisant l'objet des échanges entre eux. Ils ne souhaitent pas voir créer des taxations déguisées, camouflées (d'apparences différentes du droit de douane par leurs appellations et même leur objet officiel), mais dont la finalité est de générer des recettes et donc de produire les mêmes effets que les droits de douane.

TAXE SPÉCIFIQUE : taxe dont le prélèvement est fondé sur une référence : une quantité, un poids, un nombre… Cette référence est aussi appelée unité complémentaire.

TCI : V. Taxe Communautaire d'Intégration

TEC : V. Tarif Extérieur Commun

TECHNIQUE DE PAIEMENT : modalité utilisée pour la réalisation du paiement : encaissement, escompte, contre remboursement, remise et crédit documentaires.

V. moyen de paiement

TECHNOLOGIE À DOUBLE USAGE : technologie utilisable à la fois à des fins civiles et militaires.

TÉLÉPAIEMENT : paiement effectué par la voie électronique.

TÉMOIGNAGE : art 1347 Cc : déclaration par laquelle un tiers atteste de l'existence d'un acte ou d'un fait dont il a eu directement connaissance, par ses sens propres : il a vu, entendu, touché, senti, il a dit…

Le témoignage peut aussi être indirect dans le cas où un tiers rapporterait les propos tenus en sa présence par une personne. Il est une preuve par commune renommée. Cette dernière n'est pas généralement admise devant les juridictions.

TÉMOIN : auteur d'un témoignage, devant l'administration des douanes ou le tribunal, qui tend à prouver la culpabilité (témoin à charge) ou l'innocence (témoin à décharge) d'un prévenu. Son rôle est d'infirmer ou de confirmer l'accusation.

TENTATIVE (D'INFRACTION DOUANIÈRE) art 359 CDCR alinéa 1 « l'infraction douanière s'entend de toute violation ou tentative de violation de la législation douanière »

Le CDCR exclut du champ de la punition, la tentative en matière contraventionnelle. Par contre, il rend la tentative délictuelle punissable.

La tentative de délit douanier se caractérise par un début d'exécution, art 396 CDC : « toute tentative de délit douanier est considérée comme le délit même. »

TERME : délai, durée, échéance.

TERMES DE L'ÉCHANGE : rapport entre l'indice du prix des exportations et celui des importations au cours d'une période donnée. Cette comparaison peut concerner un produit donné ou une économie.

Ce ratio est très pertinent pour apprécier l'avantage tiré par un État ou un groupe d'États des relations commerciales avec ses partenaires étrangers.

Lorsque ce rapport lui est déficitaire, on parle d'une détérioration des termes de l'échange qui révèle une faiblesse de la compétitivité-prix.

V. Compétitivité

TERRITOIRE DOUANIER : Espace sur lequel s'applique la loi douanière. Il diffère selon qu'il s'agit d'un État ou d'un groupe d'États rassemblés dans une union douanière ou une communauté économique.

Pour un État, cet espace épouse intégralement les contours de son territoire. Le droit douanier qui y sera appliqué sera essentiellement national. À titre d'exemple, « Le territoire douanier comprend le territoire de la République Démocratique du Congo, y compris ses eaux territoriales et son espace aérien » article 3 du Code des Douanes de la RD Congo.

Pour une union douanière ou une communauté économique, le territoire douanier est formé par l'ensemble des territoires des différents États membres, abstraction faite des frontières communes existant entre ceux-ci. Le droit douanier qui y sera appliqué sera supranational.

TERRITOIRE DOUANIER DE LA CEMAC : L'art 2 al2 CDCR indique que « le territoire douanier de la CEMAC comprend les territoires de la République du Cameroun, République centrafricaine, République du Congo, République du Gabon, République de Guinée Équatoriale, République du Tchad, abstraction faite des frontières communes à ces États lorsqu'ils sont limitrophes. »

En fait, le CDCR indique que le territoire douanier de la CEMAC est la superficie globale des six États qui composent l'entité juridique dénommée CEMAC, en faisant fi des frontières communes internes. Cette superficie forme désormais un seul territoire et non plus six.

Ainsi le territoire douanier de la CEMAC est délimité au nord par la Lybie, à l'est par le Soudan et le Soudan du Sud, au sud par RD Congo et l'Angola et à l'ouest par le Niger, le Nigéria et l'Océan Atlantique.

TERRITOIRE NATIONAL : Espace constituant le territoire de souveraineté d'un État.

« Espace commercial, économique et géographique délimité par les frontières terrestres, maritimes et aériennes du Cameroun y compris les navires et aéronefs immatriculés en République du Cameroun » art. 5 de la loi 2016/004 du 18 avril 2016 régissant le commerce extérieur au Cameroun.

TEU (TWENTY FEET EQUIVALENT UNIT) : indicateur permettant de mesurer et d'exprimer la capacité de chargement, de transport d'un porte-conteneurs ou la capacité d'accueil d'un port.

Cet indicateur permet d'envisager les possibilités de rotation des marchandises, des conteneurs, des porte-conteneurs ainsi que les ports qui les reçoivent.

V. EVP

THÉMIS : déesse grecque de la justice.

THINK TANK : expression d'origine anglaise signifiant littéralement réservoir d'idées. Cellule indépendante de réflexion et sans but lucratif, regroupant des professionnels et/ou des chercheurs, des experts pour organiser des réunions, produire des travaux de réflexion (études, rapports, plaidoyers…) sur divers sujets : politique, économie, technologie, environnement…

Ils sont souvent critiqués pour leur manque d'indépendance, leurs déviations idéologiques, leur méthodologie…

Termes proches : « brain box », « think factory ».

TIERCE OPPOSITION : opposition exercée par une personne contre un jugement alors qu'elle n'était ni partie au procès ni représentée. Elle permet ainsi d'attaquer une décision qui lui porte préjudice en vue d'obtenir qu'elle ne lui soit pas applicable.

TIERS : personne qui intervient dans une relation contractuelle sur ordre ou pour le compte de l'une des parties, alors qu'elle n'est pas partie prenante dans ce contrat.

En matière douanière : personne mandatée par une autre (pour le compte du mandant) pour traiter directement avec la douane dans les domaines de l'importation, de l'exportation, de l'acheminement ou du stockage des marchandises.

V. Annexe générale, Chapitre 2 de la CKR.

TIERS BÉNÉFICIAIRE : personne différente des parties prenantes à un contrat, ou à une transaction bénéficiant pourtant des effets juridiques dudit contrat ou de ladite transaction.

TIERS DÉTENTEUR :

V. Avis à Tiers Détenteur (ATD) et saisie à tiers détenteur.

TIERS MONDE : ensemble des pays en développement.

Terme proche : tiers-mondiste : qui se rattache au tiers monde.

TIERS SAISI : Personne, différente du débiteur, entre les mains de laquelle va être pratiquée une saisie fondée sur une créance due à ce débiteur pour le compte d'un créancier dudit débiteur.

TIMBRAGE : procédé consistant à apposer des étiquettes sur les marchandises en vue de porter certaines informations à l'attention du public et des autorités en charge des contrôles. Il peut s'agir des dates de péremption, de la destination des marchandises… Il en est quasiment de même pour le marquage et l'estampillage. Il en va autrement des timbres et des vignettes.

V. Vignette.

TIME RELEASE STUDY (TRS) en français TEMPS NÉCESSAIRE POUR LA MAINLEVÉE (TNM) : c'est un outil stratégique de facilitation frontalière au service des administrations de douane pour mesurer avec le plus de précision possible le temps mis pour accomplir les formalités de dédouanement de l'arrivée du moyen de transport (navire notamment) à la mainlevée effective accordée à la marchandise. Il permet de mettre en évidence les goulots d'étranglement et de les trancher pour fluidifier le déploiement de procédures du commerce extérieur.

L'étude de TRS permet de mesurer la pertinence et l'efficacité des procédures opérationnelles mises en place par les administrations douanières et autres organismes règlementaires en vue du traitement normalisé des importations, des exportations et du transit des marchandises.

TRS se rattache à l'article 7.6 de l'AFE qui demande à ses signataires de mesurer et de publier le temps moyen nécessaire à la mainlevée des marchandises.

De plus en plus, cet outil qui gagne du terrain sur le plan international est recommandé pour une mise en œuvre efficace de l'AFE.

L'OMD propose à ce sujet un guide et un logiciel disponibles sur le site Web des membres de l'OMD.

V. "Guide to Measure the Time required for the Release of Goods (Version 3)"

T.I.R (TRANSIT INTERNATIONAL PAR ROUTE / TRANSIT INTERNATIONAL ROUTIER) : régime douanier résultant d'une convention internationale signée à Genève en 1975.

Il est un régime de transport des marchandises permettant à un ensemble routier scellé, de franchir des frontières d'un ou de plusieurs États signataires sans paiement de droits et de taxes de douane. Il doit respecter un itinéraire et un délai prédéterminés, sous le couvert d'un carnet cautionné et visé par les autorités douanières.

TIRANT D'EAU (OU CALAISON) : « distance verticale entre la ligne de flottaison et le dessous de la quille. » Patrick MIANI, Nadine VENTURELLI : transports logistique, Le Génie Editeur, 2021, p102.

TITRE À ORDRE (B/L) : titre cessible, transmissible par endossement par un créancier à une autre personne.

TITRE ALCOOMETRIQUE VOLUMIQUE (TAV) : on parle aussi de degré alcoolique ou du degré d'alcool. En fait il s'agit de la proportion d'alcool dans une boisson. Le T.A.V mesure la proportion d'alcool dans une boisson. Il exprime le rapport entre le volume d'alcool (éthanol) contenu dans le mélange et le volume total de ce mélange, à la température de 20°C. Ce titre est systématiquement décliné sur les contenants de boissons alcoolisées et/ou alcooliques.

V. Chapitre 22 (22.07 et 22.08) du Tarif des Douanes de la CEMAC.

TITRE DE TRANSIT : document utilisé dans le cadre du transit communautaire pour confirmer la couverture de la marchandise par le régime du transit.

TITRE DE TRANSPORT : document conférant à son titulaire le droit d'emprunter un moyen de transport : passeport.

TITRE EXÉCUTOIRE : document revêtu de la formule exécutoire par une autorité qualifiée rendant une créance exigible. Il ouvre à un créancier le droit de recourir à un huissier de justice et à la force publique, le cas échéant, pour procéder au recouvrement d'une créance ou à l'exécution forcée d'une obligation.

L'art L.111-3e du Code de procédure civile français fournit une liste limitative :

- les décisions juridictionnelles (de l'ordre judiciaire, de l'ordre administratif) ayant force exécutoire,
- les actes et jugements d'origine étrangère ainsi que les sentences arbitrales déclarées exécutoires par une décision définitive,

- les extraits de P.V de conciliation signés par le juge et les parties,
- les actes notariés revêtus de la formule de non-paiement d'un chèque,
- les titres délivrés par les personnes morales de droit public qualifiées pour le recouvrement des recettes de nature fiscale.

L'objet d'un titre exécutoire est de rendre une créance certaine, liquide et exigible. Ce titre doit indiquer les bases du calcul de la dette, préciser la qualité du débiteur et porter la signature de son auteur.

Selon l'article 33 de l'Acte Uniforme OHADA portant organisation des procédures simplifiées de recouvrement et des voies d'exécution.

Constituent des titres exécutoires :

1) les décisions juridictionnelles revêtues de la formule exécutoire et celles qui sont exécutoires sur minute ;

2) les actes et décisions juridictionnelles étrangers ainsi que les sentences arbitrales déclarées exécutoires par une décision juridictionnelle, non susceptibles de recours suspensif d'exécution, de l'État dans lequel ce titre est invoqué ;

3) les procès-verbaux de conciliation signés par le juge et les parties ;

4) les actes notariés revêtus de la formule exécutoire ;

5) les décisions auxquelles la loi nationale de chaque État partie attache les effets d'une décision judiciaire.

Selon ces indications, les procès-verbaux de douanes ou les correspondances de la hiérarchie douanière ne sont pas des actes exécutoires pouvant rendre une créance certaine, liquide et exigible. Par contre, il n'en est pas de même de la contrainte douanière et de l'avis de mise en recouvrement (AMR) qui pourraient être considérés comme des titres exécutoires.

TITRE NÉGOCIABLE : titre transmissible.

TITRE NOMINATIF (B/L) : titre dont le bénéficiaire est nommément désigné ; titre portant déjà le nom du bénéficiaire. Il n'est pas négociable, pas cessible à une tierce personne.

TOKYO ROUND : cycle de négociations du GATT qui s'est déroulé de 1973 à 1979. Il s'est particulièrement penché sur le principe de réduction des mesures tarifaires et l'observation de la montée des mesures non tarifaires dans les échanges internationaux.

TONNE MÉTRIQUE : unité valant mille kilogrammes. Cette mesure est utilisée pour évaluer le prix du transport des marchandises acheminées par bateau. Les Anglais ont recours au « short ton » valant 500 kilogrammes et le « long ton », 1016 kilogrammes.

TONNEAU : unité internationale de jauge des navires valant 2,83 mètres cubes.

TPE : Très Petite Entreprise.

TPG : V. Tarif Préférentiel Généralisé.

TRACFIN (TRAITEMENT DU RENSEIGNEMENT ET ACTION CONTRE LES CIRCUITS FINANCIERS CLANDESTINS) : Organisme public créé en 1990 auprès du ministère de l'Économie en France en vue de lutter contre la fraude fiscale, le blanchiment des capitaux et le financement du terrorisme par le traitement des informations financières afin de déceler des circuits de flux financiers illicites. Il collabore étroitement avec les banques et le GAFI. Ses moyens d'action juridiques sont : le droit de communication, le droit de consultation, le droit d'opposition et le droit d'échange des renseignements.

V. ANIF

TRACING : sur un plan logistique, c'est le fait d'assurer le monitoring des différentes étapes par lesquelles passe une commande.

TRACKING : fait de suivre à la fois les mouvements physiques des envois et les flux d'informations qu'ils génèrent.

TRADER : négociant. Négociant opérant sur un marché financier règlementé ou de gré à gré.

TRADING : Activité qu'exerce le trader.

TRAFIC D'ARMES : on parle couramment du trafic d'armes pour désigner le commerce de fourniture d'armes et de munitions généralement destinées à des groupes armés ou à des États en guerre en violation des règles internationales, communautaires ou spécifiques. Exemple : l'interdiction des mines anti personnelles, des embargos… Il se décline essentiellement sous deux formes :

- le trafic d'armes à feu neuves : il porte sur les armes à feu légères (du pistolet à la mitrailleuse), les mines et les produits utilisés dans la guerre non conventionnelle : éléments chimiques, nucléaire…

- le trafic d'armes d'occasion : en plus des armes d'occasion citées plus haut il faut intégrer les véhicules : blindés, légers, les bateaux et les avions.

Le rapport Small Arms Survey de 2001 indiquait qu'une quinzaine d'armes était produite par minute dans le monde. Cette estimation fournit à suffisance, avec le développement prodigieux de la science et la technologie, une projection sur la possible circulation illicite des armes à travers le monde.

Cette représentation, même approximative, devrait rendre les contrôles douaniers très souvent perçus comme tracassiers, plus admissibles et plus tolérables, surtout dans les pays en développement où les moyens techniques et technologiques dédiés aux contrôles des marchandises sont manifestement insuffisants ou inexistants pour le faire.

TRAFIC DE STUPÉFIANTS : terme générique englobant de nombreuses infractions (délits et crimes) portant sur les stupéfiants : transport, détention, offre, acquisition, cession-vente, importation/exportation, utilisation des fonds illicites provenant de ce trafic (blanchiment), organisation de regroupements de trafiquants…

TRAFIC FRONTALIER : Échanges (exportation/importation) effectués par des frontaliers, habitant deux zones frontières adjacentes, contigües (entre deux pays limitrophes partageant une frontière contiguë : exemple : Cameroun – Nigeria).

V. Annexes B.8 et D de la Convention d'Istanbul ; Annexe F.3 de la CK de 1974 et l'Annexe spécifique J, Chapitre 1 de la CKR.

TRAMP : embarcation, navire n'assurant pas la desserte régulière de lignes maritimes, mais se déplaçant au gré des propositions de fret qui lui sont adressées.

TRAMPING : Transport du fret par voie maritime, à la demande, effectué par une embarcation qui se déplace sans destination fixe.

Cette recherche d'opportunités de fret pourrait inciter le navire à des activités illicites (fraude, contrebande) et suscite souvent une surveillance particulière des services douaniers.

TRANSACTION DOUANIÈRE (COMPROMISE SETTLEMENT) : Le Code civil (art 2044 et suivants) entend la transaction comme un contrat, une convention, une entente écrite que deux parties dressent pour clôturer une contestation, un litige ou même les prévenir.

Pour l'article 390 alinéa 2 CDCR, la transaction douanière est une « convention par laquelle la douane, agissant dans la limite de sa compétence, renonce à poursuivre l'infraction douanière pour autant que la ou les personnes impliquées se conforment à certaines conditions. »

En d'autres termes, elle est un accord que l'administration des douanes conclut avec un redevable qui a commis une infraction douanière pour la réprimer et clôturer administrativement l'affaire en abandonnant la voie judiciaire.

La transaction douanière n'est pas un acte administratif, mais un contrat civil régi par le Code civil (article 2052 Cc). C'est dire que le pouvoir hiérarchique ne l'influence pas. Il constitue un acte de procédure majeur dans la procédure contentieuse douanière.

Il convient de rappeler que la transaction douanière ne porte que sur les amendes encourues quand les infractions sont commises, et pas sur les droits et taxes de douanes. Ces amendes douanières sont généralement très lourdes : soit la valeur, soit le double ou le triple de la valeur des marchandises, soit le triple des droits et de taxes de douane... Appliqué intégralement, le contentieux douanier répressif pourrait constituer un véritable frein à l'essor des échanges internationaux.

Le droit de transiger est accordé aux services douaniers pour leur permettre de participer avec efficacité, discernement et non sans fermeté à la régulation et à la fluidification des flux du commerce extérieur.

Ce droit de transiger pourrait être supprimé au profit du règlement juridictionnel des litiges douaniers. Mais cette solution serait financièrement improductive, très lourde à mettre en œuvre, chronophage et très coûteuse pour les parties, enfin très aléatoire quant à son issue. Financièrement improductive pour des administrations douanières dont la collecte des ressources semble être la mission prioritaire, l'option juridictionnelle ne semble pas appropriée en l'état dans les douanes de la CEMAC.

La transaction douanière est une originalité douanière qui prend ses origines dans le fonctionnement de la Ferme générale. À cette époque les infractions sont réparties en deux tableaux :

- Le premier comprend le droit d'exception, les infractions les plus graves, car punies de la peine de mort ou des peines afflictives et infamantes. Il relève de la compétence exclusive des procureurs seigneuriaux.

- Le second comprend le droit commun, les infractions moins graves, punies de peines pécuniaires : amende et/ou confiscation. Il était laissé à la compétence de la Ferme générale. Celle-ci avait le droit de transiger avec les contrevenants aux dispositions des impositions affermées. C'était alors le droit d'accommodement.

La transaction douanière permet aux parties d'examiner les conditions d'application de la répression de l'infraction douanière pour tenir compte notamment : de la nature de l'infraction, des facultés contributives du redevable, de la conjoncture économique, de la récidive…

Elle est basée sur des concessions réciproques. La procédure transactionnelle peut être sanctionnée par la fixation d'un passer-outre ou bien d'une amende douanière. Cette dernière peut être conséquente, modérée ou symbolique, au regard de la sanction prévue. On parle dans ce dernier cas d'amende de principe. Le passer-outre est évoqué à l'article 391al4. Il est de nature non transactionnelle. La sanction choisie par la douane (le passer-outre ou l'amende) est la matérialisation de la clôture du traitement de l'infraction douanière.

La transaction douanière a entre les parties, selon l'art 2052 Cc, autorité de la chose jugée en dernier ressort. Par conséquent, elle ne peut plus être révisée unilatéralement par l'autorité qui l'a fixée. La transaction peut intervenir avant ou après jugement définitif (art 393 alinéa2 CDCR.).

La transaction douanière est provisoire ou définitive en fonction des compétences fixées par l'article 394 CDCR : le Directeur Général des Douanes, le ministre des Finances, le Conseil des ministres.

Elle est provisoire lorsqu'elle n'est pas conclue directement par l'autorité détenant la plénitude des compétences, mais par une autorité délégataire. Elle est définitive soit lorsqu'une transaction provisoire est ratifiée par l'autorité compétente soit lorsqu'une transaction est conclue directement par l'autorité qui détient la plénitude de la compétence pour le faire.

V. Guy Alain CHEPING SIMO : La notion de transaction douanière en zone CEMAC, Mémoire DESS, Université de Douala, 2002.

V. Annexe H.2 de la CK de 1974 et Annexe spécifique H, Chapitre1 de la CKR et V. Transaction douanière.

TRANSACTIONS COURANTES : expression utilisée par la règlementation des changes en vigueur en la zone CEMAC (Règlement n° 02/18/CEMAC/CM article 53 à 96) recouvrant les mêmes contours que ceux d'opérations courantes utilisées dans d'autres règlementations des changes.

Elles correspondent à des flux variés de biens, de services et de revenus avec l'étranger, revêtant un caractère instantané et généralement irréversible. Ceux-ci concernent principalement : les paiements dus au titre du commerce extérieur : achat et vente des marchandises (importations, exportations), les prestations de services, les facilités à court terme de banque et de crédit, paiements dus au titre d'intérêts sur des prêts ou de revenus nets des autres investissements ; les paiements d'un montant modéré pour amortissement d'emprunts ou d'investissements directs, des envois de fonds d'un montant modéré pour charges familiales ainsi que des opérations sans règlement financier...

Les paiements y afférents ne constituent pas des transferts de capitaux. La notion de transactions courantes s'oppose à celle d'opérations financières et en capital qui concerne les prêts, les emprunts, les investissements, placements, épargne et autres règlements sans une contrepartie économique précise.

V. Opérations courantes

TRANSBORDEMENT (Transhipment) : un des trois régimes de circulation des marchandises (à côté du cabotage et du transit) qui suspendent l'application des droits, taxes, prohibitions et autres mesures douanières et fiscales sur les marchandises.

Il est « le régime douanier en application duquel s'opère sous le contrôle de la douane, le transfert des marchandises qui sont enlevées du moyen de transport utilisé à l'importation et chargées sur celui utilisé à l'exportation, ce transfert étant effectué dans le ressort d'un bureau de douane qui constitue également le bureau de sortie » art 217 CDCR.

Il est un mouvement des Unités de Transport Intermodal (UTI), des unités de charge ou simplement de marchandises d'un moyen de transport vers un autre. Les opérations de déchargement/chargement doivent être simultanées ou très rapprochées dans le temps et l'identité des marchandises soigneusement vérifiée.

En raison de sa délicatesse, ce régime douanier dans la CEMAC appelle un suivi très étroit des opérations : l'art 218 alinéa 2 CDCR prescrit un suivi au moyen d'une déclaration sommaire électronique.

Les banques n'acceptent pas généralement que des marchandises bénéficiant d'un crédit documentaire soient soumises au transbordement, car pouvant constituer une possible source de rupture de la traçabilité des marchandises.

V. Annexe E.2 de la CK de 1974 et Annexe spécifique E, Chapitre 2 de la CKR.

TRANSFERT (BANCAIRE) : transaction qui consiste pour un intermédiaire agréé à ravitailler le compte d'un bénéficiaire à partir d'un ordre donné par le titulaire d'un compte domicilié dans son établissement.

TRANSFERT DE FRAIS : généralement prévu par les incoterms ; translation du vendeur vers l'acheteur de certaines charges et obligations financières nées de l'exécution d'une commande : édition des documents, transport pré-acheminement, opérations douanières… Le moment et le lieu sont variables.

Il peut y avoir simultanéité entre le transfert des frais et le transfert des risques dans certains incoterms.

TRANSFERT DE PROPRIÉTÉ : translation de la propriété d'un bien du premier propriétaire vers un nouveau propriétaire.

Pour la Convention de Vienne du 14 juin 1980 sur le Contrat de Vente Internationale des Marchandises (CVIM), il se réalise lors de la conclusion du contrat ; pour le droit allemand, c'est à la livraison tandis que le droit américain le situe à la livraison, mais après vérification et acceptation.

TRANSFERT DES RISQUES : translation des risques précédemment supportés par certains opérateurs (vendeur, transporteur) vers l'acheteur.

Il peut y avoir simultanéité entre le transfert des frais et le transfert de risque dans certains incoterms.

TRANSFORMATION DES MARCHANDISES DESTINÉES À LA MISE EN CONSOMMATION : « Le régime douanier en application duquel les marchandises importées peuvent subir sous contrôle de la douane avant la mise à la consommation, une transformation ou une ouvraison ayant pour effet que le montant des droits et taxes à l'importation applicables aux produits obtenus est inférieur à celui qui serait applicable aux marchandises importées » art 315 CDCR

Le Conseil des ministres de l'UEAC fixe les catégories des marchandises et les opérations autorisées au bénéfice de ce régime.

V. Annexe spécifique F, Chapitre 4 de la CKR.

TRANSFRONTALIER (Échange) : commerce effectué entre deux pays limitrophes.

Termes proches : Travailleur transfrontalier : qui habite un pays et travaille dans un autre pays qui lui est limitrophe

Agglomération transfrontalière : ville située de part et d'autre d'une frontière entre deux pays.

TRANSIT DOUANIER : il peut être communautaire, art 207 CDCR ou international, art 216 CDCR.

Il est « le régime douanier sous lequel sont placées des marchandises transportées sous contrôle douanier d'un bureau de douane à un autre bureau de douane. »

Comme les deux autres régimes de circulation (à côté du cabotage et du transbordement), le transit permet d'acheminer des marchandises en suspension des droits, taxes, prohibitions, et autres mesures économiques, fiscales et douanières pendant la durée du transport.

TRANSIT TIME : notion à prendre lato sensu ; délais à considérer pour analyser et évaluer une solution de transport. Il comprend le temps d'attente de chargement au départ, du transport, du déchargement à l'arrivée et des modalités douanières.

TRANSITAIRE : il se distingue du commissionnaire en douane agréé(CDA). Il est un professionnel du transport et un intermédiaire du commerce international.

« Toute personne physique ou morale chargée de l'enlèvement de la marchandise, de son déplacement géographique, de la réservation de fret et de l'accomplissement des formalités douanières, administratives et commerciales conformément aux instructions reçues de son mandant » selon le Code communautaire de la marine marchande de la CEMAC.

À ce double titre, il assure une fonction complexe en raison des attributions multiples et variées qui lui sont dévolues : expédition des marchandises, manutention, stockage, rupture de charge, assurance, réservation de fret, transport, formalités douanières, autres formalités administratives avec d'autres organismes.

V. CDA

TRANSITOIRE : terme indiquant une période, une étape intermédiaire qui prépare la transition entre deux périodes.

Terme proche : Période transitoire ; dispositions transitoires.

Clause transitoire (en douane) **:** disposition légale ou conventionnelle permettant à un opérateur du commerce extérieur de bénéficier de l'application d'une loi plus souple, après un changement de législation dans le territoire douanier et sous certaines conditions. Art. 21CDCR

Une marchandise expédiée vers le territoire douanier avant la publication d'un changement de mesures douanières ou fiscales sera admise au bénéfice du régime antérieur plus favorable, sous réserve de justificatifs démontrant l'antériorité des titres de transport à destination directe et exclusive d'une localité du territoire douanier.

TRANSPORT : pris dans une compréhension globale, il désigne la voie assurant la mobilité des marchandises et des personnes d'un point à un autre. Il apparaît comme un point central de la mondialisation.

Le transport est une chaîne complexe et longue qui englobe :

- les infrastructures (pour exécuter le transport),
- les moyens techniques (pour exploiter le transport)
- le personnel (qualifié pour mettre les moyens techniques en œuvre, les maintenir et les gérer) et
- les utilisateurs (qui en bénéficient).

Le transport peut s'effectuer sous des formes variées. Il peut être aérien, maritime, terrestre : routier et ferroviaire, fluvial…

TRANSPORT AÉRIEN : il est couramment utilisé pour le déplacement des personnels et des marchandises à haute valeur ajoutée. Les avions sont de plus en plus performants et les aéroports pour les recevoir se sont équipés et transformés en plates-formes multimodales prêtes pour le transport par air, route et fer.

Au lendemain de la seconde guerre mondiale, les DOUGLAS DC3 ne transportaient guère plus d'une trentaine de passagers et une charge d'environ 5 tonnes. De nos jours, un Airbus A380 ou un Boeing 777 se déplace sans difficulté avec 555 passagers et 338 tonnes de marchandises.

En 2005, plus de deux milliards de passagers ont voyagé par avion ; en 2018, ce chiffre est passé à quatre milliards environ. Chaque jour, plus de cent mille vols se posent ou décollent de quatre mille aéroports commerciaux à travers le monde.

TRANSPORT COMBINÉ : transport intermodal, transport utilisant deux moyens de transport exécuté en vertu d'un titre unique. En Europe, les parcours initiaux et/ou terminaux sont les plus courts.

TRANSPORT DIRECT (OU EN DROITURE) : sans emprunt d'un territoire étranger pouvant faire perdre à une marchandise, un régime de faveur auquel elle est pourtant éligible.

TRANSPORT EXPRESS : (à durée garantie) transport rapide, s'opposant au transport sans durée garantie.

TRANSPORT FLUVIAL : transport par voie d'eau, généralement au moyen de péniches.

TRANSPORT INTERMODAL (transport de marchandises) : déplacement de marchandises empruntant deux modes de transport vers une destination. Exemple : camion-avion... Plusieurs fournisseurs de transport contactés pour réaliser le même voyage sont liés au propriétaire des marchandises par des contrats distincts.

TRANSPORT INTERNATIONAL : ensemble des moyens de transport, tous modes confondus, qui assurent les échanges internationaux.

TRANSPORT MARITIME : il déplaçait (quatre-vingt-dix) 90 % des marchandises en 2018, avec 11 milliards de tonnes de fret. Il se répartit entre les conteneurs pour les produits manufacturés et les pondéreux (gaz, pétrole, minerais) qui restent majoritaires.

TRANSPORT MULTIMODAL : déplacement des marchandises effectué par au moins deux modes de transport vers une destination ex : camion-avion... Un seul transporteur réalise sur la base d'un contrat unique, le voyage à travers plusieurs modes de transport.

V. Transport intermodal.

TRANSPORT POSTAL : transport effectué pour le compte de la poste, quelle que soit la voie : aérienne, maritime, terrestre.

TRANSPORT PRINCIPAL : partie d'un transport international dans laquelle une frontière est franchie sans rupture de charge.

TRANSPORT PRIVE (OU POUR PROPRE COMPTE) : transport qu'effectue pour son propre compte une entreprise privée dans le cadre de la réalisation de son objet social

TRANSPORT PUBLIC (OU POUR COMPTE D'AUTRUI) : « transport effectué par une entreprise de transport pour le compte d'autrui. » Patrick MIANI, Nadine VENTURELLI : transport logistique, Le Génie Editeur, 2021, p.6.

TRANSPORT SOUS DOUANE : transport permettant d'acheminer des marchandises vers une destination douanière (entrepôt ou unités de douane…) ou de traverser un territoire douanier après avoir rempli des formalités sommaires de dédouanement, gardant ainsi la marchandise sous sujétion douanière.

TRANSPORTEUR : personne assurant de manière effective le transport des marchandises ou des personnes ; assurant le commandement ou la responsabilité d'un moyen de transport.

V. Transporteur public, art. 380 al2 CDC/ 446 al2 CDCR.

V. Annexe A.1. de la CK de 1974 et Annexes spécifiques A et J, Chapitres 1 et 4 de la CKR.

TRANSPORTEUR INTERNATIONAL : entrepreneur faisant profession habituelle dans le transport international en tant que propriétaire, armateur ou affréteur.

TRANSPORTS TERRESTRES : ils sont soit routiers, soit ferroviaires.

Pour les transports ferroviaires, le monde compte un peu plus d'un million de kilomètres de voies ferrées pour assurer le transport des personnes et des marchandises. En 2008, le trafic marchand était évalué à environ 10 000 milliards de tonnes/ km dans le monde.

Le transport routier assure le déplacement des personnes et des marchandises dans un volume inférieur à la voie ferrée ; ils sont peu développés dans les pays sous-développés ; leurs niveaux d'entretien et de sécurité y sont problématiques et contribuent à réduire leurs capacités commerciales.

Terme proche : transporteur principal, celui qui prend en charge le transport pour le franchissement de la frontière.

TRAVAIL EXTRA-LÉGAL (TEL) : en vertu de l'article 6 al 3 du CDCR, la douane peut percevoir des frais pour service rendu.

Le TEL désigne un travail reconnu par les services douaniers effectué par les agents de douanes hors de leur lieu de service habituel et/ou en dehors des heures légales d'ouverture des bureaux.

Ce travail fait l'objet d'une tarification spéciale en raison de critères divers : pénibilité, technicité, dangerosité...

TRÉSOR PUBLIC : service public placé au centre de l'exécution du budget de l'État : il encaisse les recettes et paie les dépenses.

Dans le fonctionnement de l'État, il joue le rôle de banquier : collecte de fonds, paiements, émission des emprunts, des titres, des bons...

TRÉSORERIE : moyens de paiement détenus par une entreprise, un État, un groupe d'États pour faire face à ses engagements financiers.

TRIADE : elle désigne les trois pôles dominant économiquement le monde à la fin du 20e siècle, en matière de ventes internationales : l'Amérique du Nord (les États-Unis), l'Europe occidentale (la France) et l'Asie (le Japon). Mais les BRICS tendraient à remettre en question cette triade.

TRIBUNAL ABBITRAL : juridiction non étatique constituée de personnes privées désignées par les parties (souhaitant poursuivre leurs relations commerciales) pour juger les litiges les opposant. Il peut être dirigé par un arbitre ou un collège d'arbitres.

V. Arbitrage

TRIBUNAL CORRECTIONNEL : tribunal compétent pour les délits.

TRIBUNAL DE POLICE : tribunal compétent pour les contraventions

TRIPS : Trade Related aspects of Intellectual Property rightS

V. ADPIC

TROC : échange des biens sans compensation avec des unités monétaires.

TRS : V. Time Release Study.

TRUST : mot anglais qui signifie entente ; structure intégrée d'entreprises soumises à une direction unique.

TVA (Taxe sur la Valeur Ajoutée) : d'invention française, la TVA est un impôt indirect visant la consommation. Elle est considérée par de nombreux fiscalistes comme la plus grande innovation fiscale du

20e siècle. Elle constitue le principal impôt du système fiscal français.

Ses atouts et spécialement sa capacité à produire d'abondantes ressources budgétaires ont amené bon nombre de pays à travers le monde à adopter cet impôt.

U

UA : V. Union Africaine.

UDEAC : V. Union Douanière des États de l'Afrique Centrale.

UE : V. Union Européenne.

UEAC : V. Union Économique de l'Afrique Centrale.

UEMOA : V. Union Économique et Monétaire de l'Ouest Africain

ULTRA PETITA : Ultra petita c'est-à-dire au-delà de la demande.

Terme opposé : infra petita : c'est-à-dire en deçà de la demande.

UMAC : V. Union Monétaire de l'Afrique Centrale.

UNILATÉRALISME : notion opposée au libéralisme, au consensualisme, au bilatéralisme et au multilatéralisme. Fait pour un État de prendre des décisions unilatérales, autoritaires, sans concertation ni négociation (ni avec ses alliés ni avec ses adversaires).

UNION AFRICAINE (UA) : Date de création : 9 juillet 2002

Membres : (55) Afrique du Sud, Algérie, Angola, Bénin, Botswana, Burkina Faso, Burundi, Cameroun, Cap-Vert, Centrafricaine (République), Comores, Congo, Congo (République démocratique du), Côte d'Ivoire, Djibouti, Égypte, Érythrée, Éthiopie, Gabon, Gambie, Ghana, Guinée, Guinée-Bissau, Guinée Équatoriale, Kenya, Lesotho, Liberia, Libye, Madagascar, Malawi, Mali, Maurice, Mauritanie, Mozambique, Namibie, Niger, Nigeria, Ouganda, Rwanda, République arabe sahraouie démocratique (le Sahara occidental est revendiqué par le Maroc et le Front Polisario), São Tomé-et-Príncipe, Sénégal, Seychelles, Sierra Leone, Somalie, Soudan, Soudan du Sud, Swaziland, Tanzanie, Tchad, Togo, Tunisie, Zambie, Zimbabwe.

Objectifs majeurs :

- Accélérer l'intégration politique et socio-économique du continent.
- Créer les conditions appropriées permettant au continent de jouer le rôle qui est le sien dans l'économie mondiale et dans les négociations internationales. Promouvoir le développement durable aux plans économique, social et culturel.

- Promouvoir la coopération et le développement dans tous les domaines de l'activité humaine en vue de relever le niveau de vie des peuples africains.
- Coordonner et harmoniser les politiques entre les communautés économiques régionales (CER) existantes et futures en vue de la réalisation graduelle des objectifs de l'union.
- Réaliser la ZLECAf.

Population : 1 156 648 000 hab. (2014)

Superficie : 30 415 873 km^2

UNION DOUANIÈRE (CUSTOMS UNION) : accord portant regroupement d'États appartenant à une aire géographique précise pour en faire un espace douanier unique, appelé territoire douanier, afin de faciliter et de booster leurs échanges commerciaux (entre eux et/ou avec les pays tiers).

Elle constitue la deuxième des cinq étapes menant à l'intégration économique, selon BELA BALASSA, cette forme de coopération économique est plus avancée que la zone de libre-échange.

Le modèle d'intégration économique (du plus simple au plus achevé) proposé par l'économiste hongrois BELA BALASSA se présente ainsi qu'il suit : zone de libre-échange, union douanière, marché commun, union économique, intégration économique.

V. The theory of economic integration, Béla BALASSA, R.-D IRWIN, Homewood, 1961.

L'union douanière se réalise à travers trois indicateurs majeurs :

- Une législation harmonisée et uniforme pour l'application d'un tarif extérieur commun (tarif des douanes et Code des douanes communs)
- Suppression des droits et taxes ainsi que toute autre taxe d'effet équivalent dans les échanges intracommunautaires puisque les frontières internes avaient juridiquement été gommées.
- Élaboration d'une politique communautaire (avec élimination des « sous-règlementations » par pays et comportant souvent des restrictions) au profit de la seule règlementation communautaire, pour tous les États membres.

UNION DOUANIÈRE ET ÉCONOMIQUE DE L'AFRIQUE CENTRALE (UDEAC) : fondée par le Traité de Brazzaville du

9 décembre 1964, elle regroupait alors quatre pays (Gabon, Tchad, République centrafricaine et Congo-Brazzaville) de l'Afrique Équatoriale Française (AEF) et la République Fédérale du Cameroun. Son traité fondateur lui assignait l'objectif d'être un instrument d'intégration économique de ce territoire douanier : application d'un tarif extérieur commun, mise en place d'un système fiscal, coordination des programmes d'industrialisation, harmonisation des plans de développement, régime commercial privilégié entre les membres...

UNION ÉCONOMIQUE : elle est la quatrième des cinq étapes selon BELA BALASSA qui constituent l'itinéraire souhaitable d'une intégration économique. Elle intervient après le marché commun dans lequel la communauté a harmonisé ses politiques économiques et où il existe une libre circulation des biens, des personnes, des services et des capitaux.

UNION ÉCONOMIQUE DE L'AFRIQUE CENTRALE (UEAC) : pour son bon fonctionnement, la CEMAC dispose de deux structures dédiées au développement de la coopération économique (UEAC) d'une part et monétaire (UMAC) de l'autre.

L'UEAC est l'institution ayant la charge de suivre les activités économiques (politique économique générale, fiscalité...), de créer le marché commun, de coordonner les politiques sectorielles nationales prévues dans la convention qui la crée (agriculture, élevage, pêche, industrie, énergie, tourisme...)

Ses organes sont constitués par la Conférence des Chefs d'État, le Conseil des ministres de l'UEAC et la Commission. Cette dernière est composée de commissaires désignés à raison d'un commissaire par État pour un mandat de quatre ans, renouvelable une fois. Elle est dirigée par un président assisté d'un vice-président nommé comme tous les commissaires, par la Conférence des Chefs d'État.

V.UMAC

UNION ÉCONOMIQUE ET MONÉTAIRE OUEST-AFRICAINE (UEMOA) :

Date de création : 10 janvier 1994

Membres : Benin, Togo, Côte d'Ivoire, Mali, Sénégal, Burkina Faso, Bénin, Togo, Niger

Objectif central : réaliser en Afrique de l'Ouest une intégration économique au sein de laquelle est assurée la liberté de circulation des personnes, des capitaux, des biens, des services et des facteurs de production, ainsi que l'adoption d'un Tarif Extérieur Commun (TEC) et l'élimination des barrières (tarifaires ou non) au commerce.

Population : 123,6 millions

Superficie : 3 506 126 km2

UNION EUROPÉENNE (U.E.) : elle est instituée par le Traité de Maastricht signé pour créer une union économique et monétaire. Elle a considérablement fait évoluer son objet et traite en plus des questions politiques, stratégiques, économiques, sociales... de l'Europe, des sujets relatifs à l'aide au développement, l'environnement, la paix dans le monde...

Elle regroupe 27 États avec une population avoisinant les 5OO millions d'habitants répartis sur 4.376.780 km2. Son ancêtre lointain est la CECA (Communauté Européenne du Charbon et de l'Acier) créée en 1950 et la CEE (Communauté Économique Européenne) aussi appelée Marché Commun créée en 1957par le Traité de Rome.

En 2012, elle a créé sa monnaie, l'euro, qui est utilisée par 17 de ses membres.

UNION MONÉTAIRE DE L'AFRIQUE CENTRALE (UMAC) : pour son bon fonctionnement, la CEMAC dispose de deux structures dédiées au développement de la coopération économique (UEAC) d'une part et monétaire de l'autre (UMAC).

L'article 4 de la Convention révisée régissant l'Union Monétaire de l'Afrique Centrale (UMAC) dispose que celle-ci « participe à l'exercice de la surveillance multilatérale dans les conditions prévues par la Convention de l'Union Économique de l'Afrique Centrale (UEAC), par la coordination des politiques économiques et la mise en cohérence des politiques budgétaires nationales avec la politique monétaire commune. Elle s'assure en outre de la stabilité financière dans la communauté. »

Ses organes sont constitués par la Conférence des Chefs d'État, le Conseil Ministériel, la BEAC (l'Institut d'émission), la COBAC (Commission Bancaire de l'Afrique Centrale). Ses institutions spécialisées sont la COSUMAF (Commission de Surveillance du Marché Financier de l'Afrique Centrale) et le GABAC (Groupe d'Action contre le Blanchiment d'Argent en l'Afrique Centrale).

UNION POSTALE UNIVERSELLE : elle est créée par le Traité de Berne en 1874 sous le nom d'Union Gouvernementale des Postes (UGP). Celle-ci va prendre sa dénomination actuelle en 1878. En 1948, l'UPU devient une institution spécialisée de l'ONU.

Elle a édicté de nombreuses mesures ayant une incidence douanière, car applicables aux marchandises, colis et paquets acheminés par la voie postale à travers le monde.

UNITÉ DE CHARGE : charge palettisée ou pré-emballée posée sur une palette et qui peut être rangée dans une (UTI).

UNITÉ DE TRANSPORT (EN DOUANE) : moyen de transport de marchandises offrant la possibilité d'y fixer un scellement douanier, pour effectuer des opérations sous douane comme le transit douanier.

a) Les unités de transport sont constituées des : « conteneurs d'une capacité d'un mètre cube ou plus, y compris les carrosseries amovibles ;

b) les véhicules routiers, y compris les remorques et les semi-remorques ;

c) les wagons de chemin de fer ;

d) les allèges, péniches et autres embarcations ; et

e) les aéronefs. » (Glossaire des termes douaniers internationaux, p.39, OMD, juin 2018).

Le conteneur est l'unité de transport plébiscitée par les acteurs du commerce international.

V. Annexe spécifique E, Chapitre 1 de la CKR.

V. AnnexeE.1. de la CK de 1974, la Convention douanière relative aux conteneurs de 1972 et la Convention douanière relative au transport international de marchandises sous le couvert de carnets TIR (Convention TIR) de 1975 pour l'agrément des unités de transport en vue du transport des marchandises sous scellements douaniers.

UNITÉ DE TRANSPORT INTERMODAL : V. UTI

UNITÉ PAYANTE (UP) : base sur laquelle le transporteur fait reposer la taxation du fret. En fonction des avantages du navire, il se fonde sur le poids (la tonne) ou sur le volume (le mètre cube).

UPU : V. Union Postale Universelle.

URGENCE (PROCÉDURE D') : mesure de facilitation en douane dictée par l'urgence, la rapidité, la célérité et qui recommande la contraction ou même l'ajournement de certaines formalités d'une procédure. Elle est entourée de garanties à fournir aux services douaniers.

URUGUAY ROUND : huitième et dernier cycle de négociation commerciale du GATT ayant démarré en septembre 1986 pour s'achever en août 1994 avec la création de l'OMC qui entrera effectivement en service à compter du 1er janvier 1995. Il est souvent qualifié de « négociation la plus vaste de tous les temps ». Ce round a traité de nombreuses problématiques à savoir : les subventions, les investissements, les services, la propriété intellectuelle…

USAGÉ : caractère d'un bien qui a fait préalablement l'objet d'une utilisation. Objet de secondes mains, ayant fait l'objet d'une première utilisation : pneus usagés, effets personnels usagés et en cours d'usage, friperie, brocante...

USAGE DES ARMES (art 91 CDCR) utilisation des armes

Pour exercer leur fonction, les agents des douanes ont le droit au port d'armes.

En dehors des cas de légitime défense, ils peuvent également les utiliser :

- Lorsque les violences ou voies de fait son exercées contre eux ou lorsqu'ils sont menacés par des individus armés,
- Lorsqu'ils ne peuvent immobiliser autrement les véhicules, embarcations et autres moyens de transport dont les conducteurs n'obtempèrent pas à leur ordre d'arrêt,
- Lorsqu'ils ne peuvent autrement s'opposer au passage d'une réunion de personnes qui ne s'arrêtent pas aux sommations qui leur sont adressées,
- Lorsqu'ils ne peuvent capturer vivants les chiens et autres animaux employés pour la fraude ou que l'on tente d'importer ou d'exporter frauduleusement ou qui circulent irrégulièrement.

USAGER (EN DOUANE) : utilisateur, consommateur d'un service, d'une prestation que l'administration des douanes peut dispenser.

Ce terme est régulièrement éclipsé en douane par celui de « redevable ». Pourtant, il existe bien une catégorie d'usagers en douane. Celle-ci regroupe les nombreux demandeurs de services administratifs non fiscaux que la douane rend chaque jour.

V. Contribuable et redevable.

USURPATION : fait de se prévaloir d'un droit sans titre, sans fondement, d'une qualité, d'un titre. Ce délit pénal peut être relevé dans le cadre de la vérification d'identité par les agents des douanes, prévue par l'article 110 CDCR.

L'usurpation peut se manifester dans de nombreux domaines

Usurpation d'uniforme : tenue et/ou grade,

Usurpation de fonction : se prévaloir d'une fonction qu'on n'occupe pas, plus ou qu'on n'a jamais occupée,

Usurpation de nom : utiliser le nom d'une autre personne,

Usurpation d'identité : utiliser les données et même les pièces d'identité d'un tiers

Usurpation de titre : utiliser un titre, un diplôme, sans en avoir le droit,

Usurpation de décoration : une décoration qu'on n'a pas obtenue.

UTI : Unité de Transport Intermodal : elle se rapporte au conteneur, caisse mobile et semi-remorque.

UTILE : caractère de ce qui est opportun, efficace, serviable, qui présente un intérêt.

Termes proches : temps utile, à toutes fins utiles.

UTILITAIRE (VÉHICULE) véhicule orienté vers une utilité pratique évidente : camionnette….

V

VACANCE (DE POSTE) : situation d'un poste qui est libre, qui est inoccupé, mais qui a vocation à être occupé. Elle fait l'objet d'une vaste publicité en vue de recueillir de nombreuses candidatures afin de faciliter le choix des plus méritants.

Termes proches : vacant, libre, non occupé

VALEUR (DATE DE) : à la banque c'est la date de prise d'effet d'un titre ou moyen de paiement. Elle diffère généralement de la date du jour.

VALEUR EN DOUANE : on entend par valeur en douane des marchandises importées, la valeur des marchandises déterminée en vue de la perception des droits de douane et taxes d'effet équivalent ad valorem (art 28 al_{1a} CDCR).

La valeur en douane des marchandises sert d'assiette pour l'application des droits et taxes à percevoir à la porte et de référence pour l'établissement des statistiques du commerce extérieur.

En CEMAC, il existe une valeur en douane des marchandises importées distincte de la valeur en douane des marchandises exportées (art 53 CDCR).

À l'exportation, la valeur en Douane de la marchandise est celle au point de sortie, déclarée à la date d'enregistrement de la déclaration au bureau de Douane, ajustée le cas échéant, des frais de transport du point de départ jusqu'à la frontière (art 53 al1).

Contrairement à la valeur des produits importés, le CDC prévoit clairement que la valeur des produits exportés peut être déterminée par des mercuriales définies par chaque État membre (art 53 al2 CDCR).

À l'importation, la valeur en douane ne doit pas être déterminée par des valeurs mercuriales. Elle est la valeur de la marchandise, plus les ajustements autorisés par la loi. Elle se confond avec sa valeur imposable conformément à l'art 31 CDCR.

La base première pour la détermination de la valeur en douane des marchandises importées est la valeur transactionnelle telle que définie par l'article 30CDCR, art 27al1.

Ainsi, la valeur en douane de ces marchandises est leur valeur transactionnelle c'est-à-dire le prix effectivement payé ou à payer pour ces marchandises lorsqu'elles sont vendues pour l'exportation à destination de l'État membre d'importation après éventuellement des ajustements, conformément aux dispositions de l'article 31CDCR

Lorsque la valeur transactionnelle ne peut pas être appliquée, les règles de détermination de la valeur ont prévu une démarche méthodique et hiérarchisée (art 32 à 35 CDCR).

La valeur en Douane est d'application générale. En effet, elle concerne toutes les marchandises : celles à mettre à la consommation comme celles totalement exonérées ou à placer dans un régime non définitif.

Dans tous les cas, la valeur en douane sera calculée de manière uniforme, en respectant les mêmes règles applicables pour déterminer la valeur des marchandises en vue de la perception des droits et taxes de douane prévues à l'article 28 CDCR.

À la demande des redevables, l'administration des douanes peut fournir des décisions anticipées (renseignements contraignants) à l'effet de déterminer avant l'importation des marchandises, la valeur à déclarer relative à celles-ci.

Cette procédure des décisions anticipées simplifie l'élaboration de la déclaration en détail, allège la procédure de dédouanement, supprime les coûts d'un éventuel contentieux et fluidifie les flux d'échanges.

VALEUR FACIALE : Montant affiché sur un billet de banque, d'un titre... Il s'agit d'une valeur conventionnelle et non de la valeur réelle dudit billet.

VALEUR NOMINALE : valeur de principe, valeur d'un billet de banque, valeur d'une obligation, d'un bon du Trésor.

VALEUR RÉSIDUELLE : valeur restante après qu'on a appliqué des remises, des abattements...

VALEUR STATISTIQUE : valeur de la marchandise prise en compte pour l'élaboration des statistiques du commerce extérieur. Elle est automatiquement fournie par l'application de dédouanement (PAGODE, SYDONIA ou CAMCIS) et d'autres sources manuelles émanant des unités frontalières ne disposant pas d'outil informatique.

VALEUR TRANSACTIONNELLE : elle est la première méthode d'évaluation des marchandises importées en douane, selon l'art 30al1CDCR.

Cet article indique que « La valeur en douane des marchandises importées est leur valeur transactionnelle c'est-à-dire le prix effectivement payé ou à payer pour ces marchandises lorsqu'elles sont vendues pour l'exportation à destination de l'État membre d'importation après ajustement conformément aux dispositions de l'article 31… »

En d'autres termes, la valeur transactionnelle est le prix payé ou à payer pour des marchandises vendues à l'exportation et à destination de l'État membre auquel il faut systématiquement ajouter des ajustements, s'il le faut, pour l'ériger en valeur en douane. La liste des ajustements est limitativement énumérée à l'art 31.

Elle ne prend pas en compte les frais engagés après le passage de la frontière du territoire douanier.

V. Accord de l'OMC sur l'évaluation (article 1)

VALEUR VÉNALE : valeur restante d'un bien ayant fait l'objet d'un usage au préalable. Prix estimé d'un bien, valeur utilisée par exemple pour calculer l'indemnité à verser à son propriétaire ou établir un prix de remplacement quand il faut détruire ledit bien.

VALIDITÉ : caractère de ce qui est valide, valable, conforme aux normes, aux exigences légales.

Termes proches : rendre valide ; validation ; déclarer valide ; pièce d'identité valide ou en cours de validité : dont la durée n'est pas échue ; personne valide : personne non atteinte d'une maladie ou d'une infirmité ; acte juridique valide : régulier, conforme aux exigences pour produire ses effets prévus.

Terme contraire : invalide : frappé de nullité.

VALISE DIPLOMATIQUE : art 276 al1c) CDCR : colis contenant le courrier diplomatique dont le secret et l'inviolabilité du contenu sont garantis par des conventions internationales. Elle est dispensée des contrôles douaniers sauf circonstances exceptionnelles prescrites par la très haute hiérarchie douanière.

VEILLE : actions et opérations visant la recherche, la collecte, le traitement et la diffusion des informations relatives au secteur d'activités et à l'environnement d'une entreprise. Une typologie variée de veilles existe : « commerciale, concurrentielle, technologique, juridique, sociétale, marketing, d'image internationale. » Denisa Mihaela STANESCU, Sabine INARD PATUREL : BTS Commerce International, Studyrama, 2020, p. 61.

VEILLE COMMERCIALE OU VEILLE DOCUMENTAIRE : activité consistant à recueillir systématiquement des données sur l'évolution des marchés, l'innovation, les produits et les pratiques des concurrents…

La veille peut être menée par l'entreprise ou être externalisée auprès d'organismes professionnels spécialisés : exemple : l'Agence Régionale d'Information Scientifique et Technique (ARIST) en France...

Elle présente un intérêt indéniable pour les acteurs du commerce extérieur.

V. intelligence économique

VEILLE JURIDIQUE : intelligence par laquelle toutes les évolutions du droit sont systématiquement enregistrées et analysées.

VEILLE MARKETING : intelligence dans le domaine du marketing et de la recherche des produits nouveaux.

VENDANGE : récolte des raisins.

VENTE : contrat synallagmatique d'échange de biens et/ou de services par lequel le vendeur cède un bien ou effectue une prestation de service au bénéfice d'un acheteur qui en paie le prix

Elle constitue une condition sine qua non pour l'application de la valeur transactionnelle des marchandises importées en douane.

Elle peut se faire sous des formes variées :

- **à crédit :** dans cette vente, le paiement total n'est pas immédiat, mais il sera échelonné, fractionné, différé ;
- **à distance :** (VAD) dans cette forme, les parties ne sont pas physiquement présentes sur le même lieu pour conclure. Elles passent par une technique de communication à distance : courrier, colis postal, internet…
- **à l'encan :** vente de meubles aux enchères, donc au plus offrant
- **à la criée** *:* vente publique aux enchères
- **à tempérament :** vente à crédit selon laquelle le paiement du prix a lieu par versements échelonnés.

- **à terme :** vente soumise à un terme qui peut retarder l'exécution des obligations : paiement et livraison
- **au comptant :** vente dans laquelle la livraison et le paiement sont concomitants, simultanés ;
- **aux enchères :** vente d'un bien meuble ou immeuble à l'enchérisseur le plus offrant ;
- **ferme :** vente définitive dont les clauses ne renvoient pas à une réalisation future ou conditionnelle.
- **liée ou subordonnée :** pratique qui consiste à indexer la vente d'un produit à l'achat d'une quantité imposée ou à l'achat préalable ou concomitant d'un autre produit. Elle matérialise un abus de position dominante
- **sur saisie :** elle est faite à la suite d'une saisie, elle résulte d'une saisie.

VENTE À L'ARRIVÉE : les incoterms de « vente à l'arrivée » sont ceux qui mettent les dépenses et les risques liés au transport à la charge du vendeur jusqu'au lieu convenu dans le contrat

VENTE AU DÉPART : les incoterms de « vente au départ » sont ceux qui mettent les coûts et les risques liés au transport à la charge de l'acheteur. Le vendeur ne s'occupe que des risques pouvant survenir dans les pays de départ.

VÉRACITÉ : caractère de ce qui ne contient ni mensonge ni erreur, mais par contre qui s'attache à la vérité.

VERBALISATEUR (AGENT) : agent qui rédige ou participe à la rédaction d'un procès-verbal de douane qu'il signe.

VERDICT : jugement prononcé par une cour marquant la fin des débats et fournissant la solution au litige soulevé.

V. Sentence.

VÉRIDICITÉ : qualité de ce qui est véridique, exact, vrai, sincère, authentique.

VÉRIDIQUE : qui exprime la véracité, la véridicité.

VÉRIFICATION D'IDENTITÉ : (art 110 CDCR) la Douane est habilitée à procéder au contrôle d'identité des personnes entrant dans le territoire douanier ou qui en sortent ainsi que celles circulant dans le rayon des douanes.

VÉRIFICATION DES MARCHANDISES : visite physique des marchandises.

V. Annexe générale, Chapitre 2 de la CKR.

VÉRIFICATION DOUANIÈRE : contrôle, visite des marchandises par la douane.

VÉRIFICATION DOUANIÈRE D'ÉCRITURES : contrôle documentaire s'opposant au contrôle physique des marchandises (visite à quai ou au magasin, contrôle de la circulation, de la détention...) Il s'agit du contrôle dans des bureaux, en l'absence des marchandises. Son but est de s'assurer de l'exactitude et de l'authenticité des déclarations en douane en confrontant des sources d'informations diverses : financières, comptables, informatiques, commerciales, des transports...

VÉRITÉ : qualité de ce qui est conforme au réel.

VERMOUTH : (dérive soit de l'allemand wermut soit de l'anglo-saxon wermod ; les deux termes signifiant absinthe) apéritif, souvent utilisé dans les cocktails. Il s'agit d'une boisson alcoolique faite à base de vin (blanc en général) subissant de nombreuses additions et combinaisons en vue de le renforcer et l'aromatiser (sirop de sucre, alcool, eaux-de-vie, herbes, plantes (absinthe, genièvre, clou de girofle, écorce d'orange, pétales de rose, hysope, coriandre, camomille...) Chaque fabricant utilise ces ingrédients à sa guise et en garde le secret.

Exemple **:** Dry Martini, Chambéry, Cinzano...

VERTU (EN) : sur le fondement de..., en application de...

VEXATOIRE (PRATIQUE, MESURE, MANŒUVRE) qui a pour objectif de vexer, d'humilier.

VICE DE FORME : défaut entachant la validité d'un acte juridique (saisie de marchandise, retenue de personnes...) à cause du non-respect des formalités ou des règles de forme. Il est susceptible d'entrainer la nullité dudit acte.

Terme proche : vicié : comportant un vice.

VICTIME : personne qui a subi un préjudice ou un dommage.

VIGNERON : opérateur professionnel dont l'activité habituelle consiste à cultiver la vigne pour fabriquer du vin.

VIGNETTE (EN DOUANE) : elle s'inscrit dans une procédure d'estampillage/marquage, comme le timbre.

Étiquette sécurisée collée à l'ouverture de certaines marchandises prohibées à des fins de sécurisation, d'authentification et de distinction avec des produits de la contrebande/contrefaçon.

Marque sécurisée apposée sur un objet, un produit pour en attester l'authenticité ou la conformité à une législation.

Elles sont prévues au Cameroun pour les boissons alcoolisées, les médicaments et les cigarettes.

V. Marquage.

VIGNOBLE : plantation de vigne.

VIGUEUR (EN) : en cours d'application : loi en vigueur.

Terme proche : entrée en vigueur : date, moment où un acte juridique entre en application.

VIN : boisson produite à partir de la fermentation naturelle du jus de raisins. Il y aurait une tendance à vouloir y ranger d'autres boissons obtenues par la fermentation de fruits autres que le raisin, de légumes et de baies. Le SH ne l'a pas encore formellement approuvé.

Les vins sont généralement classés en trois types : les vins ayant connu une seule fermentation (vins rouges, blancs et rosés/gris, secs ou doux ; le vin gris est un vin rosé provenant de la Lorraine, mais souvent attribué à tort à l'Alsace) les vins mousseux : vins vinifiés par une seconde fermentation (champagne) et les vins vinés : vins ayant subi l'addition des alcools ou des eaux-de-vie (Porto, Madère, Xérès.)

Expressions proches : vin de liqueur : vin très doux, vin viné additionné d'eau-de-vie du vin ajouté au champagne. Vin fin : vin de qualité. Vin de table : vin ordinaire, de consommation courante. Vin d'honneur : vin offert pour honorer quelqu'un.

Renouil et Traversay dans Dictionnaire du vin, rappellent en quelles occasions on offrait et on offre encore du vin :

- Vin de bourgeoisie. Offert, au Moyen-Âge, aux maires et aux échevins, par toute personne qui devenait bourgeois de la ville.

- Vin de couchier. Offert par les mariés à ceux qui avaient honoré le mariage de leur présence.
- Vin de l'étrier. Offert à un hôte au moment où il s'en va. On dit maintenant « coup de l'étrier ».
- Vin du curé. Offert au prêtre après un baptême.
- Vin de veille. Que les officiers de la Maison plaçaient auprès du lit du monarque, comme en-cas.
- Vin du clerc. Offert par un plaideur au greffier du tribunal après un jugement favorable. » Alexis LICHINE : Encyclopédie des vins et des alcools de tous les pays, Bouquins Robert LAFFONT, 1980, p. 726

V. œnologie, viniculture, viticulture.

VIN FIN : vin de qualité

VIN VINE : vin dont on a ajouté de l'alcool ou de l'eau-de-vie de vin

VINERIE : établissement commercialisant du vin, installé sur le lieu de production viticole promue et associant également un service d'hébergement touristique et de restauration.

VINEXPO : salon international du vin tenu chaque année au mois de juin à Bordeaux, en France.

V : www.vinexpo.com

VINICULTURE : ensemble des aspects pratiques liés aux opérations touchant la fabrication et la maturation du vin.

Termes proches : vinicole : relatif à la culture de la vigne, à la production du vin.

V. Œnologie, viticulture, viticole

VINIFICATION : ensemble des étapes et opérations faisant passer du moût de raisin au vin.

VINOSITÉ : « qualité essentielle ou cœur du vin… » Alexis LICHINE : Encyclopédie des vins et des alcools de tous les pays, Bouquins Robert LAFFONT, 1980, p.727.

VIOLATION : non-respect, non application : action d'enfreindre une loi, une règle ; fait de se détourner d'un serment, de s'introduire sans titre dans un domaine privé, dans un local ou dans un lieu à usage professionnel (art 103CDCR)

La violation de la loi peut consister en :

- Une interprétation et/ou une qualification erronées
- Une application incorrecte de la loi
- Un refus d'appliquer la loi

VISA : « les visas... font ressortir les fondements juridiques de l'acte, c'est-à-dire les actes antérieurs auxquels ils se réfèrent soit pour le contenu, soit pour le respect du pouvoir hiérarchique. » p 249, Guide pratique de la rédaction et de la correspondance. Jean Us TCHINDA, Éditions Véritas, 2015.

Les circulaires ne doivent pas figurer dans les visas.

Mention apposée sur un document, sur un acte de procédure ou une pièce attestant que les formalités prévues ont été respectées ou qu'un intervenant dans un processus décisionnel a effectivement participé à l'élaboration de la décision finale.

Exemple : visa porté sur un chèque pour indiquer l'existence de la provision (qui ne vaut pas certification).

VISITE (DOUANIÈRE) art 98 CDCR : vérification, contrôle physique ; en douane, elle peut être :

- **à corps ou palpation** : vérification ayant pour objet la recherche des marchandises/ produit prohibé sur le corps d'une personne, dans ses vêtements ou d'autres accessoires de l'habillement (ceinture, chapeau, écharpe...).
- **in corpore** : vérification dont l'objet est la recherche de drogues dissimulées dans le corps (notamment tube digestif et cavités naturelles)
- **domiciliaire :** visite effectuée dans un domicile par les agents de douanes à la recherche des marchandises de fraude, de contrefaçon ou de contrebande alors même qu'aucune action n'est engagée en justice. Elle diffère de la perquisition et obéit à un régime juridique plus allégé (art104 CDCR).

V. Vérification douanière

La perquisition recherche des documents prouvant la culpabilité d'un mis en cause dans le cadre d'une action déjà engagée. Elle est une mesure d'instruction.

VISITE DE MARCHANDISES ET DE MOYENS DE TRANSPORT ET DES PERSONNES : art 169, 172 CDCR opérations matérielles au cours desquelles la douane vérifie la situation du moyen de transport et des personnes ainsi que les aspects physiques de la marchandise pour les confronter aux énonciations de la déclaration sommaire ou en détail : espèce tarifaire, quantité, poids, marquage, état, conditionnement...

VITICULTURE : culture de la vigne.

Termes proches : viticole : lié à la viticulture ; viticulteur : agriculteur qui plante la vigne en vue de produire du vin.

V. Viniculture, vinicole.

VITIS : espèce végétale de base, à laquelle se rattachent toutes les espèces de vigne ; vitis vinifera est l'espèce qui permet de produire actuellement la quasi-totalité du vin dans le monde entier. D'autres espèces existent : vitis coignetia, vitis labrusca, vitis riparia,...

VITIVINICULTURE : étude et pratique des activités vinicoles et viticoles.

VODKA : boisson spiritueuse de Pologne et des pays baltes initialement faite à base de pommes de terre et maintenant de céréales. « Comme celle du gin, sa distillation est extrêmement poussée puis elle est rectifiée pour obtenir un alcool qui ne conserve ni la saveur ni l'arôme de la matière première. Contrairement au gin, la véritable vodka n'est pas additionnée de substances savoureuses. » À l'origine, la vodka n'a donc aucun goût en plus d'être incolore et inodore. Certains préfèrent la couper à l'eau minérale, plate ou gazeuse. D'autres la prennent sèche ou avec du jus de tomate (Bloody Mary). Les titres alcoométriques volumiques des différentes vodkas varient entre 32,5° et 49°.

La fabrication de la vodka a connu une évolution et certaines marques enrichissent aujourd'hui sa saveur avec des herbes, plantes et fruits et parfois la font vieillir pendant trois ans et plus, dans des fûts ayant précédemment servi à conserver du vin.

La vodka longtemps considérée comme une boisson traditionnelle russe est devenue depuis les années 1945 en Californie, un breuvage qui s'est progressivement internationalisé et même mondialisé en ce sens qu'il se fabrique et se boit partout dans le monde.

VOIE D'EXÉCUTION : (art 426 CDCR) ensemble des procédures qui ouvrent droit à l'exécution forcée d'une obligation résultant d'une décision judiciaire ou d'un titre exécutoire.

VOIE DE DROIT : moyen prévu par le droit (loi, jurisprudence) pour faire reconnaitre et respecter des droits : action en justice, voie de recours, voie d'exécution.

VOIE DE FAIT : acte manifestement illégal commis par un agent des douanes portant atteinte à une liberté publique ou à un droit de propriété d'une personne, susceptible d'être portée devant une juridiction judiciaire.

Des individus peuvent également commettre des voies de fait (agressions, atteintes à l'intégrité physique) sur des agents de douanes.

On rencontre des voies de fait en matière civile, pénale et en droit administratif.

VOIE DE RECOURS : possibilité d'un nouvel examen d'une décision. Elle s'analyse comme une garantie des droits du requérant.

Procédure juridique ouverte à l'encontre d'une décision administrative, d'une décision juridictionnelle (opposition, appel, recours en révision).

Le droit de recours douanier est organisé par l'article 358 CDCR. Il prévoit un recours dans l'ordre croissant rigoureux suivant : auprès du Directeur général des Douanes(DGD), de la Commission Indépendante de Règlement des Litiges Douaniers(CIRLD), de la Commission de la CEMAC (le cas échéant) et enfin devant les autorités judiciaires.

VOITURIER : transporteur de marchandises par la voie terrestre et routière précisément.

VOL (DE MARCHANDISES) : soustraction frauduleuse. Il diffère de la perte. Il met en péril le bénéfice et l'application des régimes suspensifs.

VOLATILITÉ : caractère d'une devise instable dont le cours peut s'envoler à tout moment. Terme proche : volatile (devise)

VOS : (Very Special Old) indication portée sur certaines bouteilles de cognac renseignant sur un certain vieillissement de celui-ci.

VOYAGEUR : personne remplissant les conditions exigées par la législation en vigueur quittant temporairement un territoire douanier où elle réside pour l'étranger.

Personne remplissant les conditions exigées par la loi revenant temporairement de l'étranger pour regagner le territoire douanier où elle réside.

Article 1 du Règlement n°11/19-UEAC-010A-CM-34 du 18 décembre 2019 portant sur les facilités douanières en faveur des voyageurs en zone CEMAC : «

- Toute personne qui entre temporairement sur le territoire d'un État membre de la CEMAC où elle n'a pas sa résidence normale (« voyageur non-résident ») ou qui quitte ce territoire, et ;
- Toute personne qui quitte le territoire d'un État membre de la CEMAC où elle a sa résidence normale (« voyageur résident ») ou qui y retourne. »

V. Effets personnels

V. Annexe spécifique J, Chapitre 1 de la CKR.

VRAC (MARCHANDISE EN) : état d'une marchandise présentée pêle-mêle ou sans aucun ordre logique. Il peut aussi s'agir d'une marchandise qui n'est pas soumise à une exigence d'emballage, donc ne nécessitant pas d'être emballée : charbon, sable... Marchandise transportée et livrée sans emballage.

Terme proche : en vrac : locution adverbiale signifiant sans aucun ordre.

VRAQUIER : navire transportant des marchandises non soumises à des exigences d'emballage : ex : charbon, céréales, minerais...

VSOP : (Very Superior Old Pale) indication portée sur certaines bouteilles d'armagnac ou de cognac révélant une relative ancienneté, vieillesse. Le sens de celle-ci n'est pas à assimiler au millésime porté sur les bouteilles de vin.

VVSOP : (Very Very Superior Old Pale**) :** indication portée sur certaines bouteilles de cognac.

WALL STREET : appellation courante du New York Stock Exchange (NYSE) parce qu'il est situé dans cette rue, Wall Street. On parle aussi de Big Board.

WHISKEY : eau-de-vie distillée principalement aux États-Unis à base de céréales, surtout de maïs et de seigle. Mais servent également à la production du whiskey le millet, le sorgho et l'orge. Le procédé de production de cette liqueur est certes proche de celui du whisky, mais différent.

Plusieurs types de whiskey sont répertoriés par la loi américaine dont : Bourbon whiskey, corn whiskey, rye whiskey, straight whiskey, blended whiskey, blended straight whiskey, whiskey irish, whiskey light…

V. Alexis LICHINE : Encyclopédie des vins et des alcools de tous les pays, Bouquins Robert LAFFONT, 1980, p. 746

WHISKY : liqueur obtenue par distillation de fruits, de plantes ou de grains (orge, avoine, seigle). Le whisky de malt est un scotch que l'on fabrique en Écosse avec de l'orge maltée, de la levure et de l'eau. Trois types de whisky de malt écossais existent : Highlands Malt (considéré comme le meilleur), West Highlands Malt (ou Islay Malts ou encore Campbeltown) et Lowlands Malt.

Le whisky scotch de grain s'obtient à partir de l'orge maltée, du maïs, du blé, de l'avoine et du seigle. Le whisky scotch authentique est un produit écossais fait d'orge, de la levure et de l'eau écossaise ou de toute origine. Il s'obtient à l'issue de nombreux mélanges. Le scotch sans mélange est dit « single » (seul, unique, solitaire.)

Après le processus de la double distillation, le whisky cru est mis en fût de bois. Il s'agit notamment des tonneaux de chêne d'Amérique dont l'intérieur peut ou non être brûlé. L'intérieur peut également avoir été imprégné de vin. Si ce n'est pas le cas, le distillateur pourra utiliser du caramel pour le faire.

En définitive, la place du fût est irremplaçable dans la production et la conservation du whisky authentique. « Le fût apporte la contribution finale à la splendeur du whisky qui s'améliore avec l'âge en fût, pas en bouteille. » Alexis LICHINE : Encyclopédie des vins et des alcools de tous les pays, Bouquins Robert LAFFONT, 1980, p. 746.

La mise en fût vise plusieurs résultats : conservation, vieillissement, adoucissement, amélioration. S'agissant particulièrement de l'amélioration, il faut relever que le fût est le lieu de la transformation du distillat en véritable eau-de-vie. « Les composants les plus volatils du whisky s'évaporent à travers le bois qui lui-même agit sur le spiritueux pour l'adoucir. Certains sucres du bois et du tanin quittent le fût pour se mêler au liquide. Ce sont ces éléments qui entre autres donnent au whisky sa couleur dorée. » Alexis LICHINE : Encyclopédie des vins et des alcools de tous les pays, Bouquins Robert LAFFONT, 1980, p. 744.

Les fûts de whisky sont appelés « butts » lorsqu'ils contiennent plus de 364 litres ; « hogsheads » s'ils contiennent entre 205 et 364 litres ; « barrels » entre 160 et 205 litres ; « quaters » pour une capacité inférieure à 136 litres et les octaves contiennent entre 41 et 68 litres.

Termes proches : un whisky, des whiskies.

WHITE PORT : Porto blanc. Vin de porto obtenu avec des raisins blancs. Il est en général plus doux que le Porto rouge.

WORLD TRADE CENTER (WTC) : immeuble matérialisé par deux tours jumelles abritant de nombreuses entreprises situées à New York (Manhattan) et détruites par des attentats terroristes le 11 septembre 2001.

Cette tragédie a marqué le point de départ d'une exigence de sécurisation renforcée pour la circulation des marchandises à travers le monde en général ainsi que pour les procédures douanières en particulier.

WORLD WILDLIFE FUND (WWF) : Fondation se consacrant à la vie du monde sauvage. Elle est établie dans plus de 100 pays avec pour mission de protéger la nature et surtout la vie sauvage. Elle prône l'arrêt de la dégradation de l'environnement et promeut sa reconstitution.

Le WWF est très actif sur de nombreux programmes : le changement climatique, la pollution chimique, les espèces menacées d'extinction, les ressources naturelles (l'eau et la forêt), l'agriculture, l'éducation à l'environnement...

Le WWF aux côtés d'autres acteurs engagés pour la protection de l'environnement et de la nature exerce une influence remarquable et appréciable sur le commerce international.

X

XENODEVISE : monnaie étrangère détenue dans un lieu différent de son lieu d'émission où elle a cours légal et pouvoir libératoire.

XÉNOPHOBE : personne éprouvant de l'hostilité, de la haine à l'égard des personnes étrangères ou de ce qui vient de l'étranger. Ce caractère peut contrarier le déploiement du commerce extérieur.

Il est vivement recommandé, voire nécessaire, pour les acteurs du commerce extérieur, de s'imprégner des éléments de base du management interculturel pour faire face aux différences inhérentes aux spécificités culturelles.

XÉRÈS (SHERRY en ANGLAIS, JEREZ en ESPAGNOL) : vin viné qui a reçu l'addition d'une eau-de-vie de vin en vue d'élever son titre alcoométrique volumique (15,5 %).

X.O : mention indiquant qu'il s'agit du cognac le plus vieux. Elle est surtout utilisée par la Maison Hennessy. Cette indication oriente plus vers un type donné que vers un millésime. L'inscription X.O indique que le cognac contenu dans les bouteilles ainsi marquées a préalablement séjourné 20 ans dans les fûts. Le fût étant le meilleur lieu de vieillissement des spiritueux et des eaux-de-vie. Les eaux-de-vie de vins millésimés sont des exceptions d'une extrême rareté.

XYLOPHAGE : qui détruit le bois, le ronge, le creuse pour se nourrir ou pour y vivre. C'est le cas des insectes ou leurs larves.

XYLOPHENE : produit utilisé pour imprégner, conserver et traiter (soit pour prévenir soit pour guérir) le bois afin de le protéger des insectes xylophages.

Y

YARD : unité de mesure de longueur anglo-saxonne qui équivaut à 0,914 mètre. Les tissus-pagnes sont généralement mesurés en yards : 6 ou 12 yards.

YEN : unité monétaire du Japon.

YUAN : unité monétaire de la Chine.

Z

ZLECAf : V. Zone de Libre Échange Continentale Africaine

ZONE CONTIGUË : Espace maritime s'étendant sur 24 miles au-delà de la mer territoriale.

Dans cette zone, l'État côtier exerce sa souveraineté et peut effectuer des contrôles douaniers nécessaires pour prévenir et/ou réprimer les manquements observés sur l'application de la législation en vigueur en matière douanière, sanitaire, d'immigration…

ZONE DE LIBRE-ÉCHANGE (ZLE) et en anglais **FREE TRADE AREA (FTA) :** elle constitue une dérogation à la libéralisation du commerce et particulièrement à la clause de la nation la plus favorisée. Elle est approuvée par le GATT puis l'OMC.

La ZLE est la première étape ainsi que la formule la moins contraignante sur la voie de l'intégration économique.

Le modèle d'intégration économique (du plus simple au plus achevé) proposé par l'économiste hongrois BELA BALASSA se présente ainsi qu'il suit : zone de libre-échange, union douanière, marché commun, union économique, intégration économique.

V. The theory of economic integration, Béla BALASSA, R.-D IRWIN, Homewood, 1961.

La différence entre la ZLE de l'union douanière réside fondamentalement dans le fait que les membres de la ZLE ne fusionnent pas dans un territoire unique. Bien que liés, les États conservent leurs législations, leur politique et leur liberté d'effectuer des échanges commerciaux avec les partenaires de leur choix.

Par contre dans l'union douanière, cette dernière se substitue aux États membres et territoires qui la composent pour devenir une entité unique qui les représente tous. On parle alors du territoire douanier qui se compose de tous ses membres, abstraction faite de leurs frontières.

Par contre, la ZLE se caractérise par :

- L'élimination des droits de douane pour les produits originaires d'un des États membres,

- les échanges tiennent particulièrement compte de la notion d'origine (règle d'origine-RO) pour sécuriser les échanges pratiqués dans la ZLE,
- L'abolition des règlementations restrictives à l'intérieur de la ZLE,
- Le maintien par chaque État de sa politique économique, commerciale, douanière, monétaire…
- Le maintien par chaque État de son tarif des douanes (et sa nomenclature) ainsi que sa législation douanière.

Il existe de nombreuses ZLE à travers le monde.

ALENA : USA, France, Canada depuis 1992

SAFTA: South Asia Free Trade Area: Inde, Pakistan, Bangladesh, Bhutan, Népal, Maldives, Sri Lanka.

MERCOSUR : Mercado Commun del Sur ou Marché Commun du Sud ; regroupant : Argentine ; Brésil ; Uruguay et Paraguay.

APEC : Asia Pacific Economic Cooperation ; projet réunissant 21 pays riverains du Pacifique.

CETA : Comprehensive Economic and Trade Agreement ; accord de libre-échange entre l'Union européenne et le Canada.

TAFTA : Trans-Atlantic Free Trade Agreement ; projet d'accord commercial entre l'Union Européenne et les États-Unis.

ALEAC : Accord de Libre Échange de l'Amérique Centrale : Nicaragua, Salvador, Guatemala, Honduras…, République dominicaine,

ZLECAF : Zone de Libre-échange Continentale Africaine.

V. clause de la nation la plus favorisée.

ZONE DE LIBRE-ÉCHANGE CONTINENTALE AFRICAINE (ZLECAf) en anglais **AFRICAN CONTINENTAL FREE TRADE AREA(AfCFTA)** : LA ZLECAf, une initiative historique et révolutionnaire des chefs d'États africains pour développer le commerce africain et bâtir la plus vaste zone de libre-échange au monde.

Population : 1 156 648 000 hab. (2014)

Superficie : 30 415 873 km^2

QUELQUES REPÈRES HISTORIQUES :

En 1991, le Traité d'Abuja crée la Communauté Africaine et l'agenda 2063 de l'UA

Janvier 2012 au sommet des Chefs d'État et de Gouvernement de l'UA, une double décision est prise : renforcement du commerce intra africain et création de la ZLECAf

21 mars 2018 à Kigali est signé l'Accord créant la ZLECAf par 44 États (12e sommet extraordinaire de l'UA)

30 mai 2019, l'Accord entre en vigueur après le dépôt du 22e instrument de ratification

19 juillet 2019, la loi n° 2019/010 autorise le Président de la République du Cameroun à ratifier l'Accord puis le 21 octobre2019, le décret de ratification l'Accord est signé.

1er janvier 2021, l'Accord sur la ZLECAf entre en vigueur dans les pays signataires dont le Cameroun.

L'objectif de la ZLECAf est d'intégrer à terme l'ensemble des 55 États de l'Union africaine au sein de la zone de libre-échange.

La décision de lancer le projet de zone de libre-échange continentale est prise en janvier 2012, lors de la 18e session ordinaire de la Conférence de l'Union africaine. L'horizon visé pour son entrée en vigueur est l'année 2017.

Le processus de négociation est lancé en juin 2015 à Johannesbourg lors de la 25e session ordinaire de la Conférence de l'Union Africaine. Lors de cette session, les objectifs, les principes, la feuille de route pour créer la ZLECAf sont fixés.

En février 2016, le premier forum de négociation de la zone de libre-échange continentale a lieu à Addis-Abeba en Éthiopie. Le même mois, une réunion se tient à Abidjan pour préparer ce forum, regroupant, en plus des communautés régionales (CER), des membres des Nations unies, de l'Union africaine, de la Banque africaine de développement et de la société civile.

En mai 2016, le deuxième forum de négociation de la zone de libre-échange continentale pour préciser les contours de la ZLECAf, se tient à Addis-Abeba en collaboration avec les Nations unies et l'Union africaine

En octobre 2016, le troisième forum de négociation de la zone de libre-échange continentale a lieu à Addis-Abeba.

Le 21 mars 2018, 44 pays sont signataires lors d'un sommet à Kigali. Quelques autres pays qui ont des réserves ne rejoignent pas le projet, tels que le Nigeria, le Burundi, l'Érythrée, la Namibie et la Sierra Leone.

Fin décembre 2018, il ne manque plus que la ratification de 7 États sur les 22 nécessaires pour la mise en place de la ZLECAf. Le 29 avril 2019, le seuil des 22 États est atteint avec la ratification du Sahara occidental et de la Sierra Leone.

Le 7 juillet 2019, le Nigeria et le Bénin signent l'Accord de libre-échange lors d'un sommet de l'Union africaine à Niamey, au Niger, portant ainsi à 54 le nombre des pays signataires. L'Érythrée devient le seul pays africain à n'avoir pas rejoint la ZLECA.

Le 10 février 2020, le Sud-Africain Wamkele Keabetswe Mene est élu Secrétaire général de la Zone de Libre-Echange Continentale Africaine (ZLECAf).

En août 2020, le Secrétariat général de la zone de libre-échange est inauguré à Accra au Ghana.

Le 1er janvier 2021, la ZLECAf est mise en place pour les pays ayant ratifié l'accord (initialement prévue pour le 1er juillet 2020, retardée à cause de la pandémie de Covid-19.)

Les objectifs majeurs de cet Accord :

- booster les échanges commerciaux intra africains
- jeter les bases d'une industrialisation des pays africains
- accroître la production des différents produits

Deux phases de négociations étaient prévues :

- la phase 1 : commerce des marchandises et des services
- la phase 2 : investissements, politique de la concurrence et droits de propriété intellectuelle touchant au commerce

La phase1 des négociations a abouti et 4 textes ont été adoptés :

- Accord-cadre de la ZLECAF
- Protocole sur le commerce des marchandises
- Protocole sur le commerce des services et
- Protocole sur les règles et procédures relatives aux différends

Sur le Commerce des marchandises, 3 catégories de marchandises sont arrêtées :

° **1re catégorie :** dénommée groupe principal ; elle représente 90 % des lignes tarifaires ; elle sera libéralisés sur 5 ans pour les PED, 10 ans pour les PMA et 15 ans pour le G6 (Éthiopie, Madagascar, Malawi, Soudan, Zambie et Zimbabwe) dont 85 % en 10 ans et 5 % en 5 ans.

2e catégorie : représente 7 % des lignes tarifaires ; elle concerne des produits sensibles ; ils devront être libéralisés sur 10 ans pour les PED et 13 ans pour les PMA et le G6.

° **3e catégorie :** représente 3 % des lignes tarifaires ; elle est exclue de la libéralisation.

Sur le commerce des services, 5 secteurs prioritaires ont été retenus :

- services fournis aux entreprises,
- services de communication,
- services financiers,
- services de transport,
- services de tourisme et voyage.

Pour les 54 pays africains, la ZLECAf est une initiative historique et stratégique pour booster le commerce intra-africain et accélérer l'intégration économique du continent.

La libéralisation des tarifs douaniers est certes importante. Mais les revenus du continent n'augmenteront pas de façon significative (seulement près de 0,2 %)

Par contre si elle s'accompagne de mesures effectives de facilitation des échanges, notamment la réduction des formalités administratives, la simplification des procédures douanières et l'encouragement à l'intégration des entreprises africaines dans les chaînes d'approvisionnement mondiales, les gains de revenus s'élèveraient considérablement.

Ces améliorations nécessiteront de la part des administrations publiques nationales des efforts importants afin d'atténuer, voire supprimer la charge qui pèse sur les entreprises et les commerçants afin de favoriser le franchissement rapide des frontières, en toute sécurité et avec un minimum d'interférences des agents publics.

ZONE D'ÉMISSION : espace recouvrant des pays utilisant une même monnaie émise par un même institut.

ZONE DOLLAR : zone monétaire où les pays utilisent le dollar dans leurs transactions avec l'étranger.

ZONE ÉCONOMIQUE EXCLUSIVE (ZEE) : espace de 200 miles marins au-delà de la mer territoriale dans lequel l'État riverain exerce sa souveraineté sur les ressources biologiques et minérales sans en interdire l'accès à d'autres utilisations de la mer.

ZONE EURO : zone monétaire localisée dans l'Union Européenne où certains pays ont adopté l'euro comme monnaie unique (Traité de Maastricht).

ZONE FRANC : espace de coopération monétaire formé autour de 14 États subsahariens, Les Comores et la France. La monnaie utilisée est le franc CFA et le franc comorien.

Ces monnaies s'échangent à des taux fixes. La parité est fixe avec l'euro.

ZONE FRANCHE (DOUANIÈRE) en anglais **FREE ZONE :** art 324 al 1 CDCR « On entend par zone franche une partie distincte du territoire d'un État dans laquelle les marchandises qui y sont introduites sont généralement considérées comme n'étant pas sur le territoire douanier au regard des droits et taxes à l'importation et autres mesures de politique commerciale »

En plus « les marchandises extraites de la zone franche sont considérées comme étrangères à la CEMAC » art 324 al 3. La soustraction de la zone franche de la loi du territoire douanier de rattachement lui fait bénéficier d'avantages indéniables.

La zone franche est un espace géographique précis localisé dans un État ou dans un territoire douanier dans lequel des marchandises sont soustraites de l'application du droit douanier en vigueur dans ledit territoire douanier. On y fait entrer des marchandises pour les stocker, les transformer, les exporter comme si elles demeuraient à l'étranger.

Il existe des zones franches constituées sur des superficies clôturées, bien délimitées et surveillées par la Douane comme la zone franche implantée à Le Verdon en France et des zones franches non clôturées comme Tilbury Free zone en Angleterre.

Ce phénomène mondial connaît une application variée sous des modalités et des appellations différentes selon les pays : des villes ou parties de villes transformées en zone franche, port franc, point franc, entrepôt franc. Dans certains pays on parle de foreign trade zones.

Le rôle primordial assigné à la zone franche est d'attirer des capitaux étrangers nouveaux. Elle favorise l'implantation d'activités économiques : industrielles et commerciales. Son effet de levier est la création des emplois, l'augmentation de la production et des revenus.

La zone franche (ZF) peut prendre diverses formes : industrielle, industrielle d'exportation ou commerciale. Dans la zone franche commerciale, il n'est pas permis que les marchandises subissent une ouvraison ou une transformation. Elles y séjournent en attente d'une destination future. Par contre, dans la zone franche industrielle, les marchandises peuvent subir une ouvraison ou une transformation.

V. Annexe spécifique D, Chapitre 2 de la CKR.

ZONE FRONTIÈRE : bande de territoire douanier de superficie variable, adjacente à une frontière terrestre. Cette superficie est déterminée par les pouvoirs publics de chaque territoire douanier ou de chaque pays.

La zone frontière se caractérise par une vie étroitement dépendante du trafic frontalier des marchandises.

V. Annexes B.8. et D de la Convention d'Istanbul de 1990.

ZONE MARITIME DOUANIÈRE : espace maritime placé sous la surveillance des autorités douanières. Il se compose des eaux territoriales et de la zone contiguë, qui s'étend sur 24 miles marins au-delà des eaux territoriales.

ZONE MONÉTAIRE : espace regroupant des États ayant choisi, par convention ou de fait, d'adopter une monnaie commune pour effectuer leurs transactions commerciales (entre eux et avec les pays tiers).

ZONE STERLING : zone monétaire où des pays ont adopté la livre sterling comme unité monétaire pour leurs règlements internes et internationaux. Elle se compose généralement de pays membres ou ayant été membres du Commonwealth.

TABLEAU DE CONCORDANCE

ENTRE LE CDC ET LE CDCR

*** : signifie correspondance inexistante

N°	CDC	CDCR	OBJET SYNTHÉTIQUE	OBSERVATIONS
1	***	3 al 3	Régime juridique du règlement communautaire	Rappel de base
2	***	55	Prohibitions : définition	
3	***	59 b	Marchandises pirates	Rétention des marchandises 357cd cr
4	***	64	Prohibitions : conditions, modalités et conséquences	
5	***	72 à 77	OEA Opérateur Économique Agréé	Concept nouveau
6	***	74	Notion de Représentant en douane	Concept nouveau
7	***	103	Droit d'accès aux locaux et lieux à usage professionnel	
8	***	109	Retenue douanière des personnes	V. Rétention des marchandises
9	***	111	Droit d'apposition de scellés reconnu à la Douane	
10	***	143 al 1	MAD : opération autorisée – séjour	MAD : Magasin et Aire de Dédouanement
11	***	149 al.4	Critère de base pour la délivrance des agréments de CD	CD = Commissionnaire en Douane
12	***	156 al.1	Obligation de faire des déclarations en détail par voie électronique.	
13	***	162	Rectification des déclarations en détail	
13 bis	***	163	Annulation des déclarations en détail	
13 ter	***	169	Vérification des marchandises : modalités en vue de procéder à la visite des marchandises	
13 bis	***	170	Droit au second essai et possibilité pour la douane de	Contre-expertise demandée par le redevable à la suite

N°	CDC	CDCR	OBJET SYNTHÉTIQUE	OBSERVATIONS
			recourir à un expert professionnel	d'une analyse des échantillons ordonnée par l'administration douanière
14	***	174 al.3	Dette douanière : Traitement	
15	***	177	Recouvrement des droits et taxes	
	***	190	Contrôle après dédouanement	
16	***	207	Transit communautaire – définition	
17	***	217 et SS	Transbordement	
18	***	219	Cabotage	
19	***	324	Zone franche	
20	***	358	Recours douaniers	
21	***	359	Infraction douanière : définition	
22	***	390 al.1 et 2	Règlement administratif d'une infraction douanière / Transaction : définitions	
23	21 al 4	***	Décision de classement tarifaire provisoire, assimilation	
24	52	***	Prohibition et exclusion des produits étrangers contrefaits du régime de l'entrepôt	
25	364	***	Cas d'apposition des scellés	
	Art 1er	Art 2_2	Territoire douanier	
26	04	06	Notion de tarif de douane /droit de douane	
27	06	08	Marchandises fortement taxées	
28	07	10	Pouvoir de légiférer en matière de droits et taxes à l'importation	
29	11-12-13	14-15-16	Mesures particulières de politique commerciale : subventions, dumping,...	
29 bis	14 et 15	17 et 18	Pouvoirs des États en cas de mobilisation, d'agression économique : instauration de prohibitions...	
30	17	20	Restrictions d'entrée, de sortie et de conditionnement	
30 bis	18	21	Clause transitoire	

N°	CDC	CDCR	OBJET SYNTHÉTIQUE	OBSERVATIONS
31	20	23	Taxation selon l'état des marchandises	
32	22al . 5	26	Provenance : Définition de la notion	
33	23	27	Détermination de la valeur transactionnelle	
34	24	28.1)a)	Définition de la valeur en douane des marchandises importées	
35	24 al 2b	28 al2a et 2b	Définitions : marchandises identiques et similaires	
36	24 al 4 et 5	28 al4	Notion de personnes liées	
36 bis	26	30	Valeur en douane	
37	27	31	Ajustements à la valeur transactionnelle (VT) : liste	
38	27 al. 1c	31 al.1c	Redevances et droits de licence : source d'ajustement de la valeur en douane selon les prescriptions du Code des Douanes CEMAC	
39	28	32	Méthode d'évaluation des marchandises identiques	
40	29	33	Méthode d'évaluation des marchandises similaires	
41	30	34	Détermination de la valeur par les articles 31/ 35 et 32/36	
42	31	35	Méthode d'évaluation par le prix unitaire des quantités des prix élevés	
43	32	36	Méthode d'évaluation par la valeur calculée	
44	33	37	Méthode d'évaluation par les moyens raisonnables/dernier recours	
44 bis	35	39	Conversion des devises et détermination de la valeur en douane	
44 ter	48	52	Note explicative de la méthode des moyens raisonnables	
45	49	53	Valeur à l'exportation des marchandises	
46	50	54	Vérification du poids et régime des emballages importés pleins	

N°	CDC	CDCR	OBJET SYNTHÉTIQUE	OBSERVATIONS
47	51	125	Obligation du Commandant de présenter le manifeste aux agents des douanes	
48	51 bis	56 al 1	Prohibition au sujet de la protection de marque et des indications d'origine	
48 bis	51 bis	57	Prohibition relative à l'indication d'origine et à l'appellation géographique	
49	53	65	Conformité au contrôle du commerce extérieur et des relations financières avec l'étranger	
50	54	80	Notion de rayon des douanes	
51	55	81	Zone terrestre et zone maritime du rayon des douanes	
52	56	82	Tracé du rayon des douanes fixé par Acte de Conseil des ministres	
53	58 al2	84 al2	Exigence de l'affichage de la décision créant un bureau de douanes	
54	59	85	Obligation pour l'administration des douanes de faire apposer sur la façade « Bureau des douanes »	
55	62	88	Immunités, sauvegarde et obligations des agents des douanes	Interdiction d'injurier, de maltraiter, de troubler un agent des douanes dans l'exercice de ses fonctions ni de s'opposer à cet exercice.
56	63	89	Obligation de prestation de serment par les agents des douanes	
57	64	90	Commission d'emploi et prestation de serment	
57 bis	65	91	Droit au port d'arme reconnu aux agents des douanes	
58	67	93	Obligation de souscrire par les agents de la surveillance de l'engagement de quitter le rayon des douanes en cas de révocation	

N°	CDC	CDCR	OBJET SYNTHÉTIQUE	OBSERVATIONS
58 bis	68	94	Obligation en cas de révocation de tout agent ayant servi à la branche de la surveillance Interdiction de recevoir gratification, récompense ou présent	Quitter le rayon des douanes
59	70	98	Droit des agents des douanes de visiter les marchandises, les moyens de transport et les personnes	
60	70	110	Droit des agents des douanes de vérifier l'identité des personnes	
61	72	100	Droit pour la Douane de visiter les navires dans la zone maritime du rayon des douanes	
62	73	101	Droit des agents des douanes d'aller à bord de tous bâtiments (y compris les navires militaires) se trouvant dans les ports ou rades	
63	75	104	Visite domiciliaire	
64	76	105	Droit de communication particulier de l'administration des douanes	
65	77	106	Principe de soumettre au contrôle douanier tous les envois par la poste – conformément aux Conventions et Arrangements de l'Union Postale Universelle (UPU)	
66	79	113	Obligation pour le transporteur maritime d'établir un manifeste	
67	80	114	Obligations du Commandant du navire dans la zone maritime du rayon des douanes	
68	81	115	Notion de port douanier	
69	82	116	Obligation du Commandant de présenter le journal de bord aux agents des douanes	
70	83	117	Obligation de dépôt de certains documents dans les bureaux des douanes par la compagnie maritime, le consignataire ou le Commandant du navire	Nouveaux acteurs

N°	CDC	CDCR	OBJET SYNTHÉTIQUE	OBSERVATIONS
71	84	118	Obligation de charger et décharger les navires exclusivement dans les bureaux des douanes	
72	84 § 2	118 § 2	Obligation d'obtenir l'autorisation écrite des agents des douanes pour décharger ou transborder des marchandises	
73	86, 87, 94	120 121, 128, 131, 132	Obligation de conduite de marchandises par voie terrestre et notion de route légale	
74	88	122	Obligation du conducteur de remettre la feuille de route au titre de déclaration sommaire	
75	89 al2	123 al2	Notion d'aéroport douanier	V.148 al2 / 181 al1
76	106	141	Magasins et Aires de Dédouanement (MAD) : autorisation de création	MAD : Magasins et Aires de Dédouanement
77	107	142	MAD : condition d'admission et responsabilité	
78	108	143	MAD : durée de séjour	
78 bis	109	144	MAD : obligation et responsabilité de l'exploitant	
79	111§ 2	146 et 147	Dépôt de la déclaration en détail : normal et anticipé	
80	112	148	Personne habilitée à déclarer les marchandises en détail	
81	113	149	Monopole du CDA pour l'accomplissement pour autrui des formalités de douane concernant la déclaration en détail des marchandises	CDA : Commissionnaire en Douane Agréé
82	123	156	Formes de déclaration, manipulation des marchandises	
83	124 al.1et2	160 al.2 +3	Enregistrement et recevabilité de la déclaration en détail	
84	125	161	Enregistrement des déclarations en détail-conséquences	
85	128	169	Condition de vérification des marchandises	
85 bis	129	170	Modalités de vérification des marchandises-	Deuxième essai (AFE) et possibilité de

N°	CDC	CDCR	OBJET SYNTHÉTIQUE	OBSERVATIONS
				recours à un expert
86	130 al 4	358	Droit de recours douaniers/ Contestations	
87	131	172	Application des résultats de la vérification	
88	132	173	Enregistrement des déclarations et liquidation des droits et taxes	
89	133	174	Liquidation et prise en compte de la dette douanière	
90	134	175	Paiement au comptant ; les registres de liquidation, de paiement, des RAR doivent être informatisés	RAR = reste à recouvrer
91	134 al.2	175 al.2	Obligation pour le service de douanes de délivrer quittance pour les droits et taxes payés	
	134 al.3	175 al.3	Registre de paiement des droits ; Registre des RAR sont informatisés	
91 bis	135 al 2	176 al2	Sort des marchandises abandonnées	V. art 273 al3 /, 329 al3
92	137	178	Intérêts du crédit droits et taxes	
92bis	138 et 139	179 et 180	Remboursement de droits et taxes	
93	140	181.5)	Possibilité pour la douane d'accorder la mainlevée sans attendre le règlement d'une contestation (soumission contentieuse)	
94	146	187	Expéditions de douane	
95	146	187	Embarquement et Conduite à l'étranger des marchandises à l'exportation : documents à fournir	Notion d'expédition de douane sur le navire et sa cargaison
95 bis	148 al 2	189 al1	Notion d'aéroport douanier	V. 89 al2/ 123 al2
96	157	202	Contrefaçon : exclusion du transit, à titre absolu	
96 bis	165	216	Transit international	
97	175	198 à199	Plateau continental	

N°	CDC	CDCR	OBJET SYNTHÉTIQUE	OBSERVATIONS
98	178	233	Contrefaçon : exclusion de l'entrepôt des douanes	
98 bis	184	239	Manipulation des marchandises en entrepôt de douane	
99	188	248	Engagement de l'entrepositaire	
100	190	239,249	Entrepôt spécial : durée de séjour	
101	195 bis	250	Cession d'entrepôt.	
102	196	251	Entrepôt : Représentation des marchandises, mutation d'entrepôts, apurement des marchandises	
103	199	254	Entrepôt : exigibilité des droits et taxes	
104	203	258	Marchandises équivalentes	
104 bis	204	259	Produit compensateur dans le régime du PA : définition	P.A.= perfectionnement actif
105	220	383	Rôle du P R	P. R. = Procureur de la République
106	221	276	Séjour des marchandises dans le territoire douanier (PA)	P.A.= perfectionnement actif
107	227 à 228	392 à 394	Transaction Douanière	
108	229 à 333	395 à 399	Prescription de l'action, des droits particuliers de l'administration et des redevables et cas des prescriptions de longue durée	
109	249	304	Régime de rembours / drawback	
110	250	305	Définition rembours /drawback	
110 bis	251	306	Marchandises équivalentes : définition	
111	260	315	Transformation des marchandises destinées à la MAC	MAC : Mise à la consommation
112	270	326	Registre spécial de dépôt de douane tenu selon procédé manuel ou informatique	
113	273 al 3	329 al3	Vente des marchandises abandonnées	V. art 135 al 2 / 176 al2
113bis	275	331	VEP affectation du produit de la vente	VEP Vente aux Enchères Publiques

N°	CDC	CDCR	OBJET SYNTHÉTIQUE	OBSERVATIONS
114	276 al .1d	332 al.1 d	Ambassadeurs : envois en admission en franchise de droits et taxes aux services diplomatiques, consulaires et certains organismes internationaux	
114 bis	277 à 281	334 à 342	Avitaillement	
114 ter	281 et 405	342 et 471	Avitaillement applicable aux aéronefs et contrebande par aéronefs	
115	282	343	Exigence du passavant dans la zone terrestre du rayon des Douanes	
115 bis	282 à 289	343 à 350	Notion de Passavant	
116	290	351	Interdictions à observer dans le rayon des douanes	
117	292	353	Régime administratif des navires	
118	298 al .4	360 al.4	Prévenu : capture	
119	298	360	Personnes appelées à opérer des saisies	
120	298 al1	360 Al.1.b	Saisie des marchandises par les agents d'autre administration	
121	298 Al1 Al4	360 Al1 Al4	Personnes appelées à opérer des saisies de marchandises de fraude en douanes Capture du prévenu en cas de flagrant délit	Agents des douanes et agents d'autres administrations
121 bis	299	361	Formalités générales et obligatoires à peine de nullité des procès-verbaux de saisie	Transport, garde des objets saisis, rédaction du PVS
122	146, 302, 303	360/ 365	Prévenu	
123	146, 303	187 / 365	Notion d'expédition de douanes	Altération des expéditions
124	299 à 306	361 à 362	Formalité générale et obligatoire à peine de nullité des procès-verbaux de saisie	
125	302 al .2	364 al.2	Prévenu : conséquences de son absence/présence	

N°	CDC	CDCR	OBJET SYNTHÉTIQUE	OBSERVATIONS
125 bis	303	365	Saisie portant sur le faux et l'altération des expéditions	
126	307	369	Règles à observer après la rédaction des PVS	PVS : Procès-Verbal de Saisie
126 bis	308	390	Constatation par PVC	PVC : Procès-Verbal de Constat
127	310	372	Force probante des procès-verbaux de douane (rédigés par deux agents des douanes)	
128	311	373	Foi légale des PVD (rédigés par un seul agent des douanes)	PVD : Procès-Verbaux de Douane
129	312	374	PVD : exclusivité des causes de nullité	
130	313	375	Procédure d'inscription de faux : délai et modalités	
131	314	376	Procédure d'inscription de faux contre un PVD : effet et modalités de mise en œuvre	
131 bis	315	377	Inscription de faux : non-respect du délai	
132	316 al1	378 al1	PVD et mise en œuvre des mesures conservatoires	
133	317	380	Preuve des délits et contraventions de douanes	
133 bis	318	381	Poursuites : action pénale et fiscale	
134	321-326	384-389	Contrainte douanière : emploi et titres.	
135	327 al.2,3	392 al.2,3	Principe et moment de la Transaction Douanière	
135 bis	328	394	Transaction douanière : compétences /montants	
136	329	395	Prescription de l'action	
137	330	396	Prescription contre les redevables	
137 bis	331	397	Prescription de la garde des registres des recettes	
138	332	398	Prescription contre l'administration	
139	333 al 2	399 al2	Prescription trentenaire	
139 bis	331	397	Prescription envers le redevable pour la garde de registre	

N°	CDC	CDCR	OBJET SYNTHÉTIQUE	OBSERVATIONS
140	340	406	Appel des jugements rendus par des juges d'instance	
140 bis	341	407	Signification des jugements et autres actes de procédure	
140 ter	342-344	408-410	Procédure devant les juridictions correctionnelles	
141	345	411	Pourvoi en cassation	
141	346	412	Instruction et frais : en instance et sur l'appel	
142	352	418	Fardeau inversé de la preuve dans toute action sur saisie	
143	353	419	Action en garantie	
143 bis	355	421	Revendication, des objets saisis ou confisqués	
144	357	423	Retenue préventive des marchandises	
144 bis	358	424	Privilège et préférence de l'administration des douanes	
145	359	425 al1	Subrogation des CDA au privilège de la douane	
146	360	426	Voies d'exécution	
146 bis	364	430	Registre des recettes et scellés	Droits particuliers réservés à l'administration des douanes
147	365	431	Saisie des effets mobiliers des prévenus	Droits particuliers réservés à l'administration des douanes
147bis	369	435	Aliénation : confiscation et abandon	
148	393 et 394	459 et 460	Solidarité de contrevenants pour les pénalités	
149	395 à 414	461 à 480	Classification des infractions et des peines principales	
150	396	462 al.2	Tentative de délit	
151	399	465	Contravention de deuxième classe	
151 bis	400	466	Contravention de troisième classe	
152	401 al 3	467 al3	Fausse déclaration d'expéditeur et de destinataire réels	V. art 412 al3 CDC

N°	CDC	CDCR	OBJET SYNTHÉTIQUE	OBSERVATIONS
152 bis	401 al .8	467 al.8	Non représentation de l'original du manifeste, absence de manifeste, omission des marchandises dans le manifeste	
153	403 404	469 470	Délit de première classe Délit de deuxième classe	
153 bis	405al 3	471al3	Délit douanier de 3e classe : Atteinte à un droit de la propriété intellectuelle à l'importation et à l'exportation : contrefaçon…	
153 ter	406	472	Délit douanier 3e classe : Contrebande	
154	410	476	Réputation d'ISD	ISD : Importation Sans Déclaration
155	412	478	Réputation d'importation ou d'exportation sans déclaration de marchandises prohibées	
155 bis	412 al 3	478 al3	Fausse déclaration d'expéditeur et de destinataires réels	IESD Voir article 401 al3 CDC
156	415 à 418	481 à 484	Confiscation, astreinte, peine privative de droit	
156 bis	416	482	Astreinte	
157	417	483	Peine privative de droits	
158	420	485	Confiscation : modalités de calcul	
159	426	492	Poursuites selon le droit commun : injures, rébellions contrebande avec port d'arme	

BIBLIOGRAPHIE

OUVRAGES

NGUEDA NDIEFOUO Gustave., *La Douane Camerounaise à l'ère de la facilitation des échanges commerciaux*, l'Harmattan, 2011.

Marcellin DJEUWO., *Le contentieux Douanier dans le pays de la CEMAC*, l'Harmattan, 2015.

TCHAPA TCHOUAWOU., *Vade-mecum du chef du Bureau, du chef de Secteur des Douanes*, Alpha print, 2004.

David TSUANYO., *L'institution douanière au Cameroun 1860-1960*, Edition SAA-GRAPH, 2006.

KENGUEP Ebenézer., *Droit de transports terrestres, aériens et maritimes*, Edition CRAF, 2010.

David FOREST et Gautier KAUFMAN., *Droit de l'informatique*, Gualino lextenso éditions, 2010.

François PELLIGRINI et Sébastien CANEVET., *Droit des logiciels*, PUF, 2013.

Jean Luc ALBERT., *Le droit douanier de l'Union Européenne*, Bruylant, 2019.

Jean Luc ALBERT., *Dictionnaire de droit fiscal et douanier*, Ellipses, 2007.

(C) BEER et (H) TREMEAU., *Le droit douanier communautaire et national.*

(J) DECHAUME et (W) VENTURELLI., *Gestion des procédures douanières*, Le Génie éditeur, 2015.

Etienne VERGES, Géraldine VIAL et Olivier LECLERC., *Droit de la preuve*, Thémis droit PUF, 2015.

Augustin AYNES, Xavier VUITTON., *Droit de la preuve, principes et mise en œuvre processuelle*, 2é Edition, Lexis Nexis, 2017.

KAMEUGNE NUADJE., *Lexique des termes douaniers*, Macacos, 2016.

David TSUANYO., *L'institution douanière au Cameroun : 1860-1960*, Saagraph, 2006.

TCHAPA TCHOUAWOU., *Vade-mecum du Chef de Bureau, du Chef de Secteur des Douanes*, Alpha Print, 2003.

Paul Jonathan JIEUGANG., *Guide pratique du déclarant en douane*, Les Éditions Star Print, 2007.

Michel DION (sous la direction de)., *La criminalité financière*, de boeck, 2011.

Martine CLIQUENNOIS., *Droit public économique*, ellipses, 2001.

Claire-Agnès GUEUTIN., *L'essentiel de l'économie internationale*, Ellipses, 2012, Page 129.

Dominique CARREAU., Patrick JULIARD, Régis BISMUTH, Andrea HAMANN., *Droit économique international*, 6è édition, Dalloz, 2017.

Claude Henri BELLA AMBATINDA., *L'école du chef de brigade des douanes camerounaises*, L'Harmattan, 2018.

PRYPTO., *Bitcoin pour les nuls*, Edition First, 2017.

Alain JUILLET, Olivier HASSID, Mathieu PELLERIN., *Gérer les risques criminels en entreprise*, de Boeck Professionnals, 2012.

Jean-Paul LOUISOT., *Gestion des risques*, 2è édition, Afnor Editions 2014.

Paul KRUGMAN, Maurice OBSFIELD, Marc MELITZ., *Économie internationale*, 10è édition, Nouveaux Horizons, 2015.

Alexis LICHINE., *Encyclopédie des vins et des alcools de tous les pays*, Bouquins Robert LAFFONT, 1980.

Denisa Mihaela STANESCU, Sabine INARD PATUREL., *BTS Commerce International*, Studyrama, 2020.

RÉFLEXE BTS Tome 11 : CI - commerce international - toutes les matières - 1re - 2e années (édition 2017) · Collection livre : Réflexe bts

Claire Agnès GUETIN., *L'essentiel de l'économie internationale*, Ellipses, 2013.

Patrick MIANI, Nadine VENTURELLI., *Transport logistique*, Le Génie Editeur, 2021.

DOMART et Jacques BOURNEUF., *Le Petit Larousse de la médecine*, sous la direction du Pr André DOMART et du Dr Jacques BOURNEUF, Librairie Larousse, 1976.

Jean Us TCHINDA., *Guide pratique de la rédaction et de la correspondance*, Editions Veritas, 2015.

Michel BOUVIER., *Introduction au droit fiscal général et à la théorie de l'impôt 3è édition*, LGDJ, 2000.

Pascal MADRY., *Dictionnaire pratique du commerce*, De Boeck, 2009.

Thierry JACOMET, Edouard DIDIER., *Les relations financières avec l'étranger, le contrôle des changes 4è édition*, Gide Loyrette Nouel, éditeurs, 1988.

Jaime de MELO – Jean Marie GRETHER., *Commerce international- Théories et applications*, Balises, De Boeck Université, 2è Tirage 2000.

Edwin NUVAGA FONGOD., *Cemac Customs-Guide*, Design House-Limbé, 2002.

Guide Transporter., *Le guide de référence du transport, de la logistique et de la supply chain*, Hors-série 2022des Éditions Classe Export n° ISSN 1254-1737.

THÈSES :

DIFFOUO Guy Innocent., *Le principe de sincérité en droit public financier*, thèse de Doctorat/PhD, Université de Douala, 2015.

DJIDJIOUA MAIWA Christian., *Le droit camerounais et la criminalité douanière*, thèse de Doctorat/PhD, Université de Dschang, 2022.

KAMDEM FOTSO Michel., *Les particularismes du contentieux douanier répressif en Afrique centrale*, thèse de Doctorat/PhD, Université de Yaoundé II, 2020.

NGUEPDJOP TOUKAM Vincent., *L'application du droit douanier en zone CEMAC : le cas du Cameroun*, thèse de Doctorat/PhD, Université de Douala, 2022.

NZOYEM Bruno., *Exonérations douanières et mobilisation des recettes en zone CEMAC : Contribution à l'étude de la politique fiscale à partir de l'exemple camerounais*, thèse de Doctorat/PhD, Université de Douala, 2022.

MÉMOIRES :

Guy Alain CHEPING SIMO., *Impact des contrôles sur les échanges transfrontaliers : étude appliquée à la Région du Sud-ouest Cameroun*, Mémoire inédit, ISREID, 2016.

Guy Alain CHEPING SIMO., *La notion de transaction douanière en zone CEMAC*, Mémoire DESS, Université de Douala, 2002.

Structures éditoriales du groupe L'Harmattan

L'Harmattan Italie
Via degli Artisti, 15
10124 Torino
harmattan.italia@gmail.com

L'Harmattan Hongrie
Kossuth l. u. 14-16.
1053 Budapest
harmattan@harmattan.hu

L'Harmattan Sénégal
10 VDN SICAP AMITIE 3
BP 45034 Dakar-Fann
direction@senharmattan.com

L'Harmattan Cameroun
Tsinga/Derrière polyclinique FECAFOOT
BP 11486 Yaoundé
Jacques.koukam@harmattan.fr

L'Harmattan Burkina Faso
Villa 281, secteur 23 623, rue 14.32
Ouagadougou
zagbie@outlook.fr

L'Harmattan Guinée
Almamya, rue KA 028 OKB Agency
BP 3470 Conakry
harmattanguinee@yahoo.fr

L'Harmattan RDC
185, avenue Nyangwe
Commune de Lingwala – Kinshasa
matangilamusadila@yahoo.fr

L'Harmattan Congo
219, avenue Nelson Mandela
BP 2874 Brazzaville
deunovmikhael@gmail.com

L'Harmattan Mali
Immeuble Mgr Jean Marie Cissé
Aci Hamadallaye
BP 145 Bamako
syllaka@yahoo.fr

L'Harmattan Togo
Djidjole – Maison Amela
face EPP BATOME
02 BP 20680 Lomé
didieramela11@gmail.com

L'Harmattan Côte d'Ivoire
Résidence Karl – Cité des Arts
Abidjan-Cocody
03 BP 1588 Abidjan
harmattan.ivoire@gmail.com

L'Harmattan Bénin
Rue 604, (Immeuble à l'entrée
de la rue UCAO- Cite de Saint-Jean)
Cotonou
stepcorpus@gmail.com

Nos librairies en France

Librairie internationale
16, rue des Écoles
75005 Paris
librairie.internationale@harmattan.fr
01 40 46 79 11
www.librairieharmattan.com

Librairie des savoirs
21, rue des Écoles
75005 Paris
librairie.sh@harmattan.fr
01 46 34 13 71
www.librairieharmattansh.com

www.ingramcontent.com/pod-product-compliance
Lightning Source LLC
LaVergne TN
LVHW021140061026
849535LV00002B/301
* 9 7 8 2 3 3 6 5 1 4 4 5 1 *